发展中国与非洲新型全面合作关系

齐建华　主编

世界知识出版社

图书在版编目（CIP）数据

发展中国与非洲新型全面合作关系/齐建华主编．—北京：世界知识出版社，2014.9
ISBN 978-7-5012-4732-5

Ⅰ.①发… Ⅱ.①齐… Ⅲ.①中外关系-国际合作-研究-非洲 Ⅳ.①D822.34

中国版本图书馆CIP数据核字（2014）第211542号

发展中国与非洲新型全面合作关系
Fazhan Zhongguo yu Feizhou Xinxing Quanmian Hezuo Guanxi

主　编／齐建华

责任编辑／杨志芬

责任出版／刘　喆

责任校对／马莉娜

出版发行／世界知识出版社
地址邮编／北京市东城区干面胡同51号（100010）
电　　话／010-65265923（发行）　010-85119023（邮购）
网　　址／www.wap1934.com
经　　销／新华书店
印　　刷／北京京科印刷有限公司
开本印张／720×1020毫米　1/16　26印张
字　　数／421千字
版次印次／2014年11月第一版　2014年11月第一次印刷
标准书号／ISBN 978-7-5012-4732-5
定　　价／48.00元

版权所有　侵权必究

编委会名单

主编：齐建华

顾问：蔡方柏、程涛、安惠侯

编委：丁一凡、李旦、李正宁、罗志恒、唐晓、许铁兵、
　　　徐伟忠、王洪一、赵昌会、庄晨燕

目 录

导　论 .... 齐建华　1

一、中非合作关系回顾与展望篇

非洲发展概况与中非合作综述 .... 谢　茜　19
非洲能从金砖国家集团中获益吗?
　　................................ [卢旺达] 毕祖鲁·奥马尔·卡尔凡　34
开展"以人为本"的对非公共外交 .... 贺文萍　45
我看中非关系 .... [几内亚] 让·马托·多雷　58
中喀关系：南南合作的博弈与得失 .... [喀麦隆] 西莱尔·波卡姆　63
中非关系漫谈之毛里塔尼亚
　　................................ [毛里塔尼亚] 哈桑·乌尔德·艾哈迈德　93

二、中非经贸、金融领域合作篇

第一共和国时期中国对几内亚财政援助政策的简要分析
　　................................ [几内亚] 苏马纳·道蒂·迪亚基特　99
国家开发银行对非合作情况 .... 石继杨　103
中非合作论坛建立以来的中非金融合作 .... 张翠珍、王之萌　114

中非经济关系总结与展望：以摩洛哥为例
....［摩洛哥］穆罕默德·姆哈迈迪　146
中国金融业走进非洲的现状、问题与对策..................................郭宏宇　153

三、中非政治、法律领域合作篇

非洲一体化对企业营商环境的影响——从国际法的视角思考
....李正宁　163
非洲和欧盟商业关系经历考验——经济贸易伙伴协定
....［毛里塔尼亚］伊丽马纳·马马杜·卡纳　174
塞舌尔国际金融法律发展——中非投融资合作的国别法律分析
....张国勋　185
撒哈拉以南非洲法语地区新宪政主义的回顾和展望：非洲
　批判性宪政理论.......................................［多哥］阿达玛·科波达尔　193

四、中非安全与军事合作篇

非洲战乱和非盟自主维和行动..王洪一　229
美军非洲司令部：非洲人的希望还是绝望
....［喀麦隆］穆维·阿列克安德雷·费尔南德　245
非洲军官视角下的中非安全合作.....................................陈梓德、刘夫香　250
深化中非军事关系的挑战与机遇..彭庭法　262

五、中非文化、社会合作篇

电影产业在推动中非关系中的作用..................[刚果（金）]龙刚 273
非洲：被支配的大陆——外部政治文化对非洲法语国家的影响
..................[马里]比拉马·科纳雷 286
马达加斯加现状及中马合作展望..................熊星瀚 290

六、中国与非洲区域一体化建设合作篇

中国参加非洲跨境基础设施建设的尝试及意义..................唐 晓 305
论中东非经济一体化中政治、制度的重要作用
..................[布隆迪]于连·尼姆博纳 314
2000年以来中国与南共体的经济合作..................张翠珍 335
中国与非洲次区域组织的合作现状与展望..................巴秋曦 358

附件一："中国企业对非合作机遇与挑战"论坛纪要..................372
附件二："全面发展中非全面合作关系的机遇与挑战"研讨会纪要..........378

后 记..................399

导　论

齐建华[①]

中非关系是世界上一组重要的国际关系，在中国和非洲对外关系中占有基础性的重要地位。中国非洲地理位置相距遥远、文化差异相对较大，但双边关系源远流长，近代以来同命相连。进入新世纪，中非双方审时度势，中非关系拓渠道、建机制（合作论坛）、快发展，揭开了中非政治互信、经济共赢，文化互鉴的新型战略伙伴关系的新一页。

回首中非关系新十年，共识多多，硕果累累，堪称"南南合作"的典范；展望中非关系再十年，仍然基础牢牢，前景看好。当然，在新形势下，中非关系发展也面对诸多新的机遇和挑战。

2013年3月，中国新一代领导人、中国国家主席习近平成功访问非洲三国，这是在新的内外环境下，中国对非外交的一项重要活动，是中非关系发展的又一个重要事件，既体现出中非双方高度重视发展中非关系的一贯态度，也是中非关系跨入新时代的一个重要标志。

《发展中非全面合作关系的机遇和挑战》研究，就是在这样的具体背景下，以及新世纪世界的新变动和中国、非洲及其相互关系新发展的大背景下，提出的立项，展开了研究，形成了阶段成果和最终成果。

本书的作者，是来自中国和非洲的十余个国家和地区的约40位专家和学者，他们的国别、文化、职业、知识背景不尽相同，研究的视角、方法

[①] 外交学院外语系法语教授，政治学博士，法语国家研究中心主任。

和领域也颇具差异，但他们均以自己的良知和智慧，以强烈的创新精神和问题意识，以严谨的科学态度和高水平的研究成果，对中非关系新发展的基本问题，尤其是新世纪第二个十年中非关系发展的机遇和挑战进行了认真的研究，对于中非关系走过的道路、新的机遇和挑战，为什么中非需要发展全面合作关系以及中非关系怎样面对合作中的机遇、迎接挑战，作出了各自的，有些是非常系统的回答，从而为开创中非关系新局面作出了贡献。

发展中非全面合作关系是中非关系面临的新起点，准确把握中非合作发展的新背景，分析中非全方位合作的机遇与挑战，不仅有助于中非各国根据本国具体国情更为理性、自觉地制定全面而有效的合作发展战略与策略，不断创新合作机制，逐步构建和深化全方位、宽领域、深层次的双边和多边务实合作关系，而且对于丰富和发展变动中的国际关系的理论与实践也会有重要的学术价值和现实意义。本书是对新的历史阶段，"发展中非全面合作关系的机遇和挑战"问题展开的一次多学科、系统化的集中研究，是一次中非双方专家学者富有新意和成果的学习、交流，是对相关问题的一次阶段性整体回答。相信会引起中非双方及关心和关注中非关系的国际社会及其相关人士的积极关注，相信会对相关问题的研究和解决有所裨益。

此外，本项研究还得益于有限但有益的调研活动。我们曾借非洲各界人士来华学习机会开展广泛系统的随机调查，外交学院法语国家研究中心还组织召开了两次一定规模的专题论坛和研讨会：一次是2013年5月15日与外交学院非洲研究中心和经济研究中心及来自中国社科院、国际问题研究院、传媒大学、中国进出口银行、现代国际关系研究院、北京市浩天信和律师事务所的中国学者一道与在非中资十大企业举办的"中国企业对非合作机遇与挑战"论坛（请见附件一），一次是2013年10月25日借非洲学者团访华之际，中非各界学者在外交学院举办的题为"全面发展中非合作关系的机遇与挑战"研讨会（请见附件二）。这两次研讨会主要分别探讨了中非合作今后可以把握的机遇与可能的挑战以及中非全面合作的必要性及如何实现的问题，会议受到中非所有参会的企业界、学界以及学者的高度重视和称赞，认为这样的交流活动非常有益和必要。

新世纪以来，世界发展趋势发生了新的变动，国际关系经历了新的发展；中非双方也出现了新情况、新变化、新发展，这些变动、变化，是发展中非全面合作关系的背景。客观分析深入研究这些新变动、新变化、新发展，是科学认识中非关系发展机遇和挑战的必然要求。

作为本书的编者，以下拟从世界的变动、中国的变化和非洲的变化分析出发，试图探讨说明未来发展中非全面合作关系可能的机遇与挑战，最后，根据本项研究过程中的体会，谈谈应当如何迎接机遇和挑战，开辟中非全面合作关系发展的新局面。

一、世界的新变动与中非关系的机遇和挑战

当今世界的主题仍然是和平与发展，维护和平、促进发展、对话合作、互利共赢，已经成为国际政治的主旋律，世界各国人民求和平、谋发展的要求更加强烈，这股力量在进一步发展；但在新世纪，旧的国际政治、经济秩序仍未改变，单边主义仍在，国际金融危机后果远未消除，与世界范围和平与发展相关的问题仍然没有获得解决，并且面临新的考验。在这样的总背景下，新世纪世界出现了一系列新的发展趋势和特点：

世界发展新趋势之一：世纪转折时期，新科技革命掀起新浪潮，世界酝酿着产业革命的新突破新发展。21世纪初期，新科技革命又出现了一些新的重大发展动力。物质科学的研究重点转向为创造新材料、新能源和新工艺提供新的知识基础；分子生物学及生物科学工程技术的发展酝酿着新的重大突破，有希望大大推进农业、医药和人类健康事业的进步；信息技术向最广泛的应用领域进军，同科技、经济和文化相结合形成了新的产业；此外，人类在认知科学、心理学、行为科学、宇宙科学、地球科学等方面都有新的突破。而科学技术发展呈现出交叉性、前沿性、多样性的特点，科技空前快速转化为生产，推动了经济社会的巨大进步。可以预料，21世纪科技创新将进一步成为经济和社会发展的主导力量，新的科学发现和技术发明，特别是高科技的不断创新及其产业化，将对全球化的竞争和综合国力的提高、对世界的发展和人类文明的进步产生更加巨大而深刻的影响。新世纪里新科技、高科技的不断创新及其产业化对中国经济社会发展和对其合作伙伴非洲方方面面的影响，怎么估计也不会过高。

世界发展新趋势之二：经济全球化进程向着更宽范围和更纵深程度发

展，与此同时经济全球化的驱动力正在发生重大变化。我们看到，尽管受世界金融危机等因素影响，贸易保护主义有所抬头，经贸摩擦有政治化倾向，但是，区域经济合作蓬勃发展，各类贸易协定大量涌现，双边、多边合作成为经济全球化的重要动力。就中非而言，非洲与中国、非洲国家之间、非洲与世界越来越多的国家和地区之间的合作关系日趋多样发展；中国与世界各地区、各国家、中国与非洲之间的双边与多边合作关系，中国与非洲多边机构的合作关系等也在全面快速发展。中非合作进程既是经济全球化巨大驱动力的重要组成部分，又因此使中非合作面对更多的机遇与挑战。今天，发达国家正在利用区域合作增强制定规则方面的话语权和制高点，包括中国在内的广大发展中国家需要警惕和团结应对，这方面的竞争将更加明显。

世界发展新趋势之三：世界整体经济、政治格局正在发生重大变化，其特点是"东升西降"。美国、欧洲等发达国家受金融危机、债务危机等多方面因素影响，经济复苏艰难，2014年以美国为首的发达国家虽然有望走出低谷，但发展中国家已成为并仍将是拉动世界经济增长的重要力量，新兴经济体显现出群体性崛起势头。包括南非在内的金砖国家占全球经济总量的比重已经超过了20%。来自新兴国家的资源需求和投资贸易正在成为非洲大陆经济腾飞的重要动力。十几年来的中非政治经济合作为这一趋势的出现作出了重要贡献，今后中非双方也会因此获得更为有利的合作条件。从经济角度看，全球需求结构也在因此发生深刻变化，新兴经济体及未来非洲快速发展中的国家将拥有更加广阔的潜在市场，中非经济互补性更加突出。但是，中非各国如何在合作中充分利用资金、技术、资源、劳力、市场，让市场对要素分配发挥好关键性作用，还有许多新问题和棘手问题需要解决；世界经济格局的深刻变化，悄然改变着世界政治格局，全球政治力量对比关系由此生变：国际关系多极化，国际政治民主化趋势进一步加强，更加有利于发展中国家的崛起和发展。建立更加合理的政治经济新秩序已经不再是遥不可及的进程，但是如何在加强政治互信基础上开展中非务实政治合作，为构建未来和谐世界携手共进，还需要中非双方社会各界力量作出艰巨的努力。

世界发展新趋势之四：综合国力竞争更加激烈。综合国力是指一个主权国家在一定时期所拥有的决定其国际地位、实现其国家利益的各种力量的有机综合。在当前综合国力的竞争中，经济能力是综合国力的基础。各国为使本国的综合国力具备越来越坚实的基础,纷纷进行各种战略、体制和政策的变革和调整。同时,各国相继把经济外交作为外交工作的重心,即把确保本国经济安全和谋取本国经济利益的最大化作为外交工作的核心目标。与经济竞争相比,科技的国际竞争同样激烈并且已越来越成为国际综合国力竞争的决定性因素。科学技术作为综合国力的先导,其实力和水准,是综合国力的重要体现,因此它极大地影响和促进一个国家的经济、政治、文化、军事其他方面。除了经济和科技之外,政治、军事、社会、环境等因素当然也是综合国力的重要构成。其中,军事实力的竞争仍然是综合国力竞争的重要内容。中非发展全方位战略合作伙伴关系显得尤其重要,无论对于处于快速发展期的中国,还是即将进入快速发展期的非洲而言,都有这方面的期待。

世界发展新趋势之五:全球问题突出、人类共同利益突显,国际合作,互利共赢成为一种关系模式和发展趋势。

在全球全球化向纵深发展,国与国之间的相互依赖性日益增强的同时,贫困、恐怖主义、跨国犯罪、重大传染病、环境保护等问题层出不穷,边界纠纷、领土争端、地区冲突等传统安全问题也时有发生,这些都是亟待各国合力解决的。然而一个非常现实的问题是,目前世界上没有任何一个国家可以单独解决这些问题中的任何一个问题。人类共同利益日益凸显,全球问题需要国际合作,共同面对。值得庆幸的是,国际舞台上的力量正在重新分配,多种因素导致全球权力分散,非西方阵营崛起,全球格局的"多极化"正在形成,在这样的格局下,互利共赢成为一种新的关系模式和发展趋势,可以说,多极体系的格局为构建新的国际政治经济新秩序和更为和谐的世界体系提供了机遇。

二、中国的新变化与中非关系的机遇和挑战

新世纪第二个十年新起点,中国发生的最大的变化,概括地讲是三句话:一是党的十八大为起点,中国进入全面建成小康社会的新阶段;二是党的十八届三中全会作出《关于全面深化改革若干问题的决定》把改革开放推进到一个新阶段;三是2013年是新一届党和国家领导人奋发有为,取得好开局的一年。总之,中国已发生了重大的变化,还将发生重大的发展。而认识

中国当下的发展对于认识中非关系的发展有直接的意义。

中国正在发生的变化主要源于其经济、社会的快速发展和新一代领导集体的政策导向,源于中国与世界的积极互动关系。

(一)中国参与经济全球化的基础和条件发生了重大变化,国际社会对中国的认知和期待也发生了重大变化

经济全球化既是一个客观的历史进程,又是一个社会过程。其客观性在于:在以信息技术为代表的新科技革命浪潮的推动下,生产力在世界范围内扩展,生产力超越国界向世界扩张,从而形成了世界性生产力的一种客观进程和必然趋势;该进程也是反映人的主观意志的社会过程,这是指发达国家对其经济关系有了重大调整,发展中国家则实行了开放发展。经济全球化最大的好处,是可以实现资源在全球范围内的最优配置,给世界各国带来了空前的机遇,如国际分工大发展、产业大转移和资本、技术等生产要素大流动,为发展中国家提供了发展的机遇。基于对经济全球化的客观判断,对外开放成为中国的一项基本国策。

过去的三十多年实践证明,不断拓展的开放使中国走出了封闭、半封闭状态,为中国经济社会注入了生力、活力,带来了发展机遇,提升了中国的综合国力。2013年,中国的国内生产总值达到56.9万亿元。自2010年起,中国经济总量位居世界第二,目前是世界第一大进口国,第二大出口国,第三大对外投资国,第一大外汇储备国。这为中国进一步开放提供了坚实的物质基础。中国国内市场广阔、资金充足、基础设施日趋完备,企业创新能力和国际化经营能力不断提升。开放的中国的发展也为世界的发展作出了贡献,在经济全球化进程中发挥越来越积极的作用。其中包括为非洲在内的发展中国家带来了共同发展的机遇。过去10年间,中国对非直接投资存量从个位数亿元增长到153亿美元,2012年增长到200亿美元。中国和非洲的贸易额目前近2000亿美元。中非虽然发展程度不同,但经济互补性很强。自2009年起,中国成为非洲最大贸易伙伴国。近年来,在全球经济复苏乏力的背景下,中国在推动中非贸易可持续发展、提升投融资合作层次、加强农业与粮食安全合作、支持非洲基础设施建设、非洲民生与能力发展、促进多边框架下的合作等方面取得了令人瞩目的成果。世界对中非关系的关注度逐年提升。随着中国综合国力提升,在国际经济治理体系中的话语权和影响力不断增加。在重大国际和地区问题上，各方更加关注中国的立场，更加注重与中国的合作。中非政治、经济、文化、安全等全面合作的要求空前，机遇空前。

但是中国社会主义初级阶段的国情、人民日益增长的物质、文化需要与落后的社会生产力的矛盾仍然是社会的主要矛盾，中国仍然是一个最大的发展中国家（国内生产总值第二位，但人均国内生产总值只是世界平均水平的60%）。新世纪第二个十年，在国际金融危机和后国际金融危机时代，在国内发展和再发展的背景下，发展环境发生着极为广泛而深刻的变化，发展本身面临一系列突出矛盾和挑战，前进道路上还有不少困难和问题。比如，中国在快速发展过程中，土地、劳动力等要素成本上升，能源资源和生态环境约束强化。不仅发达国家对中国在全球经济平衡发展、知识产权保护、气候变化、市场开放等方面的要求越来越高，发展中国家，特别是非洲国家也对中国的期待越来越高，使中国参与国际经济合作增添了更多复杂因素。相关决策需要更为科学，对非合作既要尽力而为，也要量力而行，坚持双赢和共赢。

（二）中国新一代领导集体走上前台，十八届三中全会作出了全面深化改革的重要决定，全面深化改革开放对于中非合作意味着什么？如何在中非全面合作中实现深化改革？

第一，全面深化改革开放意味着中国将更深入地融入世界经济体系。当前的世界经济体系依然是以资本占主导地位的资本主义经济体系，中国融入这一体系，既要有适应这一体系的必要调整，又要承担起改造其不合理成分的重任。资本主义在发展扩张过程中经历了不同的阶段：野蛮资本主义的经济扩张建立在极端自私自利和狭隘的民族主义基础上，通过战争和剥夺殖民地劳力、市场和原材料来实现；第二次世界大战后以美国为代表的资本主义，其经济扩张主要建立在霸权主义和强权政治基础上，建立在有利于强者利益的市场经济和规则基础上；冷战后出现了经济全球化、国际关系多极化和国际政治民主化的世界发展趋势，在中国等新兴国家的影响下，维护和平、专心发展、协调合作与互利共赢成为国际政治主旋律。中国政府在制定外交战略目标、处理大国关系、周边关系、南南关系及改革国际治理体系中、在构建和谐世界方面今后会更加自觉地发挥影响力和引领作用，争取更为有利的国际地位和国际话语权。

第二，中国人民坚定地走全面深化改革开放之路，意味着中国的市场将进一步向全球开放，意味着中国经济必然面对空前的市场化程度，进一步加快全球化进程，使国际市场要素的分配更大程度地、甚至决定性地国际市场化。当今各国，无论社会主义还是资本主义，无论强国、大国还是弱国、小国，都离不开市场，市场不是资本主义国家的垄断物。中国通过社会主义市场经济获得了巨大红利，今后仍将通过市场经济获得更大红利，中国红利也将通过市场对世界经济贸易投资产生巨大的外溢效应。在中国与非洲的合作中，中国也会进一步调整政府与市场的关系，市场承担的责任将更加重大。在这种情况下，无论怎样的企业，无论民企还是国企，都必然要面对空前开放的国际市场。要求中国对外开展业务的企业和个人了解和熟悉国际市场、认识和尊重国际市场、把握和驾驭国际市场。事实上，随着越来越多的中国企业进入非洲，中非关系正在告别政府与政府间的简单关系。对非合作中，凡与非洲合作的企业都需要了解非洲的市场，按照市场规则办事，守法遵规，加强与当地的沟通和交流。因为历史与现实等各种原因，非洲有可能是世界上最复杂的国际市场，企业如果没有锻炼好内功，恐怕很难充分适应或利用这个市场。的确，非洲自然资源丰富、人口红利丰厚、市场潜力巨大。但是能否得到充分开发和利用以及如何开发利用造福人民则是关键一环。要想把握好市场脉搏、巩固传统优势、创新机制，社会的作用无疑将比过去更加重要。

第三，实践呼唤体制创新。深化改革是扩大开放的必经之路，是中华民族伟大复兴过程中的一场攻坚战，也是中国面临新的发展阶段。对非合作领域也存在深化改革开放的问题。深化改革必将催化体制的创新，创新体制应该为中国人练好内功、把握世界脉搏、走向世界的实践服务。因为，开放需要中国人有更加开放的眼光和心胸：即使中国发展了，国人也应该清醒地意识到，发展的中国更加需要世界，当然世界也更加需要中国，中国与世界的良性互动是保障中国未来发展的基本条件。开放需要中国人了解甚至熟知中国以外的世界：中国迫切需要了解她所面对的世界，当然世界也需要了解中国。这方面需要做很多功课，需要积极实行双向的走出去、请进来的开放策略，畅通内外交流的渠道，在坚持和发扬中国文化的同时，虚心借鉴其他文明成果。开放还需要更多的协同、协调、合作精神和共赢意识：走出去的企业之间需要协同合作精神，既包括在中国企业之间，也包括与世界人民特别是非洲人民之间的包容与合作精神，倡导新型的义利观念。开放需要更大地发挥社会能量：无论是了解国情、世情，还是沟通协作，无论是把握市场，运用好经济杠杆，还是增强法律意识，遵纪守法、加强法制化，都需要人来完成。因此秉持以人为本，发挥一切积极正能量，注重人才的培养是第一要务。开放还特别需要中国企业锻炼好内功：中非关系互补性强，在中国企业面临更大的转型升级压力时，从前依靠内地廉价劳动力出口欧美市场的企业可以在非洲寻找新的市场，而企业转向非洲既是挑战也是机遇，特别是在中非开启全面合作新篇章的时候。

中国在更深度融入世界体系、更大程度市场化、更科学制度化方面能否走稳、走远，必将决定性地影响中非全面合作关系。

三、非洲的新变化对中非合作带来的机遇与挑战

冷战结束以来，特别是20世纪90年代末至20世纪初以来，非洲也发生了很多变化。2013年3月，习近平主席在南非访问时接见非洲朋友的早餐会上发表了重要讲话。他表示，"当前非洲和平与发展事业处于新的关键阶段。非洲经济蓬勃向上，联合自强不断迈出新步伐，国际地位日益提高"。

（一）非洲更加自信

中国和一批新兴工业化国家的发展使非洲深受鼓舞，中非经贸合作是互利双赢的合作关系，为中国和非洲，乃至世界的发展带来了的机遇。中国与非洲的合作不仅有力促进了非洲发展，也提升了非洲人民追求发展的信心。许多非洲朋友告诉我们，"有中国这样的大国站在我们一边，这是非洲人民的幸事"。虽然一些国家还在经历政治动荡，武装冲突，或者受恐怖活动干扰，但正如非盟轮值主席、贝宁共和国总统亚伊·博尼强调说，"非洲国家联合自强，实现和平、稳定、发展的愿望，今天比以往任何时候都要强烈"。卢旺达国立大学政治研究员及政治学教授奥马尔·卡尔凡，在其《非洲能从金砖国家集团中获益吗？》一文中十分自信地指出，"没有非洲的和平与发展，世界将无法实现繁荣。没有非洲的声音，全球事务的管理将不能

实现平衡"。更加自信的非洲一定会更加自立自强，在国际事务中发挥更积极作用，焕发出独特的魅力。

（二）非洲处于大发展的前夜

新世纪以来，非洲国家这几年处在非常重要的发展时期，非洲形势总体保持和平稳定，经济进入快速发展期，整体的实力在上升。金融危机爆发以来，特别是撒哈拉以南的非洲，国内生产总值的增长大约是4%—5%。刘鸿武在《非洲发展大势与中国的战略选择》一文中对非洲进入新世纪以来取得的发展成就有较为详尽的描述，指出，在金融危机带来的世界性经济萧条背景下，非洲大部分国家GDP5%增长率表现出，这是一个充满活力并开始有民族自信的、日益走向和平与发展的大陆。目前，世界各国纷纷看好非洲。对于非洲大陆而言，今后10—20年，将是数百年以来从未有过的最佳发展机会。如果非洲能够抓住机遇进行经济结构转型，则有望成为新兴市场和世界经济新的增长极。展望未来，非洲充满希望。可以说非洲国家正处在大发展的前夜。

非洲经济加速起飞，蓬勃向上的非洲经济将为中国经济发展提供日益广阔的机遇。非洲大陆发展亟须巨额资金支持，中国不但有充裕的发展资金，且不附加政治条件；非洲有极大的消费品需求市场，中国有多年发展起来的消费品制造加工业能力，这种能力日益超过中国及世界其他地区所需。非洲人才层次丰富，正可与中国经济发展结构调整中的部分产业对接。中国居民出国旅游购物的消费兴趣急剧上升，非洲独特的自然风貌和人文地理，正吸引越来越多的中国游客到非洲旅游观光。

中国在推动非洲旅游业发展方面起到了重要作用。有数据表明，2012年中国赴非游客比2011年增加了56%，2013年上半年非洲旅游业收入同比增加5%，超过世界旅游组织此前3%—4%的预期。

（三）非洲经济发展模式正在发生变化

非洲大陆能否进入一个新的历史发展阶段，经济发展将是决定性的因素。由于历史原因，非洲国家长期以来严重依赖资源出口，经济发展模式单一。如今，越来越多的非洲国家意识到，非洲只有通过改变经济增长方式，加强非洲国家间经贸合作，吸引投资，加快基础设施建设，才能把非洲打造成下一个经济增长极。近年来，越来越多的非洲国家积极寻求可持续发展道路，挖掘潜力，促进产业和贸易结构多元化，争取提高出口产品附加值，发挥自身工业优势。各国还在积极发展农业，突破基础设施瓶颈方面，作出了更多的努力。在发展过程中，非洲多数国家越来越感到发挥合力和区域优势的重要性，因此非洲国家联合自强不断迈出新步伐，推动区域一体化正成为发展的新特点。中国在非洲投资改善了非洲的基础设施条件，也有利于非洲各国间开展贸易，促进非洲大陆的一体化进程。

非洲在调整经济发展模式的同时，中国也在调整经济结构，中国企业面临转型升级，这种形势更加有利于中非之间互补的经济合作。受新兴经济体制造成本上涨因素影响，劳动密集型产业特别是低端制造环节加速向低收入国家转移。发达国家受"再工业化"政策引导，一些中高端制造业向发达国家回流，服务外包和服务投资成为国际经贸合作新热点，为新兴经济体提升在全球价值链中的地位带来了机遇。就中非而言，这一趋势为中国产业转型升级提供了空间，同时也为非洲开启工业化进程创造了有利条件。因为中国可以借产业转型之际助非实现工业化，今后中国在这方面可以大有作为。中非合作需求的不断强化，必将进一步推动中非全面合作关系的深化和发展，使中非关系一步步迈进新的里程。

（四）非洲多边合作机制越来越发展，国际地位日益提高

近年来，世界对中非关系的关注度逐年提升，"非洲经济机遇论"在国际上也持续升温。无论发达国家还是新兴工业化国家，都视非洲为充满机遇和活力的大陆，一个在世界上发挥越来越重要作用的大陆。因此加大了对非投入和合作。

美国在非洲长期有军事存在。2012年6月14日，美国总统奥巴马公布了非洲新战略，强调加强美非关系，促进美非贸易，推动非洲实现和平、安全、良政和民主等。7月底，克林顿·希拉里访问非洲六国，在其11天的行程中，恐怖威胁和中国在非洲的影响力不断扩大是她的主要议题。她肆意挑拨中非关系，抨击中国只开发资源不致力于民主和人权，要求非洲精英意识到建设更好政府、提高生活水平的最佳机会在于同美国等负责任的伙伴进行合作，还声称"适度的发展将降低对极端主义组织的吸引力"。希拉里劝说非洲国家领导人仔细考虑"外国提议的非必要、可能滋生腐败、不利于人民"的项目。

法国与欧盟在非的言行没有美国那么霸道，但更值得关注。在非洲各国独立之后，法国是前殖民列强中唯一一个通过法非之间各种特殊协定或条款、领导人之间的个人关系、法非峰会、对非提供援助等手段，一直维持着与非洲、特别是与法语非洲在政治、经济、军事、文化、金融等方面特殊关系的国家[①]。然而，这种特殊关系并没有给非洲带来他们所期待的发展结果，90年代后期，非洲因社会动乱、冲突和战争几乎被边缘化。自欧洲被金融危机和主权债务危机纠缠，而中国等新兴市场快速崛起，非洲在与中国等发展中国家的合作中各自获得显著成就后，法国被迫开始重新考虑调整法国对非政策。出于政治、经济、外交等多方面需要，法非紧密的特殊关系开始向与非洲国家全面平等的伙伴关系的方向发展。2013年12月7日在法国巴黎召开的法非首脑会议上，有53个非洲国家的领导人与会，联合国、非盟、欧盟以及国际货币基金组织、世界银行、非洲发展银行等国际和地区组织也都派代表出席。法国开始谋划与非洲建立新型战略伙伴关系。会议以法非很关心的非洲和平与安全为主题，在经济层面，法国则试图借助这次峰会与非洲国家建立新型伙伴关系，在非洲一体化进程中发挥作用。法国总统奥朗德表示，非洲国家目前的平均经济增长率是5%，法国将加大对非洲的投资。他提出在未来5年内实现法非贸易和法国在非发展项目上的投入两个翻一番。奥朗德还倡议创建法非增长基金，以促进法国、欧盟与非洲在创新和新技术等领域的合作。

除美国、法国、欧盟这样的大国和集团对非洲加大关注和投入外，俄罗斯、印度、巴西、南非以及经济强国日本、韩国也都在非洲有长期的实际存在和越来越频繁的人文交往和经贸往来。土耳其与非洲也经常举办高层会晤，搭建了十分活跃的合作机制，加大了与非洲人文交流和对非政治、经济、财政方面的援助。

中国对于世界各国与非洲的合作，包括中国与各国在非洲的合作秉持开放与合作的态度。正如中国外交部发言人刘为民在记者会上回答有关中国对

---

① 有关的分析很多，例如，齐建华："冷战时期法国对非政策的演变分析"，《商丘师范学院学报》，2008年第4期。"为什么偏偏是法国：法国对非洲的'情'与'结'"，http://news.xinhuanet.com/world/2011-05/01。

与美国在非洲加强合作持何态度时所言,非洲的和平与发展关乎世界的繁荣与稳定,离不开国际社会的支持和帮助。刘为民表示,中美都是非洲重要的合作伙伴,对非合作各有特色和优势。有关合作应遵循尊重非方意愿、有利于非洲发展等原则,在平等、互利基础上稳步推进。当前,非洲和平、稳定与发展既面临新的机遇,还面临不少困难和挑战。中方呼吁包括美国在内的发达国家尊重非洲意愿,倾听非洲声音,照顾非洲关切,积极履行对非援助承诺,为促进非洲和平、稳定与发展作出积极贡献。

四、面对机遇,迎接挑战,共创新世纪中非合作关系发展的新局面

发展中非全面合作关系,是一个自然的历史过程,又是一个主观实践活动。所谓自然的历史过程,就是说中非关系发展是基于一系列主客观条件,有着不以人的意志为转移的客观规律,我们要认真研究,认识客观要求,从实际出发,按规律办事;所谓主观实践活动,就是说中非关系发展还是两国人民适应世界潮流,从双方利益和世界人民的根本利益出发坚持和发展双方经济、政治、文化、社会和环境等关系的外交与合作活动的结果。

十几年来的中非政治经济合作为这一趋势的出现作出了重要贡献,今后中非双方也会因此获得更为有利的发展全面合作关系的条件。面对全面合作的机遇,迎接其挑战,共创新世纪中非关系发展的新局面,关键是要在认识中非关系本质,在把握中非关系发展规律的基础上,发挥双方的能动性,推进中非关系的发展。

在这方面,科学、正确地把握一些认识和实践问题十分重要,甚至是关键性的:

第一,中非双方近代以来有过共同的历史遭遇,中非人民之间有特殊的兄弟情感。但是中非关系依然是国家间关系,这是中非关系的本质。一方面双方应相互遵守国际法准则,坚持和平共处五项原则,坚持相互平等相待,反对霸权主义,反对恃强凌弱,以大欺小,另一方面,在涉及国家利益问题上,坚持合作对话,互利共赢。当然,中非国家之间的关系又有其特殊性,共同的历史遭遇,同是发展中国家,因此又是特殊的命运共同体。正因为

此，习近平对中国外交提出了新型"义利观"，不搞唯利是图的原则。客观地看，与中国人遭遇的百年屈辱历史相比，非洲人民几百年来遭遇的经历要惨烈得多：四百年的贩奴史，加上一百年的殖民史。因此，当中国这样的大国，不久的未来将是世界的强国走进非洲时，伴随着西方媒体的宣传，非洲朋友难免表现出"一朝被蛇咬，十年怕井绳"的心态。真正把非洲国家视为平等的、相互尊重彼此主权和利益的合作伙伴，是打消非洲人顾忌，自信地与中国开展各领域合作不可或缺的重要环节。

第二，发展中非全面合作关系应当是一种科学的发展。以人为本、全面协调、可持续发展的价值和目标应当成为发展中非关系的方向或追求的目标，当然在内涵和形式上具有其特殊的意义。以人为本是要实现"为了人，依靠人，发展人"的发展与合作价值目标。这里的人应该指中国人民和非洲人民，他们的根本利益，发展机遇，幸福指数，满意程度，参与程度等等，以人为本应该是发展中非全面合作关系的出发点和落脚点。非洲学者提出的加强人员培训和文化教育领域的合作、重视在非企业用工问题，中方担忧的中国人在非洲的人身和财产安全等问题也是双方合作中应该力求解决的现实问题；而中非合作秉持全面、协调和可持续发展原则则是科学发展合作关系的保障。中非政治、经济、社会、文化、安全、法律、金融、环境、区域一体化等各领域的全面合作要比单一的政治或经贸合作更科学，更有利于人的发展，更有利于全面协调发展，更有利于可持续发展。今天中非合作所面对的国际、国内的合作环境和条件比过去更加有利，但对合作质量的要求也相应更高。

第三，在当前国际背景下和中非改革变化的背景下，中非关系中应当充分发挥多种关系主体的作用，既要继续发挥国家的指导作用，又要发挥市场的基础作用、加大发挥社会的参与和人民的积极性，以形成中非关系发展的强大合力。中国政府在中非合作中发挥了重要作用，赢得了非洲政府和人民的高度信任和赞赏，但是，在非洲中资企业的情况就比较复杂了。非洲的多样性，各种关系的复杂性，恐怕令许多赴非的中国人感到难以招架。少数个体商人素质不高，在非洲丢人现眼抑或损失惨重也就在所难免了。同样，越来越多在华经商的非洲人的管理问题，也需要各界的协同努力。在经济全球化更加深化，中国和非洲都在加速发展，合作领域不断扩大的形势下，中非全面合作所需大量人才的培养,急需社会、市场的参与。其中,既要有政府的引领角色,也要有社会参与的积极性。贺文萍教授提出了中国应该开展"以人为本"的对非公共外交的观点,认为这是推动中非关系可持续发展的重要保证,我完全同意她的观点,也十分欣赏她对中国公共外交成就与缺失的客观分析。

第四,当今的世界是开放的世界,当今的非洲是开放的非洲。非洲的和平与发展关乎世界的繁荣与稳定,也离不开国际社会的支持和帮助。中非关系与其他国际关系首先是对立的统一,既是竞争关系,又是合作关系。其次,中非关系需要处理好与多种国际关系的关系,其基础是要促进中非人民和世界人民的共同利益,争取关系各方和平发展共赢的结局;中国对于世界各国与非洲的合作,包括中国与各国在非洲的合作同样秉持开放与合作的态度,遵循的基本原则应该是有关合作必须尊重非方意愿、有利于非洲的和平、稳定与发展,在平等、互利基础上稳步推进。应该看到,未来的非洲,虽然是世界各种力量角逐实力、竞争较量的场所,但也是各类国家开展创新合作、展示软实力的平台,而且更应该是集结各类维护和平、促进发展、共同对话、互利共赢意愿、共同构建新时期国际政治经济关系新秩序、新理念、新理论的试验场。

第五,继承发扬中非关系的光荣传统,继往开来,开拓创新,共创新世纪中非关系发展的新局面。中国对非洲发展的贡献,得到国际社会的认可,更受到非洲国家的普遍欢迎。中非关系基于互有需要,相得益彰,彼此受惠,确实为利益和命运共同体,这是一方面,另一方面,通过上述对世界、中国、非洲发展趋势的发展变化的分析,我们不难得出这样的结论,中国发展与非洲的全面合作关系势在必行。中非之间加强政治互信与合作更加重要,经济互补性更强;随着中非各自快速发展,中非合作将面临空前的机遇,但在合作过程中,中非关系也因各种因素会比以前更加复杂。前些年,中非合作快速发展,成果突出,总体健康,前景可期,但也不可避免地出现或新增了一些问题、难题,如中国如何面对大国在非关系、投资和人员安全、文化隔阂、海外工程中的标准问题、承包合作模式、与当地及媒体沟通交流、公司管理人才培养、对非合作总体战略设计等。非洲方面越来越多地希望得到中方培训、技术转让、设定保护环境条件等。中国与非洲发展社会、文化、安全、法律、金融等方面的合作因此更加突出。能否成功全面合作是化解相关问题的基本保障，需要动员中非方方面面的力量和智慧，需要方方面面的协同合作。

非洲求和平、谋稳定、促发展依然面临不少挑战。中国深化改革开放、经济转型、谋和平发展也面临诸多挑战。中非能否抓住机遇，迎接挑战，很大程度上取决于双方之间以及各自与世界的良性互动。相信中非能够以政治合作为导向，经济合作为重心，文化合作为基础，安全合作做保障，一体化合作做新动力，金融与法律合作为补充，携手共进，共创新世纪中非关系全面发展的新局面，为建立一个理想的和谐世界共同努力。

2014年1月12日

一

中非合作关系
回顾与展望篇

非洲发展概况与中非合作综述

谢 茜[①]

一、非洲发展的现状和特点

近年来，非洲发展总体呈现良好态势。政治形势稳定，促进和平、推行良治成为非洲国家的广泛共识。科特迪瓦内战结束；索马里选出新总统，结束21年无政府状态；一些曾经动荡的国家，如安哥拉、布隆迪，近期政局也恢复稳定，经济复苏。非洲经济长期以高于全球平均水平的速度增长，2013年非洲人均收入超过1000美元，城市化进程也不断推进。但非洲离实现真正的复兴还有一段距离。如何遏制个别地区、国家的安全局势恶化，实现全非的和平与稳定，缩短内部经济差距，发掘内生增长动力，仍是非洲必须解答的问题。

（一）形势总体稳定，但局部地区安全局势恶化

近年来，非洲形势总体稳定，大部分国家民主政治建设持续发展。2011—2013年，共有四十多个非洲国家成功举行各类选举，部分国家顺利渡过大选年，如肯尼亚、津巴布韦、塞内加尔。非盟主导下的"非洲和平与安全框架"建设顺利进行，出台了为期5年的和平与安全事务协调规划，非洲

[①] 外交学院法语系学士、硕士研究生（2012届）。2011年，参加商务部国际贸易经济合作研究院中国—非洲研究中心的"乍得经济社会发展前景"研究项目。2012年，参加外交部新闻司公共外交办公室的大国公共外交研究项目，撰写《法国公共外交》一文。现以非洲法语国家为对象，开展国际关系方面的学习研究。

常备军的建设也稳步推进。

尽管如此,非洲局部地区持续动荡,一些国家安全局势恶化,恐怖袭击和武装冲突频发。"阿拉伯之春"后续影响显露,埃及、利比亚社会秩序混乱,治安状况恶化;马里政变引发内战;南北苏丹关系恶化;尼日利亚恐怖袭击、阿尔及利亚人质危机、肯尼亚商场袭击事件先后发生;刚果(金)东部冲突不断;中非共和国内乱持续。

由选举纷争、社会变革、资源争夺、宗教冲突、种族分歧、恐怖主义等原因引发的冲突不断爆发,威胁着相关非洲国家的稳定与安全。另外,政府治理能力不足、资金缺乏、过分依靠外部干预等因素也阻碍了非洲自身安全能力的建设。部分非洲国家依然暗藏着许多政治方面的不稳定因素,未来非洲仍有可能爆发新的动乱。

(二)经济恢复增长,但发展不平衡

近年来,受国际金融危机、全球经济衰退、北非政治动乱的影响,非洲经济出现了波动。2011年非洲经济增速仅为3.7%,而前一年为4.9%。尽管如此,受世界经济逐步复苏和国内需求旺盛等因素支撑,非洲经济在此后展现出巨大的增长潜力。世界银行数据显示,2012年,非洲经济增速达5.0%,远超世界平均水平(2.2%),也高于发展中国家(4.7%),仅次于东亚地区(5.8%);46个非洲国家经济增长率超过世界平均水平,全球增长最快的30个经济体中有16个在非洲。预计2013年非洲经济增长率有望达到5.6%。

在全球经济环境不利的情况下,非洲经济能够恢复快速增长主要有以下两个内部原因。首先,非洲资源优势突出。近年来,撒哈拉以南地区不断发现新的油气资源,促使石油和天然气出口国的经济进一步增长。其次,非洲内需持续扩大。目前,非洲54个国家中已有26个达到中等收入国家水平。非洲发展银行报告显示,2012年,非洲生活在贫困线以下的人口比例已从2005年的51%下降至39%,非洲中产阶级家庭已达6000万个;2013年非洲人均生产总值首次超过1000美元。与此同时,非洲城市化进程逐步加快,城市人口迅速增加。这些因素促进了非洲内需的扩大,也为非洲消费品市场、电信行业和金融领域带来了前所未有的发展机遇。再次,非洲近期不断加强内部经济一体化建设,非盟第18届峰会上设定了在2017年前建成洲际自由贸易区的目标,并提出了"四步走"时间表。一些贸易壁垒被取消,部分非洲国家之间新签订各类贸易协议。此外，非洲次区域组织机制的逐步成熟也推动了区域间贸易往来的发展。非洲整体投资环境改善，市场一体化进程继续推进。

外国投资以及与新兴经济体的贸易是非洲经济增长的重要外部动力。世界银行报告显示，2013年外国对非洲投资额高达566亿美元，远高于2012年的377亿美元。此外，近年来新兴经济体与非洲贸易大幅增长。其中，2012年，非洲与金砖国家贸易额达3400亿美元，其中约60%将由中非贸易构成。新兴经济体对大宗商品的需求增长迅猛，极大促进了非洲的出口，同时也使非洲出口对象国更加多元化，降低对欧美国家的外贸依存度。目前，撒哈拉以南非洲地区对欧元区的出口占其总出口的比例已从20世纪90年代初期的40%下降到了20%。①

然而，发展的不平衡依然是困扰非洲经济的一大硬伤。显而易见的是，在非洲，石油出口国的GDP增长率要高于石油进口国；以埃及、阿尔及利亚为中心的北非地区因地理位置受到欧盟战略重视，以尼日利亚、加蓬为核心的西部非洲因石油美元的支持，南部非洲以南非为重心，受到西方国家的重点投资与优惠贸易待遇，非洲大陆形成了多个中心的经济增长群体；长期动乱使中部非洲国家经济发展受阻。

另外，尽管近年来非洲加大了基础设施建设力度，但与其他地区相比，非洲在这方面的资金投入仍然较低，仅占GDP的5%左右。内部物流成本高、贸易壁垒依然较多、各国出口产品单一且类似等因素限制了非洲内部跨国贸易的进一步增长。此外，过分依赖原油等大宗商品的出口贸易也使非洲更容易受到外部经济波动的冲击。

二、中非合作：机遇与挑战并存

中非关系是一种平等相待、相互依存的关系。半个多世纪以来，中非合作总体上经历了一个从政治支持到经济合作，再到全方位发展的历程。

中非友谊源远流长，基础坚实。早在公元10世纪，中国就间接和非洲

---

① 数据来源：《国际经济分析与展望（2012—2013）》。

开展了贸易往来。在此后长期的交往中，双方交往逐步加深。新中国的成立，为中非建立平等友好的关系打下了基石。1956年5月，中国与埃及建交，标志着中非关系进入新的发展阶段。此后，相继获得独立的非洲国家陆续与中国建交。迄今，中国已与非洲54国中的50个国家建立了外交关系。回顾历史，在民族解放的斗争中，在国家建设发展的过程中，以及在国际事务中，中国和非洲都始终相互支持。对新独立的非洲国家，中国总是率先承认；在对有需要的非洲国家进行援助时，中国总是不遗余力，不提政治条件。与此同时，中国在重返联合国、挫败反华提案、申办奥运等过程中取得的成功，都离不开非洲国家的支持。

进入21世纪，深化中非合作成为双方的共识。为进一步提升中国与非洲国家在各领域合作的水平，建立一个长期的集体对话交流机制，中非合作论坛于2000年成立。2006年，在论坛第二届峰会上，双方宣布建立政治上平等互信、经济上合作共赢、文化上交流互鉴的"中非新型战略伙伴关系"，中非关系实现了新飞跃。2012年，中非合作论坛第五届部长级会议在北京召开，确定了一系列推动中非关系全面发展的新举措，为此后三年中非多层次、宽领域的合作绘制了蓝图。

（一）政治往来

半个多世纪以来，中非政治关系稳定、持续发展。中非高层官员互访频繁，大量非洲国家元首及政府首脑访华，如2010—2012年，非洲共有32位国家元首和政府首脑、17位副总统或副总理、10位议长访华或来华出席世博会、世界大学生运动会等重要活动。① 中方领导人也多次访问非洲。2013年3月，习近平主席就任后首次出访，坦桑尼亚、南非和刚果（布）是目的地之一。在访问中，习近平提出了"真、实、亲、诚"的中非合作理念，充分展现出新时期中国政府对中非关系的高度重视。通过相互访问，中非双方的传统友谊得以巩固，政治互信继续增强。

此外，中非多种形式的对话机制不断丰富，双方建立了双边委员会、战略对话、外交部政治磋商、经贸联（混）合委员会、立法机构间高级别定期交流机制、中非地方政府合作论坛、中非法律论坛，等等，为双边关系的发

---

① 中非合作论坛网站：《中非合作论坛第四届部长级会议后续行动落实情况》。

展进行规划和指导。在此推动下，中国和非洲国家在立法机构、政党、地方政府层面上的交往日益深化。

与此同时，中国与非盟和非洲次区域组织的关系也不断发展。中国—非盟战略对话已成功举办五次，密切了双边联系。中国为非盟主导下的多个非洲发展项目提供资金、建设、培训等多种形式的援助，得到了非盟的赞许。中国同时重视与非洲次区域组织的交往，近年来，相继与东非共同体成立了经贸联委会，与南共体、西共体举办了经贸投资论坛。

从总体上看，当前中非政治交往体现出以下特点：

——坚持平等自主，合作共赢的基本原则。在与非洲国家的交往中，中国多次强调尊重非洲人民自主选择适合国情的政治制度和发展道路，决不将自己的意识形态、价值观和发展模式强加于非洲国家。中国与非洲的合作建立在平等互利的基础上，中国政府对非洲的援助不附加任何政治条件。这种互利共赢的合作模式得到了非洲国家的充分赞许和支持。

——中非合作论坛成为关键的集体交流平台。成立以来，论坛共召开了五届部长级会议和一次峰会，建立了多级别、多层次对话机制，如部长会、中非外长联大政治磋商、高官会，等等，构建了立体式合作体系，成为非洲国家以集体形式与中国展开对话的高效平台。中非合作论坛的运作极大地深化了中非双方的政治互信，同时指导、监督和推动经济合作、文化交流项目的落实。

——双方在国际事务中的协作更加紧密。中国与非洲在联合国改革、应对气候变化、可持续发展、世贸组织多哈回合谈判、国际金融危机等重大问题上密切配合，维护发展中国家共同利益，促进国际关系民主化，推动国际秩序朝着更加公正合理的方向发展。中国鼓励发挥联合国、非洲联盟等国际区域组织在非洲事务中的作用，通过磋商解决问题。

当前，中非双方有着强烈的合作意愿，政治互信与悠久的交往历史将为中非合作打下坚实基础。双方进行政治交流的平台日益广阔，拥有越来越多的共同利益。但中非的政治合作也面临一定的现实挑战：

首先，中非合作论坛面临来自其他国家对非合作机制的竞争。西方国家近年来重新重视原有的对非合作机制，加强与非洲国家的对话及对非援助，而印度、韩国、土耳其等国也纷纷举办与非洲的峰会，出台一系列对非合作计划和建立相应机制，一定程度上挤压了中非合作的发展空间。其次，西方国家主导的国际舆论曲解、批评中非合作，提出"新殖民主义"、"资源掠夺论"等错误观点，给中国和非洲国家的政治互信造成了压力。再次，部分非洲国家的国内政治斗争、利益冲突对中非合作具体项目的运行产生消极影响；一些国家政局动荡致使政权出现非正常更替，国家政策的连续性出现中断，影响中非合作的稳定。

（二）经济合作

中国与非洲同属发展中国家，近年来中非之间在农业、工业、经贸及金融方面的合作都取得了大幅的发展。特别是在全球金融危机及欧洲主权债务危机背景下，中国与非洲国家之间的经贸合作依然取得不俗成绩。2012年，中非贸易总额为1984.9亿美元，同比增长19.3%。其中，中方出口总额为853.19亿美元，增长16.7%；进口总额为1131.71亿美元，增长21.4%。① 2013年，中非双边贸易持续健康发展。1—10月，中非贸易额达到1728.3亿美元，同比增长5.5%，全年有望突破2000亿美元。②

非洲已成为中国第二大承包工程市场和第四大投资目的地。目前，在非的中国企业已超过2000家，涉及农业、能源、建筑、加工制造、金融、物流等众多领域。为进一步促进中非经济合作，中国政府积极相继推出了中非发展基金、经贸合作区、非洲中小企业发展专项贷款等措施。目前，中国企业已在非洲5个国家建设了6个经贸合作园区。

1. 农业

中国和非洲在农业资源、农产品市场方面有着很强的互补性。非洲可耕地面积广达2.3亿多公顷，占世界的12%，同时非洲水资源、草场和渔业等资源较为丰富，气候温暖，农业发展前景广阔。而中国拥有13亿多人口，是农产品消费大国，其农产品市场开发潜力巨大。此外，许多非洲国家在自然条件、作物种类、农业生产方式方面与中国相似，为双方的农业技术合作提供了有利条件。

农业合作已经成为中非合作的重点领域。2010年8月，"中非农业合作

---

① 中国商务部网站，《中国与非洲的经贸合作（2013）白皮书》。
② 中国商务部网站，《2013年商务工作年终述评之十：中非经贸合作成果令人瞩目》。

论坛"在北京举行。论坛增进了中非双方在农业发展状况和政策方面的相互认识和了解,成为进一步推动中非农业与粮食合作的专业对话平台。截至2013年,中国已与16个非洲国家签订了28个农牧渔业合作协议,并与9个非洲国家建立了农业工作组执行委员会机制。

中非农业合作的形式主要有三种:农业援助、农产品贸易和农业投资。

中国对非农业援助主要采取"授人以渔"的技术援助方式,以企业为经营主体,依靠国内科研机构的技术,进行农业技术示范中心的承建和管理。目前,中国在非洲已建成15个农业技术示范中心,另规划新建7个示范中心,以此为平台与非洲国家共享现代农业技术。中国积极支持联合国粮农组织在非洲开展农业发展项目,近年来,中国共向粮农组织信托基金捐款3000万美元,并在该组织"粮食安全特别计划"框架下向8个非洲国家派遣了700多名农业专家。

自2005年起,中国对非洲国家部分输华农产品实行零关税政策,大力促进了中非农产品贸易的发展。2009—2012年,中国对非农产品出口额从15.8亿美元上升至24.9亿美元,增长57.6%;中国自非农产品进口额从11.6亿美元上升至28.6亿美元,增长1.46倍。①中国从非洲进口的农产品主要有棉花、烟草、柚子;出口农产品主要是茶叶、蔬菜等。

2012年,中国在非农业领域直接投资额达8247万美元。目前,中国在非洲农业企业主要从事水稻、玉米等粮食作物和大豆、甘蔗、木薯、天然橡胶和剑麻等经济作物种植、渔业养殖和捕捞以及相关农产品的加工和储存运输。

中国和非洲之间农业互补性强,合作空间广泛。在新环境下,应继续为推进中非农业合作建立良好的政策环境,完善现有合作机制,整合外交、商务、财税、金融组织、科研机构和企业的力量,为中非农业合作提供良好的外部环境。除继续深化农业援助外,双方还可以密切沟通,充分利用中非农业合作论坛等机制,加强在农业信息、品种优化、加工贸易、投资开发的合作。

---

① 中国商务部网站,《中国与非洲的经贸合作(2013)白皮书》。

2. 基础设施

基础设施落后一直是阻碍非洲经济腾飞的瓶颈。而中国在改革开放过程中，通过大规模、系统性的基础设施建设，为经济增长和社会进步奠定坚实的基础。中国积累的丰富经验和技术可以帮助非洲改善基础设施建设，双方的合作有着广阔的前景。

长期以来，中国通过资金支持、援助建设、工程承包等方式与非洲开展基础设施建设合作。

中国政府和金融机构为非洲基础设施建设提供了大量优惠贷款和商业贷款。2010年至2012年5月，中国累计为92个非洲基础设施项目提供优惠贷款，批贷金额达113亿美元。① 喀麦隆克里比深水港、埃塞俄比亚亚的斯—阿达玛高速公路等项目均由中国的优惠贷款支持建设。中国大型商业银行也在非洲开展了多项买方信贷，支持了加纳电网、埃塞俄比亚水电站、阿尔及利亚东西高速公路等项目。

中国至今已援助非洲建成一千多个成套项目。其中，2011年中国共援助非洲国家建设270个基础设施项目，类型主要包括桥梁、道路、港口、机场、电力、通信设施等，其中交通基础设施近140个，如援埃塞俄比亚格特拉立交桥、援科摩罗机场航站楼等，电力设施约60个，如援加蓬布巴哈水电站，通信设施70个，如援乍得20万线CDMA项目。这些项目的建成促进了受援国的经济发展，改善了当地民生。②

非洲近几年来已发展成为中国的第二大海外工程承包市场，涉及电力、通信、水利、路桥和港口建设等众多领域。2012年，中国企业在非洲完成各类承包工程营业额408.3亿美元，占中国对外承包工程完成营业总额的35.02%。

中国建筑工程类企业在非洲建成了大量市政道路、高速公路、立交桥、铁路和港口项目，促进了非洲国家内部和跨国间的互联互通。2013年，中国和坦桑尼亚签订协议，由中国招商局集团承建巴加莫约港综合开发项目，建成后的巴加莫约港，将能停靠10万吨以上的货轮，将成为东非地区泊位最

---

① 中国商务部网站，《中国与非洲的经贸合作（2013）白皮书》。
② 中国商务部网站，《商务部援外司司长王胜文在"非洲基础设施建设发展合作研讨会"上发言》。

大的港口。

中国通信企业在非洲参与了固定电话、移动通信、光纤传输骨干网、互联网等通信设施建设,扩大了非洲国家电信网络的覆盖范围。华为、中兴等著名中国通信设备公司在非洲运营已经趋于成熟,为非洲多国承办通信网络及终端配备的大型项目,它们的通信产品在非洲市场也占有一席之地。这些企业不仅在相对发达的北非与南部非洲地区,甚至在西非地区也已经开始积极拓展业务。

在中非合作论坛第五届部长级会议上,中方提出多项新举措,以促进中非在这一领域的合作,如中国与非洲国家建立跨国跨区域基础设施建设合作伙伴关系,每年为非洲培训300名基础设施领域的各类管理和技术人员;中国向非洲提供的200亿美元贷款将优先用于实施基础设施项目;鼓励中国企业与金融机构参与非洲基础设施建设项目的运用与管理。

未来,中国将继续和加强与非洲在交通、通信、水利、电力等基础设施建设领域的合作,促进非洲实现互联互通,为非洲的经济发展提供动力。

3. 金融

中非经济合作离不开金融领域的支持。由于非洲国家金融市场结构不完善,对外依赖严重,中非金融合作起步较晚。早期中非金融合作的主要形式是援助式贷款。近年来,中国和非洲经济的发展及双方各领域合作的深入提出了更高的融资需求。中国和非洲国家正努力将单纯的"输血"式援助与"造血"式金融开发相结合,逐步向更成熟的金融合作模式过渡。当前,中非金融合作主要有以下三种形式:

——以政策性金融机构为主导,推动中非金融合作。中国政府利用进出口融资、援外优惠贷款和对外投资贷款等金融服务,促进非洲基础产业和基础设施项目的建设。长期以来,中国国家开发银行致力于加强中国与非洲国家在基础设施、农业和工业园等相关领域的金融合作,取得了积极成果。国家开发银行设立总额为10亿美元的"非洲中小企业发展专项贷款",截至2011年底,累计承诺贷款项目38个,涉及贷款金额9.66亿美元,覆盖23个非洲国家。① 此外,作为中国唯一承办对外优惠贷款和优惠出口买方信贷的

---

① 中国商务部网站,《非洲中小企业发展专项贷款介绍》。

中国进出口银行,通过办理优惠贷款支持中国企业在多个非洲国家援建公益设施,大大改善了当地的基础设施条件。截至2012年5月,中方对非优惠性质贷款项下累计批贷92个项目,批贷金额达113亿美元,超额完成承诺。贷款主要用于支持非洲基础设施和社会发展项目,包括学校、卫生机构、电信网络、水电设施、公路等。①

——与非洲多边金融机构合作,开发金融产品。目前,中国在非洲已加入非洲开发银行、东南非贸易发展银行、西非开发银行等区域和次区域多边金融开发机构,合作开发出口信贷、项目融资、银团贷款等金融产品。中国第一个也是目前唯一一个对非投资的股权投资基金"中非发展基金"于2007年设立,主要从事对非投资和咨询业务,其初始资金规模为30亿美元,全部由国家开发银行出资。截至2012年底,中非发展基金已支持非洲60多个项目,涉及30个非洲国家,涵盖了基础设施、制造业、农业、矿业和境外园区等多个领域。此外,中国国家开发银行与南部非洲开发银行签署了《开发性金融合作协议》;中国进出口银行、农业银行等分别与非洲开发银行签订了合作框架协议,就基础项目融资、中小企业发展等问题开展合作。

——扩大人民币在中非贸易和对非投资中的使用。在人民币跨境贸易结算中,非洲的发展尤其引人注目。2010年1月,中国银行在南非成功办理了首笔非洲地区的跨境贸易人民币业务。如今,中国与部分非洲国家之间跨境贸易和投资人民币结算量已经初具规模。符合条件进行此类交易的非洲企业迅速增多,所涉及的行业越来越多,结算范围也越来越广。最初,人民币不在非洲的结算范围仅限于经常项目下的货物贸易和服务贸易,如今资本项目下也可以经过个案的审批参与人民币跨境贸易结算。根据渣打银行的报告,2012年中非人民币跨境贸易结算额为57亿美元。渣打预计,截至2015年,中国进出口贸易额会有20%采用人民币进行结算;其中,中国和非洲国家之间采用人民币进行结算的跨境贸易额将达到150亿美元。②目前,部分非洲国家央行已将人民币纳入外汇储备。到2013年1月,中非贸易中采用人民币结算的非洲国家已达18个。

---

① 中非合作论坛网站,《中非合作论坛第四届部长级会议后续行动落实情况》。
② 新华网,《中非贸易增长将壮大非洲人民币跨境贸易结算》。

中非金融合作发展迅速，中国向非洲提供多种形式的贷款援助，通过共同开发金融产品带动非洲提升其金融自主发展能力，为非洲经济的发展提供了内生动力，同时也为中非各类合作项目的开展提供了更好的投融资环境。不过，中非之间经济结构、发展水平差异较大；非洲大陆货币体系复杂，货币种类众多，彼此之间不能自由兑换，也不能在国际贸易中起支付作用；非洲国家金融基础设施建设落后，金融工具创新不足。这些因素将为中非金融合作的进一步发展带来挑战。

（三）科教文卫交流

中国与非洲国家在科学、教育、文化、医疗卫生领域开展了长期丰富的交流与合作，呈现出前所未有的繁荣景象。经过多年的探索，在科教文卫领域，中非正逐步完善多种合作机制，在合作的形式上积累了越来越多的经验。

——科技合作日益多样化。2009年，中非科技论坛启动了"中非科技伙伴计划"，开展了技术转让、科研人员交流、科技能力创新等一系列项目。2011年底，双方启动"非洲民生科技行为"项目，中方将已成熟的民生领域（如照明、医疗等）低成本技术提供给非洲国家。截至2012年底，中国已在非洲国家合作开展了115个联合研究与技术示范项目。目前，中国已与苏丹、利比亚、赞比亚、尼日利亚、加蓬、埃及、科特迪瓦、阿尔及利亚、南非、马里、摩洛哥、突尼斯、莫桑比克、埃塞俄比亚14个国家签订了16项政府间科技合作协定。中非科技合作的形式也日益多样化，涉及政策制定、技术示范、人员培训、联合实验室、技术转移以及科技园区建设等多个方面。

——打造特色文化交流品牌。中非在文化上互学互鉴，交流日趋活跃。中国迄今已与除南苏丹以外的所有建交非洲国家签署了政府间文化合作协定。随着中国文化中心、孔子学院相继落户非洲国家，中非合力打造了一批以"文化聚焦"为代表的品牌项目。中国政府通过派遣文艺演出团，合作开展考古及文物修复工作，举办"发现中国"系列讲座和"中国文化进课堂"活动，开办传统武术教学培训班，等等，加深了非洲人民对中国文化的了解。在民间领域，"中非青年领导人论坛"和"中非民间论坛"相继成功举行，开启了中非民间交流的新形式，反映了非洲人民的基本生活需求和最迫切的发展愿望，与官方交流活动互为补充，使中非关系更加立体化。得益于越来越丰富的文化交流活动，中国在非洲的文化和语言传播影响力也与日俱增。

——开展务实的教育合作。2010年6月"中非高校20+20合作计划"正式启动，国内高校以"一对一"的形式向非洲院校提供人力资源培训、奖学金和汉语培训等，成为中非教育合作的一种新模式。随着中非教育合作的深化，非洲来华留学生逐步增多，2012年非洲来华留学人数超过27万。2010—2012年，中国向非洲各国提供总计19743个政府奖学金名额。中非双方在22个非洲国家合作设立了29所孔子学院或孔子课堂。此外，中国为非洲国家援助50所中非友好学校，招收200名非洲中高级行政管理人员来华攻读公共管理硕士学位。2013年10月，中非智库10+10合作伙伴计划启动，中非知名研究机构、高等院校建立起结对合作关系，进一步提升中非学术交流合作水平。

——医疗援助稳步深化。中方继续向非洲国家派遣42支医疗队，目前，中国有42支医疗队分布在41个非洲国家，目前共有1067名中国医疗人员在非服务。中国政府还通过举办医疗卫生领域的研修和技术培训班、援建医疗机构等方式，支持非洲卫生系统建设和能力培养。同时，中国有关部门、企业和医疗机构通过多种渠道，在非洲成功开展了治疗白内障患者的"光明行"活动，受到非洲民众的广泛欢迎，取得良好效果。中方分别向非洲30所医院和30个抗疟防治中心提供设备、物资和药品，并派13批疟疾防治专家赴非洲27国出诊，为非洲国家培训医护人员3000名。

总体而言，中国与非洲在文化、教育、文化、医疗卫生方面的合作已经进入成熟阶段，经过多年的发展，呈现出"遍地开花"的局面。未来，中非在这些领域还有很多的合作空间。如双方可以适当地发挥企业、非政府组织的作用，鼓励它们以不同的形式参与到政府合作项目中去。针对不同形式的项目，中非双方可以建立相应的评估机制，监督项目的运行，评估其效果并做好后续跟进工作，为开展下一步合作提供借鉴。

（四）安全领域合作

新中国成立初期，许多非洲国家仍处于西方列强的殖民统治之下。为支持非洲民族解放和独立，中国政府及军队向非洲提供了大量道义和物质援助与支持。不少非洲国家也希望学习中国共产党创造的武装斗争的历史经验

（中国游击战争、农村包围城市等），某些非洲国家的军事将领来华接受培训，学习中国的军事理论。可以说，由于历史原因，中非军事合作是中非在安全领域中最早开展的交流。

进入21世纪以来，中国以更加积极的姿态参与联合国领导的在非维和行动。目前有近1500名中国维和人员在非执行任务，是安理会五个常任理事国中最大出兵国。截至2012年，中国军队共参加了联合国在非洲的15项维和行动，累计派出维和官兵1.5万余人；中方已派遣11批海军舰艇编队赴亚丁湾和索马里海域实施护航，先后为457批共4700艘各国船舶提供安全保护，成功解救遭海盗袭击船舶43艘。①

与此同时，中国积极支持非盟和非洲次区域组织为维护非洲的和平稳定而作出的努力。2012年，在中非合作论坛第五届部长级会议期间，中国政府提出"中非和平安全合作伙伴倡议"，得到非洲国家的积极响应。在这一框架下，中国将深化同非盟和非洲国家在非洲和平安全领域的合作，为非盟在非洲开展维和行动、常备军建设等提供资金支持和人员培训，帮助非洲完善其"和平与安全框架"。

中非警务合作顺利开展。2003年，中国与南非签署《中华人民共和国和南非共和国关于刑事司法协助的条约》，开创了中非警务合作的先河。双方就健全工作机制，密切沟通联系，促进信息交流、联合执法、协作办案等方面开展了务实合作，全面提升打击跨国跨境犯罪活动的能力和水平。2012年，中国警方派工作组到安哥拉，与当地警方合作，成功侦破"5·11"专案，并摧毁针对在安哥拉中国公民的犯罪团伙12个，破获各类重特大刑事案件48起，抓获在安哥拉中国籍犯罪嫌疑人37名，有力打击了国际犯罪，维护中国人民与当地社会的稳定②。

中非军事交流不断增多。2007—2008年，中国与南非举行了双边海上联合军演。2009年6月，由北京军区白求恩国际和平医院和军事医学科学院人员带头组成的医疗队与加蓬军队举行了"和平天使2009"人道主义医疗救援联合行动。这些活动的开展，促进了中非双方的军事了解和交流，为深化中

---

① 中非合作论坛网站，《中非合作论坛第四届部长级会议后续行动落实情况》。
② 中国警察网，《孟建柱：加大国际警务合作力度》。

非安全合作打开了另一片新天地。

但是，许多非洲国家财政收入有限，用于维和与维稳的预算不多，因而难以建立强有力的安全保障机制。一些国家一旦出现国家安全问题，往往求助于外力，因此失去了改善自身维稳能力的机会。如今，来自恐怖主义、武器扩散、跨国犯罪、走私贩毒、海盗等领域的挑战不断涌现，对非洲国家生存与发展构成了现实的威胁。中非安全合作将面临长期挑战。另外，军事与安全始终是敏感话题，中国在与非洲国家开展这一领域的交流时，要坚持和平共处五项原则，在尊重他国主权的前提下，为促进地区和国际稳定作出贡献。

结束语

人们常说非洲是"希望的大陆"，的确，非洲所蕴含的巨大发展潜力仍未得到充分释放，这里丰富的资源、多彩的人文、蓬勃的商机，以及非洲人对富强的渴望、对未来的信心，都将助力非洲经济社会的持续稳定发展。中国与非洲的合作正朝着范围日广、规模愈大、层次益高的方向深化前行。在这个前进的过程中，道路必定越走越宽，但途中的荆棘曲折也难以避免。

中国与非洲国家政府为双方合作的发展规划蓝图，引领方向，取得了很大的成就。为了把握机遇，迎接挑战，双方在寻求共赢的同时也应当细化各类宏观政策，落实到具体的考察、融资、执行、监管、评估机构；鼓励民间建立更多的沟通交流平台，更深入地了解对方的优势与需求，做到取长补短，有的放矢；深化中非在地方层面的政治、经济合作，充分释放"友好城市"的机制红利，推动城市间的互访交流，为地方性企业发掘商机；给予在非洲的中国民企应有的发展空间、平等的政策鼓励与合理的资金支持；为保障中国公民、企业在非合法权益保驾护航。

投身"非洲投资开发热潮"的中方企业，应当把握相关政策，以合法、合情、合理的方式，在尊重非洲当地社会发展权利的同时，开展各类建设经营活动。中国企业应当关注中非合作的重要决策与新规，并因地制宜，针对所在国经济发展特点，制定与之相应的战略，提高经营领域的针对性与多样化（例如，金融企业在非洲可以着力开展民生金融，提供基层金融服务，在较大的非洲城市建立社区银行等）；而在同行业内，企业应实施差异化经营，强调自身的特长与理念，避免生产、建设、服务的同质化与同业恶性竞争；地方性企业还可以借助国内省、市政府搭建经贸交流考察平台，扩大与非洲城市、企业的商业联系。此外，在当地的交往中，做到与所在国政府部门、官员建立友好关系；与中国驻当地使领馆保持密切联系；与媒体打好交道，宣传企业文化，防止被舆论"妖魔化"；尊重当地风俗习惯，合理增加非洲员工职位，了解他们的需求……这些都是我们的企业需要注意而又往往最难做好的。

总之，中非合作之路上机遇与挑战并存。我们不能望而却步，踌躇不定。政府与企业，宏观与微观，我们要在这两个层面上形成合力，打破信息障碍，实现两者之间的互联互通，互为依靠，互为后盾，从而准确地把握非洲发展的机遇，及时调整对非合作的策略，规避风险，保障权益，实现中非合作的共赢互利！

非洲能从金砖国家集团中获益吗?

[卢旺达] 毕祖鲁·奥马尔·卡尔凡[①]

一、序言

非洲蕴藏着丰富的自然资源,全球各工业大国无不觊觎着这块肥肉。自殖民时代,非洲就一直被西方国家所奴役,但现在非洲人可以转变政策,一改那缺乏互相尊重的政治政策和依附西方国家的经济政策,这种依附是由成立于二战(1939—1945)后的国际货币基金组织和世界银行等国际金融机构所强加的。这些机构历来被认为是西方国家用来控制世界经济的工具。因此,当今非洲不仅应该同本世纪初所成立的金砖五国集团合作,还应当与其每一个成员进行合作。21世纪的非洲既不需要帝国主义政策,也不需要过时的发展理论,因为它们带来的只是幻想,并未取得令人满意的成果;若西方国家真想与21世纪的新非洲进行合作,那么是时候对很多东西,很多过去的政策进行修改了,比如国际货币政策,甚至西方大国制定的对非国际政策也应当被修正。否则西方国家无法继续与非洲的新生一代进行广泛合作。其原因是金砖国家来和我们进行不附加前提条件的合作,西方应学习中国的合作模式:无条件"不求回报"、互相尊重及不干涉别国内政。

在下面的章节中,我们将会看到中国、巴西及印度等国家已深入非洲大

[①] 毕祖鲁·奥马尔·卡尔凡(Bizuru OMAR KHALFAN):卢旺达国立政治学研究员及政治学教授。

陆的不同领域，尤其是贸易和经济。所以，如果西方国家若还想待在他们占据了几个世纪的非洲大陆的话，那么他们必须作出改变。随着国际关系形势的变化，任何一国的外交政策也是灵活变化的，金砖五国集团的出现正好活跃了现有的世界政治，21世纪的情况便是如此。

二、金砖国家集团

金砖国家集团指的是由巴西、俄罗斯、印度、中国和南非五个新兴国家构成的一个组织。凭借国内生产总值之和占世界生产总值的25%这一事实，五国决定组成一个经济集团，以建立更稳固的互利合作伙伴关系，促进各自贸易和经济的发展以及推动各大洲经济融合。自2006年成立以来，金砖国家集团已经召开五次会议。第一、二、三和四次峰会分别于2009年6月、2010年4月、2011年4月及2012年3月在俄罗斯的叶卡捷琳堡市、巴西的里约热内卢市、中国海南三亚市和印度新德里市。第五次是在南非德班（南非在2010年12月份加入了金砖国家集团）举行，其主题为"金砖国家与非洲：致力于发展、一体化和工业化的伙伴关系"。

自2000年起，金砖国家开始真正涌向资源富饶的非洲大陆。

金砖国家的出现意味着由全球唯一超级大国——美国所掌控的单极世界的终结。金砖国家成员已经表明他们能与西方国家在贸易、农业、金融或气候变化领域平分秋色。"金砖国家无疑可以借助其组织形式在国际舞台上显示自己的实力"。

在2013年，金砖五国的总人口达到30亿，名义国内生产总值为14.9百万兆美元，外汇储备预估为4百万兆美元；金砖国家集团是一个巨大的经济集团，甚至还是个庞大的人口/人力资本集团。

2012年金砖国家峰会闭幕后，五国决定成立一个投资银行，即"南—南银行"，这是对欧美国家垄断世界银行和国际货币基金组织重要领导岗位的一种回应。

非盟现任轮值主席海尔马里亚姆·德萨莱尼（Hailemariam Desalegn）真诚呼吁金砖国家与非洲建立合作伙伴关系，而且将由他负责实施非盟设计的农业和基础设施领域的计划项目。正如南非总统雅各布·祖马所言，南非有幸成为连通金砖国家和非洲大陆的稳固桥梁。

新兴国家对于非洲而言是一个机遇。印度科技和医学医药颇为发达，正处在良好的发展道路上。根据印度医药生产机构给出的数据，印度普通药品出口总值在2002年约为25亿美元，从2001年伊始以40%的速度增长。印度的这一优势是对非洲有利的。而巴西是世界上主要的农业强国之一，仅次于美国、荷兰和法国。此外，巴西还是世界第一大大豆生产国，其柑橘出口占世界此类商品出口总量的50%。在这一奇迹背后，它还拥有先进的农业—工业联合企业，当然，这对非洲早已被扼杀的农业是一种威胁，但对于学习农学的非洲学生而言却是一个学习的园地。在国际舞台上，无论是在联合国，两大金融机构或其他组织（20国集团）中，中国都占据越来越重要的地位。中国可以成为非洲的一个重要盟友。

非洲第一个新兴国家——南非也不落单。凭借强大的经济实力和在国际舞台上的突破，南非可以在一些国际大机构中代表非洲，然而，非洲各国应该把南非看做非洲的一张王牌而不是威胁，南非也应当接受这项任务，并且应当和非洲的其他伙伴进行广泛协商，而不是像2008年7月25日在法国波尔多举行的南非—欧盟峰会那样，单独行动。

然而，非洲大陆面临两大问题。首先，非洲内部贸易额较小，占总贸易额的10.2%。只要有必要的基础设施和妥善协调的贸易政策，非洲经济就可以成为互补性的经济。非洲内部的出口，尤其是粮食出口是可以解决困扰非洲大陆的粮食不足问题。其次，全球化和对外国开放市场使得任何国家想闭关锁国搞发展都是不可能的。在此背景下，每个国家都应该把自己的利益放在首位。

除了万隆会议上称兄道弟的演讲以外，非洲首先应确定自己的利益，制定地区和非洲大陆战略，使自己的行动组织化和合理化，用同一个声音说话，走向世界因而从新兴国家以及欧洲获利。

世界经济的开放给非洲大陆提供了前所未有的绝佳机会，如若不能将其抓住，那必将非常可惜。

国际重大谈判，比如贸易或环境谈判都因国家自私自利而受挫。货币战争日益可能成为现实。在这种经济危机（西方国家）和紧张的国际环境中，世界无疑需要更多的协调和全球性的治理，而不是与之相反。

然而，越来越占据上风的却是各执一词和各扫门前雪的现象。金砖国家的倡议，即使是迫不得已才被提出，却促使出现了两种不同而又相互竞争的模式，即西方模式和实际上由中国引领的新兴世界的模式。

必须指出，金砖五国各不相同。从经济活动角度来讲，中国荣登榜首（2013年的GDP增长速度预计将超过8.2%），尤其是把GDP年增长率只有3.5%的巴西和2.8%的南非远远甩在后面。从金融上看，中国拥有众多可用的资源，实际上金砖五国3/4的外汇储备都在中国的银行。

此外，中国经济国际化程度最高，甚至在不久的将来，人民币可能会成为国际货币。中国在全球任何一个市场都有自己的身影，包括在它某些盟友的市场里：中国是巴西和南非最大的贸易伙伴和投资商。

三、金砖集团各成员国与非洲的关系

1. 中国与非洲的关系

世界银行估计，中国在2020年至2030年期间有望超过美国成为全球第一大经济体。中非关系源远流长，1955年万隆会议召开后和20世纪70年代初中国恢复了其联合国安理会常任理事国的席位之后，双边关系变得更加牢固。目前，中国在非直接投资超过170亿美元。

巴西、印度和南非组成IBAS。这一组织内共有15亿人口和两个次地区组织（南非领导的南非国家经济共同体和位于巴西的南方共同市场），为活跃南—南合作提供了巨大的贸易前景。如今，发展中国家有30%的外国直接投资都来源于这些国家，而在1995年只有17%。

2000年，法国在世界市场中占有16%的份额，10年之后，这一份额降为9%，而中国的全球市场份额在同期却由3%增长至12%，这一份额的巨变很好地揭示了目前全球发生的变化。中国在非投资也遵循着这一趋势。

自2000年初，中国在非洲大陆日益扩大的存在就曾引来无数评论与羡慕。但中国并非单枪匹马地在非洲大陆行动，巴西、印度、俄罗斯、马来西亚以及韩国也迫不及待地向非洲"进军"。因为非洲蕴藏着新兴经济体发展所必不可少的原材料。

BRIC是四大新兴经济体巴西、俄罗斯、印度和中国的简称，2011年4

月14日，随着南非加入了金砖国家组织，BRIC也由此变成了BRICS（S代表的是南非）。

巴俄印中四国人口总和占全球人口总数的40%，到2050年，四国国内生产总值之和可能会占全球国内生产总值的40%。

金砖四国这一缩略词是由知名投行——高盛银行的首席经济家奥尼尔在2001年时提出的。在那时，其用意是指出这些国家是新兴国家，值得进行投资。今天，这些经济体自身已经在非洲进行投资。

非洲是一块自然资源丰富的大陆。其石油占全球已探明石油储量的3%，占全球石油产量的5%，是中东石油储量的1/10。非洲大陆的石油储量共计770亿桶，其中北非有420亿桶，西非和几内亚湾有340亿桶。安哥拉和纳米比亚是重要的钻石出口国，尤其是金刚石。

然而，几十年以来，非洲的出口却日益萎缩，1948年，其出口总额在全球出口总额的比重是7.3%，这一比例在2006年时下降到3.1%。非洲没有做到出口多样化，在2003年里，初级产品（农产品和能源）出口占非洲出口总额的68.8%。非洲各国之间的贸易额只占非洲对外贸易额的10.2%，而亚洲在这一领域却高达40.9%。非洲同时也是接纳外国直接投资最少的大陆，在2006年时仅为2.7%。而接纳了外国直接投资的国家又多是石油大国，如尼日利亚和赤道几内亚，2003年，这两个国家的出口额占各自国内生产总值的30%和72.3%。

粮食和金融危机直接影响到非洲大陆，出口也因此减少，2009年，随着出口额较以往削减了将近40%，非洲的前景变得比较惨淡。从此，需要考虑非洲与金砖国家的合作怎样才能于非洲有益。南—南贸易合作迅猛发展，非洲是主要受益者之一。联合国贸发组织认为，2006年非洲向发展中国家的出口占其出口总额的28%。中非贸易快速发展，2006年双边贸易额高达550亿美元，而1999年只有60亿美元。2012年，中非合作论坛在埃及沙姆沙伊赫市举办，为期两天（11月8号和9号），中非贸易额翻了一番，预计为1068亿美元。联合国贸发组织认为，中国在2005年引领了非洲大陆上10%的外国直接投资。1999年至2006年，印度与非洲的贸易额由70亿美元上升到220亿美元，巴西与非洲的贸易额由30亿美元增长到150亿美元。诚然，这幅画面为非洲描述了一个美好未来，因为非洲可以扩大贸易合作伙伴，但是非洲大陆的主要出口产品仍是原油、钻石以及其他的矿产品和农产品（可可豆），非洲和其新的合作伙伴的关系有可能重走欧非关系的老路的风险依然存在。

2. 俄罗斯与非洲的关系

普京与祖马的对话预示着俄罗斯对非洲有着更具雄心的战略。将其说成是回归或者历史性的访问可能是不恰当的，实际上，俄罗斯领导人从2006年起重新燃起对非洲的兴趣。众多俄罗斯企业（俄罗斯铝业联合公司、列诺瓦集团和俄罗斯石油公司）在非洲已经牢牢稳固下来。米哈伊·马格洛夫（Mikhaïl Marguelov）同时担任俄罗斯上议院国际事务委员会主席和俄总统非洲事务特别代表要职，这反映了莫斯科想重新参与到非洲中来。诚然，俄非双边贸易就目前而言规模还很少，但是俄罗斯总统和南非总统在德班峰会之外讨论的一系列项目的实施将会改变这一局势（可能会影响法国利益），涉及的项目包括俄罗斯会向南非提供直升机和战斗机，双方就MS-21中程导弹进行合作，可能提供几十亿欧元贷款来由俄罗斯国营核子企业Rosatom建造一个核电站。

欧盟深陷经济萧条的困境之中，大多数欧盟成员国对于把俄罗斯作为自己真正的战略合作伙伴依然持怀疑态度，俄罗斯便拓展合作伙伴，在世界范围建构新的力量对比关系。

俄罗斯总统普京希望完善俄罗斯的对非援助机制。"我们希望和非洲在各领域开展共赢的合作"，普京强调说。俄罗斯特别重视国民教育，普京提出要为3000名非洲学生提供奖学金，资助他们到俄罗斯学习。"我们今年向1000名非洲学生提供了来我们国家学习的奖学金，这一比例在以后还会扩大"，普京许诺道。

3. 印度与非洲的关系

高盛银行预计印度有望在2040—2045年这段时间里超过美国。

二战结束后，被沦为殖民地的国家开始组织起来与殖民主义作斗争并争取国家的独立。欧洲受两次世界大战影响，力量大为削弱，亟待重建，同时还面临着殖民地国家的独立要求。与此同时，美苏两个超级大国在意识形态领域斗争，将世界分为两大阵营，这便是冷战。欧洲和日本加入美国阵营，美苏还在第三世界中互相争夺盟友，包括在尚未独立的殖民地和新独立的国家。

面对美苏争霸的形势，贾瓦哈拉尔·尼赫鲁在1947年领导印度取得独立，组织了多次刚刚独立的国家及仍处于殖民地状态的国家参加的会议，以寻求第三条道路，具体体现在1955年4月万隆会议的召开。会上不仅就中立和相互尊重主权进行了讨论，还指出了第三世界国家经济落后和所面临的挑战等事实。参加此次会议的29国人口占全球总人口的一半，但只拥有全球财富总额的8%。

尽管各国表示对两大阵营应当持中立态度，但是和宗主国的关系以及这些国家经济上面临的经济困境使得这些国家不得不向外尤其是美苏两大阵营寻求援助。古巴、几内亚、加纳及阿尔及利亚依附苏联，而沙特阿拉伯、埃塞俄比亚、黎巴嫩、伊朗和巴基斯坦则成为西方的盟友。

各国自己的利益和整个第三世界的公共利益之间已经混淆。在这场运动中，一些地区组织相继成立，比如1963年成立的非洲统一组织；在泰国曼谷创立，起初成员国只有印度尼西亚、马来西亚、菲律宾、新加坡和泰国的东南亚国家联盟。在新独立的国家里还有意识形态的斗争，领土分裂活动。尽管第三世界的国家有发展的雄心，但很大程度仍然依赖于美苏的援助，同时继承了旧殖民贸易结构的传统，依赖基础产品的出口。

当然，第三世界的国家在联合国贸发会议创立后努力寻求摆脱自己被边缘化的解决办法，但20世纪70年代开始的危机使得他们更加的被边缘化。因此，第三世界运动出现了裂痕。

此前，印度总理辛格(Manmohan Singh)曾表示在金砖国家合作的论坛中发现了希望。他认为，金砖国家和非洲各国面临着相同的发展问题，对世界有相近的看法，没有理由不团结起来应对同样的挑战。在这种日益凸显的合作中，他明确表示印度会对非洲给予支持。辛格已经宣布印度在未来三年会给非洲学生22000个奖学金的名额，达75亿美元。印度尤其想与非洲发展企业关系和共同探索发展之路。

4. 巴西与非洲的关系

在殖民时代，黑非洲曾在巴西的人口组成中占据着最重要的位置。在葡萄牙殖民者来到巴西时，巴西的印第安人不超过150万，而在历史上，曾有350万的非洲黑人来到巴西。

巴西庞大黑人群体的重要性不应该被低估。在1817年至1818年，即巴西独立前夕，巴西人口数量为380万，其中黑人占大多数，是193万，白人上升至104.4万，混血人为52.60万,印第安人只剩下30万。

黑人、白人、印第安人及混血儿之间的数量差别还是很大的。在殖民时代，在巴西生活的黑人数量多于白人和印第安人数量是完全有可能的；但随着黑人移居欧洲浪潮的兴起后，黑人在巴西的绝对领先地位开始动摇。

然而，20世纪60年代以前，非洲却不被巴西人所了解，甚至也不被巴西的外交所关注。1955年曾代表巴西参加万隆会议且长期以来都主张巴西对第三世界进行更大的开放，梅内塞斯大使（Adolpho Justo Bezerra）写道："非洲于我们而言比月球上的火山口都更远，只有少之又少的几个人种学家和咖啡及口口豆种植园主了解非洲。"

事实随后证实了他的言论。1963年，在累西腓大学对116名学习社会科学、法律、地理和历史的大学生进行了调查，以考察他们对非洲新独立国家的了解程度以及其对巴非合作是如何看待的，调查结果令人很失望：61%的受访者对非洲只有很肤浅的了解，他们竟把安哥拉和老挝都列为非洲新独立的国家；仅有9%的受调查者被认为是很了解非洲。我们可以肯定地说，这一情况在巴西所有的高等院校都存在。

30年以来，巴西改变了其对非政策。巴西在非洲有很多利益存在，反之亦然。因此，巴西开始学习中国模式，不仅援助非洲国家，而且还在那里投资。

5. 南非与非洲的关系

南非贸易与工业部长戴维斯(Rob Davies)这样说，"非洲与南非、巴西、中国、印度和俄罗斯（金砖五国）的合作伙伴关系对非洲的贸易发展和工业化进程都将作出巨大贡献"。

南非有5000万人口，经济增长率略低于或等于3.5%，国内生产总值比中国的低16倍。金砖国家一词的创造者，高盛银行的首席经济家奥尼尔(Jim O'Neil)认为，人们只有把南非当成是非洲大陆的代表，才能理解南非成为金砖国家成员这件事。

非洲第一个新兴国家——南非也不落单，凭借强大的经济实力和在国际舞台上的突破，南非可以在一些国际大机构中代表非洲，因此，非洲各国应该把南非看做是非洲的一张王牌而不是威胁，南非也应当接受这项任务，并且应当和非洲的其他伙伴进行广泛协商，而不是像2008年7月25日在法国波尔多举行的南非—欧盟峰会那样，单独行动。

上述情况是可能的，然而非洲大陆面临两大问题。首先，非洲内部贸易额较小，占总贸易额的10.2%。但只要拥有必要的基础设施和妥善协调的贸易政策，非洲经济就可以成为互补性的经济。非洲内部的出口，尤其是粮食出口可以解决困扰非洲大陆的粮食不足问题。其次，全球化和对外国开放市场使得任何国家想闭关锁国搞发展都是不可能的。在此背景下，每个国家都应该把自己的利益放在首位。

除了万隆会议上称兄道弟的演讲以外，非洲首先应确定自己的利益，制定地区和非洲大陆战略，使自己的行动组织化和合理化，用同一个声音说话，走向世界因而从新兴国家以及欧洲获利。

世界经济的开放给非洲大陆提供了前所未有的绝佳机会，如若不能将其抓住，那必将非常可惜。

"对金砖五国不论多么重视都不为过。从我们自身的角度来讲，中国与其他金砖国家的经贸关系迅速发展，贸易额从11.6%上升至27%，中国有价值达126亿兰特的31个项目由金砖国家的公司负责，"戴维斯这样说道。

南非把与金砖国家的贸易合作所取得的效益用于支持非洲大陆的工业化和一体化进程，他补充道。

"非洲被认为是经济增长速度仅次于亚洲的大陆。支撑非洲经济发展有以下四个关键因素：矿产品的迅猛开发、服务业（信息和通信技术使得这一行业更具有活力）的发展、未受金融危机影响、基础设施的日臻完善，"南非贸易与工业部长这样解释说。

"目前，非洲领导人正在谈论工业化和它如何能给非洲带来下个阶段经济发展的问题，"戴维斯指出道。

"其他金砖国家有人口优势，为其产品创造了巨大的国内市场。然而，与他们相比，南非的人口少很多，可是如果把整个非洲大陆的人口都加起来，我们便有足够的人来支撑非洲新一轮的工业化。这便是我们要促进非洲一体化，在非洲的绝大多数地方形成巨大商业区的原因，"戴维斯说道。

但南非国际关系与合作部长迈特·恩科阿纳—马沙巴内女士否认说她的国家没有正确与他国协商这一观点。

她对国际新闻社说道："在我参加的会中，我知道我们是和所有非洲的独立国家一起参与的。"

"与会各国都有自己的政治前景考虑,但我们都属于非盟,共同作出决定。我们与其他各国有着真诚友好的关系,不把任何一种关系当作既成的,"她还补充说道,南非是非洲不可分割的一部分。

"我们对南非和整个非洲都有共同的愿望,我们捍卫非洲的事业,就像以前非洲把反对南非的种族隔离政策当做自己的事业一样。"

对于南非与金砖国家合作伙伴或对话论坛的关系,迈特·恩科阿纳—马沙巴内并不觉得有什么值得后悔的,她还向发展中国家经济集团提供坚定的支持。"我们捍卫南南合作,这也是我们先辈所想做的,"她这样解释说,"由于历史原因,我们又不能忽略与北方国家的历史联系。"

南非外交部长还间接提到2013年3月26日和27日在南非德班举行的金砖五国首脑峰会是对各方都有利的。峰会之前,她宣布说金砖国家首脑首次与非洲20国领导人进行了闭门会谈。"金砖成员国知道投资非洲并不是从慈善的角度出发的,没有其他任何一块地方比非洲更适宜投资。"南非外长肯定地说道。"他们知道投资非洲会给他们带来很好的收益,因此他们自愿选择到非洲进行投资。"

迈特·恩科阿纳—马沙巴内补充说南非将在金砖国家峰会上呼吁其他国家对非洲的基础设施进行投资。

四、南—南银行

南—南银行的创立日益临近,这个银行对某些国家而言来的真是时候,尽管不是所有的非洲国家在向国际金融机构(国际货币基金组织和世界银行)贷款时都得忍受附加的严厉条件。

44000亿的美元外汇储备

南非虽然像是金砖五国(南非的GDP总额是3900亿美元,中国是82500亿美元的GDP总额)中的一个小指头,但它积极争取把南—南银行的总部设在自己国家里。此举的目的在于为其庞大的基础设施计划筹资,或者放大来说,是为非洲南部国家发展共同体的项目服务。有报纸指出南非相比其他四个金砖成员国而言,有更好的审计和汇报体系,尤其是南非的银行业被认为更加安全。

南非政府认为金砖五国可以把他们数额巨大的外汇储备（44000亿美元，北京占3/4）放一部分到南—南银行中去，以便在经济局势发生变动时各国能够互帮互助。南—南银行将有2400亿美元的资金，金砖国家不必求助于国际货币基金组织了。金砖国家有自己的信用评级机构、再保险机制、企业家委员会和大学排名考评机构。与此同时，人们还提出要修建一条海底电缆，能够把数据高速通过南非、印度和中国传至俄罗斯，这一项目约耗资12亿美元。

五、结论

俄罗斯、中国和印度一直以来都坚持独立的政策，不依附美国。金砖国家新颖的地方在于巴西也加入了对美国政策持批评态度的阵营里。

金砖国家都反对西方军事干预利比亚和科特迪瓦，尽管这五个国家中只有中国和俄罗斯才是联合国安理会的常任理事国，不过他们在利比亚决议的投票上也投了弃权票。最近，金砖国家也反对西方向阿萨德政权的反对派提供任何武器，而叙利亚并不是非洲国家，中俄两国指出按照联合国安理会的决议利比亚问题是怎样没有解决好的。从总体上来看，金砖国家主张改革一些国际机构，比如联合国安理会以及布雷顿森林体系下的机构（国际货币基金组织和世界银行），使之能更好地反映新力量的出现和21世纪多级世界的特征。

金砖国家集团和非洲想的一样，都想开展互利共赢的合作。西方国家所实行的"零和游戏"理论将被金砖国家集团推崇的"非零和博弈"取代，后者是建立在互相尊重和妥协的基础上进行合作，不附带政治或经济利益的条件。

如果金砖国家坚决实行与西方国家相对立的对外政策路线，如果金砖国家运用的是"共赢"理论，那么非洲将会从金砖国家集团受益，不论是在经济、政治、文化还是社会领域里。

译者：罗会文

开展"以人为本"的对非公共外交

贺文萍[①]

2012年7月中非合作论坛第五届部长级会议在北京成功举行。在论坛开幕式上，时任国家主席胡锦涛代表中国政府，宣布了未来三年中国对非合作在投融资、援助与民生、非洲一体化、中非民间交往和非洲和平安全等五个领域的新举措。与以往相比，这些新举措涉及领域更广、力度更大，而且将重心放到了关注非洲民生和帮助非洲人就业、参与非洲跨国跨区域基础设施建设以推动非洲地区一体化以及加强中非民间合作等更贴近百姓和基层的领域。用非洲朋友的话来说，这些新举措表明中方认真倾听了非洲国家的呼吁和要求，体现了中非团结一致，携手同心的合作精神，也为"政治上平等互信、经济上合作共赢、文化上交流互鉴、安全上加强交流和磋商，以及国际事务上加强合作"的"中非新型战略伙伴关系"赋予了新的内涵。和以往的论坛文件相比，此次论坛对非洲民生和中非民间合作的关注是一大亮点，也是未来三年中非合作的重点和努力方向，同时也是开展"以人为本"的对非公共外交的一个重要政策支持。

2013年3—4月间，中国新任国家主席习近平在两会结束后不久即出访坦桑尼亚、南非和刚果（布）非洲三国。在访问中，不仅习主席的亲切平和

[①] 贺文萍：法学博士，中国社会科学院西亚非洲研究所非洲研究室主任，研究员，博士生导师。中国亚非学会秘书长，中国非洲问题研究会常务理事，中非工业合作发展论坛专家委员会专家。

充分展现了中国新一代领导人的儒雅和大气,"真、实、亲、诚"等简洁、朴实但寓意深远的讲话更是让人记忆深刻,而从歌唱舞台走向外交舞台的第一夫人彭丽媛更是以其美丽、知性和大方的形象,以一抹绚丽的"夫人外交"点亮了中国外交中长期缺失的公共外交和软实力外交,为中国国家形象的塑造和提升增光添色,作出了独特贡献。

长期以来,由于西方在国际话语权上的强势地位以及西方与非洲知识界、舆论界和市民组织之间较紧密的联系,中国在非洲的公共外交一直处于弱势甚至是缺位的状态。而所谓"中国威胁论"、"中国掠夺非洲资源论"和"中国新殖民主义论"等"不和谐音"的此起彼伏仅靠中非贸易的不断提升是难以消除的,亟须我们积极开展"以人为本"的对非公共外交,以便在非洲国家面前树立起一个有别于西方那些老殖宗主国的,一个"强大而可亲"绝非"强大但可畏"的中国形象。

一、中国对非公共外交的优势与不足

近年来中非关系快速发展的事实(规模空前的中非峰会以及中国上升为非洲的第一大贸易伙伴雄辩地说明了中国在非洲的政治和经济影响力)以及来自西方和非洲本土对中非关系的负面看法和"误读"凸显了我们在开展对非工作中"硬实力"(经济和贸易关系)和"软实力"(文化和价值观的吸引力)未实现同步发展,政府外交强而民间外交弱的现实。

相对于市民社会高度发展、非政府组织活动异常活跃的西方国家而言,中国在开展对非"公共外交"和民间外交方面不仅认识晚、起步晚,而且缺乏相应的政策支持手段和专门人才。虽然起点低和面临发展的挑战,但同样具有一些后发的基础和优势。有时,优势与劣势犹如一个硬币的两面,附着于同一事物。

1. 中非传统友好关系、相互尊重和平等互利的中国对非政策是我们开展对非"公共外交"的良好历史条件和政策基础

半个多世纪以来,尽管国际风云变幻,中国对非政策始终保持着其一致性和连续性,并不因同其他大国关系的改善和发展而忽视中非关系。20世纪60年代周恩来总理访非时提出的中国同非洲、阿拉伯国家发展关系的五项原则以及中国对外经济技术援助的八项原则仍是我们今天发展中非关系的重要指导思想和准则。

在与非洲国家交往中，中国从不以大国自居，不谋求私利，十分尊重受援国的主权，不把援助看做是单方面的赐予，而且提供的援助不附加任何政治条件、不要求任何特权。冷战结束后，当西方在非洲强力推行所谓"政治民主化"，实行将援助与民主化挂钩的政策时，中国则坚决主张：发展道路和政治体制的选择，是非洲国家的内部事务和应有的权利，任何国家，尤其是大国不得干涉别国内政，不应把自己的价值观念、意识形态和发展模式强加于别国。

2000年"中非合作论坛"成立后，中国又通过这一机制化的中非集体对话框架，每隔三年就推出一批惠及非洲各国的实际举措，内容涉及减债、对非洲产品减免关税、人力资源培训、加大投资非洲力度，以及帮助非洲国家兴建医院、农村小学等民生工程。

总之，无论是厚重的历史（共同的历史遭遇和相互支持），还是半个多世纪以来秉承互相尊重、真诚友好、平等互利这一精髓的中国对非政策，都在非洲国家和人民的记忆深处留下了对中国的美好印象，并强化了他们对中国的固有认识，即：中国绝不同于曾对非洲进行殖民统治的西方列强，中国对非洲的帮助是真诚的，不掺杂任何私利。事实上，这样的认识对我们既是褒奖和肯定，同时又是期待和要求。而有时，期待和要求过高反而可能给中非关系的发展带来一种无形的压力，并容易在要求未得到全部满足时引起更大的失落情绪。

2. 中国改革开放30多年来取得的巨大发展成就使中国经济发展模式对非洲的吸引力增强，非洲国家"向东看"思潮的兴起为中非合作的发展提供了历史机遇

在全球化背景下实现现代化，对于广大的发展中国家来说其实是一个新的课题，各国都在努力探索新的发展模式。改革开放30多年来，中国经济发展成就举世瞩目。中国由落后变先进的经济发展成功经验无疑对渴望脱贫和发展的非洲国家产生了强烈的吸引力。在欧洲国家深陷债务危机不能自拔、美国经济增长乏力的情况下，非洲兴起了"向东看"的思潮，希望通过加强与中国等亚洲新兴国家的经济联系来确保非洲经济的可持续增长，实现联合国千年发展目标。因此,全面和深度总结中国发展的经验,与非洲国家进行发展战略的探讨,应当是现阶段中非"公共外交"交流的主要内容。

虽然中国的经济发展成就举世公认,但对支撑这一发展成就的中国政治运转模式,则是仁者见仁、智者见智。西方根据其对西式"民主"和"人权"概念的固有理解,想当然地把中国划归到"一党制"和"非民主国家"行列。在非洲,情况则相对复杂。一方面,由于非洲的民主化主要源于"外植",而非"内生",而且在推行的过程中出现了选举冲突、社会动荡和效率低下等问题,因此,在执政党和政府层面,也存在希望借鉴中国政治治理和运转模式的想法;另一方面,非洲民主化经过冷战后二十多年的发展,多党民主体制、民主和人权思想已经基本占领了意识形态的道德高地。非洲人民对其民主成就也很自豪。非洲知识界,特别是蓬勃发展的非政府组织、市民社会对中国的民主和人权状况反而有些不理解,甚至认为中国对非洲的民主和人权发展缺乏应有的关注。①

虽然中非之间在有关"民主"和"人权"问题上有一定共识,但政治理念和价值观的差异随着非洲民主化和市民社会的发展而出现了扩大的趋势。总体来看,由于中非之间在历史遭遇、发展阶段上的相似性,现阶段中非间在"人权"、"主权"方面的共识要高于在"民主"方面的共识。

3. 在文化方面,博大精深的中华传统文化虽富有吸引力,但推广手段单一。现当代中国的大众文化则难以抵御美国等西方流行文化,甚至印度和韩国文化的影响

中国五千年文明所积淀的传统文化(从汉字到琴棋书画,从四书五经到诸子百家,从少林武术到吴桥杂技)可谓博大精深,而且正吸引着越来越多的国际友人前来学习和钻研。但在挖掘和弘扬这些传统文化的过程中,我们发现,对国际友人甚至包括不少中国青少年而言,我们的一些优秀传统文化要么入门的门槛较高(如书画类),要么比较艰深难懂和远离现实的快节奏生活(如诸子百家和唐诗宋词),因此在推广和转化的过程中遇到不少

---

① 参见 Jean-Germain Gros, "Chinese Economic Success and Lessons for Africa: Possibilities and Limits", *Nkrumaist Review*, May 2005, 中译文见笔者译, "中国经济的成功及对非洲的启示:可能性与局限性",《西亚非洲》, 2006年第1期, 第25—31页。

阻力。再加上推广形式比较单一（主要依靠政府推广，民间很少介入），因此在一些国家常常出现"中华武术馆"的普及率赶不上"印度瑜伽练习班"的情况。

目前，承应国际上兴起的"汉语热"，中国政府高度重视海外汉语教学工作的开展。海外"孔子学院"的数目以令人称奇的速度迅速增加充分反映了这方面所取得的成果。但在高速发展、进行数量扩张的同时，"孔子学院"自身在内涵的挖掘和质量的把握上恐怕仍需多下些功夫。

另外，更重要的是，和博大精深的传统文化相比，我们还应该在发展和丰富我们现当前的大众和流行文化上多投资、多努力。目前，国际上对中国文化的认知以及我们自身目前对中国文化的挖掘仍更多地停留在古代传统文化方面，真正为人熟知的现代文化并不多。

4. 在非洲听不到"中国声音"

资深报人《人民日报》高级记者丁刚2010年6月访问非洲后写了篇题为"非洲听不到'中国声音'"的文章。他说，"在非洲旅行，最大的问题是听不到中国声音。我指的不是中国人的声音。非洲有很多中国人，无论是在餐馆，还是在商店，都可以在不经意间听到中国人的声音，甚至还会有你或我的乡音。我指的是媒体上的'声音'。报纸上有关中国的报道，几乎全是来自西方媒体的'二手货'。电视里更是少有来自中国的报道，偶尔也会提到中国，但那大多是西方媒体提供的画面"。①

由于西方大国已在非洲经营百年有余，西方媒体往往坚持双重标准，戴着有色眼镜看待中国在非洲的经济活动，出现了大量失实甚至歪曲报道，给中国在非洲的形象造成了极大负面影响。近些年来，国内外媒体及研究机构对中非经贸关系的发展都给予了极大关注。然而在当下的传播环境中，西方大国掌握了舆论的话语权，中国在塑造自身非洲形象时受到极大限制，且处于被动局面。

另外，虽然近年来中国在非洲的媒体和资讯投入较以往有很大的加强，如新华社和《人民日报》驻非记者站的人数和规模都在扩大，中国电视台英

---

① 丁刚："非洲听不到'中国声音'"，上海《东方早报》，2010年6月2日。http://epaper.dfdaily.com/dfzb/html/2010-06/02/content_271253.htm。

语频道（CCTV）在肯尼亚内罗毕设立了非洲分台（每天有1小时的非洲报道节目），但相对于历史悠久并处于强势地位的CNN和BBC，甚至近十年来异军突起的卡塔尔"半岛电视台"（特别在北非阿拉伯国家有广泛的覆盖），中国媒体在非洲的脚印及影响仍处于初期阶段。

二、公共外交和民间合作有助于巩固中非共同发展的民意基础

近十多年来，随着中非关系快速向广度和深度扩展，中非关系中的国际因素（特别是西方因素）开始凸显。感到中国人动了自己在非洲的"奶酪"的一些西方政客、媒体和非政府组织开始把聚光灯对准中国政府、公司乃至个体户在非洲的一举一动，用放大镜观察中国人在非洲可能产生的任何瑕疵或者非洲人在中国有可能遇到的任何"不公正"待遇。而随着中非关系，特别是民间交往的扩大，出现一些问题的概率也自然会上升。为加强中非人民之间的沟通和了解，有力和有效地回应西方散布的所谓"中国新殖民主义论"和"掠夺非洲资源论"，巩固中非共同发展的民意基础，必须要高度重视和搞好对非"公共外交"和中非民间交流和合作。

1. 中国对非的公共外交历史悠久并重新启航

中国与非洲虽在地理上相距万里，但相互间的友好交往却源远流长，自公元前2世纪中国汉朝时张骞通西域以来已有2000多年的历史。自1949年新中国成立以来，支持非洲人民争取和维护民族独立斗争，增进中非人民之间的交流和友好一直是我们的一项长期基本国策。据统计，从1949年新中国成立至1960年，非洲41个国家和地区的1000多位民族解放组织的领导人、爱国知识分子及工会、青年、学生、妇女组织的代表和各界人士曾通过各种民间渠道访问中国。非洲国家和人民不畏西方的强权和阻挠，支持中国维护国家主权和统一的正义事业，帮助和支持中华人民共和国恢复在联合国的合法席位。中国则在自身经济还比较困难的情况下，向非洲国家提供不附加任何条件的各类经济和政治援助，以支援非洲国家发展民族经济，巩固政治独立。20世纪60年代，中国同12个非洲国家签订了援助协定。到70年代则迅速扩大为43国，占当时非洲国家的90%以上。有60多名中国专家为援

建坦赞铁路献出了宝贵的生命，长眠在异国的土地上。几十年来，在远离大城市的穷乡僻壤为非洲人民问疾送医的中国援非医疗队、活跃在田间地头的中国农业专家等构成了中非民间交流的独特风景线。

虽然在过去较长的一段时期内，中非合作的重心较多地放到了政治经济领域以及政府外交和"精英外交"层面。但令人欣慰的是，近两年来，在中国民间组织国际交流促进会（简称中促会）的牵头下，机制化的"中非民间论坛"已经成立并开始了运作。2011年8月，在中促会和肯尼亚非政府组织协调委员会的倡议下，首届"中非民间论坛"在肯尼亚首都内罗毕举行。与会的中非民间人士在中非人民之间的对话与合作、气候变化与粮食安全、非政府组织的公信力与透明度、非政府组织与政府、企业及社区的关系、保护传统文化与促进教育发展、妇女青年在发展中的作用、中非抗击艾滋病的经验等七个领域，进行了认真的探讨和交流，并发布了《中非民间论坛内罗毕宣言》，提出了"增进民间友好、促进务实合作、推进世界和平"的中非民间交往三原则。2012年7月10—11日，在中非合作论坛第五届部长级会议召开的前一周，来自中国和非洲国家民间组织、学术界、企业界和媒体界的300位代表齐聚江苏苏州，举行了第二届中非民间论坛，与会代表围绕"民意沟通，民间友好，民生合作"的论坛主题为加强中非关系献计献策。论坛最后通过了《致中非合作论坛第五届部长级会议建议书》，并决定启动"中非民间友好伙伴计划"，规划了中非民间组织未来三年在非洲合作开展的八项民生活动。

2. 在中非合作论坛的框架下开展"以人为本"的对非公共外交

第五届中非合作论坛推出了未来中国对非合作在投融资、援助与民生、非洲一体化、中非民间交往和非洲和平安全等五个领域的新举措。其中，"关注民生"、"推动就业"可以说是此次中非合作论坛会议讨论以及成果文件中的两个关键词。时任国家主席胡锦涛在论坛开幕式上宣布五个重点领域时明确指出，"中国将继续扩大对非援助，让发展成果惠及非洲民众"。时任国务院总理温家宝在中非企业家大会开幕式上的讲话中也强调，未来的中非经贸合作将更加注重改善民生和促进就业。时任商务部长陈德铭也表示，要继续扩大中非投资合作，将中国具有比较优势的产业链向非洲转移，延长"非洲制造"的增值链，为非洲创造更多就业机会。

帮助非洲人解决就业和关注非洲民生不仅是非洲国家的期盼，也是中国对非经贸工作近年来的调整重点。近三年来，中国对非援助总额增长近一倍，进一步向民生发展、减贫扶贫、防灾减灾和能力建设方面倾斜，为非洲新建了学校、医院、路桥、供水项目；派遣了大批农业技术专家和医疗队员，为非洲国家累计培训各类人员2.1万名。中国还多次向非洲之角等非洲地区饥荒受灾国提供紧急粮食援助，为非洲国家援助实施了一批农业示范中心项目和近百个清洁能源项目，为非洲应对粮食安全、气候变化等挑战发挥了积极作用。笔者曾于2009年9月和2013年9月两次访问赞比亚中国经济贸易合作区。该区是中国在非洲设立的第一个境外经贸合作区，自2007年2月成立至2012年底，合作区累计完成投资额已达10.64亿美元，累计实现销售收入61亿美元，累计向当地政府缴纳税费1.77亿美元，并为9345人提供了就业岗位，其中当地人员7973人，员工本地化率为85.3%。合作区内的中赞友谊医院是非洲大陆上唯一由中国人自主经营的医院，已发展成赞比亚第二大医院，除了为企业员工提供良好的医疗服务之外，还面向社会积极为当地民众服务，大大提高了当地的医疗保障水平。[①]

总之，随着中国对非援助日益以关注和提高民生为导向和重点，中国的市民社会和有实力和人才储备的非政府组织也将逐步和有序地参与到中非友好合作的项目之中。中非民间友好工作的开展不仅能够加强中非人民之间的沟通和了解，有力和有效地回应西方散布的所谓"中国新殖民主义论"和"掠夺非洲资源论"，而且通过非洲普通民众民生的改善和生活水平的提高，受惠于中非合作成果的人越多，中非共同发展的民意基础就越稳固，"以人为本"的中国对非公共外交才能够在肥沃的土壤上开花结果。

3. 中非民间交流和合作还必须持有相互包容的心态

近年来，随着越来越多的中国人走入非洲以及非洲人来到中国，一些涉及中国人在非洲非法经营或非洲人在中国从事毒品贩卖活动的报道不时披露于报端。如近年来有着"黄金海岸"之称的西非国家加纳对在该国从事非法采矿的行为进行严厉打击，抓捕并随后遣返了上百名涉案的中国人。据

---

① 笔者与合作区相关人员的访谈记录及参阅中国有色集团：《2012年社会责任报告》，内部印刷，2013年。

悉，曾有约两三万中国人在加纳采金。2012年10月，加纳军警在拘捕非法采金人时，还发生过一名年仅16岁的中国少年被加纳军警开枪射杀的不幸事件。在中国，也有一些非洲人因非法滞留或进行毒品走私贩卖等而被拘押或遣返。面对这些问题，中国与非洲的当事国均需从大局着眼，不以一些局部的个案来影响两国间的友好关系，同时要仔细调查这些个案，对违法行为要依法处理，采取"护侨"但绝不"护短"的公正态度和办法，以消除这些个案的不良影响。

中国古语云："有容乃大。"从反帝、反殖斗争中的相互支持一路走来的中非关系如今已涵盖了政治、经济、金融、文化、教育、安全、人文旅游等各方面的内容。在非洲的中国人已近百万，在非洲开展经贸活动的中国公司已达2000多家。来华学习、经商和交流的非洲人也越来越多，仅在广州生活的非洲人据说就有约20万，并以每年30%—40%的速度在递增。以中国之大和非洲之幅员辽阔，中非人民之间的频密往来不仅有空间上的包容保证，更重要的还需要我们在认知和观念上的"包容"。遇到一些"不愉快"和"不和谐"事件的干扰，中非双方都需设身处地为对方着想，考虑到对方的国情、地情、民意等因素，以包容的心态协商解决问题，并最终排除干扰，继续前进。

三、稳步和扎实推进"以人为本"的对非公共外交和民间交流

1. 政府外交应和民间外交相互借力和补充，同时积极推动包括"夫人外交"、"明星外交"、"文化外交"等各种形式在内的公共外交方式

长期以来，政府作为对外政策制定以及实施的主体，在外交工作中发挥着至关重要的领航作用。但毋庸讳言的是，中国的政府外交由于受一些固有惯性思维以及传统话语体系的限制，在宣介中国对外政策时所使用的传播用语也常常是一些千篇一律、比较固化的套话，甚至表现出内容虚幻、措词空泛、针对对象笼统等特征。不过，我们欣喜地看到，近些年来，随着中国与世界互动对接的日益频密与多元，中国政府在政策传播用语方面已经在进行调适。特别是2013年3月"习李"主政后，中国领导人还把自身独特的领导

魅力和极具亲和力的语言表述方式揉和融入到相对具有惯性和刚性的政策原则陈述之中，起到了很好的外交效果。如习近平主席2013年3月访非时在坦桑尼亚尼雷尔国际会议中心发表题为《永远做可靠朋友和真诚伙伴》的演讲时，就用"真"、"实"、"亲"、"诚"四个字高度概括了新形势下的中非关系。他说，对待非洲朋友，我们讲一个"真"字。开展对非合作，我们讲一个"实"字。加强中非友好，我们讲一个"亲"字。解决合作中的问题，我们讲一个"诚"字。习近平主席不仅在演讲的开篇用斯瓦西里语问候大家，而且演讲中特意提及被翻译成斯瓦西里语、在坦桑尼亚热播的中国电视连续剧《媳妇的美好时代》以及一对中国青年人通过到坦桑尼亚度蜜月旅行而由此爱上非洲的故事。这些紧贴地气、通俗易懂和平易近人的语言一下就拉近了领导人与人民的距离，无怪乎习近平主席短短30分钟的演讲就收获了30次的掌声。习主席的演讲，不仅增进了中非人民之间的天然亲近感，而且用清晰和明白无误的语言传递了"新形势下中非关系重要性不是降低而是提高，共同利益不是减少而是增多，中方发展对非关系力度不会削弱只会加强"的重要政策信息。①

另外，习近平主席3月份访问非洲还让国人以及世界看到和充分领略了"夫人外交"对政府外交的重要补充甚至是提升作用。在短暂和紧张的10天访问行程中，国人的目光以及世界的媒体都追随着中国第一夫人的每一场活动、每一次亮相及着装。她不仅把国产服饰穿出了至美的境界，而且以"国货"作为馈赠外宾的礼物。除陪同习近平出席各种外交活动外，作为世界卫生组织防治艾滋病亲善大使的彭丽媛还参加了一系列公益和慈善活动，她访问刚果共和国布拉柴维尔艾滋病收养中心，看望并怀抱婴儿的画面尽展"中国母亲"的慈爱和温情。

此次习近平主席的出访及第一夫人彭丽媛的完美登场，可以说是中国在公共外交和软实力外交方面的一次成功尝试。面对全球化和区域一体化的快速发展和日益多元化的国际关系行为体，单纯依靠官方的政府外交一个管道已不足以应对。要向外部世界展示一个真实的中国、一个和平的中国，仅仅

---

① 参见新华社布拉柴维尔2013年3月31日电，"永远的朋友 真诚的伙伴——记习近平非洲之行"。http://www.gov.cn/jrzg/2013-03/31/content_2367040.htm。

依靠经济总量的不断提高或是外交部门的政策宣示或是国务院发布的各类白皮书是远远不够的。中国需要调动包括"夫人外交"、"明星外交"、"文化外交"等形式在内的由社会各界民间广泛参与,并能代表中华文化以及价值观精华的元素,辅之以民众喜闻乐见的传播方式来对外推广。

2. 全方位培育和发展智库及市民社会等实施"公共外交"的行为主体

智库和市民社会是实施"公共外交"的行为主体,应重视对其的培育和发展,使其充分发挥"公共外交"对"政府外交"的补充(有时甚至是支撑性的)作用。任何战略和外交方针,都需要能将之付诸实施的行为主体。面对全球化和区域一体化的快速发展和日益多元化的国际关系行为体,单纯依靠官方的政府外交一个管道已不足以应对,必须以多渠道做工作来应对国际关系行为体的多元化。

西方社会被广泛认为是一个"二级传播"的文化信息消费社会。除正式的官方资讯外,以知识阶层为代表的社会成为全体社会的"意见领袖",通过书籍、学术研讨会、大学的讲座和课程、学术刊物、网络产品和各种广泛的思想议题引领着公众的思考和舆论的导向,并进而对政府决策发挥重要影响。① 在美国,各种核心智库以及重量级的知名"中国专家"对美国对华政策的影响已经为我们所熟知。即便在非洲,自冷战结束以来的非洲多党民主化发展已经催生了愈来愈强大的市民社会力量,它们在主导公众舆论甚至政府外交行为方面的作用也在不断加强。

而在中国,智库和市民社会的发展则相对滞后。就智库而言,从自身发展的纵向比较,虽然近年来研究机构和研究人员的质量和数量以及对公众舆论、政府决策的影响力都呈上升态势,但无论和世界发达国家的国际横向比较还是和中国国民经济其他行业的国内行业比较,总体仍属弱势。而如果单就非洲研究的智库建设而言,则可谓"弱势中的弱势",出现了"对非研究力量与中非关系发展和巨大需求之间的不对称关系"。

3. 充分发挥企业在对非公共外交中的桥头堡作用

在中国经济发展和走向世界的过程中,企业作为中国参与经济全球化和国际竞争的主力军,一方面为中国与外部世界的互动与融合发挥了桥梁乃至

---

① 参见单纯,"打破西方文化垄断靠什么",《环球时报》2008年7月18日。

桥头堡的作用，但另一方面，一些对中国国家形象的负面报道和诋毁也往往来自一些企业在海外的不规范经营甚至是非法从业活动。

据商务部发布的官方统计数据，目前中国在非企业有2000多家。非洲已经成为中国最大的对外劳务工程承包市场以及第三大投资目的地。毫无疑问，企业已经成为并将继续担负中非关系快速发展的重要推手，在中非经贸合作以及中国对非外交中将发挥着越来越重要的中坚作用。

和政府外交工作特性有所不同的是，企业在非洲的经营活动每天都面对的是具体的业务，每天打交道的都是最基层的普普通通的非洲人。在所从业的非洲国家，非洲人对中国的看法不是从大使馆西服笔挺的外交官身上来获得，而是从他所就业的中资企业的管理和企业文化，从他所购买的每一件中国商品中所获得的。从正能量方面看，中国企业敏锐的市场洞察能力、敢于接受挑战和抗击风险的能力、勤劳肯干的企业文化和吃苦精神，这一切让非洲朋友理解了中国经济之所以能够在一代人的时间里出现飞跃性发展的重要动力源泉。但从负能量方面看，一些企业不遵守当地法律，环保意识差，承建项目以及所售产品的质量都差强人意等做法不仅恶化了自身企业的生存环境，而且对中国的国家形象和中非关系均构成了损害。

因此，做好企业社会责任，用实际行动传播先进企业文化理念是企业担当公共外交桥头堡作用的必要条件和前提。企业社会责任的履行与否、履行好坏不仅直接关系到企业自身在非洲的形象和可持续发展，而且也是当今中国形象以及中国对非政策的最有效传播载体和舞台。一个企业要想在当地长期立足，绝不能只顾自己赚钱，必须关注当地人民的疾苦，关注他们的利益，多做社会公益事情，与当地人融为一体，实现企业的本土化，最后实现双赢。事实上，从长远看，做好企业社会责任与实现企业的经济利益并不矛盾，而是一种良性互动的关系。本地化做得好，当地人就会像爱护自己的孩子一样爱护企业的成长，与企业共沉浮、共患难。据说，在利比亚内战期间，就有当地员工自发义务保护中资企业在利的设备等资产。可以肯定，能"享受"到这一"殊荣和待遇"的企业一定是具有优秀企业文化和充分履行企业社会责任的佼佼者。

事实上，在非洲的绝大多数中国公司都不辱使命，其承建的工程项目也经得起时间和历史的检验。但在宣介和传播能力方面，则大多比较低调和被动,信奉"少说多干"和"酒香不怕巷子深"等传统理念。未来需要调整思路,"既要多干","更要多说",用主动和积极的方式宣介自己,用行动以及言辞做中非民间交流的使者和平台。

我看中非关系

[几内亚] 让·马托·多雷[①]

20世纪60年代正是非洲的欧洲殖民地争取独立和成为主权国家的时期,中国与撒哈拉以南的非洲国家建立了密切稳定的经济和商业关系。这种关系自然受到全球大环境的不利影响。从1960年到1990年,冷战期间东西两大阵营政治经济对立,从1990年到现在,美国和欧盟统治的单极世界正在崛起。

中非经贸关系发展与冷战的偶然性和柏林墙倒塌苏联(及其卫星国)解体之后国际政治经济关系的重建有密切联系。

一、1960—1990年间的中非经贸关系

在这一时期,世界两大阵营对立冲突加剧,因而它们的关系变得非常恶劣,中国和非洲国家仅仅建立了边缘性商贸经济联系。在西方自由主义和列宁的共产主义之间苦苦挣扎中,中国只能依靠1955年的万隆会议达成的协议,以宣扬不结盟的观念获得更多的不结盟国家的支持,目的在于更好地站稳脚跟,以面对敌对的西方尤其是美国和对中国收复失地不以为然的以苏联为首的东方朋友们。

在经济方面,中国工业依然在萌芽状态,既没有使国家成为原材料需求

---

① 让·马托·多雷:几内亚国际合作部国际组织司司长。

大国，也不是手工业产品（成品半成品）的重要供应国。中国对原材料的需求不大，对于中国政治经济领导人来说，占领市场以出口工业产品远不是重中之重。

之前的种种证明，中国在冷战最关键时期的第一阶段，通过与非洲的合作获得了政治联系而不是经济联系，经济往来却在第二阶段取得了不同寻常的发展，第二阶段从苏联共产主义国家衰败开始，持续至今。

二、1990年至今中非经济商贸关系

事实胜于雄辩，如今的中非贸易额已在2013年超过了2100亿美元，是世纪之交2000年的20倍。经济动机主导着政治动机。同样，作为高增长所体现的，2013年中国的对外直接投资总额达878亿美元，而在发展援助中，中国也占据了首位。

中国的发展模式与策略超乎寻常地不仅成功完成了社会经济过渡，同样在与贫困作斗争的过程中取得了重大进步，吸引了非洲精英探索新的发展道路。相反，西方模式在他们眼中成为反例，包括在过去的二十年内深受新自由主义经济政治改革折磨的广大人民。

非洲与中国的经济联系在近二十年也是冷战结束苏联解体后的二十年中取得了突飞猛进。这种发展主要取决于如下条件：

1. 政治因素

冷战结束后苏联解体，对国际关系产生了深刻变革，带来了世界的重组。形成了新的联盟并展现出新的前景。在国际经济政治关系的新格局之中，面对新的挑战与难题，邓小平领导下的中国在继续坚持共产主义的同时，设想了一个更加与世界同步发展的新模式。

然后，冷战的结束恰逢法非特殊关系苟延残喘之际。原殖民国家在维持了三十年以家长制为特征的新殖民主义关系后，撒哈拉以南许多新政权努力与其他国家建立伙伴关系，扩大经济政治联系。中国与这些国家的经济政治合作不与尊重人权挂钩，坚持不干涉别国内政，使其成为许多法语非洲国家的重要盟国。另外在政治领域，中国也需要同盟以支持其对于台湾的领土和政治诉求。非洲国家愿意在这一点上支持它，换来优惠的技术和财政援助。

2. 经济原因

为了与世界同步发展，中国重新审视了1949年采取的马克思列宁主义经济政策。在邓小平的领导下中国经济注入了大量自由主义元素，其实用主义和敏锐性为中国70年代后期的经济复苏创造了条件。工业飞速发展伴随着手工业产品的多样化。低廉的产业成本，尤其是工作成本以及优质的人力资源，其中尖端科技培训最为人赞赏，这些优势吸引了信息领域、电信领域和制药领域的一些大型欧美企业。

中国的工业化带来了中国没有的或储备不足的原材料的需求，因而需要从别的地方进口。

非洲原材料如此富足自然成了中国的目标，因而到非洲愈加频繁。中国工业家对非洲的矿藏如铁矿、铝土矿、锡矿、镍矿、铀矿、钻石、石油等和木材、农渔业报以浓厚的兴趣。

另外，非洲大陆代表了6亿多居民的市场，直至目前仍然被欧美企业控制。中国总体上以低成本生产，因而可以用很有竞争力的价格销售。低价让中国商人在与欧美商人的竞争中很有优势，他们很快抢占了后者很大一部分市场。

因此，中国在经济领域给非洲的好处，目的在于确保其原材料的供应和增加其财力和服务运转的机会。

三、中非战略合作的局限性

中国在非洲快速成功及其借助的条件将让中国更早地伤害自己，也会损害相互合作。

1. 人权问题

中国向与之建立战略甚至军事合作伙伴关系的国家提供资助、贷款和增强国力的支援时不考虑该国的人权改善情况的做法，使其疏离与当地及国际上的非政府组织联系。而它们在地方的势力能够作出损害中国形象、阻碍中国经济活动的行为。

2. 工人的收入低微

总体来说，中国企业向工作人员提供的薪资低于欧洲甚至非洲的竞争者。这引起了工会的失望、斥责甚至愤怒。即便至今仍没有引起大规模的罢工，恐怕也为时不远。

3. 大量不合格的劳动者涌向非洲

不像其他国家的竞争者只会在行政和技术管理职位上聘用外来人员，中国企业不仅让外来者从事指挥工作还让他们扮演工人和劳动力的角色。让外来人员负责这些任务时，中国企业剥夺了本地劳动力的工作机会，而且通常在他们不乐意的情况下。这样就造成了本土从业人员的不满，尤其是在失业率很高，年轻人尤其受到影响的国家。

4. 缺乏减轻对环境破坏的措施

在开发森林资源的国家［刚果（布）、刚果（金）、加蓬等］，中国企业很少直接或间接采取行动保护生物多样性。他们在热带及赤道附近森林进行开发的计划中没加入完善的森林修复计划以实现目标。在联合国尤其重视可持续发展的时期，中国企业的态度看起来过时而且有损它们的信誉。

5. 缺乏工艺转移

关于殖民主义和新殖民主义经济，新非洲国家和旧殖民势力提出的最尖锐的批评之一就是原材料的开发和向工业国的出口完全不能带有转化加工过程。这使得出口国损失了很多收益和拥有原材料加工工艺的机会（木材、铁矿、铝矿等）。中国企业像欧美企业一样，不情愿将真正的工艺转移到合作伙伴非洲那里。

6. 中国与非洲工作人员之间相处困难

中国和非洲工作人员之间的关系通常紧张并形成强烈对比。非洲人常抱怨中国领导的粗暴无理，后者常批评非洲人散漫甚至懒惰以及职业技能不足。这种双向的火气常常引起口角和冲突。

四、中非合作展望

事实上，由于援助国的增加，非洲国家在对话中占据了最有利的优势地位。他们能够引起竞争，向给他们带来最多好处的国家靠拢。面对发展供给趋于多样化的形势，他们的标准不再仅仅局限于出资方资金状况。他们完全可以选择对他们最有利，能更好满足他们需要实现其利益（或者他们不同的政府所认同的自身利益）的合作伙伴。

因此中非合作沿着双赢的道路发展，应遵循新的指导方针。具体来说就是：

在条件中加上优良管理、加强人权和集体精神的措施，以使合作更加高效，使人民过上更好的生活。

鼓励原材料在当地加工使非洲国家可以在原材料中获得利润。

依据劳动人员创造的利润、公司收益和非洲不同国家的劳动契约给劳动人员发放报酬。

通过适当教育的方式，在更好掌握劳动经济理论和相关文化理论的基础上改善企业内部劳动关系。

在项目中加上保护环境的行动计划。

结论

不可否认中国和许多非洲国家之间的经贸关系有了不同寻常的发展。为了长久保持这种趋势，应该本着互利共赢的精神同时尽可能地采取良好的政治经济管理。

译者：单青杨

中喀关系：
南南合作的博弈与得失

[喀麦隆] 西莱尔·波卡姆[①]

引言

自1955年4月以团结各国争取民族独立的人民为目的而召开的万隆亚非会议之后，毛泽东领导下的中国开始坚定地支持喀麦隆人民联盟（UPC）这个以武力寻求国家独立的政党。喀麦隆独立的头十年中，由于中国政府继续向喀麦隆人民联盟提供支持，中喀关系并不融洽，甚至导致在1960—1969年期间，喀麦隆驻联合国代表对所有有利于中华人民共和国的决议都表示反对。

随着中国减少对人民联盟提供援助，喀麦隆对中国恢复联合国席位没有再投反对票。在1969年到1970年这段时期，喀麦隆保持了克制。而人民联盟内部亲中国的"最后阵线"的崩溃和其领导人的被捕则为两国在1971年3月26日建立外交关系铺平了道路。两国外交关系以毛泽东的新外交政策原则为基础，即"互相尊重主权和领土完整，互不干涉内政"[②]。在承认中华人民共和国两年后，即1973年，喀麦隆国家元首阿赫马杜·阿希乔对中国进

[①] 西莱尔·波卡姆（Hilaire Pokam）：政治学博士（法国），现任喀麦隆德尚大学国际关系学院教师，政治学和国际关系研究学会总协调员等。与法国、瑞士以及亚洲等国际研究机构有十分活跃的合作活动。

[②] 参见 PROUZET Michel, Le Cameroun, Paris, LGDJ, 1974, p.320.

行了一次访问。在总统保罗·比亚任内，两国深化了往来关系，高层互访的频率增加。执政29年来，现任国家元首保罗·比亚已经五次到访中国。中国国家领导人也进行了回访。1997年5月和2002年8月，前总理李鹏和朱镕基分别访问了喀麦隆。2007年1月下旬，中国国家主席胡锦涛从雅温得开始了他的非洲之旅，这标志着中喀关系进一步得到巩固。中喀两国在双方互信的基础上签署了多项合作协议。此外，对于中国和喀麦隆来说，2011年也是特殊的一年：这一年不仅标志着两国建交40周年，也标志着两国友谊与合作的进一步深化。2011年1月，中国副总理回良玉对喀麦隆的访问和同年7月保罗·比亚的回访进一步加强了两国之间的合作。

为了确保经济关系的多元化发展并消除贫困，喀麦隆迈出了追赶新兴国家的步伐。总统保罗·比亚致力于在2035年到来时将喀麦隆建设成新兴国家。这一点从能源、农业、采矿业及基础设施建设等领域的诸多大型项目的启动上就得以体现……而对于喀麦隆来说，实现这一目标的主要学习典范就是亚洲国家，包括了在这一发展背景下成为首选合作伙伴的中国。喀麦隆政府最近几年试图实施的经济改革的目的都在于鼓励外国投资。与此同时，伴随着国内经济改革的推进，中国不仅希望在全球舞台上扮演重要角色，而且力图在中非合作论坛框架下对非洲国家特别是喀麦隆进行援助和提供发展机会过程中扮演主导角色，这使得两国关系进一步加强。归根结底，中喀关系不过是涂尔干经典理论"产生于全体的现象要用全体的属性来解释"[①]的简单应用。这里的"全体"是指并不刻意追求统一、而仅以组成系统的形式相互联系的若干集体[②]。

鉴于中喀两国关系的重要性，专门研究喀麦隆和中国之间的合作对于更好地理解合作当中的逻辑，并确定影响两个国家合作的要素似乎是大有裨益的。因为"要理解为何，必须先分析如何"[③]。

---

① 参见 DURKHEIM Emile, «Représentations individuelles et représentations collectives», dans Sociologie et Philosophie, Paris, PUF, 2002, p.41。
② 参见 DEVIN Guillaume, «Les solidarités transnationales, phénomènes social à l'échelle mondiale», dans Devin Guillaume (dir.), Les solidarités transnationales, Paris, L'Harmattan, 2004, p.15。
③ 参见 SNYDER Richard, BRUCK H.W. et SAPIN Burton cités par BATTISTELLA Dario, Théories des relations internationales, Paris, PFNSP, 2009, p.359。

我们希望能够在这篇文章中证明，自1971年喀麦隆与中国建交之后，两国关系在诸多领域都得到了不断加强，建立在"双赢"①精神之上的两国关系使中喀两国得以互惠共赢。

一、多领域合作

自1971年以来，中国与喀麦隆在政治、经贸、文教、卫生及农业等多个领域开展了卓有成效的合作。这一合作也是新中国外交政策"四个布局"②的体现。

（一）政治领域的合作进程——中喀两国关系的催化剂

在度过了两国关系的困难期后③，中国与喀麦隆自1971年起在一系列外交关系的确立过程中开始着手政治领域的合作。两国在互相尊重主权、独立及领土完整的前提下开展合作。台湾当局曾经试图获得喀麦隆政府及反对派的承认并与之建立外交关系，喀麦隆反对派也曾希望获得中国方面的帮助以夺取政权，然而事实证明，这样的努力是徒劳无用的。在过去的四十年间，面对国际风云变幻及两国国内形势的变迁，中喀友谊及合作无论是在双边还

---

① 在2006年的对非洲政策白皮书中，中国表示希望建立和发展一种新型战略合作伙伴关系，其中主要体现在政治上平等互信，经济上合作共赢。
② 中国外交关系核心包括四个方面的内容：贯彻与邻为善、以邻为伴的周边外交方针，加强同周边国家的睦邻友好和务实合作，积极开展区域合作，共同营造和平稳定、平等互信、合作共赢的地区环境；继续加强同广大发展中国家的团结合作，深化传统友谊，扩大务实合作，提供力所能及的援助，维护发展中国家的正当要求和共同利益；同发达国家加强战略对话，增进互信，深化合作，妥善处理分歧，推动相互关系长期稳定健康发展；继续积极参与多边事务，承担相应国际义务，发挥建设性作用，推动重大热点问题和全球性问题的妥善解决，推动国际秩序朝着更加公正合理的方向发展。
③ 前任对外关系部部长Jean-Baptiste Booh Booh讲话："冷战期间喀麦隆与中国分属两个不同阵营，双方在相当长时间内采取了相互敌视的态度，这导致两国关系经历了一段困难时期。另外需要认识到的是，西方国家为了阻止非洲国家与社会主义阵营合作，往往会向其施压甚至进行威胁。这一情况伴随着国际局势的缓和时期而有所改善，（非洲）各国开始打破东西对峙的枷锁、从现实政治和爱国主义的层面出发维护自身国家利益。"参见 «Cameroun : dans les coulisses des relations avec la Chine il y a 40 ans», Jacques Roger Booh Booh allAfrica.com du 12 novembre 2009，http://fr.allafrica.com/stories/printable/200911120813.html consulté le 03/11/2011。

是多边领域始终稳步发展。同时,两国间的政治互信也伴随着高层领导人的频繁互访而不断增强。

在双边领域,中国和喀麦隆的高层互访日趋增多。中华人民共和国国家主席、总理及其他高层官员都曾分别对喀麦隆进行国事访问。而在喀麦隆方面,前总统阿赫马杜·阿希乔曾在1972年决定派时任外交部长樊尚·埃丰率代表团对中国进行友好访问,以增进当时刚刚建交的两国间的联系。在代表团到访期间,中国国家主席向喀麦隆总统发出访华邀请。阿希乔总统于1973年对中国进行的国事访问进一步缓和了两国关系:雅温得方面获得了北京方面的贷款,同时重申坚持一个中国原则。这一历史性的访问标志着中喀两国关系的正式开端。作为推动中喀两国合作的重要角色①,喀麦隆现任总统比亚曾于1987年3月、1993年10月、2003年9月、2006年11月及2011年7月先后五次对中国进行重要国事访问。喀麦隆总统对中国进行的多次国事访问不仅加快了双边关系的发展,同时也拉近了两国人民的距离。

在多名曾对中国进行工作访问的对外关系国务部官员中,最初的访问代表可以追溯到1993年1月11日,当时任职于对外关系国务部的费迪南·奥约诺作为社会事务和妇女条件部部长亚乌·艾萨图(Yaou Aissatou)女士及对外关系部部长级代表Francis Nkwain的助手访问中国。在这次工作访问期间,双方就中国政府同意向喀麦隆政府提供1亿非洲法郎的工业援助一事签字确认,这项援助被用于纺织工厂的建设,旨在为残疾女性提供就业岗位。另外,奥古斯坦·孔楚·库梅尼在担任对外关系国务部部长期间也曾于2000年两度访华。

国民议会议长同样为推动两国合作作出了贡献。2009年12月,议长卡瓦耶·耶格·贾布里勒率议会代表团对中国进行正式友好访问。期间,贾布里勒与时任中国全国人大常委会委员长吴邦国及时任中国全国政协主席贾庆林进行了会谈。

中喀友好关系同时还体现在两国政党间的交流上。从喀麦隆人民民主联

---

① 前任对外关系部部长雅克·罗欧·博·博(Jacques Roger Booh Booh)讲话:"共和国现任总统保罗·比亚从中喀合作之初就在与中国关系问题上起到了重要作用。正是经过他的努力,使得时任总统阿希乔1973年的首次访华以及随后对于亚洲其他国家的访问得以成行",BOOH BOOH (J-R), op.cit.。

盟邀请中国共产党派代表出席其最近一届常务大会并发言一事可以看出，喀方意在借此传递推进两国关系和谐发展的信息。再者，中国共产党在中国的对外政治活动中也起到了重要的作用，由胡锦涛领导的中共中央外事领导小组是中国的对外政策的制定者。该党在新时期的正式对非战略在2006年发表的《中国对非洲政策文件》白皮书中得以体现。

两国的企业家则通过相互间的商贸往来为中喀合作添砖加瓦，双方进展积极、卓有成果的合作涵盖了贸易、农业、能源、通信及基础建设等领域。

从尚塔尔·比亚基金会（FCB）与中国非政府组织间的合作可以看出，两国非政府组织同样促进了中喀合作的发展。2003年，中国全国妇女联合会曾向FCB赠送过包括缝纫机、纺织设备在内的一批物资，以支持喀麦隆妇女儿童事业的发展。2004年，FCB接受了中国妇联赠送的一批提供给喀麦隆医院的医疗物资，其中包括培养箱、显微镜及医用冷冻箱等。而中国残疾人联合会则分别于2005年、2006年两年间通过中国驻喀麦隆使馆向FCB赠送了残疾人用品。在保罗·比亚最近一次访华期间，他接受了华为技术有限公司提供给FCB的资金捐助①。事实上，通过南喀麦隆和中国河北省之间建立的友好联系可以看出，两国间的合作进程还体现在地方层面。

在中国方面，先后任中华人民共和国国务院总理的李鹏、朱镕基以及时任国家主席的胡锦涛分别于1997年、2002年及2007年访问喀麦隆。全国政协主席贾庆林于2010年3月对喀麦隆进行正式访问。期间，双方就两国政府经济技术合作协定及债务减免协定等双边文件签字。

2011年1月，时任中国国务院副总理回良玉对喀麦隆进行了为期三天的访问。该次访问旨在增强两国间的交流合作，签署了一系列新的合作协定，其中包括1500套社会住房项目以及克里比深水港的开发建设项目。这一系列协定的签署，是喀麦隆总统与中国驻喀麦隆大使薛金维2010年12月会谈的成果。

可以说，成立于1986年9月12日的中喀经贸混合委员会是两国间频繁交流和卓有成效合作的催化剂。以推动合作为初衷的经贸混委会迄今为止已经在雅温得和北京共轮流召开七次会议，为两国的经济文化科技交流构

---

① 参见2011年7月22日的《喀麦隆论坛报（Cameroon Tribune）》, p.3。

建平台。

2005年在雅温得举办的经贸混委会第六次会议上，时任中国商务部副部长高虎城在发言中评价中喀合作迎来了多样化新时期，他同时特别暗示涉及能源领域的贸易活动很有可能成为中国投资者在喀投资的新方向。经贸混委会的最新一次会议于2009年8月3—7日在北京召开。喀麦隆方面由对外关系部长率代表团出席会议，其中包括5名政府官员及若干名公共部门及其从属机构负责人。代表团还出席了喀麦隆大型投资项目信息论坛。对外关系部长在与中国官员会谈时称，希望在中国开放"喀麦隆之家"，作为其国家形象的展示窗口。2000年签署的协定使得两国政府高层间的政治磋商得以制度化。

中喀两国间形式繁多的会见促成了大量合作项目。其中，在时任中国国家主席胡锦涛正式访问喀麦隆期间，双方就曾签署一系列合作协议[1]；在中国全国政协主席贾庆林访问喀麦隆期间，同样签署了八项新的合作协定[2]。2011年7月比亚总统访华期间的合作协定的签署更是将两国友好合作关系推上更高水平[3]。这一系列的合作成果推动了中喀两国间的经贸往来的增长。

在多边领域，喀麦隆自2000年起开始参加三年一届的中非合作论坛峰会，比亚总统2006年出席了在北京举行的论坛峰会。访问期间，比亚总统在出席各项会议及活动的同时，还与时任国家主席胡锦涛及部分中国投资者会晤面谈。中国代表团在与喀麦隆代表团的会议召开过程中宣布将赠与喀方

---

[1] 其中主要涉及的项目有：喀麦隆杜阿拉妇儿医院建设工程、喀麦隆光纤电缆项目工程、楠加埃博科农业示范中心建设、林贝市和巴富萨姆市的体育场建设、莫坎水电站建设。
[2] 其中包括：《关于中国政府向喀麦隆政府提供5000万元人民币无息援助的经济技术合作协定》、《关于中国政府向喀麦隆政府提供5000万元人民币无偿援助的经济技术合作协定》、《为喀麦隆国家土木工程设备公司（MATGENIE）提供优惠买方信贷的协定》、《关于金融项目全球合作的谅解备忘录》、《关于实现喀麦隆农业发展与投资项目的初步协定》、《关于为喀麦隆邮政系统提供技术支持的谅解备忘录》，以及两项关于中国进口喀麦隆木材的协议。
[3] 其中包括：《关于中国政府向喀麦隆政府提供5000万元人民币无偿援助的经济技术合作协定》、《关于中国政府向喀麦隆政府提供1亿元人民币无息贷款的经济技术合作协定》、《关于中国政府向喀麦隆政府提供4.33亿元人民币优惠贷款的政府间框架协议》、《关于中国政府向喀麦隆政府提供1000万元人民币医疗设备用于杜阿拉妇儿医院的换文》、《关于中国政府向喀麦隆政府提供150万人元民币医疗设备用于援喀抗疟中心的换文》。

25亿非洲法郎的社会工作项目援助。此外，中国与喀麦隆达成了旅游业领域的优先合作伙伴意向，这一举措意在鼓励和推动双边交流及贸易往来。在参与中非合作论坛至今的十年间，喀麦隆对外关系部长出席了其中四次的部长级会议。

建立在政治层面的交流与合作无疑是中喀双边关系坚实的基础，双方除了在高层之间有长期稳定的互访以及行政机关之间的访问与交流，在政党、地方及非政府组织之间同样展开了频繁的交流与合作。

中喀关系伴随着两国间的建交纪念活动而再度升温。中喀建交三十周年被喀麦隆对外关系国务部长孔楚·阔梅尼视为"两国间关系历久弥坚、合作长期友好的力证"。在庆祝中喀建交四十周年之际，中国驻喀麦隆大使薛金维在讲话中提到，正如中国与其他非洲国家的关系一样，中喀两国间的友谊与合作是建立在平等互利务实的原则基础上的①。在中喀建交四十周年之际，中国国家主席胡锦涛、喀麦隆共和国总统保罗·比亚互致贺电。胡锦涛主席在贺电中说，中方愿同喀方一道，以建交四十周年为新的契机发展两国关系，将两国的友好合作关系推上更高水平。比亚总统在贺电中表达了对两国关系的美好祝愿，希望两国友好合作关系不断巩固、造福两国人民。

总的来说，自1971年双方建立外交关系以来，从经贸混合委员会到中非合作论坛北京峰会，再到两国高层互访以及其他非政府领域中的对话，中喀两国关系经历了不同发展阶段，并持续向更高水平发展。中喀两国在多领域的合作关系可以被视为是一种"多方向的外交活动"②，也就是Guillaume Devin所说的对外政治语境下的外交③。这样的外交关系有利于双方在多领域同时开展大量合作。

---

① 在邓小平看来，"实践是检验真理的唯一标准"。这一理论还与邓小平的另外两个思想相联系，即"不管白猫黑猫，抓住耗子就是好猫"和"摸着石头过河"。

② 参见«Les diplomaties <de seconde voie> ou < à voies multiples> impliquent quantité d'acteurs hétérogènes dans la recherche de solution aux différends et ne sont plus le produit d'échanges entre représentants accrédités», SMOUTS Marie-Claude, BATTISTELLA Dario, VENNESSON Pascal, Dictionnaire des relations internationalesApproches, concepts, doctrines, 2006, p.144.

③ 参见DEVIN (G), «Les diplomaties de la politique étrangère», dans CHARILLON Frédéric (dir.), Politique étrangèreNouveaux regards, Paris, PFNSP, 2002, pp.215-242.

（二）经贸合作

在建交的四十年间，中喀两国在经贸领域的合作持续深化，中国为喀麦隆提供的援助也取得了实质性成果。中喀两国贸易额从1973年的284万美元增长至2010年的1000万美元[①]。从2002年开始，两国贸易总额取得了飞跃性进展，从2001年的3400万非洲法郎一跃增长至4.5亿非洲法郎，并在2004年达到6.7亿非洲法郎[②]。在2005年，两国的贸易总额达到了2.1亿美元，折合非洲法郎超过1000亿。同年，喀麦隆向中国出口额达到6800万美元，折合非洲法郎330亿。而中国向喀麦隆出口额达到1.42亿美元，折合非洲法郎680亿。这些数字足以证明中国在喀麦隆的经济地位。在2008年，两国间的贸易额已经达到近5000亿非洲法郎[③]。喀麦隆对外关系国务部在两国建交39周年之际提供的数据显示，同年，中国驻喀麦隆企业仅在社会基础设施建设领域所签订单额度就达到6.2亿美元，折合非洲法郎3100亿。

来自中国的援助之所以受到欢迎，是因为其与西方国家所提供的物资不同，是不附带政治及社会领域条件的，尤其是不触及国家政权的。正如在其他非洲国家一样，这样的一种资金投入为喀麦隆维持在布雷顿森林体系下的良好运转[④]以及在削减债务问题上的谈判提供了支持。

喀麦隆出口到中国的产品以棉花和木材为主，而进口自中国的产品则主要包括鞋子、服装、电器、拖拉机以及其他部分机械产品[⑤]。

中国同时还给予喀麦隆（一定的）援助。在2010年，中国政府给予喀麦隆政府2000万元人民币的资金支持。中国驻喀麦隆大使在与喀麦隆经济、计划和领土整治部长就两国政府间的新协定签字时强调："这是一项无偿援助。"这项援助将被用于友好国家的大型工业项目。在2011年初，中国国家开发银行同意为喀麦隆提供3.16亿欧元的贷款，作为克里比深水港的建

---

① 引自中喀建交四十周年庆祝活动中中国驻喀麦隆大使发言。
② 参见PLATE Reinhold, Coopérations économiques et commerciales Chine-Cameroun: états des lieux, Friedrich Ebert Stiftung Buro Yaoundé/Cameroun, Yaoundé, juillet 2005, p.5.
③ 数据来自2010年11月16日的《喀麦隆论坛报》。
④ 译者注：原文如此。
⑤ 参见MARCHAL Roland, «La Chine et l'Afrique: des retrouvailles aux faux-semblants», dans JAFFRELOT Christophe (dir), L'enjeu mondial. Les pays émergents, Paris, PFNSP, 2008, p.241.

设资金。

两国在私营企业领域的合作催生了以下两个企业：SINOCAMDADI（轮胎翻新企业）和HUA LONG TRACTOR FACTORY（手扶机动犁生产企业），这两家企业共获得了来自中国国家开发银行的高达70亿非洲法郎的贷款①，同时还有来自中国的技术人员为其提供技术支持。目前，已经有66家中国企业落户喀麦隆。

不管其效果如何，（中国方面提供的）此类援助是具有影响力的。这也就解释了为什么经济合作与发展组织成员国会对中国的合作政策提出批评。与西方国家终止援助的做法不同的是，这一援助形式在中国与非洲关系的交往中得到了延续。事实上，来自中国的援助是具有双重条件的：一方面，中国所资助的项目在迎合中国企业及中国劳动力的情况下损害了当地劳动力的利益（后者已经开始越来越频繁地表达自身不满情绪）；另一方面，基础设施建设项目事实上或多或少与当地的石油、矿产或森林资源的开发相联系。

（三）基础设施建设领域

中国极其重视在基础设施建设领域的合作。西方国家早在二三十年之前便停止了对非洲国家在这一领域的援助，然而基础设施建设又是与国家的发展紧密联系的②。这也就是为什么中国为喀麦隆提供的基础设施建设领域支持会与许多中喀合作的重大成果相关。这其中包括：雅温得国会大厦、拉格都水电站、道路、桥梁、铁路、学校及培训中心等。同时，在诸如多功能体育场、分别位于楠加埃博科和基德的两所小学、疟疾防治中心以及杜阿拉饮用水供应工程的第一阶段建设等项目上，喀麦隆还获得了中国提供的非洲法郎的资金支持。

在电信产业上，华为技术有限公司在喀麦隆推进光缆铺设项目并为当地企业提供技术支持。按照相关技术人员的说法，这一基建项目将会成为喀麦隆通信科技发展的基础，使其在区域内居于技术领先地位。这项签署于2009年的信息高速路建设的商业合同（也被称为Backbone项目）获得了中国国家开发银行的支持。Backbone并非华为公司在喀麦隆投资的第一个项目，华为

---

① PLATE (R), op.cit., p.7.

② 参见 MARCHAL (R),op.,p.242。

公司此前曾向喀麦隆移动通信公司提供CDMA技术的专家支持。在2007年，这一项目同样获得了中国国家开发银行的资金支持。另外华为公司还涉足了移动通信设备开发领域。其E-post项目目前由喀麦隆邮政公司运营。2005年华为公司在喀麦隆设立分公司以来，共雇佣员工超过100人，其中超过50%的员工为喀麦隆公民。

其他的项目尚在建设或洽谈中，包括楠加埃博科的农业示范中心、莫坎水电站建设工程、林贝市和巴富萨姆市的体育馆建设工程、曼维莱水电站建设工程、克里比深水港建设、1500套社会住房项目以及杜阿拉和雅温得两地的饮用水工程。同时，预计中国还将投资建设杜阿拉—雅温得—巴富萨姆三地环线公路，这一工程总长度800千米，将把主要的经济中心通过快速路连接起来，其资金问题还在洽谈之中。

这些项目的实现推动了中国与喀麦隆之间的经贸交流。其资金通过喀麦隆接受中国政府拨款的形式提供。至于这些项目的执行，则有中国方面独立完成。另外，项目的工作人员和所用的原材料也全部来自中国。喀麦隆在其中仅仅扮演了执行标准和项目工期的制定和监督工作[①]。

（四）农业和畜牧业领域的合作

2006年，喀麦隆政府将10000公顷土地出让给中喀英考农业开发有限公司，出让期99年。这家中资跨国公司主要从事的是农产品的生产、加工和销售工作。该公司在落户喀麦隆以来主要在三地经营，其中在距首都雅温得100公里的Ndjoré拥有的占地4000公顷的养殖基地以及距首都170公里的楠加埃博科的占地2000公顷的养殖基地均以高产量闻名：楠加埃博科的基地主要种植实验作物，包括水果蔬菜玉米及多个品种的水稻；Ndjoré的基地则主要从事木薯种植活动。另外，中国在西部桑楚地区还获得了4000公顷的土地，同样用于农产品开发。依照其与喀麦隆农业和农村发展部所签订的合约，这些作物的相关生产、制造和销售工作均由中国企业完成，相应的，中国企业提供给当地28亿非洲法郎的援助以刺激喀麦隆农业发展。据企业负责人说，长远来看，这个开发项目的谷物产量预计可以达到10万吨，能够养活超过600万人。据喀麦隆农业专家说，中国在喀麦隆种植的大米产量

---

① 参见PLATE (R),op.cit.,p.8。

能够减少喀麦隆的农产品进口量——这片初始产量仅为50万吨的土地预计产量将会达400万吨。此外，中国还将向喀麦隆国家农业机械开发研究中心（CNEEMA）援助一批挖掘机。

据中国驻喀麦隆大使薛金维说，中国政府之所以如此重视农业发展是因为"最具发展潜力的领域无疑是基础设施建设，而在那之后便是农业，粮食对于人民来说至关重要；而喀麦隆有丰富的农业资源，其气候和地理环境具备了发展农业的理想条件"[①]。在中国国家副主席访问喀麦隆期间，喀麦隆总统在会谈中则表达了喀方发展农业的决心，表示将把重点集中在水稻和玉米种植方面。他表示希望得到中国专家的支持，以使喀麦隆不仅达到粮食的自给自足，还能够成为区域内的粮食出口大国。这一发展愿景也得到了中国领导人的认同。

然而目前喀麦隆的现实情况是：一方面，大量可耕种土地由中国企业控制这一事实或多或少得到各方认可，政府希望中国农业专家能够帮助其大幅提高农业产量；另一方面，排除在协商过程之外的当地居民则呼吁在开发过程中应当多雇佣当地劳动力、创造劳动岗位，认为中国带来的农业上的高产不应当以损害当地消费市场为代价[②]。

在畜牧业领域，应当提到寰宇养殖公司在雅温得南部的Mvan的签约工程。该项目工程完工后，预计将形成日产2万只肉鸡、8万只蛋鸡的生产规模。随着项目的推进，当地从事家禽饲养的相关人员的不安与日俱增，喀麦隆相关民间组织"公民利益维护协会"（Association citoyenne de défense des intérêts collectifs）领导人认为这会对当地的相关产业造成实质性的威胁。

（五）文化、科学及学术合作

自1973年起，中国政府平均每年向喀麦隆大学生提供约十项奖学金项目。在2009/2010学年中，中国政府资助了32项进修项目，其中包括十个本科生项目和22项大学研究人员项目，涉足医药、农业、电子工程、通信、信息技术等不同领域。而在2010/2011学年，中国政府共向喀麦隆提供了24

---

① 来自对Simon Pierre Etoundi的采访，2010年11月16日的《喀麦隆论坛报》。
② 参见GWETH Guy, «La stratégie de puissance chinoise en Afrique vue du Cameroun», site internet: www.bolyabaenga.org/index.php?...chine...guy-gweth..., consulté le 13-05-2011。

项进修项目，其中九项面对本科生，15项面向研究生。这些项目主要用来资助喀麦隆在应用科学、医学、农业、经济、电子工程、环境科学、通信、信息技术和发现的年轻学生和学者。在一次30多项资助项目的共同启动仪式上，中国驻喀麦隆大使薛金维表示："喀麦隆获奖学金资助的学生在中国的留学生中出类拔萃。如今，超过300名喀麦隆学生在中国留学。可以预见，随着两国友好关系的深化和两国全方位合作的铺开，这个数字还将继续增长。"①

从2000年第一季度起，中国决定加强与喀麦隆国立大学间的科技与学术合作。以此为指导，中国在雅温得第一大学建立了一间微生物实验室②。中国也积极的推动孔子学院的发展，于2007年11月在雅温得第二大学下辖的国际关系学院开设了喀麦隆孔子学院，并于2009年3月27日在杜阿拉开设了一个教学点。为了证明中国对推动孔子学院的发展拥有极大的兴趣，中国全国政协主席贾庆林在访问喀麦隆时造访了国际关系学院。

在文化交流方面，中国艺术家团体首先访问了喀麦隆。喀麦隆国家芭蕾舞团、喀麦隆画家和诗人也造访了中国。对喀麦隆国家芭蕾舞团的培训由两位中国编舞教练完成。中国也对喀麦隆的运动员和教练员提供了资助。此外，在2008年两国签署了2008—2010年间两国文化合作协议的纲领性文件，两国文化交流因此变得更加频繁。

（六）卫生领域的合作

中喀两国在医疗卫生领域的合作主要集中在中国方面的企业投资及人才流动。正如大部分非洲国家一样，喀麦隆面对中国方面的援助和投资所采取的回应方式，是被吉莱斯·莫罕称为"听任发展"的态度③。

其中，医疗投资作为中喀合作关系中引人注目的领域之一，包含了基础设施建设和医疗器械两个方面。

在与喀麦隆建立外交关系之初，中国在基德和姆巴尔马约两地援建了医院，这两所医院至今仍然保持在喀麦隆最大的几所医院之列。中国人以极低

---

① http://www.chine-informations.com, consulté le 26/10/2011.
② 参见GWETH (G), op.cit.。
③ 参见吉莱斯·莫罕MOHAN Giles, "Chinese migrants in Africa as new agents of development ? An analytical framework", Journal of Development Research 21, 2009, pp.588-605。

的价格为喀麦隆的基本医疗发展作出了贡献，其所提供的医疗服务包括了西医、中医及中西医结合三种形式。

中喀之间最新实现的医疗合作项目是雅温得妇儿医院。医院选址建于恩古索路，2002年由喀麦隆总统奠基，中国驻喀麦隆大使及中国卫生部副部长马晓伟出席了奠基仪式。如今，它已成为喀麦隆全国最大的医院之一，造价50亿非洲法郎①，其投入使用进一步巩固了中喀间的医疗合作，提供中医及西医两种医疗形式。布埃亚地区医院的翻修则是得益于一个30亿非洲法郎的合作项目。

从2009年10月起，在杜阿拉亚萨，另一所妇儿医院正在建造中，将于未来几个月内完工。它将成为中喀合作项目中的第二大医院，包括11个病区和300个床位——比雅温得妇儿医院多100个。正如后者一样，它拥有先进的超声科、妇产科、耳鼻喉科、口腔科、儿科及微波治疗技术。全院造价99亿非洲法郎，其中中国投入37亿。中国政府还从这些医院的选址建设开始提供医疗技术人员及设备支持。

在中国提供的设备援助中，基德医院在2004年获得了一台可在市政供电出现故障时为医疗设备供电的发电机，这大大降低了在手术过程中停电所带来的风险。2005年，中国方面又为其提供了价值9100万非洲法郎的同类型设备援助②。中方提供的援助还远不止此，这一系列的援助使得这家医院成为喀麦隆医疗设备最齐全的医院之一。姆巴尔马约医院及基德医院在建立之初就开始享受到中国提供的资金及设备支持，其中还包括大量的微波治疗设备。这些项目使得医院的治愈率有所上升。

在1960—1980年间，伴随着中华人民共和国的成立和冷战的爆发，中国与非洲的关系进入了政治性更强的第三发展阶段③。中国的援助在此时被用

---

① 参见WASSOUNI François, «La présence chinoise au Cameroun et son influence sur les pratiques de santé», dans Revue de Sociologie, d'Anthropologie et de Psychologie, n° 2, Université Cheik Anta Diop, Faculté des Lettres et Sciences Humaines, 2010, p.101。

② 其中包括：1台多功能X光机，2台心电图描记器，1台超声造影机，1台多功能麻醉机，1台检眼镜，1张电动床，1台齿科技工桌，2台电脑，1个消毒蒸锅，1台外科显微镜，2盏红外灯，2台起搏机和一台数字复印机。

③ 译者注：原文如此。

于巩固南南国家在农业和卫生领域的团结合作①。自1990年至今，伴随着中国在20世纪70年代末进行的经济改革，中国移民人数呈现出上升趋势，这一状况在近五年内表现得尤其明显。Emmanuel Ma Mung教授认为，自90年代末，非洲的中国移民数量就呈现上升趋势，他把来自中国的移民划分为三类：因为工作需要而暂时移居者，劳务输出移民以及企业家移民②。而伴随着中国80年代的改革开放，兴起了一种新类型的移民，他们作为中国政府扩大其影响力的产物，包括了学生、商人以及医生。这一受到中国政府鼓励的移民潮，作为"新移民"的一部分，在很大程度上推动了中国私人诊所在喀麦隆的发展③。

在鼓励医生移民的同时，中国政府就其工作的灵活性与喀麦隆方面在双方签署的部分医疗合作协议中进行了协商，并为他们在喀麦隆的工作生活提供一定保障。2006年，44名中国医生作为援喀麦隆医疗队的新成员抵达喀麦隆开始为期两年的工作，中国和喀麦隆就其接纳问题签署两份协议。其中第一份协议涉及驻雅温得医疗队的驻地建设工程，合计6.5亿非洲法郎。

自1975年以来，中国政府在医疗卫生领域的结构性成就主要可以归因于医务人员的移民活动。1975年6月9日，双方签署有关中方派遣医疗援助队的协议书。文件中规定每支医疗队的工作时间为期两年，其任务是为喀麦隆医护人员提供直接帮助——包括协助治疗、经验交流、技术传授和为喀麦隆医生提供赴中国接受培训的机会④。协定书在每支医疗队到达时会进行重新确认，在1975—2011年间进行了数次修改。1980—1985年间，医疗队的派遣经历过短暂的停滞，并在1985年新协定签署后得以恢复。

---

① 参见MOHAN Giles and KALE Dinar, "The invisible hand of South-South globalization: Chinese migrants in Africa", A Report for the Rockefeller Foundation prepared by The Development Policy and Practice Department, The Open University, Milton Keynes, MK7 6AA, UK October 2007, p.9。
② 参见MA MUNG Emmanuel, "Chinese migrations and China's policy in Africa", *Journal of Chinese Over-Seas*, vol4, n° 1, pp.91-109。
③ "新型移民"这一概念参见 «ces citoyens chinois qui émigrent ailleurs depuis 1979 quand la Chine a entamé ses réformes économiques», HONG Liu, "New migrants and the revival of Overseas Chinese Nationalims", *Journal of Contemporary China*, vol.14, n° 43, May 2005, p.293。
④ 参见喀麦隆公共卫生部未分级档案, «Protocole d'accord entre la République Unie du Cameroun et la PRC relatif à l'envoi par la Chine d'une équipe médicale au Cameroun», 1975。

喀麦隆公共卫生部负责援助医疗队的驻地选择工作，并最终选定为姆巴尔马约、基德和雅温得三个城市。伴随着合作协定的敲定，第一批医疗队分别于1975年抵达姆巴尔马约、1976年底抵达基德。

中国医疗队一般由十多名医护人员构成。第一批1976年赴基德的医疗队包括了14名各个专业的专科医生①，而在那时，喀麦隆的医生还以全科医生为主。在这一合作项目奠基以来，除了有少数例外情况以外，三个驻地的医疗队的构成模式基本延续至今。

1975—2011年，共有15批次的中国医疗队赴喀麦隆工作，共计700名中国医护人员。

为了完成为期两年的工作，所有这些医生都具有丰富的驻外国工作经验。在朱利叶斯·尼雷尔执政时期的坦桑尼亚，中国医疗队同样签署的是为期两年的派驻合同②。然而，70年代中国派驻坦桑尼亚的医疗队在合作期结束后会留在当地行医，与这一状况不同的是，中国驻喀麦隆的医疗队在工作期结束后将返回中国。对于那些希望延长派驻时间的医生，则需要通过复杂的交涉以获得延期资格③。总的来说，医疗队通常是一起到任并一起返回中国的④。按照Elisabeth Hsu的说法，派驻医疗队中还没有发生过医生留下来单独行医的情况⑤。

这些医院在负责中国驻喀麦隆合作项目工作人员的医疗工作的同时，还克服了语言上的障碍，向当地医院传授微波治疗技术。以恩古索的医院为例，喀麦隆和中国专家就进行了紧密合作，这一医疗中心也凭借医护人员的医术而与众不同。在这里就诊的病人既可能由喀麦隆医生接诊，也有可能接受中国医生的治疗。

---

① 这其中包括2名外科医生（1名整形科医生，1名普外科医生），1名眼科医生，1名超声科医生，1名耳鼻喉科医生，1名针灸科医生，1名妇产科医生，1名麻醉科医生，并有随队厨师、翻译和司机各1名(Wassouni (F), op.cit., p.100)。
② 参见HSU Elisabeth, "Medicine as business : Chinese medicine in Tanzania", www.ascleiden.nl/Pdf/paper10mei.pdfp2 (consulté le27/07/ 2011)。
③ 对话内容为2011年7月11日对雅温得医院一名护士的采访。
④ 同上。
⑤ 参见HSU (E), "Medecine as business", op.cit., «Zanzibar and its Chinese Communities, dans Populations, Space and Place 13, 2007, pp.113-124。

中国医生在日常生活中与当地居民并没有很好地融合，他们一般生活在特定的圈子里，居住在合作项目承建的驻扎地中。这在一定程度上也与语言交流的障碍有关。"他们的英语相对比较流利，能够说一些简单的法语，因为文件翻译的需要，他们也试着学习当地语言①"，甚至是在烹饪这样的问题上，双方的融合也远远不够，"他们有专门的随队厨师，通常还是选择中餐食谱而很少接受当地的菜式，除了啤酒②"。

与当地人缺乏交流的这一现象在另一份调查中得以证实："中国人的生活模式是集体式的，他们的圈子里只存在中国人……喀麦隆的中国人生活在自己的小圈子里。他们使人产生一种中国人对喀麦隆人的生活环境漠不关心的印象。"③

和我们在其他地方所观察到的情况类似，"去地域化"之后总是伴随着一个"再地域化"的过程。这就是说，尽管华人社区的成员已经移民并"远离祖国"，他们也仍然寻求"保留和重构其身份"④。这就是 Emmanuel Ma Mung 所提出的"跨国族群认同"⑤这一概念形成的基础。

这一行为模式在其他非洲国家的华人群体中也有所体现，并且常常被解读为是文化融合的缺失。就像吉尔斯·莫汉在坦赞铁路（即"坦桑尼亚—赞比亚铁路"）建设的研究中所指出的那样，中国人在建设过程中没有与当地社群建立联系，甚至只吃他们从中国带来的食物⑥。据他研究，语言隔阂仍然是最主要的问题。这个问题既困扰着他们的工作，也阻碍了他们与当地的融合。这种现状在所有非洲华人社区都有所体现⑦。

为了促进传统医学的传播，中国根据1975年的双边协议为许多喀麦隆

---

① 对话内容为对恩古索医院一名护士的采访。

② 同上。

③ 更多细节参见 PLATE Reinhold, «Coopérations économiques et commerciales Chine-Cameroun: états des lieux», juillet 2005, Friedrich Ebert Stifung, Büro Yaoundé/Cameroun, Cameroun-Info, p.7-9.

④ 参见 BRUNEAU Michel, «Diasporas, transnational spaces and communities», dans BAUBOCK Rainer and FAIST Thomas Faist (eds), Diaspora and transnationalism: concepts, theories and methods, Amsterdam, Amsterdam University Press, 2010, p.49.

⑤ 参见 MA MUNG (E), op.cit., p.92.

⑥ 参见 MOHAN (G) et KALE (D), op.cit., p.12.

⑦ 同上, p.15.

医生提供了专业化的培训。两名最早接受中医药专业培训的喀麦隆医生成为中国为喀麦隆提供医疗培训的绝佳见证,尽管这一培训项目在协议中并没有被明确的规定。这两名喀麦隆医生1977年受到世界卫生组织的资助并前往中国上海中医药学院进行为期三个月的培训[①]。那时针灸刚刚开始在世界流行。实际上,自1973年起,中国就开始每年为喀麦隆医学学生提供十多项奖学金项目。

通过中国专家和研究人员的参与,一个规模庞大的医疗培训计划也在喀麦隆依靠喀麦隆高等教育系统全面铺开。早在1991年,浙江大学和雅温得第一大学关于微生物的合作研究就已经开始了。2003年,喀麦隆签署了一份以在医学培训、医学研究、植物药用价值和中喀传统医学评估上全面合作为目的的谅解备忘录。合作双方分别是:喀麦隆的雅温得第一大学和医学研究与药用植物研究院,中国的浙江大学。

中国政府对药品在喀麦隆的普及作出了贡献。一方面,通过在雅温得、姆巴尔马约、基德的医院药房,中国医生参照1975年双边协议中的规定为患者开出中药产品。另一方面,通过"中国喀麦隆医药公司"这家由公共卫生部授权的公司,中国药品已经深入了喀麦隆公共卫生领域。桂林的一家制药企业"桂林南药股份有限公司"生产的治疗疟疾的药物在喀麦隆已经形成了垄断。这种药物从2004年开始受到世界卫生组织的推荐,它有两个名称,不过疗效是一样的:这种药的注射剂叫做青蒿琥酯注射剂,而其药片则被称作青蒿琥酯联合用药。青蒿琥酯联合用药可以治疗各种形式的疟疾,而青蒿琥酯注射剂主要用来治疗脑型疟疾或在紧急情况下治疗危重病人,如陷入昏迷的疟疾患者。为了战胜疟疾,世界卫生组织推荐使用青蒿琥酯片与盐酸阿莫地喹片的联合用药。由于它良好的疗效和比其他药品更低廉的价格,这种药物很受公众欢迎。这两种抗疟疾药物从2008年4月起正式在喀麦隆出售。

此外,在喀麦隆,中国医生除了开设私人诊所外,还经营季节性诊所。与在坦桑尼亚的情况相类似,这里的中国医生类似于私人企业主。即便其中有一些诊所是在喀麦隆政府的准许下开设的,其他的大部分诊所都是非法开办的。不过,我们没有具体的数字统计这些非法诊所的具体数量,也没有关

[①] 2011年5月25日与Langueu医生的访谈。

于这些非法行医的中国医生数量的具体统计。

就像E.Hsu在关于坦桑尼亚的研究中所指出的那样，一些中国医生的流动性很强①。他们组成一个医疗团队来到喀麦隆，并在一段时间内在某个特定城市建立季节性的流动诊所。例如2008年他们把诊所建在巴佛萨姆，2009年建在姜镇，2011年初则转战班祖恩。这些医生首先和当地医院谈判以取得一个行医场所。在班祖恩Yom区的医院里，从2013年初开始就有一群这样的中国医生。还有一些医疗队租用私人住宅作为诊所。在姜镇，有三组中国医生轮流来此开办私人诊所，每组医生停留大约六个月的时间。为了进行宣传，一些中国医疗队会带着药品来到当地的宗教集会上宣告他们的到来，并告诉当地民众他们诊所的地点和出诊时间。这种诊所的问题在于无法对患者进行追踪治疗。这是因为，不是所有被检查出问题的患者都能在流动诊所开办的时期内得以治愈疾病。

中国药品不仅在医院和私人诊所中被出售，私营企业甚至个人也出售中国药品。

一些中国的私营企业扮演了推销中医药的角色。这些企业给药品打包，销售药品，告诉喀麦隆患者如何服药。这些企业还在中国或者喀麦隆本地为其他喀麦隆人提供培训。这样的企业有：天狮、TASLI、SOMAI和美伦②。

总的来说，中喀合作确实是全方位宽领域的合作。只有在军事方面的合作上，双方还没有什么建树。不过，两国已签订一份军事训练合作协议。此外，为了加强军事合作，中国国防部长梁光烈于2009年6月10日在北京会见了喀麦隆国防部宪兵国务秘书让—巴蒂斯特·博卡姆。双方都认为这次会面成果丰硕。因此，所有的双边关系都建立在两国"双赢"精神的基础上。

二、建立在互利共赢前提上的中喀关系

对于中喀两国来说，两国的关系是一种互利共赢的关系。这种关系建立在"双赢"的精神上。这不仅仅是因为喀麦隆和中国都认同应当以利他主

---

① 参见HSU (E), "Medicine as business", op.cit., pp.8-16。
② 2011年5月30日与Djouatsa Simon在美伦公司的访谈。

义的方式来建构两国的利益,也是由于两国的国家利益本身同样"因受到国际文化结构的影响而无法再单纯以利己主义的方式实现"[①]。因此,中喀两国的双边关系建立在中国提出的"双赢"思想上。在这一思想背景下,中国在合作中表现出了反对唯利是图和反对剥削的倾向,并使得每一位合作伙伴都产生能够互利互惠的预期。每个国家所获得的利益不是事先强制规定的,而是由每个国家根据其不同程度的参与进行社会建构并以每个国家的国家身份为基础所确定的。这个国家身份就是"每个国家在国际体系中对本国、对他国,每个国家在这个国际体系中对本国的地位、对他国的地位所进行的表达"[②]。

(一)有利于喀麦隆的双边关系

在两国关系中,公共卫生和经济两个领域对于喀麦隆产生了特别积极的影响。这两个领域中的双边关系促进了"国家身份"[③]的建立。

1. 公共卫生红利

据统计,2010年喀麦隆有1940万人[④]。相比于2005年,2009年医生/居民比例从每10084名居民有1名医生下降至14418比1,护士/居民比例从每2249名居民有1名护士下降至2545比1[⑤]。喀麦隆的医疗资源仍然不符合世界卫生组织的标准,中喀医疗合作因此也拥有广阔空间,大可作为。

在喀麦隆,中国医学特别是传统中医产生了独有的现实影响力。中医对于医疗设施需求较少,看病花费较小,因此被认为有利于喀麦隆这样的国家发展公共卫生医疗并受到了推崇。新中国建国之初在军队和民间走基层提供医疗服务的"赤脚医生"也是因为类似的原因而形成的。因此可以理解为什么喀麦隆总统在他2011年7月的访华期间向胡锦涛主席表达了对中国医疗队

---

① 参见BATTISTELLA (D), «L'intérêt nationalUne notion, trois discours», dans CHARILLON (F), op.cit., p.155。

② 同上, p.152。

③ 关于国家身份,温特的定义是"拥有其所有社会实体特征并组成国家且区分于其他国家的属性:国界,封锁,国家暴力的垄断,等等"。出自BATTISTELLA (D), «L'intérêt nationalUne notion, trois discours», *op.cit.*, p.155。

④ 喀麦隆国家统计局,《第二次喀麦隆公共支出、幸福指数、教育和卫生发展调查》(PETS 2), Rapport principal, Volet santé, décembre 2010, p.12。

⑤ 同上, p.13。

所作出贡献的感谢，并强调"中国是喀麦隆最忠实可靠的伙伴之一"①。

实际上，为了广大喀麦隆人民的福祉，30年来中国医生在喀麦隆不断的传授医疗知识②。他们对喀麦隆医疗服务水平的提高作出了巨大贡献。而随着喀麦隆医院和私人诊所的建立，医疗专家的出现，教育水平的提高和医疗器械的安装，喀麦隆的医疗服务水平得以大大改善。在喀麦隆医疗机构长期普遍缺乏有资质的人员和配套的医疗器械的背景之下，这的确令人振奋。在经济危机的大环境中，中国医疗队治疗患者的效率和所有人都能负担得起的医疗费用使得他们很受欢迎。此外，大量销售的中国商品的出现使得更多民众能够消费得起药品，因此药品也能够更加方便的获得③。中国的诸多贡献在很大程度上改善了喀麦隆的医疗设施网络，也重构了喀麦隆公共卫生的版图。

与此同时，医疗技能也被传授给了每个喀麦隆的医疗人员。中国医生对于每位患者都给予了无差别无歧视的照顾。在喀麦隆医疗领域中腐败不断出现、对患者总体缺乏耐心以及其他有悖于医生职业精神的行为迭起的背景下，中国医生的职业精神是非同寻常的④。正如一位护士所提到的，中国医生会反复向喀麦隆医疗人员灌输他们的工作理念⑤。根据Pr. Doh的观点，中喀医疗合作的主要优势在于其务实性。而根据E.Hsu.的观察，中国团队的遵纪、勤勉、守时和随时出动的特质是喀麦隆和坦桑尼亚的患者们所最看重的⑥。

中医也给对现代医学感到失望的患者们带来了希望。同时，在分发药品、私人诊所及私人诊所建设的工作中，一大批本地员工被雇佣，为降低失业率作出了贡献。公共健康部也支持这样的合作。原因在于，"中国在中国的援助是高效的，并体现在那些具体的和令人印象深刻的工作当中"。

---

① 参见2011年7月25日的《喀麦隆论坛报》, p.3。
② 我们在巴富萨姆的中国诊所和在雅温得医院中调查到的大部分患者都对这些机构的治疗总体感到满意。
③ 参见MARCHAL (R), op., p.244。
④ 参见WASSOUNI (F), op.cit., p.110。
⑤ Doudou Issa, Guider医院助产士，护士长，引自Wassouni (F), *op.cit.*, p.111。
⑥ 参见HSU (E), «Medecine as business», op.cit., p.10。

2. 经济红利

从严格的经济发展的角度上来说，中国的出现在诸多领域给喀麦隆带来了实惠。中喀之间的经济合作没有附带任何的政治条件或是经济指令。此外，在工程建设方面，中国能够在保证质量的同时以比西方国家更少的时间和更小的成本来完成。中国公司的竞标价格以30%到50%的幅度低于西方公司。同时，中国公司在诸多领域大力投资：例如香港的维德集团就从西方同行手中取得了这些公司原来在喀麦隆甚至在刚果所持有的庞大开发区的控制权。对此，有些喀麦隆人在闻讯后表达了喜悦的心情。与此类似的是，当2007年中国路桥公司在杜阿拉两条主干道的翻新工程完工之后，这座城市的居民被中国人在完成这一基础设施工程之中所展现的效率所折服了。他们祝贺了中国建筑人员并临时决定进行游行以支持这些工程建设的"天之骄子"。中国人同样带来了他们在日常事务管理中所体现的创造精神。"中国人就是杰出、坚毅、行动的代名词。他们使整个国家产生了翻天覆地的变化"[1]。

在原材料方面，中国的需求刺激了原材料产品价格上升，使得喀麦隆原材料出口和交易的收入和税收得以增加。此外，中国政府在2010—2012年的沙姆沙伊赫行动计划框架下出台了八项政策——其中最值得一提的是旨在增加中国进口非洲产品的政策，并决定在义乌这个中国南方的重要商业城市建立一个非洲产品展销中心。在这一措施之外，中国同时还实行了附带的优惠政策，例如优惠的税收或取消海关关税等。而关于其他潜在的合作方面，两国都看好建立在高效开发两国潜在资源基础上的双边交往和团结。受益于在2006年中非合作论坛北京峰会上签署的中喀旅游目的地谅解备忘录，喀麦隆得以接待大批中国游客赴喀旅游以促进其经济发展。最后，依靠中国的援助，喀麦隆能够获取其所需的优质资本以支持金融投资，增加就业和促进经济增长。

总的来说，尽管有些中喀经贸成果使得一些经济活动不得不弱化，由于中国能够以比西方国家低得多的报价承接喀麦隆在交通、卫生、体育、通信

---

[1] 参见MICHEL Serge et BEURET Michel, La ChinafriquePékin à la conquête du continent noir, Paris, Grasset, 2007, p.201。

等领域的基础设施建设或翻新的工程和服务，中喀关系的发展前景仍然被看好①。这就是为什么中喀合作被喀麦隆所重视，并被喀麦隆总统放在第一位。2009年6月21日，在喀麦隆体育宫的落成典礼上，保罗·比亚总统表示他欣赏中国面对喀麦隆所展现出的"典范与大方"的态度。2010年在对喀麦隆的访问中，时任全国政协主席贾庆林宣布："中国是喀麦隆的传统合作伙伴之一。你们在基础设施、卫生、体育、农业、科技等领域希望实现的计划有很多，而中国人民将是你们的坚强后盾。"在中喀建交40周年这样一个历史背景下，他强调中国长期以来对喀麦隆提供了珍贵的援助与支持，为喀麦隆的稳定与发展作出了重要的贡献。中国驻喀麦隆大使薛金维也表达了同样的观点，即在国家发展战略中，中国并没有忘记喀麦隆："我们十分重视喀麦隆人民的现实需求。中国在援助方案的可行性研究上从来都有一个优先考虑的原则，即是否能够满足喀麦隆人民的迫切需求，是否能够加强喀麦隆自主发展的能力。这就是为什么中国优先支援喀麦隆的公共卫生、饮用水、教育、农业、通信、基础设施这些方面的建设。"②

为了歌颂中喀两国的合作，政治评论员 Charles Ateba Eyéné 甚至出版了一部著作③。该作者认为，与喀麦隆和西方国家的合作相比，中喀之间的合作对喀麦隆帮助更大。这位与总统同属一个政党的斗士在他的书中推论道："中国开创的道路为我们发展经济指明了方向。"也就是说，作为新兴国家的中国已经折服了喀麦隆——前者通过他自身的例子证明了喀麦隆脱离欠发达状态并发展繁荣是完全有可能的。

（二）同样有利于中国的双边关系

中喀两国关系的深化既是两国间共同利益和利益互补所带来的成果，也是中国力图在非洲加强其战略外交和经济影响力的结果。因此，两国关系其实是中国外交政策的一部分，并且一直是"中国影响其国际政治环境的工

---

① 根据Reinhold Plate说法，这其中还包括小型商业如内衣、袜子、糖果、饼干、手工制陶、纺织工业、蜂窝煤制造、塑料鞋生产、摩托车和自行车销售；PLATE (R), op.cit., p.6.
② 参见 Simon Pierre Etoundi 的采访,2010年11月16日的《喀麦隆论坛报》。
③ 参见 ATEBA EYENE Charles, La pénétration de la Chine en Afrique et les espoirs de la rupture du pacte colonial, Yaoundé, Editions Saint-Paul, 2010.

具"①。总的来说，这些关系使中国得以建立其"角色认同"。这种"角色认同"②受Guy Gweth提及的那些因素影响而形成："位于几内亚湾中心的喀麦隆使中国着迷，这不仅仅是因为它的历史、它稳定的政治、它的人口和社会、它的经济地位、它的森林、它的地下资源、它的友好，也因为它战略性的地理位置和外交状况。"③

1. 战略外交与文化要素

中国的实用主义和市场逻辑使其形成在几个不同核心领域投射中国力量的全球战略，这几个领域的要素即：经济、外交、军事、科技、社会文化、医疗和媒体④。这些不同的要素组成了富有吸引力的战略⑤。它们成为"软实力"⑥的一部分，使中国领导人在与其他强国竞争的大背景下更侧重于实际的影响力和实行韬光养晦的战略⑦。这些要素与中国自1949年以来就已经确定的对外目标一脉相承，也使得中国迈入世界强国的俱乐部⑧。1989年的政治风波被平息使得这些要素受到影响。对西方国家在1989年之后采取制裁措施感到不满的中国领导人逐渐形成了新的政策。这一政策旨在强调建设以国家为核心的资本主义和建立在对外贸易之上的经济策略的转变，从而使中国

---

① 参见BATTISTELLA (D), Théories des relations internationales, op.cit., p.359。
② "这一角色认同指的是在其他国家的感知中，一个国家优先显示出的特征和对其他国家预期这个国家应当实践的以某种特定方式出现的行为和这个国家在国际舞台上所预期应该扮演的角色的实践。在另一个国家看来，一个国家可以扮演朋友、对手、敌人、霸权国或卫星国等角色"，BATTISTELLA (D), «L'intérêt nationalUne notion, trois discours», op.cit., 155.
③ 参见GWETH (G), op.cit。
④ BAL Marie et VALENTIN Laura, La stratégie de puissance de la Chine en Afrique, p.18。网址：www.bdc.aege.fr/.../La_strategie_de_puissance_de_la_Chine_en_Afrique.p...。
⑤ 出自Christophe Stalla-Bourdillon, «la séduction est la forme de pénétration de la Chine en Afrique», cité par Bal (M), Valentin (L), op.cit., p.54 et 60.
⑥ 19世纪在英国诞生的软实力概念被美国国际关系学家约瑟夫·奈在1990年第一次引入国际关系学当中。它指的是一个法人通过非强制性手段影响其目标的行为以实现其利益的能力。希望更多地了解这个概念，请参见NYE Joseph, The power to lead, New York, Oxford University Press, 2008。
⑦ 2006年1月，胡锦涛主席强调："提升中国的国际形象和国际影响力，必须同时依靠包括经济、科学技术、国防等领域在内的硬实力和文化这样的软实力"，引自Guy Gweth, op.cit。
⑧ 参见TSHIYEMBE Mwayila, La politique étrangère des grandes puissances, Paris, L'Harmattan, 2010, p.263。

的经济和政治力量能够投射出来①。中国的战略反映了一种真正的公共政治模式，同时围绕着这一模式展开了相互紧密联系的行动②。

医疗援助活动构成了中国力量的战略组成部分。这点可以通过观察中国医生如何在中喀关系的三角社会结构中实现第三方功能而得以证明。

这些年来，对于移民问题的分析得以充分发展。如今，这些分析显示出不应该单纯把移民放在移入国家的社会环境中观察，而应该根据移民的原籍与移入国家间的联系来对其进行观察。一个由 Alain Tarrius 开始并由 Antoine Kernen 接手的研究③使得我们得出结论：中国在喀麦隆的移民展开的医疗活动不仅仅对中国政府的政策造成了影响，也对被这些活动所提供的机会惠及的个体的人生道路产生了影响。这种双重的原因使得他们与其原籍国家之间产生了一种相互依赖④，而这种依赖成为中国政府在非洲战略的一个核心。中国在喀麦隆的医疗活动是中国在非洲力量的一个方面的体现。传统中医被用来推动支持关于政治经济和文化的项目。在2005年成都举行的第二届"中医药现代化国际科技大会"中，中国正式宣布决定将传统中医打造为战略性领域。

中国政府在喀麦隆的医疗援助体现了一种战略性的政治意义⑤。自从1975年开始在喀麦隆进行短期的医疗援助以来，中国医疗人员作为一个群体，既是中国在喀麦隆的智慧经济的见证者，也是推动其发展的参与者。正如A.Kernen所述，中国在非洲特别是在喀麦隆的长期医疗援助是中国建立其在非洲主导地位的策略之一。可以发现，中国在非洲不仅实践着"中国战略"，而且已经织下了一张值得注意的网络。

中国医生在喀麦隆建立私人诊所、医药公司，将中药引入喀麦隆市场，

---

① 参见 DOMENECH Jean-Luc, «Peut-on parler d'émergence chinoise?», dans JAFFRELOT (C), op.cit., p.83。

② 参见 GABAS Jean-Jacques, «Les pays émergents et la coopération internationale», dans JAFFRELOT (C), op.cit., pp.224-225。

③ 参见 KERNEN Antoine, «Les stratégies chinoises en Afrique: du pétrole aux bassines en plastique», Politique Africaine, n° 105, mars 2007, p.176。

④ 参见 BATTISTELLA (D), Théories des relations internationales, op.cit., p.222。

⑤ 参见 GAYE Adama, «La nouvelle donne chinoise en Afrique», www.gabrielperi.fr/IMG/article_PDF/La nouvelle-donne-chinoise-en.pdf (consulté le 14-03-2011)。

使得中国影响力得到增强。同时，上述人员和机构由于在相互间的交流及在与当地社会的往来中吸纳了具有象征性和战略意义的资源，因而又被中国政府①视为"独一无二的具有政治文化意义的物质财富"②。

中国在喀麦隆的医疗人员也是中国的一种象征性资源。在医疗网点的急速扩张和中医药的销售过程中，他们对中国文化在喀麦隆的传播与深入起到了至关重要的作用。"因为他们所拥有的文化语言功能，特别是他们在喀麦隆国家建设当中和国家身份建构与文化重构的过程当中所扮演的角色使他们占据了一个战略性的地位"③。这样一来，伴随着中国医生和中医药的流行，中国在喀麦隆加强了其存在。最后，中国医生在喀麦隆和其他非洲国家的发展证明了中国的大国地位。与欧洲或美国相类似，中国所可以仰仗的是遍布在非洲法语区和东非各国之中的各个强大的中文社区④。因此，这些医生的出现是中国力量在非洲的具体化，这是中国政府希望见到的⑤。

中国深度地参与了全球化进程，而中国医生同样加入了这一进程当中。这是因为，"在希望收获经济和声誉上的双重成功的海外中国医生大力宣传之下，在全球范围内医护人员反复的和非同寻常的研究之中，在全球患者的赞誉之中，中国医学成为一个全球性的现象和市场化进程中的一个目标"⑥。

的确，中国医生是全球化的参与者。他们是中国在加强文化与经济影响力的过程中至关重要的角色，而正是这种影响力使中国得以被纳入世界经

---

① 更多信息参见 FRANCHINEAU Hélène, «De la régionalisation au régionalisme: la diaspora chinoise et l'intégration de la chine en Asie du Sud-Est», www.cean sciencespobordeaux. fr/page%20 perso/franchineau.pdf.pp.13-17(consulté le 14 février 2011)。

② 参见 WATERBURY Myra A., «Bridging the divide: towards a comparative framework for understanding kin state and migrant-sending state diaspora politics», in Rainer Bauböck et Thomas Faist (éds), op.cit., p.133。

③ 参见 WATERBURY (M.A), op.cit., p.139。

④ 参见 LAFARGUE François, «La Chine, une puissance africaine», Perspectives chinoises, juillet-août 2005, site internet: %20une%puissance%20africaine%20-%20Perspectives%20chinoises.pdf。

⑤ 参见 SANJUAN Thierry, «Le monde chinois en redéfinition. D'un empire autocentré à une identité culturelle multipolarisée», dans LOROT Pascal (dir), Géoéconomie du monde chinois, Paris, Géoéconomie, 2001, n° 18, p.2。

⑥ 参见 MICOLLIER (E), op.cit., p.3。

济体系中。在现代通信手段，现代运输和世界体系范围内的各区域间深入交往的背景下，这样一种经济互补性揭示出这样一个事实：海外中国人强烈地感受到了政府和祖国的深刻转变。中国的医生由于有能力继续学习掌握新技能、有能力保持或强化他们与国内的联系、并且有能力贡献新的跨国经贸往来，因而被认为是"全球化'不引人注目的'参与者"（这一点从生存策略就可以看得出来）[1]。这样一来，"我们在观察国家在全球化进程中所扮演的不断演变的角色的同时也不能忘记个人在这个进程中所处的地位"[2]。在这一进程中，"中国的移民已经不再单纯是一种对西方主导地位的发起挑战的运动，他们是中国以其自身为中心建构的世界的延伸。这种移民流动只是中国社会、文化和经济全球化的一个方面的体现"[3]。

早在2006年1月，时任中国国家主席胡锦涛就强调："提升中国的国际形象和国际影响力，必须同时依靠包括经济、科学技术、国防等领域在内的硬实力和文化这样的软实力。"[4] 中国的大学自1973年起就开始招收喀麦隆大学生，而撒哈拉以南非洲法语区的第一所孔子学院就建立在喀麦隆，这些做法都印证了这一软实力策略。

中国公司和其他机构销售的中医药产品给中国带来了无法估量的经济收入。2001年，中国药品的出口额达到了976万美元。中国药品已经出口到了非洲37个国家[5]。

经济联系的加强使中国得以确保其原材料特别是能源的进口，并使中国公司获得业务。此外，中国把公司开设到了喀麦隆的土地上，并因此享受到了美国在非洲增长与机遇法案框架下签订的协议和在欧盟的经济伙伴协定中所保留的开发非洲的权益。与接受援助国家在地理上的邻近也使中国受益。

中国企业进军非洲的开端可以回溯到江泽民在1995年的热情呼吁："走

---

[1] 引自 ROULLEAU-BERGER (L), op.cit., p.15。

[2] 参见 CHUNGUANG Wang, «Migrations chinoises en Europe: un regard depuis la Chine», dans ROULLEAU-BERGER (L) (dir), op.cit., p.229。

[3] 参见 PIEKE F.E., «Les migrations chinoises contemporaines: nouveaux régimes et nouvelles activités en Europe», dans ROULLEAU-BERGER (L)(dir.), op.cit., p.20。

[4] 引自 GWETH, op.cit。

[5] 参见 WASSOUNI (F), *op.cit*, p.107。

出去，丢掉共产主义的帽子，成为世界级的企业家！"。由此，中国吹响了中国企业家进军世界的号角。许多中国大企业都选择了非洲，因为这些企业在非洲能够观察他们竞争对手的产品并研究他们，同时他们自己的产品的品质则不会受到过分挑剔。在这种情况下，非洲大陆成为希望走向世界的中国企业绝佳的试验场。从此以后，"中国政府鼓励企业在非洲进行多个领域的投资，包括商贸、农业、建设、矿产、旅游"①。

中国很大一部分的经济活力来自于其所成功地融入的世界经济。然而这样一来中国经济就越来越依赖于出口、原材料和能源②。

在原材料方面，中国主要依靠非洲来保证直接获取原材料。中国一直在寻找这些原材料，因为如果中国能够保证原材料供应的多元化和其安全性，就能支撑其快速的经济增长。作为紧随美国之后的世界第二大石油消费国，中国今后超过1/3的石油和天然气需求将会必须依靠非洲来满足，其中会从安哥拉进口最多的能源。其他石油出口国家，如喀麦隆，也让中国炼油厂产生了兴趣。此外，不可忽视的是，在诸如木材和农产品等资源的进口方面，中国在喀麦隆也实施了大型收购政策。

喀麦隆同时也是中国的一个市场。这里众多的人口成为潜在的消费群体。对中国公司来说，由于竞争更少、标准更灵活、贸易保护主义问题也不明显，喀麦隆市场比西方市场更容易打入。因此喀麦隆成为中国公司的首选目标市场。喀麦隆同时也是中国建筑公司的市场之一。由于两个原因，他们在市场竞争中打败了西方同行：第一，他们的建设价格都比西方同行低50%；第二，西方国家逐渐放弃基础设施的建设而转向科技含量更高的商贸领域。

在外交层面，喀麦隆也是中国多边机制下的对外政策的重要组成部分。中国正试图与喀麦隆和其他非洲国家达成共识。对喀麦隆的援助将能够换取喀麦隆在一系列国际问题上对中国进行外交上的支持。

1971年，包括喀麦隆在内的25个非洲国家投票支持中国恢复其在联合

---

① 参见 GWETH (G), op.cit.。
② 参见 «Les formes du capitalisme en pays émergents. Entretien avec Robert Boyer», dans JAFFRELOT (C) (dir), op.cit., 2008, p.58。

国的常任理事国席位。在一个中国的共识之下，喀麦隆不再承认台湾，而中国的目标正是在国际上孤立台湾。中华人民共和国在非洲的友好国家，包括喀麦隆在内，13次反对所谓的台湾入联提案[1]。喀麦隆和非洲其他国家一直是新中国和台湾之间的重要外交筹码。非洲国家只有中断任何与台湾的关系才能够签署与新中国的合作协议。而其中的主要原因在于中国坚定的推行"一个中国"的政策。这就意味着，在中国与喀麦隆达成共识的情况下，喀麦隆能使中国的外交力量得以成倍地增强。

这样的共识对于两国关系来说似乎是完美的。喀麦隆驻中国大使埃莱·埃利·埃蒂安在中喀建交35周年期间组织的招待宴会上说，中喀两国应该互相支持。胡锦涛主席也表达了类似的观点，在中喀建交40周年之际，他对中国和喀麦隆成功地在区域和跨州的业务管理中的所展现密切协作表示了祝贺。这同时说明，中国和喀麦隆正在努力推动在联合国及其他相关国际组织框架下的磋商与合作，以促进中喀关系和中非关系上升到一个新的高度。

2. 社会和农业要素

中喀关系的全面铺开催生了中国向喀麦隆的劳务派遣。这些劳务移民分为三类：商人，中国公司的员工，医生、渔民和农民。第一，中国移民特别是"劳务输出"[2]促进了喀麦隆人口的增长。经济和技术合作的深化首先伴随着中国安建公司和中国工人在喀麦隆的土地上扎根，随后中国商人蜂拥而至。中国企业带来的劳动力移民和中国个人与家庭的商业移民形成了一场目标一致的任务：首先要为接下来的发展创造出一个有利的环境。有时，在建筑和公共工程的合同结束后，中国工程师和工人会被允许留在当地改行开设商店。其次，中国力图减少侨民进入喀麦隆的阻碍。2007年签订的两国间协议中赋予了没有劳务派遣合同的中国人一年半的在喀居住权，而中国公民是外国人之中唯一享受这一待遇的。因此，资金和人员的流动"实际上是两国间的一种约束，这种约束使两国间加强社会互动的敏感性并影响两国政府的

---

[1] 参见NGUYEN Eric, Les relations Chine-Afrique, Studyrama perspectives, 2009。

[2] 参见BRAUD Pierre-Antoine, «La Chine en Afrique: anatomie d'une nouvelle stratégie chinoise», dans Analysis n° 0, october 2005, site internet: www.iss.europa.eu/.../la-chine-en-afrique-anatomie-dune-nouvelle-stratégie-chinoise/。

关系"①。最后，中国政府为了中国公民在喀麦隆的安全而进行干预。中国要求举行听证会揭露对中国公民的侵犯、财税歧视和暴力执法。中国商人的表态已初见成效。在杜阿拉"拉杜池区"的华人社区主席所经营的店铺对面便建立了一个派出所。

这项帮助中国公民的政策并不仅仅存在于喀麦隆。尼日利亚也是如此，一位中国商人承认，"中国政府通过各种方式对我们进行帮助。比如信息通报、法律咨询、无息贷款"。

中国所有的行动都紧紧围绕着中国对外政策的六个方面，这使中国的非洲战略变得清晰。②

结论

总的来说，自从中喀1971年建交以来，中喀关系在多个领域不断迈上新台阶。在互利共赢的基础上，中喀关系不断促进两国发展，为两国人民的福祉作出了很大贡献。在中喀建交40周年之际，胡锦涛主席向喀麦隆总统表示祝贺时说："中喀建交四十周年是中喀关系的一个新起点。中国希望和喀麦隆一道努力使中喀友谊与中喀合作更上新台阶。"对喀麦隆总统比亚来说，中国长期以来是喀麦隆的朋友，同时也是可靠的战略合作伙伴。他表示喀麦隆希望在中喀建交四十周年之际，加强两国高层互访，深化在各个领域的友好合作，以使两国双边关系再上新台阶。

为了实现这个目标，喀麦隆需要借鉴中国的经验来使喀麦隆的发展更加全面、更加有生机。然而，中喀关系不能让喀麦隆的国家经济受到中国廉价劳动力竞争的影响。喀麦隆应该要求中国帮助喀麦隆生产高附加值的出口商品。喀麦隆的经济增长、贫困的减少、信心的重建和双赢的局面的关键都在这一点上。如果一些人观察到21世纪是"中国的世纪"，而非洲、喀麦隆也应该树立世纪主人翁的意识。中国对喀麦隆来说是一个机遇，两国应加强战

---

① 参见 BATTISTELLA (D), Théories des relations internationales, *op.cit.*, p.218。
② 这些战略有：能源与原材料安全，基础设施建设的私人公司的扩张，聚居地的设立，双边协议的签订，确保发展合作的政策，最后是军事合作。

略和经济合作。喀麦隆应该抓住此机会来促进国内经济发展。此外，喀麦隆应该在与中国和其他国家的合作中树立明确目标，以获得最大发展，因为非洲应该捍卫自己的权利和合法利益，只有这样中国提出的"双赢"目标才能真正让双方实现双赢。

中喀关系也应该顺应全球化的潮流。因为全球化是20世纪和21世纪最重要的趋势。它不再只是一个选择。外交在全球化中应发挥重要作用。全球化主要做在经济方面上是一个新的制约，这种制约作用也表现在文化、科技、战略或其他方面。

中国作为全球化之子，和其他发展中国家一样掌握了前所未有的主动权，深刻影响着国际新格局。中国是全球化的主人公。中国是西方的平衡力量，这为喀麦隆提供了机会，也为非洲提供了机会，使非洲成为全球化的一个重要舞台。

我们都知道，中国在非洲的出现引起了长久以来和非洲合作的一些国家的不安。同时也应注意到中国和日本一样，也对非洲的崛起构成了一个竞争关系。日本外务副大臣岩屋毅指出，"下一个挑战是非洲"。喀麦隆是一个战略要地，有诸多纷争。中国政府在与喀麦隆加强双边关系的同时应该考虑到这个地区的政治紧张局势、对抗和包括法国在内各个势力的影响。即使现在法国表面上承认中国在喀麦隆甚至在整个非洲的参与，中国还是应该慎重考虑在非洲的角色。中国让西方世界认识到，西方的霸权不是绝对的，而且他们的政策应该更加有效以使自己在新一轮的竞争中取胜。

译者：李景聿、孙晓雯、娄馨方

中非关系漫谈之毛里塔尼亚

［毛里塔尼亚］哈桑·乌尔德·艾哈迈德博士①

中国是世界上拥有最悠久历史的国家之一，她已经有很多项发明，例如：算盘，风筝，烟花，瓷器，丝绸，指南针和钟表。自人类文明初始，中国就被看做是随时可能觉醒的沉睡的巨龙。关于中非关系，重要的是从20世纪60年代的非洲独立运动浪潮开始，中非关系得到迅猛发展，为今后的中非关系发展打下了良好的基础。

独立运动之后，中国成为非洲大部分新建立的国家主要的政治和经济合作伙伴。中国帮助这些国家建立了新的行政办公大楼和基础设施。在新建筑的维护方面，她不仅提供了经验，还提供了设备和技术支持。对于我的国家毛里塔尼亚来说，中国即使不是第一个，也是最早的一批承认毛里塔尼亚为主权国家的国家之一。中国是第一个与毛里塔尼亚建立全面外交关系的国家。并且，一直以来，她都不断通过实际行动来证明这种支持。在毛里塔尼亚人民的心中，中国是一个在经济和政治援助上务实、有益的国家。我国百分之九十的公共基础设施是中国援建的事实足以证明这一观点。我们可以例举国民议会，奥林匹克馆，议会大楼，总统府，旧址青年馆和努瓦克肖特自治港，也叫友谊港。2009—2011年间，中国在这些原来建筑的基础上又增加了很多设施，使得政府各大部委能够有更多体面的办公室。

在这些成果中间，我们很显然会注意到中国在过去几十年里对毛里塔尼

---

① 哈桑·乌尔德·艾哈迈德博士：努瓦克肖特大学文学及人文科学学院学术交流处处长。

亚无私的经济援助。另外，毛里塔尼亚也在各大国际会议上对中国表示了政治和外交上的支持。她也向中国提供多种原材料，比如铁矿石。这对中国这样一个需求巨大的市场来说意义十分重大。具体地来说，中国和毛里塔尼亚的友好关系一直以来都呈现出良好的上升发展势头。

在20世纪末至21世纪初，中国经济经历了翻天覆地的变化，一直保持着极高的增长率，使得中国的商品可以销往世界各地。这样的现状创造了很多新的商机。毛里塔尼亚从中国进口更多的商品。我们可以看到中国在毛里塔尼亚开展了越来越多的贸易活动。一方面，更多的中国投资者活跃在建筑和公路修建领域。另一方面，毛里塔尼亚人民能够享有及时交付且质量过硬的建筑设施。显然，这是一件双赢的事。

另外，中国也参与了本国教育层面，尤其是大学的工作。目前，我们重新整合了中文学科设置，使之更加适应毛里塔尼亚学生的需求。在我们眼中，中国在各个文明之间的跨文化交往中起着关键性作用。因此，通过笔译和口译，中文学科在毛里塔尼亚和中国之间起着纽带的作用。为了让更多的毛里塔尼亚人有接触中国文化的机会，我们已经有了建立孔子学院的设想。我们认为中国的前途是很光明的，我们应该尽早准备，以免为时过晚。我们确信，很多参与这些事业的人都希望有学习中文，至少是基本的中文的机会，能够帮助他们与合作伙伴沟通，与中国人进行贸易。肩负着这一神圣使命，努瓦克肖特大学会继续努力推进中文地位在两国关系中的提升。这一政策引起了一些国家的不满。他们认为中国是来掠夺资源的，但是他们忘了，中国一直以来就在这儿，并且不会离开。

大体来说，在中非关系中，尤其是在中国和毛里塔尼亚关系中，互相尊敬是合作中最重要的。双方应该取长补短以达到令双方都满意的结果。直到现在，中国都一直在对非洲人，尤其是我国人民的生活施加积极影响。

现在，我们甚至可以说中国人已经融入了我们的生活，在所有的小公司都能看到他们的身影，在我们和中国的关系上有了更多积极的评价。

中国的挑战在于技术转移的成功。中国从西方科技中受益颇多，因此应该与她的非洲伙伴共同分享科技的益处，促进其发展。中国成为仅次于美国的第二大世界经济体的事实意味着中国要对发展中国家承担更多的责任。如果中国在未来二十年里都和非洲大陆保持良好关系，很多非洲国家可以在中国的帮助下成为新兴的经济力量。

在此情况下,非洲人民应该清楚,他们要从与中国的合作伙伴关系中获得什么,付出什么,以及期待什么。在他们没有做好自己应该做的事时,不应该把解决自身问题的责任抛给别人。

我认为有了清楚的认识、必要的手段和工具以及方法,非洲人可以在中非合作关系中获得更大的收益。另外,我也认为,在非洲的所有对外交往中最好的就是中非合作关系,因为它务实、明确。

毛里塔尼亚从中受益极大,并且会有更多收获。因此,我在此表明我的个人计划,希望在不久的将来能在努瓦克肖特大学创办一个孔子学院。

译者:严婷

中非经贸、
金融领域合作篇

第一共和国时期中国对几内亚财政援助政策的简要分析

[几内亚] 苏马纳·道蒂·迪亚基特①

一、中国对几内亚的援助史

如今中国在撒哈拉以南的非洲的出现有很大的影响力。她已经成为并将继续成为西方学者和政客批评的对象,在他们看来中国在非洲的出现是一种新殖民主义行为。

然而个人认为很明显这种批评不过是源于西方人对欧洲利益被中国取代而产生不满。日前中国已成为包括肯尼亚在内的非洲国家优先发展的战略伙伴。

1959年,几内亚作为撒哈拉以南的非洲地区的第一个国家与中国建立了外交关系。

1959年9月,在已故的总统艾哈迈德·塞古·杜尔的带领下,几内亚使团参加了中华人民共和国建国十周年庆典,标志着双方友好关系的开始。在此之后,双方建立了外交关系,继而互派外交大使。

虽然在1959年两国才建立外交关系,中国在1958年就对几内亚提供了援助。然而第一份事关援助的官方文件的签署是在1960年9月。从1958年至今,中国为了从财政上支持几内亚的发展已采取不同的方法,比如:技术协助、教育帮助、无偿贷款、无利息贷款和特权贷款。

---

① 苏马纳·道蒂·迪亚基特:澳门圣若瑟大学非洲研究中心协调员。

很多领域同样受益于不同类型的援助，比如说教育医疗、文化、基础设施建设、能源、农业、渔业、电子通信，等等。

这些援助的基本特征之一是它们的确完全不适应当地的政治先决条件。不同于几内亚传统的出资方，中国采取的方式被认为立足于战略伙伴间互相尊重主权，互不干涉内政，平等互利的原则。

根据现存文献我们知道中国在第一共和国时期出资援助了很多工业项目。然而如今这些工业单位基本上都不存在了。我们的问题就是这些工业单位消失的主要原因是什么？谁又难辞其咎呢？

在回答这些问题之前有必要解释一下中国援助的类型和优势领域，然后分析导致工业单位消失的主要原因。

二、中国在几内亚的援助类型和优势领域

1. 援助类型

中国在几内亚第一种援助形式是技术支持，中国的专家被派往几内亚教授农民水稻种植发展技术。

第二种是实物捐赠，比如说大米（1959年中国向几内亚捐赠了500吨大米）。

第三种是特权贷款。

最后一种是无利息贷款。从1960年开始中国向几内亚提供2500万美元贷款用以支付设备、中国技师的相关费用以及技术培训。在中国提供给几内亚的不同类型援助中，无息贷款成为几内亚财政发展的优势途径。

除了无息贷款，技术支持是中国援助几内亚发展的一种手段。1967年，中国和几内亚签署了一项由中国向几内亚派遣医疗队的协议。自协议签署至今，一共有537名医疗人员被派往几内亚。这些医疗队分布于一些行政区域如科纳克里、法拉纳、拉贝康康和恩泽雷科雷。

在技术援助的基础上，还有以中国无期限向几内亚学生提供奖学金为形式的文化合作。每年在中国政府的拨款支持下都有一批学生来到中国。据《几内亚经济报》报道，目前在高等教育和博士研究生教育方面中国已提供了三百多种奖学金。

2. 优势领域

中国援助的优势项目是多种多样的。20世纪60到70年代中国援助主要集中在工业领域。1960年，为了资助那些工业新项目中国向几内亚提供了一些资金，但仅仅烟草和火柴集团（ENTA）成功地拔地而起。农业方面，在1967年，受益于达波拉的榨油机的发展，一家茶叶厂在马桑达建立起来（1966—1967）。其他的项目出现在1970年以后，如康康砖厂和农机厂，科巴糖厂或SUKOBA(1976)。

能源业也不例外，中国的活动始于1964年，在1964年至1966年间建造了金孔和廷基索水电站。还有正在建设的项目如42兆瓦的热电中心。

中国还参与了其他基础设施的建设。第一条交通要道（铁路）就是1967年依据签署的协定修建的，旨在联通几内亚和马里。然而，由于当时马里政权的不稳定，协议没有生效。电信设施建设，比如拉贝通信中心也是于1979—1981年间在中国的资助下修建的。

至于社会基础设施建设方面中国的援助主要体现在科纳克里人民宫殿和自由影院的建造。

中国还以财政援助的方式资助了政府预算。

这种形式开始于1969年，中国向几内亚政府提供了1000万美元的预算援助。

纵观这些项目，我们会提出一个问题：这些工业部门如今变成什么样子了？问题的探讨不涉及运作不良和非工业项目消失的情况。

3. 工业项目失败的原因

归咎于中方的失败原因

文章认为工业项目的失败归因于中方的一些举措。在这些举措中，中国被指责没有让几内亚依据适应性原则确定发展路线，采取有持久性的重要项目。同样负责中国援助项目的几内亚技术部门及领导也难辞其咎。事实上，我们观察到几方在研发部门和负责项目的公司的选择中有不作为的现象，外交部和技术合作部门以及规划部和工业部等机构间缺少合作。

项目收益不足及一些项目的不良实施。由于缺少关于项目执行的数据和文件的交流，在几内亚技术人员的完成任务后项目很难继续下去。

老部长亚历山大·塞塞·洛瓦认为，中国援助项目的失败是由几方面造成的，比如对项目的不良认知，对于可行性研究的不足，工厂的建造过程中缺少合适的设施和工业流程。

归咎于几方的原因

缺少财政和技术能力无法保证项目的长期维持，缺少有效手段以确保对项目的监控和对项目自觉能动性管理。

国家能源基础设施的不完善也是失败的一个原因。为了应对这个问题，工业企业修建了燃油中心，然而碳氢燃料和零部件的供应却是缺少规律性且数量不足。一些企业还存在原材料的供应和设施破损的问题。

眼下的经济结构是以计划经济为基础，由国家的进行关于生产数量和销售价格的统筹下。这种结构有利于集体经济的发展。

中国驻几内亚前大使火正德在采访中表示：中国出资援助几内亚政策的失败主要归因于几内亚当地政府管理不当和缺乏持久合作。

补充一点，国家接受援助的能力差，以过度官僚主义和中央集权为特点的管理政策，当局通过抑制公司的自主管理权过分随意干预公司运转的行为，出勤率低，相当多的员工拥有高薪资的种种情况不利于公司的高收益生产政策，造成了公司的收益降低。

外部原因

应传统出资方要求而进行的结构调整项目使得工业实体为了追求自由收益放弃建设效果。

国家解约伴随着一些工业实体缺乏收购者的现象和一些收购者的违约行为。一些企业被收购者改造成了垃圾场或者商店。尚存的马桑达茶厂、达波拉油厂和马默农机厂等企业都处在破旧不堪的状态，或是被它们的建造者用来做各种各样的事情，像马默农机厂如今就是这样。

4. 结论

总之，文章赞同援助的成功取决于援助国和受援国共同努力的观点。

援助国应该完全立足于受援国长期与短期的国家利益。同样应该遵照适应受援国国情的原则和受援国有权制定自己发展战略的原则，保证受援国与资方的合作。

受援国应该进行政治和机构改革以创造能有效管理资金的优越环境。

译者：单青杨

国家开发银行对非合作情况

石继杨①

一、开发银行对非业务开展情况②

1. 基本情况

非洲大陆分为东、南、中、西和北部五个区域。非洲大陆面积：3029万平方公里，占世界总面积25%。非洲总人口：10亿，约占世界总人口15%。撒哈拉以南大陆面积：1823万平方公里，占世界14.7%，撒哈拉以南总人口：8.3亿，约占世界人口12%，撒哈拉以南国家GDP总量：1.2万亿美元，占世界1.9%。除北部非洲外，其余四个地区统称为黑非洲（撒哈拉以南）。黑非

---

① 中国国家开发银行国际合作局副局长。
② 国家开发银行董事长陈元说，在国际合作领域，我们以互利共赢为原则，积极开展多边双边、区域次区域金融合作，落实中非合作论坛第四届企业家大会签约成果及专项贷款增资，支持发展中国家和地区基础设施改善和中小企业发展。在世界多极化和经济全球化趋势深入发展的今天，中非双方的共同利益不断扩大，中非合作前景广阔。作为中国最大的对外投融资合作银行，国家开发银行以服务国家对非战略为出发点，为促进中非务实合作发挥着中长期投融资和对外投融资主力银行作用。作为中非合作论坛中方后续行动委员会成员，国家开发银行认真配合落实中非合作论坛的各项行动计划，发起设立中非发展基金，独家承办10亿美元非洲中小企业发展专项贷款，融资推动中非经贸合作园区建设。开行与非洲各国政府、区域性组织、金融机构、企业开展多层次合作，业务覆盖所有与中国建交的49个非洲国家，并与非洲开发银行、非洲进出口银行、西非开发银行、东南非贸发银行等多边组织开展金融合作。截至2013年9月末，开行在非洲的意向融资额超过100亿美元，向非洲30多个国家的35个项目提供了56亿美元的融资支持，贷款余额50亿美元，不良率一直保持为零。——编者

洲共计44个国家；中国已与非洲地区50个国家建交，尚未与布基纳法索、冈比亚、斯威士兰、圣多美和普林西比4个国家建交。

2. 开发银行在非机构设置

截至2013年底，开行向非洲地区累计发放贷款261.02亿美元；贷款余额191.27亿美元。金额分别较去年底增长30.34%和18.48%。

开发银行已形成开罗代表处和13个国别组的业务网络布局，覆盖非洲54个国家。

中非发展基金先后在南非、埃塞俄比亚、赞比亚和加纳四国设立驻非代表处，形成了国内最大、专业水平领先的对非投资专业机构，与我行投贷结合，共同支持非洲业务开展。

3. 开发银行对非贷款基本情况

截至2013年底，开行向非洲地区累计发放贷款261.02亿美元；贷款余额191.27亿美元。金额分别较去年底增长30.34%和18.48%。

二、开发银行对非业务重点

1. 支持领域

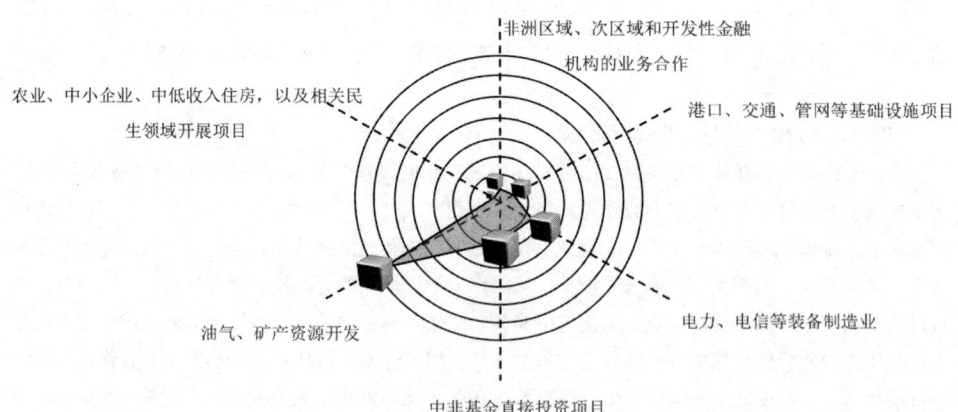

2. 重点支持模式

重点支持的合作模式有多种：

政府合作。在双边政府合作框架下，搭建以国家主权或国有资产为支撑的合作平台，支持中国企业参与合作国政府重点项目，实现互利共赢。

金融合作。与各类金融机构合作，支持相关国家基础设施、民生、中小企业等政府重点关注领域的热点项目。

项目合作。以中资企业信用为基础，通过投融资多种手段支持项目建设，扩大双边合作。

传统业务产品主要有：项目融资、公司融资、银团融资、出口信贷、银行授信、货币互换、联合贷款。

特有业务产品包括：跨国规划、国别规划咨询、中非发展基金、国银租赁、国开证券、对非中小企业贷款、政府协定项下业务。

业务发展目标：

·服务国家发展战略。

·促进非洲各国改善民生，增强自主发展造血功能，落实千年发展目标。

·有效防范信贷风险。

3. 重点支持领域

推动中资企业利用"两个市场，两种资源"，通过对外投资、设备出口、工程承包、技术服务、国际贸易等方式开展国际化经营发展。通过支持企业延伸产业链、扩大产品出口和市场份额、转移过剩产能，对于增强企业国际竞争力，培育一批世界级的跨国公司具有积极意义的项目。

投资类项目——除境外能源资源并购及开发类项目以外的中资企业"走出去"项目；中资企业以独资、绝对或相对控股方式参与项目，或作为最大单一股东，拥有项目经营决策权；中资企业绝对或相对控股，以及作为最大单一股东控制的境外企业主导实施的项目融资或公司融资；在中资企业提供担保的前提下，境外下属企业主导实施的项目融资或公司融资；中资企业收购境外公司全部或部分股权，收购完成后可显著增强中资企业与目标公司的协同效应。

设备出口类项目——中资企业通过出口信贷等方式出口设备的项目。对于计划列入大型成套设备融资保险专项的设备出口类项目，中资企业销售设备金额与商务合同总额的比例应不低于60%；对于其他设备出口类项目，中资企业提供设备金额与商务合同总额的比例应不低于50%。

工程承包类项目——中资企业作为项目总承包商且EPC合同额大于项目总投资的60%;中资企业作为项目总承包商最大分包商,且中资企业与总包商的商务合同额大于项目总投资的60%;中资企业作为借款人带资承包。

银行转贷类项目——贷款用途须对应明确的有利于服务国家外交安全、能源资源安全和中资企业"走出去"的项目;50%以上的贷款用于向中国企业购买设备、技术、服务等,或用于与中资企业开展相关项目合作。

4. 国别重点

根据业务发展空间,将非洲国家划分为重点国别和一般国别:

重点国别:安哥拉、南非、坦桑尼亚、尼日利亚、刚果(布)、纳米比亚、塞拉利昂、津巴布韦、埃塞俄比亚、加纳、几内亚、利比里亚、莫桑比克、赞比亚、埃及、科特迪瓦、肯尼亚、刚果(金)、喀麦隆、毛里求斯、尼日尔、乌干达、马达加斯加、利比亚、马拉维。

一般国别:加蓬、博茨瓦纳、赤道几内亚、阿尔及利亚、吉布提、塞舌尔、摩洛哥、突尼斯、毛里塔尼亚、马里、多哥、贝宁、布隆迪、塞内加尔、中非、卢旺达、莱索托、几内亚比绍、佛得角、乍得、厄立特里亚、科摩罗、索马里、冈比亚、斯威士兰、圣多美与普林西比、布基纳法索。

三、开发银行对非业务主要模式及业务流程

1. 主要模式、业务产品

开发银行对非业务模式主要包括:多种合作模式

·政府合作。在双边政府合作框架下,搭建以国家主权或国有资产为支撑的合作平台,支持中国企业参与合作国政府重点项目,实现互利共赢。

·金融合作。与各类金融机构合作,支持相关国家基础设施、民生、中小企业等政府重点关注领域的热点项目。

·项目合作。以中资企业信用为基础,通过投融资多种手段支持项目建设,扩大双边合作。

对非业务产品包括:(1)传统业务产品:项目融资、公司融资、银团融资、出口信贷、银行授信、货币互换、联合贷款。(2)特有业务产品:跨国规划、国别规划咨询、中非发展基金、国银租赁、国开证券、对非中小企业

贷款、政府协定项下业务。

业务发展目标：服务国家发展战略；促进非洲各国改善民生，增强自主发展造血功能，落实千年发展目标；有效防范信贷风险。

业务产品

银团贷款：银团贷款目前是国开行积极推动的一项融资方式，对于贷款金额大、期限长的项目，银团贷款这种模式可以有效地分散风险、避免同业间的恶性竞争并增强银行间的业务合作。

出口信贷：由于这种融资方式具有期限长、金额大，利率相对较低的特点，使用这种模式可降低借款人的融资成本，并满足借款人的大额融资需求。随着中国"走出去"业务的发展，为了支持中国企业产品、技术的出口及劳务的输出，国开行在积极推动该项业务。

融资租赁：是指出租人购买承租人选定的设备，享有设备所有权，并将该设备出租给承租人在一定期限内有偿使用的、一种具有融资、融物双重职能的租赁方式。租期届满，承租人可以续租，也可以按市场经济或固定价格优先购买，或者按规定条件把设备偿还给出租人的融资模式。这种融资模式主要用于飞机、船舶的领域。

并购融资：指在企业收购、并购领域，银行为其进行融资安排、方案设计的一种模式。其特点是时间紧、高度保密、融资安排与交易结构关系密切等。

授信贷款：指基于借款人的信用等级，向借款人提供一定金额、利率、期限的信用额度。

2. 案例一：政府合作——与安哥拉财政部15亿美元授信项目

2008年6月，国开行与安哥拉政府签订了《融资安排框架协议》，向安财政部授信15亿美元，用于支持安基础设施、民生住房、水电通信、农业发展、教育卫生等领域，支持安经济发展。鉴于一期15亿美元授信项目执行情况较好，安方向国开行提出开展后继大额合作的需求，目前国开行已向安政府再次提供25亿美元授信。

案例二：项目合作——中利联（香港）矿业有限公司利比里亚邦州铁矿项目

2010年，由武钢集团、中非基金和中利联公司合资成立中利联（香港）矿业有限公司，开发利比里亚邦州铁矿项目。该项目总投资19.89亿美元，申请国开行贷款14.85亿美元，用于邦州矿石开采、选矿工程、尾矿库和相应的公用及辅助设施，以及外部公路、铁路、码头和外部通信配套工程和设施。

案例三：山钢集团收购塞拉利昂唐可里里铁矿部分股权项目

2012年4月1日，国开行向山东钢铁集团就塞拉利昂唐克里里铁矿股权收购项目发放12亿美元贷款，支持山东钢铁集团成功收购唐克里里铁矿25%股权。

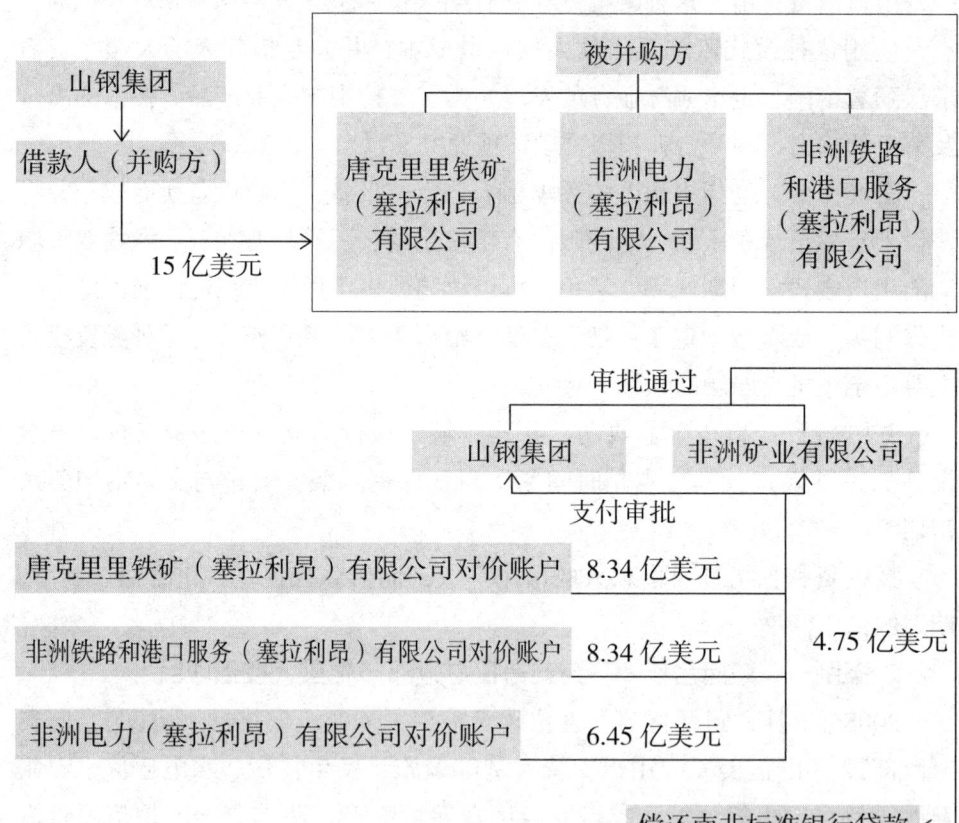

案例四：以出口信贷、企业投资、政府融资合作为基础的融资结构

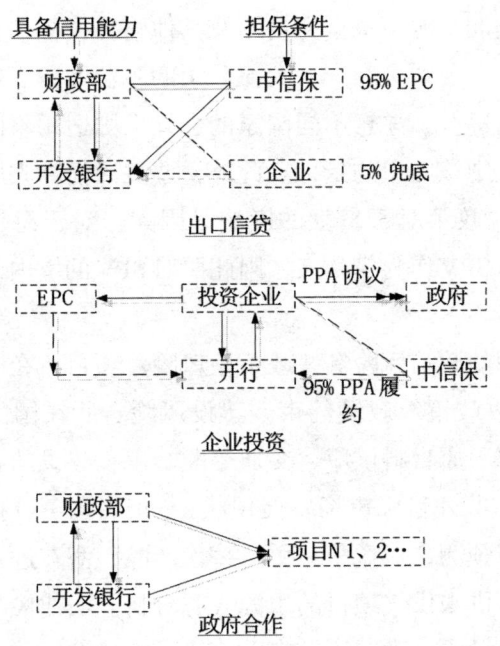

3. 业务流程

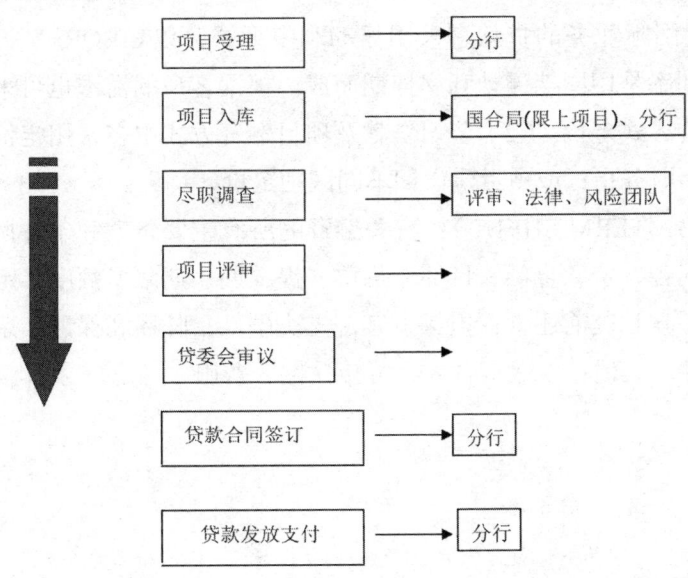

4. 项目评审重点：

对于公司贷款：重点把握对于境外借款人的分析及偿债能力分析。银行类客户：关注该银行在全球及当地国的排名情况、外部评级情况、市场占有情况、主要经营范围及利润来源、资本充足率及其他财务指标；在国际市场的筹资情况及成本比较等。公司类客户：关注公司的主营业务、生产销售情况、市场竞争力、财务指标等，注意不同国家的会计准则适用不同而产生的差异，并比较同类型企业中该客户的指标。此外，要关注借款人所在国的国家风险、法律风险、税收政策对于贷款的影响等因素。对于海外收购项目，由于多使用境外建立的SPV作为借款人，因此要对SPV的境内外股东进行分析。

国家风险：项目所在国的政治风险等。政策性风险：项目所在国的对于项目的各种行业政策、税收政策等政策约束。建设风险：所在国的对影响项目建成投产的能源、供水、原材料供应、交通等配套工程建设的各种因素分析。市场风险：对国内、国外目标市场发展现状（5年周期）分析，对未来的需求、供应的量价分析预测，对竞争对手、替代产品、潜在进入者的分析，对采掘项目的资源量、供水供气项目的水源气源分析。法律风险：所在国法律体制及相关法律法规对项目建设的影响。

5. 谈判重点

利率：（1）国际业务的贷款多采用浮动利率形式，以LIBOR+Margin形式报价，固定利率是用同期浮动利率掉期而成。根据客户的需求也可采用固定与浮动相结合方式定价。（2）公司贷款及项目融资方式中多采用定价矩阵方式，根据公司财务指标或项目建设期不同区别定价。

贷款条件书（TERM SHEET）：有关融资的所有主要条款和条件摘要。主要内容：合同各方贷款金额、目的、货币、提款期、期限、额度；定价—费用、利差；还款和提前还款；担保事宜；先决条件；陈述和保证；条款和承诺；违约事件。其他：多数贷款人、可转让性、费用。

四、对非业务机遇及挑战

1. 非洲经济特点：非洲经济
具有较明显的殖民地经济特征；非洲经济
农业和能矿业处支配地位；非洲经济
经济增长内生动力在不断增强；国际社会对非投资迅速增加；多样化的发展经济体。

2. 非洲的机遇
非洲人口红利期正在到来；非洲投资环境不断改善；非洲区域一体化进程加快催生跨境互联互通。

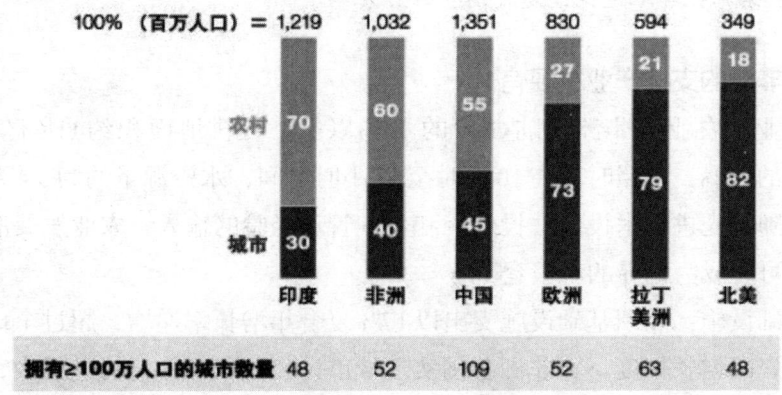

图一　非洲人口红利期正在到来

资料来源：联合国；麦肯锡全球研究院分析。

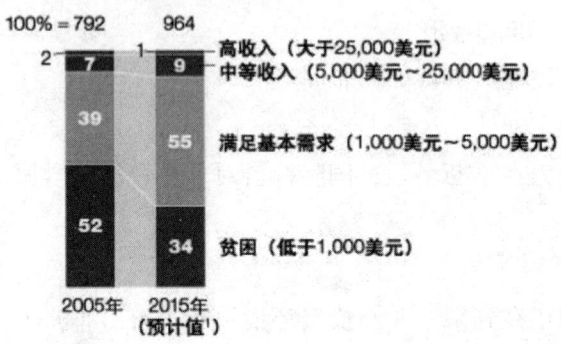

图二　非洲中产阶级在崛起，消费能力上升

由于四舍五入，各数字和不等于100%。
资料来源：环球透视；麦肯锡分析。

3. 非洲的支柱产业主要有：

农业：农业占非洲大陆GDP的15%以上。可耕地面积约11.6亿公顷，占全球的16%，日照时间在10小时至13小时之间，水资源量约为5.4万亿立方米。随着先进技术设备、投融资和先进管理经验的输入，农业发展潜力巨大，极可能成为世界的"粮仓"。

基础设施：非洲基础设施支出以17%复合年增长率递增，超过全球基础设施投资的增长幅度。在非洲各国实现城市化和区域一体化的进程中，基础设施建设及相关的电力、电信行业的建设将成为拉动非洲投资的主要动力。

石油与天然气：非洲有19个国家是石油和天然气的主要生产国，2015年，全球13%的石油产量将来自于非洲，而1998年仅为5%，复合年增长率达5%。近年，非洲石油产量增长速度位居全球首位，天然气产量的增长速度仅次于中东地区

固体矿业——"世界原材料仓库"：非洲富有全球最重要的50种矿产，且大多数矿床品位高、分布连续、易于规模化开采。非洲拥有世界石油储量的10%，黄金储量的40%，以及80%的铬和铂金。

4.非洲发展面临的挑战

市场环境问题：非洲整体上国别经济规模小，大部分国家政府财力弱，主权信用评级低；市场不发达，法律制度不健全，投资风险依然较大；政局稳定性面临挑战，有些国家还在动乱状态；国别风险和管理机制问题；国别政治风险高；内在体制制约；资金渠道受限；投资保障体系不健全；大型能矿项目背景错综复杂。

企业投资偏好和内部制约因素：重贸易轻投资，承包工程多，投资建厂少，扎根意识不足，缺乏长远打算；中资企业投资缺乏统筹和指导，部分无序竞争激烈；国际商务、金融和管理人才严重不足；有些中资企业社会责任意识淡薄。

企业领导者决策能力问题：缺乏清晰的投资策略；对投资风险缺少专业分析和理智认识。

中非合作论坛建立以来的
中非金融合作

张翠珍、王之萌[①]

一、前言

2000年中非合作论坛建立以来,中非经贸往来实现了跨越式发展。2012年,中非贸易额达1984亿美元,使中国自2009年以来连续第四年成为非洲第一大贸易伙伴。2012年,中国对非洲直接投资额29亿美元,在非洲营业的中国企业达2000多家。[②] 日益密切的经贸往来推动了金融业的跟进与中非的金融合作。事实上,如表1所示,金融合作是自2000年中非合作论坛第一届部长级会议以来的历届部长级会议的重要议题,金融合作的参与主体、合作领域、合作形式不断丰富,合作成果也因此日益丰硕。

---

① 张翠珍:外交学院国际经济学院副教授,目前主要研究领域为中国对外援助及中非经济关系。王之萌:泰康人寿保险股份有限公司。
② 《习近平抵达达累斯萨拉姆开始访问坦桑尼亚》,http://news.xinhuanet.com/world/2013-03-24/c_115138738.htm,2013/4。

表1　五届部长级会议有关金融合作的内容与落实情况

年份	文件	合作领域及内容
2000年第一届	《中非经济和社会发展合作纲领》	1. 投资：愿进一步发展中非间相互投资和经济伙伴关系所需的金融体系。 2. 金融合作：鼓励双方金融机构探讨联合融资、平等融资等形式的合作，继续加强中国与非洲开发银行集团、东南非贸易与开发银行等多边金融机构的合作，特别是进一步推动中国与非洲开发银行集团签订的双边技术合作协定的实施。
落实：中非金融合作起步。中国人民银行继续参加非洲开发基金的认捐活动；中国已成为东南非贸易与开发银行最大的区外股东，并在积极参股西非开发银行。中方与非洲开发银行合作向非洲提供农业等实用技术援助，并在华举办经济研讨班。		
2003年第二届	《亚的斯亚贝巴行动计划（2004—2006年）》	1. 农业：中国继续通过金融等优惠政策，支持和鼓励有实力的中国企业在非洲开展农业合作项目。 2. 基础设施建设：向非洲国家提供贷款或无偿援助，重点帮助非洲国家建设道路、桥梁、医院、学校等基础设施项目。
落实：金融领域合作得到新的发展。		
2006年第三届	《北京行动计划2007—2009》	1. 投资与企业合作：支持中国有关银行设立中非发展基金，逐步达到总额50亿美元。 2. 金融：继续推动中国有关金融各机构与非洲开发银行、东南非贸易与开发银行、西非开发银行等非洲金融机构的相关合作并支持双方商业银行间开展业务往来；中方鼓励中国金融机构在非洲设立更多分支机构，非洲愿就此提供必要协助。
落实：投资企业合作：中非发展基金开业运营，首期规模10亿美元；金融合作：中方积极参与非洲开发银行捐资及多边减债行动，并加强与非洲主要地区性金融机构合作。中非金融机构的商业性合作不断扩大；2007—2009年中方共向非洲提供30多亿美元优惠贷款和20亿美元优惠出口买方信贷，支持非洲国家在交通、房建、电站、港口、电信等各领域建设。		

续表

年份	文件	合作领域及内容
2009年第四届	《沙姆沙伊赫行动计划（2010—2012）》	1. 投资与企业合作：将中非发展基金规模增加到30亿美元，支持中国企业扩大对非投资。 2. 基础设施建设：3年内，中方将向非洲国家提供100亿美元优惠性质贷款，主要用于基础设施和社会发展项目。 3. 金融和银行业：继续加强中国有关金融机构与非洲金融机构的合作，支持非洲地区经济一体化建设；鼓励双方商业银行扩大业务往来和互设分支机构，为中非重大经贸合作项目提供融资支持；支持中国金融机构设立10亿美元的非洲中小企业发展专项贷款，帮助非洲的中小企业发展。
落实：截至2012年5月，对非优惠性质贷款累计批贷92个项目，金额达113亿美元，超额完成承诺。贷款主要用于支持非洲基础设施和社会发展项目；中国国家开发银行设立总额为10亿美元的"非洲中小企业发展专项贷款"，累计承诺贷款项目38个，贷款金额9.66亿美元；2010年，中国人民银行为非洲开发基金捐资1.29亿美元，并在非洲开发银行股本增资中认购股本7.3亿美元。中国金融机构积极拓展在非业务，仅中国银行就与非洲154家代理银行建立了业务往来。2012年7月，中国进出口银行承办非洲进出口银行第19届股东大会。		
2012年第五届	《北京行动计划2013—2015》	1. 农业与粮食安全：鼓励中国金融机构支持中非企业开展农业种植、农产品加工、畜牧业养殖、渔业捕捞和养殖等领域的合作。 投资与企业合作：中非发展基金逐步扩大到50亿美元。 2. 基础设施建设：继续鼓励有实力的中国企业和金融机构参与非洲跨国跨区域基础设施建设，继续提供优惠性质贷款支持非洲基础设施建设。 3. 金融和银行业：中国将扩大同非洲在投资和融资领域的合作，将向非洲国家提供200亿美元贷款额度，重点支持非洲基础设施建设、农业、制造业和中小企业发展；双方金融机构继续加强磋商机制，加大合作力度；中方将加强同非洲开发银行及次区域金融组织的合作，支持非洲地区经济一体化建设和非洲国家能力建设；

续表

年份	文件	合作领域及内容
2012年第五届	《北京行动计划2013—2015》	鼓励双方金融机构扩大业务往来，增设分支机构，加强双方金融机构间的人员交流与培训；鼓励双方金融机构为中非能源、矿产开发、农业、加工制造、电信及电力、铁路、公路、港口等基础设施合作提供融资支持；中方对与非洲国家中央银行开展本币互换合作持开放态度，鼓励双方企业自由选择使用本币结算双边贸易，开展直接投资。支持中国金融机构向非方提供人民币贷款。对有条件的非洲国家中央银行投资中国银行间债券市场，并将人民币纳为外汇储备货币持开放态度；中方鼓励中国金融机构继续为非洲中小企业发展提供融资支持

资料来源：作者根据中非合作论坛网站（http://www.focac.org.）资料整理。

根据对非合作机制，由中国人民银行牵头，外交部、商务部、财政部、外汇管理局、国家开发银行、中国进出口银行、中国银行等建立了对非工作协调机制，引导和推动中非金融合作工作的开展。目前为止，共有包括中央银行、政策性银行及商业银行三类金融机构参与了中非金融合作，见表2。本文将以参与主体为主线，探讨中非金融合作的领域、形式及效果等。

表2 中非金融合作的中方机构及合作领域

机构类型	机构名称	与非洲开展的合作
中央银行	中国人民银行	1. 与非洲多边开发银行的合作 2. 推动双边政策性金融机构开展合作 3. 鼓励支持人民币在跨境贸易和投资中的使用
政策性银行	国家开发银行	1. 设立中非发展基金 2. 设立中小企业专项贷款 3. 设立代表处，与非洲各类型金融机构和政府合作，提供供优惠贷款
政策性银行	中国进出口银行	1. 提供优惠性援助贷款 2. 设立代表处，在当地开展业务

续表

大型商业银行	中国银行	设立分行及代表处，开展人民币业务和人民币跨境结算业务
	中国工商银行	收购南非标准银行股权，开展与非洲本土银行的合作
	中国建设银行	设立分行，加强与非方银行的合作

资料来源：作者根据公开资料整理。

二、中国人民银行牵头的中非金融合作

作为中央银行，中国人民银行代表中国政府参与中非金融合作，主要表现在两个方面，一是直接参与同非洲的金融合作，中国人民银行代表中国已加入非洲开发银行、西非开发银行、东南非贸易发展银行等区域和次区域多边开发机构；二是推动国内金融机构及企业与非洲的合作。

表3 中央银行与非洲多边开发机构的合作

非洲多边开发机构	加入时间	合作内容
非洲开发银行非洲开发基金	1985年	1996年签订200万美元的双边技术合作基金；举办"中非商业机会"研讨会及中非"经济改革与发展战略高级研讨会"；未来50年，向非洲开发基金捐资约合1.95亿美元。
东南非贸易与开发银行	2000年	最大的非洲外国家股东
西非开发银行	2004年	区域外最大股东；提供100万美元的赠款，建立双边技术合作基金；2006年召开"中国经济日"研讨会。

资料来源：作者根据各种资料整理。

（一）与非洲开发银行的合作

1985年5月9日和10日，中国加入非洲开发基金和非洲开发银行（简称"非行"）。[①]1986年，人民银行设立驻非行代表处。1995年5月中国进入非行董事会加拿大选区，与加拿大、韩国、科威特和西班牙组成一个选区。[②]

---

① 《中国金融年鉴1999》，第83页。
② 《中国金融年鉴1999》，第83页。

中国与非洲开发银行的合作主要表现在以下几个方面。

1. 履行成员国义务，提供资金支持

1987年，中国给非行缴纳原始股本310万美元，第四次增资股本150万美元。[①] 截至2008年9月底，中国在非行持股24230股，占非行总股份的1.117%。2011年，人民银行向非洲开发银行拨付第六次普通股本增资第一笔增资款5468196.55美元，同意非行2011年在香港或其他市场通过发债或贷款方式筹集不超过80亿美元的资金。[②]

1996年，中国与非洲开发银行签订双边技术合作基金协定，中国向非行集团提供200万美元赠款，用于资助中国专家执行非行集团融资项目的准备、评估和技术援助，从而把中国的技术和经验介绍给非洲。[③] 截至2006年7月，中国已拨付90万美元，资助在8个非洲国家开展的项目涉及农业、交通、医疗和教育等领域。[④] 实际上，该协议没有最后期限，而是直到资源全部用尽为止。[⑤]

截至2006年底，中国先后7次参加非洲发展基金捐资，累计承诺捐资3.64亿美元，实际捐资3.14亿美元，大力支持了非洲地区的基础设施建设、扶贫和教育等项目。[⑥]2007年，中国人民银行参加了非洲开发基金第11次增资的历次磋商会，承诺出资约1.22亿美元。[⑦] 2010年在非行第六次普遍增资中，中国认购总股本729111185.2美元。在非洲开发基金第12次增资中，中国承诺捐资1.29亿美元。[⑧]2011年签发非洲开发基金第12次捐资第一张期票，金额为42942717美元；兑现向非洲开发基金第9和第11次捐资

[①] 《中国金融年鉴1988》，第278页。
[②] 《中国金融年鉴2012》，第116页。
[③] 《中国金融年鉴1998》，第144页。
[④] 《非洲开发银行集团理事会主席、中国人民银行行长周小川接受中央主要新闻媒体记者集体采访》，http://business.sohu.com/20070517/n250071909.shtml，2013/3/1。
[⑤] African Development Bank, Partnerships and Cooperation Opportunities Working Document, April 2011.
[⑥] 《非洲开发银行集团理事会主席、中国人民银行行长周小川接受中央主要新闻媒体记者集体采访》，http://business.sohu.com/20070517/n250071909.shtml，2013/3/1。
[⑦] 《中国金融年鉴2008》，第127页。
[⑧] 《中国金融年鉴2011》，第130页。

期票21882438.32美元;①根据2012年7月的"中非金融合作论坛"披露的资料,中国通过非洲开发银行的软贷款窗口——非洲开发基金累计承诺捐资6.15亿美元。②2005年6月,八国集团提出重债穷国多边减债动议,提议三家重要的国际机构——国际货币基金组织、国际开发协会以及非洲开发基金全额免除符合或最终将符合国际货币基金组织和世界银行重债穷国动议减债条件的国家的债务。为补偿因减债而形成的成本损失,非洲开发基金向成员国提出捐款建议。2006年6月,中国向非洲开发基金落实多边减债动议捐资,向非洲开发银行递交了2006—2007年的认捐书,捐资金额为194万非行记账单位,约合284万美元。③2011年,向非洲开发基金多边减债动议捐资3822814.91美元。④中国将在未来50年中,向非洲开发基金捐资约合1.95亿美元。⑤

2. 为交流减贫和发展经验提供平台

1993年,人民银行与非洲开发银行举办首届"中非商业机会研讨会"。此后,又分别于1997年、2000年、2002年、2005年、2009年举办。其中,2005年的第五届研讨会还邀请了西非开发银行和东南非贸易与开发银行向中国企业介绍业务活动及商业机会。⑥

此外,2003年10月,中国人民银行与非洲开发银行联合在北京举办了首届中非"经济改革与发展战略高级研讨会",非洲开发银行行长及20个非洲国家的部级官员和驻华使节出席研讨会,探讨中国改革开放以来经济建设和扶贫方面的经验。⑦2008年5月,人民银行与非行联合举办了"中国和非洲在发展农村金融领域的经验"研讨会,探讨推动农村金融发展,提高农村

---

① 《中国金融年鉴2012》,第116页。
② 李东荣:部分非洲国家央行已将人民币纳入外储》,http://news.xinhuanet.com/fortune/2012-07/21/c_123450044.htm,2013/3/12。
③ 《中国金融年鉴2007》,第108页。
④ 《中国金融年鉴2012》,第116页。
⑤ 中国人民银行国际司:《利用多边开发银行 推动中非金融合作深入发展》,载《中国金融》,2007(2),第66—67页。
⑥ 《中国金融年鉴2006》,第138页。
⑦ 《中国金融年鉴2004》,第119页。

金融服务水平的措施。①

3. 承办非洲开发银行集团第42届理事会年会暨非洲开发基金第33届年会

作为2006年11月中非合作论坛的后续工作，2007年5月中国人民银行在上海承办了非洲开发银行集团第42届理事会年会暨非洲开发基金第33届年会，这是非行首次在亚洲举办年会，也是非行历史上规格最高、规模最大的一次年会。②这次年会不仅成为促进亚洲和非洲共同发展的新起点，也是加强双方在金融领域合作的必然选择。中国人民银行行长周小川说，"如同中非经贸领域的合作，正在逐渐从政府主导走向企业主导一样，中非金融领域的合作，也开始从政府援助贷款、投融资贷款为主的政策性金融为主，向鼓励商业金融机构发挥更大作用的方向发展"。③

（二）与非洲次区域开发机构的合作

人民银行代表中国政府分别加入了西非开发银行和东南非贸易与开发银行，通过与这些非洲次区域多边开发银行的交往与合作，支持了非洲的减贫和发展事业，推动了中非经贸关系的发展。

1. 与东南非贸易与开发银行的合作

成立于1985年的东南非贸易与开发银行（PTA银行）是东南部非洲最大的次区域开发银行。④2000年8月，中国入股1700股，约占该行总股份的6.49%，是唯一的非洲以外成员国，拥有独立的董事席位。⑤2008年9月，中国承诺出资770万美元参加PTA银行普遍增资并承诺加速支付。⑥

中国与东南非贸易与开发银行的合作内容丰富，双方高层互访较为频繁，中国代表通过参加其理事会、董事会等会议，参与该银行的经营和决

---

① 《中国金融年鉴2009》，第129页。
② 金琦：《中国人民银行金融外交工作回顾与展望》，http://www.cnfinance.cn/magzi/2009-09/18-2043.html，2013/3/12。
③ 《非洲距国内商业银行不再遥远》，《中国证券报》，2007年5月18日。
④ 《李东荣出席东南非贸易与开发银行年会》，http://finance.sina.com.cn/roll/20111221/074011030799.shtml，2013/3/12。
⑤ 《中国金融年鉴2001》，第83页。http://finance.sina.com.cn/roll/20100721/16588339738.shtml，2013/3/12。
⑥ 《中国金融年鉴2009》，第129页。

策。2001年,PTA银行为扭转经营困境,意图引入国际金融公司等金融机构和私人部门银行入股。在董事会和理事会特别会议上,中国阐明了对私有化方案的看法,并与其他成员交换意见,私有化计划暂时搁浅。①

2005年8月,中国邀请东南非贸易与开发银行官员参加中非商业机会研讨会,向中国企业介绍东南部非洲的商业机会、东南非贸易与开发银行的业务情况和招标采购程序。②

2. 与西非开发银行的合作

西非开发银行成立于1973年,1976年开始营业,是西部非洲地区重要的开发金融机构,隶属于西非经济货币联盟。1999年7月,人民银行正式申请加入西非开发银行(简称"西非行"),1999年8月和2000年6月人民银行两次邀请西非行行长来中国磋商。2004年10月11日,西非经济货币联盟特别首脑会议决定接纳中国入股西非行。中国认购西非行股本160股80亿非洲法郎(约合1700万美元),占总股本的1.23%,成为当时该行B类(即非西非经济货币联盟成员的国家、国际机构和政府机构)最大股东,同时也是该行"第二大股东"。③2011年6月,西非行董事会通过了增资50%的决议。9月,中国认购其股本40亿非洲法郎(约合609.80万欧元),其中实缴股本10亿非洲法郎(约合152.45万欧元),代缴股本30亿非洲法郎(约合457.35亿欧元)。实缴股本从2015年起分十年等额缴纳。④

与西非开发银行的合作主要是举办研讨活动及建立技术合作基金。2006年11月,人民银行与西非开发银行联合在多哥首都洛美举办"中国经济日"活动,双方对中国发展经验和对非政策、西非经货联盟投资环境等问题进行了探讨。2006年11月,中国人民银行与西非行建立了100万美元的双边技术合作基金,主要用于资助国内咨询专家、专业机构向西非开发银行成员国提

---

① 《中国金融年鉴2002》,第119页。
② 中国人民银行国际司:《利用多边开发银行 推动中非金融合作深入发展》,载《中国金融》,2007(2),第66—67页;《中国金融年鉴2005》,第108页。
③ 金琦:《中国人民银行金融外交工作回顾与展望》,http://www.cnfinance.cn/magzi/2009-09/18-2043.html,2013/3/12;《中国国家开发银行将向西非开发银行提供低息贷款》,http://news.xinhuanet.com/fortune/2011-08/19/c_121882286.htm,2013/3/12。
④ 《中国金融年鉴2012》,第116页。

供咨询和培训服务，支持西非地区国家的经济发展、社会进步和减贫事业。[①] 2008年，人民银行使用此基金资助西非行官员来中国培训，介绍中国发展经验及理念。[②] 2009年，人民银行在上海承办西非行第73届董事会，并与西非行联合举办了"中国与西非行合作和发展研讨会"。[③] 2010年11月，再次利用双边技术合作基金，双方合作在南京举办了"中小企业发展与金融支持研修班"，介绍中国发展中小企业的经验。[④]

（三）鼓励跨境人民币结算

随着中非贸易规模的迅速扩大，扩大人民币在跨境贸易的使用成为必然。2010年1月，中非之间首笔采用人民币结算的跨境贸易在南非实现。此后，来自肯尼亚、乌干达、赞比亚等多个国家的非洲银行也开始提供跨境贸易人民币结算服务。[⑤] 截至2012年6月末，中国与南非人民币跨境收付额累计达43.29亿元人民币，与毛里求斯累计达22.84亿元人民币。[⑥] 此外，2011年9月，尼日利亚央行宣布将人民币纳入该国的外汇储备货币。[⑦]

作为中非金融合作的"牵头人"，中国人民银行都积极支持国内政策性金融机构利用进出口融资、援外优惠贷款和对外投资贷款等金融服务方式，促进非洲基础产业和基础设施项目的建设；积极支持国内商业银行把金融业务延伸到非洲，推动其与非洲当地银行和政府合作；随着双边合作程度不断提高，中国人民银行还顺应市场需求，鼓励国内银行业在非洲开展人民币业务，推动人民币在对非贸易和投资中的使用。

综上分析，中国人民银行与非洲多边开发机构的合作主要有成为成员国，并认购增资股本，参加历届年会、理事会，举办不同主题的研讨会及进

---

① 《中国金融年鉴2007》，第108页。
② 《中国金融年鉴2008》，第129页。
③ 《中国金融年鉴2010》，第149页。
④ 《中国金融年鉴2011》，第131页。
⑤ 苏雪燕：《冼博德：看好中非间跨境贸易人民币业务前景》，http://finance.ce.cn/rolling/201207/18/t20120718_16910641.shtml, 2013/4/5。
⑥ 《李东荣：部分非洲国家央行已将人民币纳入外储》，http://news.xinhuanet.com/fortune/2012-07/21/c_123450044.htm，2013/3/12。
⑦ 苏雪燕：《冼博德：看好中非间跨境贸易人民币业务前景》，http://finance.ce.cn/rolling/201207/18/t20120718_16910641.shtml, 2013/4/5。

行培训等。同时，中国与非洲多边开发机构的合作也带动了非洲对中国物品的进口。截至2003年底，非行集团融资项下用于采购原产地在中国的货物、劳务及其他物品的金额达4.76亿美元。[1]

三、政策性金融机构与非洲的金融合作

国家开发银行、中国进出口银行和中国出口信用保险公司三大政策性金融机构是中国开展对非金融合作的主导力量。作为中国最大的对外投融资合作银行，也是世界上最大的开发性金融结构，国家开发银行注重加强对非洲的基础产业和基础设施建设。作为中国政府对外提供优惠贷款、优惠买方信贷的唯一承办行，中国进出口银行已成为中国对非提供贸易金融服务的主渠道。中国出口信用保险公司则为走进非洲的各个经济主体提供了各类信用风险管理和保障的服务，对于规避、防范和控制风险发挥了有效的作用。

（一）国家开发银行

2007年，在非洲地区，推动坦赞铁路、肯尼亚中低收入住房等重点项目，南非、乌干达、几内亚等重点国家的合作取得积极进展。[2] 2008年，与乌干达建立双边合作办公室。[3] 2009年，对非洲进出口银行授信并开展全面合作。[4] 2010年，支持中资企业到马拉维开展农业合作，实现对非洲中小企业贷款覆盖面达23个国家。[5]

1. 组建对非业务团队

国家开发银行组建了非洲大区组，截至2008年底，向非洲53个国家派驻了45个工作组，初步形成了非洲国际合作业务网点。2009年11月10日，其首家国外分支机构——开罗代表处在埃及首都开罗成立，这也是中国金融

---

[1]《中国金融年鉴2004》，第119页。
[2]《中国金融年鉴2008》，第131页。
[3]《中国金融年鉴2009》，第133页。
[4]《中国金融年鉴2010》，第154页。
[5]《中国金融年鉴2011》，第135页。

业在北非设立的首家分支机构。①

表4　国家开发银行及中非发展基金驻非洲代表处

代表处	成立时间	国家，城市
国家开发银行开罗代表处	2009年11月	埃及，开罗
国家开发银行南非代表处	—	南非，约翰内斯堡
中非基金南部非洲代表处	2009年3月	南非，约翰内斯堡
中非基金东部非洲代表处	2010年	埃塞俄比亚，亚的斯亚贝巴
中非基金中部非洲代表处	2011年1月	赞比亚
中非基金西部非洲代表处	2011年11月	加纳，阿克拉
中非基金北部非洲代表处	—	埃及，开罗

资料来源：作者根据媒体报道整理。

2. 运用多种合作方式

国家开发银行通过综合授信、货币互换等方式，加强与非洲区域、次区域金融机构以及合作国中央银行、开发性金融机构、商业银行等金融机构的业务合作。与东非开发银行、东南非贸易与开发银行签订了框架合作协议，并通过与所在国政府部门、企业和金融机构的沟通和谈判，建立了"乌干达财政合作模式""非洲区域、次区域银行间授信合作模式""埃及中小企业合作平台"等银企、银银合作模式。② 截至2012年底，国开行对非贷款余额达161亿美元。③

（1）与政府合作：通过与政府开展合作，为政府未来规划的项目提供融资，支持合作国整体发展战略和目标。2011年6月29日，国家开发银行与乍得政府签署了《规划咨询合作协议》，启动了该项国家规划咨询工作，并最终形成了乍得社会经济发展综合报告及农业、油气、电力、电信、交通等五

---

① 《中国国家开发银行埃及开罗代表处挂牌成立》，http://www.gov.cn/jrzg/2009-11/11/content_1461692.htm，2013/3/12。
② 《金融成中非经济合作新热点 我将采取4措施促合作》，http://www.gov.cn/jrzg/2007-05/15/content_615610.htm，2013/3/12。
③ 《互惠互利合作 多方共赢发展》，http://news.hexun.com/2013-03-07/151836986.html，2013/3/12。

个分报告。①

（2）与（次）区域开发机构、各国商业银行合作：根据表5的统计，国家开发银行与非洲的金融合作涉及各国政府、（次）区域开发机构、各国的银行等。在（次）区域开发机构中，与非洲开发银行、非洲进出口银行及东南非贸易与开发银行、西非开发银行等建立了联系。从国别看，在北非与埃及、在南部非洲与南非、在西部与尼日利亚、在东部与安哥拉等有规模不等的合作。合作形式包括贷款、授信、银团贷款等多种形式。其中，2013年中国国家主席习近平访问南非期间，国家开发银行与南非标准银行及南非TRNASNET国营有限公司签署的合作协议引人注目。与南非标准银行签署的协议是落实2010年10月国家开发银行与南非能源部签署的200亿美元能源合作框架协议的重要举措。实际上，国家开发银行与南非标准银行已在国际俱乐部贷款、对非中小企业贷款、项目融资、债券发行业务进行了深入合作。②

表5　国家开发银行与非洲的金融合作情况汇总

国家/(次)区域开发机构	合作机构	合作内容
区域开发机构	非洲开发银行	2008年9月签署谅解备忘录，增强中非经贸联系。
	非洲进出口银行	2009年对非洲进出口银行授信
	东南非贸易与开发银行	2008年8月签署授信协议，中方提供为期10年、总额5000万美元的贷款，用于支持采矿、电信和基础设施建设等领域。
	西非开发银行	2011年8月签署协议，国家开发银行江苏省分行提供6000万欧元低息贷款，为西非地区农业、能源、交通和基础设施等领域的项目及当地私营部门的中小企业发展提供资金支持。

① 《国家开发银行牵手非洲国家乍得推介二十余重点项目》，http://finance.huanqiu.com/data/2012-07/2892975.html,2013/3/12。
② 《中国国家开发银行与南非标准银行签署10亿美元金融合作协议》，http://world.people.com.cn/n/2013/0327/c1002-20941018.html，2013/3/31。

续表

国家/(次)区域开发机构	合作机构	合作内容
南非	南非标准银行	2013年3月26日,双方签署《关于就提供能源融资开展合作的协议》,融资额度10亿美元。
	南非TRNASNET国营有限公司	2013年3月26日,双方签署《关于基础设施及设备技术改造升级金融合作协议》,合作额度50亿美元,支持有实力、有意愿的中资企业参与南非铁路和港口基础设施建设及设备技术改造升级等领域合作。
埃及	—	参与OTH银团贷款,支持苏伊士工业开发区建设。
	埃及国民银行	2010年11月,双方签署《金融合作框架协议》,是国家开发银行在北非的第一个框架合作协议。双方将在项目开发、资源共享、代理结算、银行贷款、培训交流和中小企业方面开展合作。
安哥拉	财政部	2010年11月,双方签订4亿美元贷款协议,帮助安哥拉解决粮食安全问题及推动城市基础设施建设;授信15亿美元,用于安哥拉战后重建急需的基础设施、民生住房、农业发展、水电通信、教育卫生等领域建设。
	安哥拉石油金融有限公司	参与银团贷款项目,促进与中国石油石化公司能源合作。
尼日利亚	非洲联合银行	2006年,建立日常工作联系。2007年10月签署备忘录,缔结合作伙伴关系,约定共同为尼日利亚的石油、能源、电信、交通、矿产和农业等项目提供资金支持。
乍得	政府	2011年6月29日,签署《规划咨询合作协议》,启动国家规划咨询工作。

资料来源:作者根据媒体报道整体。

(3)与驻非洲的外国金融机构的合作

国家开发银行还广泛与国际金融公司(IFC)、渣打银行、巴克莱银行等国际知名金融机构开展金融合作,对非洲国家进行联合贷款。通过与国际知名金融机构进行联合贷款,可以满足合作国对融资规模的要求,并同时改善其信用结构。巴克莱银行是驻非洲的最大的国际性银行,在非洲拥有1000多家分支机构。2007年7月23日,国开行与英国巴克莱银行签署协议,获得巴克莱银行增发的2.014亿股普通股,持股比例3.1%。①

(4)为东道国项目提供投融资支持

国家开发银行通过对向合作国关心的重点项目提供投融资支持,带动当地经济发展。开发银行重点支持了非洲国家基础设施、电信、经贸合作园区、矿产资源开发等项目。例如,支持国内电信骨干企业如众星、华为投资非洲市场;支持施工企业对外承揽工程;支持国内资源企业合作开发矿业,支持了中钢集团南非项目、金川公司肯尼亚钛资源项目、中国有色矿业集团和云南铜业赞比亚粗铜冶炼厂项目;配合商务部设立境外工业园区工作,先后跟踪赞比亚谦比希工业园区、尼日利亚莱基工业园区、广东新广国际尼日利亚园区和山西天利毛里求斯园区等项目。

通过各种形式的合作,国家开发银行向非洲提供了及时的资金来源。截至2012年底,国家开发银行已累计向非洲地区发放国际合作业务各类贷款200亿美元。②

(5)培训与人员交流

国家开发银行积极参与培训,推动中非金融人才的交流。截至2011年9月,国开行已面向42个非洲国家和地区举办了各类交流研讨活动32次,716名政府官员及企业管理人员参加。③ 中欧国际商学院是一所由中国政府与欧洲联盟共同创办的世界顶级商学院。2009年3月,中欧国际工商学院启动中欧非洲项目EMBA课程,在加纳开设工商管理培训课程,2010年新增短期非学历管理培训课程。2011年国家开发银行向中欧国际工商学院的非洲项目捐赠150万美元。④

---

① 《国家开发银行拟50亿美元入股非洲联合银行》,http://money.163.com/08/0128/15/43A9VGV000251RJ2.html,2013/3/12。
② 商务部国际贸易经济合作研究院:《中国与非洲经贸关系报告2013》,第8页。
③ 《国家开发银行捐助中欧非洲项目》,http://finance.sina.com.cn/emba/ceibs/20111107/145910767929.shtml,2013/3/12。
④ 《国家开发银行捐助中欧非洲项目》,http://finance.sina.com.cn/emba/ceibs/20111107/14591076 7929.shtml,2013/3/12。

（二）中非发展基金

中非发展基金（简称"中非基金"）是在2006年11月第三届中非合作论坛北京峰会上提出的对非务实合作八项政策措施之一，是为支持中国企业开展对非合作、开拓非洲市场而设立的专项资金。2007年6月26日，中非发展基金正式运营，注册资本76.84亿元人民币（约10亿美元），是第一支专注于对非投资的股权投资基金，由国家开发银行100%控股①。

1. 设立驻非洲代表处

中非基金先后设立了南部非洲、东部非洲、西部非洲和北部非洲代表处。以这些代表处为依托，该基金覆盖了非洲大多数区域，为当地中非客户提供便利的金融服务。

2. 与非洲当地银行合作

利用本土金融机构的自身优势，中非基金积极建立以非洲当地银行的合作机制。目前，该基金分别与南非标准银行、南非联合银行、非洲发展银行等商谈了具体的合作事宜，双方约定共同拓展业务空间，积极推动中非金融合作。

3. 与东道国政府合作

中非基金先后与近20个国家首脑会晤，商讨合作；与肯尼亚、安哥拉、厄立特里亚政府及毛里求斯财政部、埃及投资总局、南非贸工部等签署合作协议；与所有非洲国家驻华使馆建立了经常性工作联系机制，接待非洲国家和机构来访100多次。

截至2012年，中非基金已全面完成一期10亿美元的投资，兑现了二期增资20亿美元的承诺并稳步推进投资工作。基金共承诺对30个非洲国家的60个项目进行投资，承诺金额达21.83亿美元②。截至2012年底，中非发展基金已累计决策投资项目61个，已决策金额超20亿美元，涉及30个非洲国家，已决策项目全部实施后可带动对非投资超过100亿美元，每年增加非洲当地出口创汇近20亿美元、税收约10亿美元，超过70万人直接受益。③例

---

① 《助国内企业走进非洲 中非发展基金有限公司成立》，第一财经日报，2007年6月1日。
② 中非合作论坛网站，《中非合作论坛第四届部长级会议后续行动落实情况》，2012年7月18日。
③ 《互惠互利合作 多方共赢发展》，http://news.hexun.com/2013-03-07/151836986.html，2013/3/12。

如，中非基金与加纳SAS金融集团、加纳社保基金以及中国海南航空公司合作，在加纳投资了该国、也是西非地区唯一一家当地便捷航空公司AWA航空。在加纳，由深圳能源和中非基金共同投资的博恩电厂自2010年10月投产发电以来，已经提供了加纳电力总电量15%。① 实际上，中非基金的投资主要涉及六个领域，即矿业油气、电力、建材、机械制造、工业园区、大农业。②

（三）非洲中小企业专项贷款

温家宝总理在中非合作论坛第四届部长级会议上宣布对非新八项举措，其中第三项是增加非洲融资能力："支持中国金融机构设立非洲中小企业发展专项贷款，金额10亿美元。"作为中非合作论坛的后续行动委员会成员单位，国家开发银行积极筹备并设立10亿美元的非洲中小企业发展专项贷款，专向符合条件的非洲中小企业提供。自2009年11月设立以来，通过与当地政府、银行的合作，达到了支持非洲中小企业发展的目的，详见表6。

表6　中小企业专业贷款资助项目

国家	时间	机构	贷款支持项目
津巴布韦	2010年4月	津巴布韦基础设施银行（IDBZ）	贷款3000万美元，用于支持中小企业发展。
南非	2010年5月	南非标准银行	签署《南非中小企业发展谅解备忘录》，2011年签署授信协议。
加纳	2010年9月	财政部	签署《全面合作融资框架协议》，为其提供1亿美元专项贷款，支持加纳MASLOC中小企业基金以及公共交通、机械加工等领域的中小企业发展。

---

① 《互惠互利合作 多方共赢发展》，http://news.hexun.com/2013-03-07/151836986.html，2013/3/12。
② 赵建平：《国家开发银行对非洲的合作业务》，http://www.iprcc.org.cn/front/article/article.action?id=560,2013/3/12。

续 表

国家	时间	机构	贷款支持项目
肯尼亚	2010年12月	肯尼亚公平银行	合作发放专项贷款，主要用于支持玛塔瑞茶厂扩建项目和卡普考瑞斯特茶厂项目；2012年1月，5000万美元中小企业专项授信全部发放到位。2012年7月，双方又签署了8000万美元中小企业专项授信贷款协议。
摩洛哥	2011年4月	摩洛哥外贸银行	签署合作备忘录，2011年11月签署借款合同，金额5000万美元，期限5年，用于支持当地中小企业。2012年5月，全部5000万美元贷款发放完毕。
安哥拉		安哥拉非洲投资银行	签署1亿美元的中小企业专项贷款协议。
—	2011年8月	西非开发银行	6000万欧元授信协议，支持西非经济与货币联盟区域的中小企业发展。

资料来源：作者根据媒体报道整理。

截至2012年底，国开行非洲中小企业专项贷款累计承诺12.13亿美元，通过直贷、转贷等模式支持非洲当地中小企业，直接创造就业机会2.2万个，间接受益的农户、养殖户超过40万户。①

（四）中国进出口银行

中国进出口银行是1994年与国家开发银行一起成立的政策性银行，初期的目的是支持资本性货币，支持中国的机电产品和成套设备，随着时间的推移，业务范围不断扩大，2006年承担中国对外发展援助和对外优惠贷款，1996年承担中国外国政府贷款转贷款，1999年开始对外工程承包贷款和高新技术产品出口贷款，2000年开始支持"走出去"开展对外投资贷款。②中国进出口银行涉足非洲业务较早，1997年就与埃及、津巴布韦建立了代理行关系，与代理行之间在资金往来、联合融资、人员培训、信息交流等方面开展

---

① 《互惠互利合作 多方共赢发展》，http://news.hexun.com/2013-03-07/151836986.html，2013/3/12。
② 《杨纪东：中国企业"走出去"的金融创新》，http://finance.sina.com.cn/hy/20090610/19156331450.shtml，2013/3/12。

了合作。① 中国进出口银行与非洲的金融合作表现在以下几个方面。

1. 在非洲设立代表处

表7　中国进出口银行驻非洲机构

名称	成立时间	所在地	备注
中西非代表处	1996年5月	科特迪瓦，阿比让	进出口银行第一个境外办事机构，中国金融机构在非洲地区设立的首家代表处
东南非代表处	1999年3月	南非，约翰内斯堡	
巴黎代表处	2005年6月	法国，巴黎	业务管辖范围包括非洲法语区国家

注：根据《中国进出口银行2011年年报》，境外机构仅有三家，分别为东南非代表处、巴黎代表处和圣彼得堡代表处。因此，中西非代表处可能已撤销，业务并入巴黎代表处。另外，进出口银行曾表示在2011年开始非洲分行，但至今并未实现。

资料来源：作者根据媒体报道整理。

2. 与非洲（次）区域开发机构的合作

表8为作者搜集到的中国进出口银行与非洲的金融合作时的伙伴，包括全球性开发机构如世界银行，包括非洲的区域开发机构如非洲开发银行及非洲进出口银行，包括非洲的次区域开发机构如西非开发银行及东南非贸易与开发银行，也包括各国的政府及企业。金融合作项目多为基础设施部门，如电信、电站等，中方多提供的是优惠贷款。

表8　中国进出口银行在非洲的合作伙伴

合作机构	合作内容
世界银行	2007年5月，双方签订谅解备忘录，确定双方为推动发展事业建立合作，重点放在非洲；2007年年末，双方达成一致意见，在非洲和其他地区的援助项目上携手合作，同在非洲国家对一些项目进行平行融资、合作融资和其他形式的合作。

---

① 《中国金融年鉴1998》，第145页。

续 表

合作机构	合作内容
非洲开发银行	2008年签订谅解备忘录，双方保持持续的工作关系，努力达成帮助区域内成员国提高生活水平的共同目标。
非洲进出口银行	中国进出口银行成为其C类股东；2009年5月，中国进出口银行向非洲进出口银行提供总额为1亿美元的信贷额度；双方签署5640万美元的电信项目贷款协议；2010年9月、2012年7月中国进出口银行在北京分别承办非洲进出口银行第85届董事会及第19届股东大会。
西非开发银行	2006年11月共同举办"中国经济日"研讨会；2006年11月，双方签署7000万欧元的信贷额度协定，支持同中国建交的西非经货联盟成员国购买产自中国的机电、高科技设备，支持中国公司同西非经货联盟成员国公司在能源开发、建筑工程方面的合作，支持项目涉及工业、电信、能源、交通、农业开发、旅游等；为西非开发银行提供1亿美元优惠贷款，并由其贷给当地企业。
东南非贸易与开发银行	1999年，双方签署2000万美元信贷协议。
坦桑尼亚财政部	2008年9月，双方签署《坦桑尼亚光缆骨干传输网（ICT）项目政府优惠贷款协议》，贷款金额7000万美元。
多哥电信公司	2009年5月，双方签署关于向多哥电信CDMA和传输项目提供优惠贷款的协议，贷款金额2.2亿元人民币。
突尼斯	2006年3月，向突尼斯提供人民币3亿多元的优惠贷款。
科特迪瓦政府	2013年1月，双方签署5亿美元低息贷款协议，为建设苏伯雷（Soubre）水电站项目融资，贷款金额5亿美元，贷款期限20年，利率为2%，宽限期9年。

注：本表的资料并不包含中国进出口银行与非洲的金融合作的全部合作伙伴；非洲进出口银行股东分为ABC三类，资本的35%分配给A类，40%给B类，25%给C类。

资料来源：作者根据媒体报道整理。

非洲进出口银行：成立于1993年的非洲进出口银行有ABC三类股东，中国进出口银行是其C类股东。中非双方进出口银行之间保持着密切的合作关系。例如，2009年，中国进出口银行与非洲进出口银行签署总额为1亿美元的《贸易融资（信贷）额度框架协议》，以支持电信、矿产、电力等行业项目的资产设备进口，在项目融资和中短期贸易融资领域创新转贷款合作模式。①

2010年9月，由中国进出口银行承办的非洲进出口银行第85次董事会会议在北京召开，这是非洲进出口银行成立以来首次在非洲大陆以外的董事单位所在国举办董事会会议。②2012年7月，由中国进出口银行承办的非洲进出口银行第19届股东大会暨中非金融合作论坛在北京召开，这是非洲进出口银行自1993年成立以来首次在非洲大陆之外的地区召开股东大会。在金融合作论坛会议上，双方就加强金融领域合作、推动中小企业合作等问题进行了探讨。"面对国际金融危机和欧债危机的影响,非洲经济的发展需要中国金融机构更多的支持，希望能够进一步发展中非金融合作伙伴关系。"③作为非洲大陆以外的机构，中国进出口银行是非洲进出口银行的主要股东之一，但只是"在有限范围内"。④因此，"希望中资银行能继续增加持股"。⑤

实际上，除表8所列的合作伙伴外，中国进出口银行还通过与花旗银行、汇丰银行以及非洲当地金融机构合作来支持非洲企业发展。⑥到2010年底，中国进出口银行已成为在非业务量最大的中资银行，为非洲国家提供的贷款累计达1500亿元人民币，约合230亿美元，涉及500多个大型项目，包括桥梁、公路、港口、电信、铁路、机场等基础设施建设和民用住宅、供水、供电、医院、学校等民生工程。⑦根据惠誉国际评级(Fitch Ratings)2011年12月发布的数据，2001—2010年的10年间，中国进出口银行累计向撒哈拉以南非洲国家（地区）提供了672亿美元贷款，超过世界银行（547亿美

---

① 《中国金融年鉴2010》，第154页。
② 张正华：《加强非中金融战略合作伙伴关系》，http://finance.eastmoney.com/news/1351,2010092998134613.html，2013/3/12。
③ 《中国进出口银行帮助非洲开发银行融资》，http://cn.reuters.com/article/idCNChina-119672008 0515，2013/3/12。
④ 《非洲进出口银行：中国地位至关重要》，http://forumcn.eximbank.gov.cn/meetingarticle/forum/meetingnews/mrjx/201207/8125_1.html，2013/3/12。
⑤ 《中国进出口银行帮助非洲开发银行融资》，http://cn.reuters.com/article/idCNChina-11967200 80515，2013/3/12。
⑥ 《中国进出口银行超过世行成非洲最大贷款提供方》，中国经济网，2011年12月29日。
⑦ 王丙飞：《中国进出口银行将继续支持安哥拉战后重建进程——访中国进出口银行副行长诸鑫强》，http://www.cs.com.cn/yh/02/201011/t20101120_2676849.html，2013/3/12。

元），成为非洲地区最大贷款提供方。据估计，中国进出口银行20%左右的贷款都提供给了撒哈拉以南非洲国家和地区，安哥拉、埃塞俄比亚、尼日利亚和苏丹是中国贷款的最主要接受国。① 在2012年7月的中非金融合论坛上，中国进出口银行表示在非洲的贷款支持的项目超过500个，其中大部分都是基础设施和改善民生的项目，资源开发型项目很少。②

（五）中国出口信用保险公司

一直以来，中国出口信用保险公司十分关注中国与非洲国家之间的经济贸易合作，并运用出口信用保险，对中国企业向非洲的出口与投资提供风险管理、损失补偿、贸易融资、资信评估等综合性的现代金融保险服务③。

为加强对中国企业对于非洲出口与投资的风险保障力度，中国出口信用保险公司主动走进非洲市场。除积极考察国家风险、项目风险外，还参加了中国人民银行对非洲多边开发机构协调机制，加强与非洲开发银行、西非开发银行、东南非贸易与开发银行的交流，与非洲贸易保险机构签署了合作谅解备忘录，建立了合作关系。

2008年3月25日，中国出口信用保险公司（简称"中国信保"）与中非发展基金有限公司在北京签署了支持中国企业对非投资的合作协议。④ 2009年，中国信保推出了中小企业综合保单（2.0版）、银行保单和福费廷保单等新产品；实施了更加贴近市场的大型生产企业简约承保、外贸代理业务承保等新模式。在博茨瓦纳电站扩容项目、印尼一揽子电站项目中，开创了公司与国际多边机构合作便利融资新模式，获得业界高度评价。⑤

---

① 《中国进出口银行超过世行成非洲最大贷款提供方》，http://intl.ce.cn/specials/zxxx/201112/29/t20111229_22960023.shtml，2013/4/6。
② 《进出口银行副行长：中国掠夺非洲资源的说法站不住脚》，http://news.xinhuanet.com/fortune/2012-07/13/c_112429684.htm，2013/3/12。
③ 《发挥出口信用保险作用 推动中非经贸合作》，中国发展门户网，2007年5月14日。
④ 《支持中国企业投资非洲市场——中国信保与中非基金签署合作协议》，http://www.sinosure.com.cn/sinosure/xwzx/xbdt/6921.html，2013/3/12。
⑤ 《出口信用保险公司扩大自主知识产权品牌承保规模》，http://news.hexun.com/2010-01-28/122522928.html，2013/3/12。

四、中国大型商业银行与非洲的金融合作

在中非双边经贸合作蓬勃发展的大背景下,越来越多的中资企业"走出去"开拓非洲市场。国内的各大商业银行——中国银行、中国建设银行、中国工商银行也顺应国内企业"走进非洲"这一趋势,在非洲当地开展了形式多样的金融合作行动,为企业提供便利的金融服务。其合作形式主要表现为:设立营业性分支机构,设立代表处,与非洲当地金融机构紧密合作、收购非洲本土银行等。其中,中国银行先后设立赞比亚分行、约翰内斯堡分行和内罗毕代表处,在非洲当地开展人民币业务,推行跨境贸易人民币结算业务。中国建设银行在2000年设立南非约翰内斯堡分行;2009年与南非第一兰特银行的合作,为当地非洲客户和中国客户提供融资支持。中国工商银行在2007年以36313亿兰特收购南非标准银行20%的股份,成为该行的第一大股东,利用当地银行优势开展对非业务。

(一)中国银行

中国银行是很早国际化的中资银行,到2012年在全球共有11000多家机构。1997年7月22日,中国银行赞比亚分行在卢萨卡开业,这是中国银行在非洲开设的第一家分支机构,也是中国在非洲建立的第一家营业性金融机构。[①]之后,于2000年在约翰内斯堡开设南非分行,2012年先后在肯尼亚内罗毕及安哥拉罗安达设立代表处。这样,中国银行在非洲共有4家机构。不同于营业性机构,代表处的主要职能是为客户提供金融咨询服务,为企业在融资、外汇、结算、投资、理财、风险控制、税务等方面提供咨询。[②]中国银行在非洲的业务主要涉及以下几个方面。

[①]《中国银行在非洲谋求跨越式发展——访中国银行监事长李军》,http://www.boc.cn/bocinfo/bi1/201011/t20101122_1211294.html,2013/3/16。
[②]《中国银行设立东非第一家常设机构》,http://bank.hexun.com/2012-07-04/143199194.html,2013/3/16。

表9 中资银行在非洲的机构

银行	非洲机构	时间	所在地
中国银行	赞比亚分行	1997年7月	赞比亚，卢萨卡
	南非分行	2000年10月	南非，约翰内斯堡
	肯尼亚代表处	2012年7月	肯尼亚，内罗毕
	安哥拉代表处	2012年12月	安哥拉，罗安达
中国建设银行	约翰内斯堡分行	2000年10月	南非，约翰内斯堡
中国工商银行	开普敦代表处	2011年12月	南非，开普敦
	2008年初，与南非标准银行达成战略投资和合作协议，以约55亿美元投资，购买标准银行20%的股份。		

资料来源：作者根据各种资料整理。

1. 开展人民币业务

2010年，中国银行南非分行及赞比亚分行推出人民币业务，中国驻南部非洲使馆的馆员、中资企业管理层及外派员工均为中国银行在南非的个人客户，更为在非洲的中国企业提供授信。中国银行目前在非洲是人民币业务市场领导者。2009年11月，中国银行赞比亚分行向当地中央银行提出申请并获准，可以在赞比亚境内开办包括人民币账户、人民币现金等在内的全部人民币业务。2010年3月，人民币账户业务正式推出。2010年6月14日，又在赞比亚首都卢萨卡发出非洲首张人民币预付卡。这种人民币预付卡以人民币计价，可以约定牌价拆成当地货币进行销售，境外居民只需提供当地有效证件即可办理购买手续。2011年7月，中行赞比亚分行正式推出人民币现钞业务，成为首家在非洲推出现钞业务的商业银行。截至目前，已经成功推出了包括人民币账户、人民币预付卡、人民币汇兑、人民币存贷款、贸易融资服务等一系列的人民币服务品种，日益丰富的人民币产品线让赞比亚中行获得了当地中资企业的欢迎，并吸引了周边国家中资企业加强与赞比亚中行的业务往来。[①]2010年11月，中国银行赞比亚有限公司与中国有色集团在赞比亚的五家企业在赞比亚首都卢萨卡签署《全面金融合作协议》。根据协议，中国银行将向中国有色集团下属的中色非洲矿业有限公司、赞比亚中国经济贸

---

① 张朝晖，《中行于非洲首推人民币现钞业务》，《中国证券报》，2011年8月3日。

易合作开发区、谦比希铜冶炼有限公司、谦比希湿法冶炼有限公司和卢安厦铜业有限公司五家企业提供最高授信额100亿元人民币的全面金融服务。中行赞比亚有限公司还将向上述五家企业提供融资、债务动态管理、现金管理、财务顾问、保险、咨询与培训等一系列服务，促进五家企业的迅速发展。①

2. 提供跨境人民币结算

在推动人民币业务在当地开展的同时，中国银行成功开展了跨境贸易人民币结算业务。2010年初，中钢南非有限公司通过中国银行上海市分行和约翰内斯堡分行，收到其进口商——中钢集团上海分公司汇出的以人民币计价的货款，开启了中非之间的跨境人民币结算业务。②此后，来自肯尼亚、乌干达、赞比亚等多个国家的非洲银行也开始提供跨境贸易人民币结算服务。③2012年，中国银行非洲地区海外机构共办理跨境人民币结算52.51亿元，相当于2011年结算规模的35倍。④

3. 在非洲当地银行设立中国业务柜台

在非洲本土银行设立"中国柜台"，意味着中国银行在无经营性分支机构的国家和地区选择优质代理行，在其内部设立中国业务柜台，通过直接派驻工作人员，利用当地代理行的全面银行牌照和广泛网络，满足中资企业的个性化需求，为中资企业提供方便、安全、高效的金融服务。2011年4月，中国银行在加纳的Ecobank设立"中国业务柜台"。⑤2012年12月，中国银行在乌干达的DFCU银行设立"中国柜台"。今后中国银行将相继在肯尼亚、喀麦隆和埃及等国设立"中国柜台"，为中国企业提供包括跨境人民币业务

---

① 《中行百亿授信支持中国有色拓展非洲业务》，http://finance.jrj.com.cn/biz/2010/11/2218578619814.shtml，2013/3/16。
② 彭成宙：《人民币跨境贸易结算的非洲之路》，非洲杂志，2011年10月18日。
③ 苏雪燕：《冼博德：看好中非间跨境贸易人民币业务前景》，http://finance.ce.cn/rolling/201207/18/t20120718_16910641.shtml，2013/4/5。
④ 商务部国际贸易经济合作研究院：《中国与非洲经贸关系报告》，第8页。
⑤ 《中国银行在加纳推出"中国业务柜台"》，http://www.cs.com.cn/sylm/jsbd/201104/t20110413_2842811.html，2013/3/16。

在内的全面金融任务。①

4. 提供清算服务

南非四大银行中的三家通过中国银行来做清算，意味着中国银行是它们的清算银行，这在南非甚至非洲是唯一能做到的银行。②

随着业务范围的不断扩展，中国银行在非洲的业务经营也逐渐好转。2003年前的中国银行赞比亚分行基本亏本经营，2003年亏损10.7万美元。2004年扭亏为盈，赢利1.2万美元；2005年利润同比增长近10倍，赢利13万美元；2006年利润猛增到102万美元。与此同时，赞比亚分行的资产也从2003年底的1200万美元增加到了2006年底的9000多万美元。③在开展银行业务的同时，中国银行还传播中国文化。2012年3月6日，赞比亚大学孔子学院与中国银行赞比亚分行合作举办的高层管理人员汉语培训班正式开班。这是赞比亚大学孔子学院继与中国中兴公司、中国有色集团公司合作办学后举办的第三家中资企业高层管理人员汉语培训班。④

（二）中国建设银行

中国建设银行约翰内斯堡分行成立于2000年10月，负责拓展建设银行在非洲地区的业务，为客户提供全方位、一体化的金融服务。目前分行业务涉及能源、通信、物流、金融、贸易、制造、房地产等行业，范围覆盖非洲地区十多个国家。⑤客户中既有当地优质蓝筹企业和知名跨国公司，同时也有在非洲投资的实力雄厚的铁路建设、矿产、汽车等知名中资企业。在南非当地储备银行最新公布的同等规模组别的外资银行排名中，建行约堡分行占

---

① 袁卿：《中国银行在乌干达本土银行设立"中国柜台"》，http://finance.eastmoney.com/news/1354,20121207262571887.html，2013/3/16。
② 何伊凡：《中国银行："淘金"南非》，http://www.iceo.com.cn/renwu/34/2011/1217/237362.shtml,2013/3/16。
③ 《非洲十年中国银行走上成功路》，http://news.qq.com/a/20070515/000023.htm,2013/3/16。
④ 《中国银行赞比亚分行高管汉语班开班》，http://www.hanban.edu.cn/article/2012-03/19/content_419036.htm，2013/3/16。
⑤ 《约翰内斯堡分行》，http://www.ccb.com/cn/personal/overseas/20091203_1259828118.html，2013/3/17。

据该组别50%以上的资产总量,排名第一。①

建设银行约翰内斯堡分行与非洲当地银行开展了有效的合作。中国建设银行与南非著名的金融服务集团——第一兰特银行2009年8月签署旨在扩大非洲业务合作的战略合作备忘录。根据这项战略合作备忘录,中国建设银行和第一兰特银行将联合为在非洲寻求投资机会或经营业务的中国建设银行中资客户以及在中国寻求投资机会或经营业务的第一兰特银行南非及非洲客户提供咨询及融资服务。②自2012年5月1日起,同南非第一兰特银行(First Rand Bank Limited)合作,与其旗下的第一国民银行(First National Bank,以下简称"FNB")正式对外推出ATM取现互免手续费服务。建行双币种借记卡客户(含VISA/MasterCard理财卡、VISA/MasterCard龙卡通)在南非境内FNB的ATM上取现时,无需再向银行缴纳相关取现手续费;同时,FNB的部分客户可在建行ATM上享受同等服务。合作方南非第一兰特银行旗下的第一国民银行在南非境内拥有约700家分支机构和约6000台ATM机,不但在南非拥有广泛及多样的服务网络,而且在非洲的纳米比亚、博茨瓦纳、斯威士兰、莱索托、莫桑比克以及非洲以外的英国、澳大利亚、爱尔兰、阿联酋和中国拥有多家分行及办事机构,从事企业银行及零售银行的业务。③此外,通过参股当地专业贸易融资公司(Rand Asia Trade Finance.),分行可以为客户提供结构性贸易融资服务,在大宗商品融资领域具有独特优势。未来分行将进一步发挥区域机构的功能性作用,协调和支持建设银行在非洲地区的业务发展和客户服务。④

(三) 中国工商银行

中国银行业走出去,更多的是为了配合中国企业走出去。"非洲对工商银行来说是一个有战略意义的地区。欧美市场比较成熟,想有很好的增长很

---

① 《中国金融服务业扎根非洲》,http://news.china.com.cn/live/2013-01/28/content_18414213.htm,2013/3/16。
② 马海亮:《中国建行与南非第一兰特银行联手拓展非洲业务》,http://stock.stockstar.com/JL2009080400002136.shtml,2013/3/17。
③ 《建行与南非第一兰德银行ATM取现互免手续费》,http://finance.ce.cn/rolling/201204/26/t20120426_16865976.shtml,2013/3/17。
④ 《约翰内斯堡分行》,http://www.ccb.com/cn/personal/overseas/20091203_1259828118.html,2013/3/17。

难。而且，非洲政府和人民对中国政府和人民的认同远超过其他大陆"。这是中国银行业钟情非洲的客观原因。考虑到"新设立分支机构不仅见效慢，规模做不大，难以覆盖广阔的非洲，还很难进入主流社会，很可能又是游离在唐人街范围"，中国工商银行决意寻找合作伙伴进行战略投资。根据资产和收入总额，标准银行在南非排名第一，在肯尼亚、加纳、尼日利亚等国排在前5名，在莫桑比克、津巴布韦等国排在前两名。2008年初，中国工商银行与南非标准银行达成战略投资和合作协议，以约55亿美元投资，购买标准银行20%的股份，成为南非标准银行的第一大股东。①

截至2011年6月底，工商银行还在非洲发放了超过80亿美元的贷款。同时，借助标准银行在非洲多个国家的1000多个分支机构，工商银行更自如地服务中国客户的非洲业务。从某种程度上说，与标准银行的合作，除使工商银行顺利进入非洲主流市场外，更使它轻松地与在非洲多年的渣打、巴克利、花旗、汇丰等欧美银行的竞争中取得优势地位，这是仅靠设置海外分行不可能实现的愿景。工商银行正逐步将其全球领先的IT技术引入标准银行。2011年，工商银行和标准银行建立了中非直联，两行的计算机主机系统实现直接连接，连接后，中国企业在总部即可看到其非洲各分支机构的资金变动情况。由此，工商银行将其到非洲的客户推荐给标准银行托管，标准银行将来到中国的客户推荐给工商银行。两行业务合作带来显著的商业效益，赢得2009年底的博茨瓦纳大型火电站项目就是一个很好的例子。那次竞标中，他们打败了欧美众多大型银行。而如果没有对方，无论工商银行还是标准银行，都不可能单独拿到这一项目。因为项目要求银行既有资本实力，还要在当地有营业机构。竞标成功后，两行共同为项目提供融资，博茨瓦纳政府则从中国进口成套的机电设备。现在，两家银行在非洲合作开发的项目有60多个。"合作实现的实际商业利润，有很多都来自在非洲大陆投资项目的中国企业。在我们2009年的运营结果报告中，增加的收入中大约有7800万美元来自于中国工商银行的关系。这并不是一个小数目，但这仅仅是冰山一

---

① 《中国工商银行的非洲战略》, http://www.fmprc.gov.cn/zflt/chn/zfgx/zfgxjmhz/t902980.htm, 2013/3/17。

角"。因为非洲有10多亿人口，其中超过50%的人没有银行账号，①发展潜力巨大。此外，双方还计划成立一个价值10亿美元的全球资源基金，主要投资于中非地区的矿产和能源领域②。

此外，2011年12月，工商银行在开普敦设立代表处。这是该行在非洲大陆设立的首家机构③

（四）银联

中国银联是经中国人民银行批准于2002年3月成立的中国银行卡联合组织，致力于为成员机构、商户和持卡人提供方便、快捷、安全的支付服务。在基本实现国内银行卡联网通用的目标后，从2003年底开始，中国银联积极推进银联卡受理国际化。④2007年6月7日，中国银联股份有限公司与埃及国民银行在开罗举办中国银联卡埃及受理业务开通仪式，银联卡正式登陆非洲。⑤此后，业务不断向其他非洲国家扩展。到2012年11月，非洲已有39个国家和地区可用银联卡，特别在南非、毛里求斯、尼日利亚、肯尼亚及北非等用银联卡取款和刷卡消费都比较方便。⑥

五、非洲金融机构在中国的发展

表10的资料表明，非洲金融机构早在1999年就在北京设立了代表处。实际上，截至2012年底，已有6个非洲国家的银行在中国设立了6家代表处。埃及国民银行已经在2008年开始在上海营业。此外，自2012年3月以来，中国人民银行还先后批准了毛里求斯、南非、尼日利亚央行投资中国银

---

① 《中国工商银行的非洲战略》，http://www.fmprc.gov.cn/zflt/chn/zfgx/zfgxjmhz/t902980.html，2013/3/17。
② 《工商银行与南非标准银行合作渐入佳境》，中国工商银行网站，2009年5月25日。
③ 《工行非洲代表处成立》，http://www.mofcom.gov.cn/aarticle/i/jyjl/k/201112/20111207892377.html，2013/3/17。
④ 《中国银联卡埃及受理业务开通》，http://world.people.com.cn/GB/41214/5837173.html，2013/3/18。
⑤ http://www.yjbys.com/discuss/30827.html,2013/3/18。
⑥ 《中国银联和Equity银行共同拓展非州业务》，http://www.zgjrw.com/News/2012119/bankchina/315332526400.shtml，2013/3/18。

行间债券市场。①

表10 非洲银行在中国的机构

国家	机构	设立时间	中国机构
埃及	埃及国民银行股份有限公司	2008年1月17日	上海分行
摩洛哥	摩洛哥外贸银行股份有限公司	1999年3月9日	北京代表处
喀麦隆	喀麦隆非洲第一银行有限公司	2003年7月2日	北京代表处
南非	南非第一兰特银行有限公司	2007年6月27日	上海代表处
尼日利亚	尼日利亚第一银行股份有限公司	2009年6月22日	北京代表处
尼日利亚	尼日利亚詹尼斯银行股份有限公司	2011年7月1日	北京代表处
加纳	加纳西非商业银行有限公司	2012年7月18日	北京代表处

资料来源：商务部国际贸易经济合作研究院：《中国与非洲经贸关系报告2013》，第8页。

除了在中国设立机构，非洲国家还积极实施人民币跨国交易结算。南非、肯尼亚、尼尔利亚、乌干达、纳米比亚等国家已开始积极实施人民币跨国交易结算。尼日利亚中央银行决定，从2011年1月1日起，中国对尼日利亚出口商品可以直接用人民币报价，人民币也可以在尼日利亚外汇市场进行公开交易。不仅如此，2011年9月，尼日利亚央行宣布，人民币将与美元、欧元和英镑一起成为尼日利亚外汇储备货币。初始阶段人民币占尼日利亚外汇储备的比例将在5%—10%之间。②2012年7月19日，南非标准银行津巴布韦分行正式开始办理人民币业务。该行客户可以在津巴布韦开设人民币账户，从中国进口商品时可使用人民币进行支付，向中国出口商品时也可以接受人民币进款。③南非标准银行2011年发布的研究报告称，随着人民币国际化的稳步推进，到2015年，中非贸易中至少有40%——1000亿美元将使用人民币结算。而且，同期至少有100亿美元的中国对非投资也将以人民币

---

① 商务部国际贸易经济合作研究院：《中国与非洲经贸关系报告2013》，第8页。
② 《人民币将成为尼日利亚外汇储备货币》，http://news.xinhuanet.com/world/2011-09/07/c_121989643.htm，2013/12/16。
③ 彭成宙：《人民币跨境贸易结算的非洲之路》，载《非洲》，2011年10月18日。

结算。①

六、结论

虽然中非之间的金融合作早于中非合作论坛的建立，但不可否认，2000年以来中非金融合作无论是合作的领域、规模、效果都得到了很大的提升。以上分析，我们发现：

1. 中非金融合作早于中非合作论坛的建立。中国进出口银行早在1996年在非洲设立了代表处。商业银行中，中国银行在1997年设立了赞比亚分行，开展业务。在非洲方面，摩洛哥外贸银行也早在1999年来中国设立了代表处。这也说明双方的合作动力并非全部来自政策的推动。

2. 中国政策性金融机构与非洲的金融合作多于商业性机构。政策性金融机构中的国家开发银行及其全资设立的中非发展基金不仅在非洲拥有多个代表处，其业务也已覆盖几乎所有与中国建交的非洲国家。中国进出口银行由于承担国家的对外援助，其涉猎的国家和行业非常广泛。而商业金融机构中，只有中国银行和建设银行及中国工商银行在非洲有限的地区设有机构。此外，同样是政策性金融机构的中国出口信用保险公司在非洲没有任何的存在性机构。

3. 中国政策性金融机构不仅与非洲国家、企业有广泛的合作，而且与非洲的（次）区域开发机构也有长久的合作，这些区域性开发机构包括非洲开发银行、非洲开发基金、非洲进出口银行、东南非贸易与开发银行及西非开发银行等。

4. 中非合作论坛历次部长级会议都很重视中非的金融合作。但更准确地说，中非金融合作更多的是中国向非洲提供融资支持，合作目前还不是双向的。当然，已经有6个非洲国家的金融机构在中国设立了多家代表处及1家分行。

5. 中非金融合作对经济发展的带动效应显著。美国中非关系问题专家德博拉·布罗伊蒂加姆认为，中国在非洲的发展已经为非洲带来了财运，"比

---

① 《人民币跨境贸易结算加速发展（国际视点）》，人民网—《人民日报》，2011年8月7日。

如南非标准银行因与中国工商银行结为合作伙伴而免受全球金融危机的冲击"。对于非洲大多数国家来说，他们愿意在接受外援之外多一种选择，这样更有安全感。与援助相比，非洲各国更需要能促进本国经济发展的力量，需要外来投资带动就业。①英国《金融时报》亚洲版主编戴维·比林认为，"中国并非慈善家，但中国的崛起可能仍然是非洲摆脱贫困的最大希望"。②2011年12月，惠誉国际信用评级在研究报告中称，中国已成为撒哈拉以南非洲国家的主要债权国和重要的商业伙伴，在撒哈拉以南非洲国家的发展中起到了重要作用，并将在未来10年赶超欧美，成为非洲最大的商业伙伴。③目前，中国已经成为非洲地区最大的贷款提供方，而且"中国向非洲国家发放的贷款大多都不附带任何政治条件，而且利率很低，还款方式灵活，因此受到非洲国家的普遍欢迎。对于一些遭受西方抵制的非洲政权来说，中国提供的基础设施援建类贷款具有难以抗拒的吸引力"。④

实际上，许多非洲国家的金融系统有了显著改善，大多数非洲国家正积极谋求与外国金融机构的合作，一大批国有企业希望通过发行债券和股票进行融资。另据高盛公司预测，到2025年前，全球金融业发展速度最快的将是非洲，其银行业收益将超过世界其他地区⑤。据此，可以说，中非金融合作有望在未来获得更好的发展，从而使中非经济发展受益。

---

① 温燕：《美国中非关系问题专家专访——中国为非洲打开了一扇门》，《环球时报》，2010年1月15日。
② 戴维·比林：《无对中国投资非洲说三道四》，载《金融时报》，2010年2月10日。
③ 《惠誉：中国未来10年将成非洲最大商业伙伴》，中非合作论坛，2011年12月8日。
④ 《中国进出口银行超过世行成非洲最大贷款提供方》，中国经济网，2011年12月29日。
⑤ 钟津：《金融合作正逢时——中国工商银行董事长姜建清出访非洲归来访谈录》，载《中国金融家》，2009年第8期。

中非经济关系总结与展望：
以摩洛哥为例

[摩洛哥] 穆罕默德·姆哈迈迪[①]

引言

摩洛哥和中国两国有着悠久友谊。将这两个民族相连的友谊可上溯至12世纪。

中摩友好关系跨越了一个新的历史阶段，特别是在两国元首分别于2002年和2006年的互访之后，取得了全方位的充分发展。

中国和摩洛哥之间的关系特别是在国王2002年访华之后取得了巨大进展。自此，中国经济在摩洛哥的存在发生了显著变化。摩洛哥与中国自1958年来保持着外交关系。尽管中摩两国山水相隔，两国间的贸易进口和出口近年来都持续增加，2005年总额超过了标志性的100亿迪拉姆（11亿美元以上）。这一飞速发展是近10年来进行积极变革的成果。

本文拟在强调中摩经济关系的力量手段后详细介绍中摩经济关系。

---

① 穆罕默德·姆哈迈迪（MOHAMED M'HAMDI）：摩洛哥西迪·穆罕默德·本·阿卜杜拉大学法学院教师。

一、中摩经济关系的杠杆

（一）中非合作伙伴关系

自从中华人民共和国1949年建国以来，非洲就是中国对外政策中重要的一部分。中国一直与非洲国家有着密切的政治联系。中国对非洲在过去长期提供着资金援助。

1978年经济改革后，中国更加着力于国内事务，对非洲的关注比以前有所减少，但90年代以来，中国重视加强与这一地区的合作。

2000年中非合作论坛在北京创立，主要围绕贸易和经济利益，不再像此前那样以政治意识形态为导向（Brown et Chun,2009），开启了中非关系的新时代。

中国和非洲国家确定的首要的大的行动领域如下：政治、国际关系、经济和发展、和平与安全、文化交流和人员交流。

中非合作论坛成为中非关系协调和中非之间对话的平台。会议每三年召开一次：北京（2000年），亚的斯亚贝巴（2003年），北京（2006年），沙姆沙伊赫（2009年）。

在伙伴关系的支持下，中国在中非合作论坛第四届部长级会议上宣布了旨在促进2010—2012年期间与非洲合作的八项措施。

表1　中国在2009年的中非合作论坛上宣布的八项举措

中非合作论坛框架内中非伙伴关系的首要领域
建立应对气候变化的中非合作伙伴关系
改善科学技术领域内的合作
帮助非洲解决资金问题
向非洲产品进一步开放中国市场
加强在农业领域的合作
加强在医学卫生领域的合作
加强在人力资源培养和教育领域的合作
发展人员交流和文化交流

（二）中—摩政治关系

中国和摩洛哥于1958年建立了外交关系。43年来，中摩政治关系发展平稳。两国在许多国际问题上有着相同或相近的看法。摩洛哥支持中国对台湾的立场以及人权和其他问题，赞扬中国根据"一国两制"，对香港收回主权，赞赏中国的改革和开放政策取得的成功。摩洛哥希望加强与中国的关系。1996年，中国和摩洛哥签订了定期举办两国外交部长间的政治磋商的协议。下表为我们提供了中摩两国主要互访的纪事。

表2 主要互访

摩洛哥	中国
穆莱·阿卜杜拉二世王子（1964）	周恩来总理（1963）
马蒂·布阿比德首相（1982）	赵紫阳总理（1982）
奥斯曼议长（1986）	杨尚昆主席（1992）
梅里安公主（1987）	李鹏总理（1995）
西迪·穆罕默德王储（1991）	江泽民主席（1999）
阿卜杜勒—拉赫曼·尤素福（1998）	朱镕基总理（2002）
穆罕穆德六世国王（2002）	胡锦涛主席（2006）

（三）重要协议的签署

90年代期间，两国为了加强经济合作伙伴关系签署了多项协议。

1995年，签署了新的贸易经济协议和投资保护协议。

1996年，两国签署了一项关于民法和贸易事务的司法援助协议，以及一项关于中华人民共和国外交部和摩洛哥王国外事合作部定期举行政策磋商的协议。

1998年，两国签署了一项关于动植物检疫的合作协议和一项关于航空运输的协议。

2002年，中摩签署了以下文件：

中华人民共和国政府和摩洛哥王国政府关于在社会发展、就业和职业培训领域开展合作的公约。

中华人民共和国政府和摩洛哥王国政府关于环境合作的协议。

中华人民共和国卫生部和摩洛哥王国卫生部关于卫生合作的协议。

中华人民共和国政府和摩洛哥王国政府关于旅游合作的协议。

中国广播电影电视总局和摩洛哥广播和电视局的合作协议。

中华人民共和国新华社和摩洛哥阿拉伯马格里布新闻社的合作协议。

中华人民共和国政府和摩洛哥王国政府关于防止多重征收个人所得税和防止偷漏税的协议。

中华人民共和国建设部和摩洛哥王国地方行政区域改善、城市建设、住房和环境部的合作公约。

二、对中摩经济合作的审视

1. 对外贸易

中国海关总署最新的统计数据显示，在贸易层面上，两国贸易额2007年创下25.85亿美元的新纪录，2002年以来的年增长率高于20%。2007年，摩洛哥向中国的出口比上一年度增长17.6%，达4.2亿美元。

据中国海关总署统计，摩洛哥对中国的销售量保持较低，且不断下降。2006年该销售量只有约1.7135亿美元，而2005年为2.7745亿美元，2004年为2.1482亿美元。

纺织产品以3.81亿美元居2006年中国向摩洛哥出口的产品之首，位居其后的是工业电线和电缆（1.4144亿美元），鞋类（1.1184亿美元），绿茶（1.0984亿美元），通信设备（0.5092亿美元），电视机（0.509亿美元）。

2006年摩洛哥对中国出口产品主要依靠的是电子电器产品（1.2524亿美元），磷酸盐（0.3194亿美元），冷冻鱼（138万美元），钴（109万美元），纺织品（679000美元）和皮革（811000美元）。

很重要且值得强调的一点是，摩洛哥对中国出口在2009年和2010年间增长了80%。对华出口在2011年第一季度期间持续增长，达60%。

中国海关总署的数据同样提到了中国对摩洛哥出口量的增长，2006年总额创纪录，达到了15.7亿美元，而1990—1997年间，两国的贸易额年平均几乎不超过1.5亿美元。

摩洛哥进口量自1999年显示为上升的曲线，年增长30%。摩洛哥进口量从2003年的6.958亿美元发展到2004年的约9.4348亿美元再到2005年的12

亿美元。

根据外汇部门统计，中国对摩洛哥出口在最近的5年中一直增长，从2006年的110万美元到2009年的超过200万美元。

这一上升是"各种机器设备"，"无线电接收机和电视"以及"茶叶"出口量增加的结果。

关于进口的中国制造产品的结构变化，要注意到，除了2009年机械和冶金产品略微降低，所有其他门类的产品都取得了两位数的增长，这也不足为奇。

进口量2010年只增长了25%，2010年第一季度只增长了10%。这些数据充分反映出两国的贸易收支赤字逐渐减少。

整体考虑，这10年来进口的变化体现了增长率超过20%。如果我们仔细察看进口产品的清单，我们会发现2000年和2009年之间大约有31种农产食品加工的产品。在这些产品中，茶叶是标志性的进口产品，它在2008年和2009年占84.5%。然而，其他产品似乎也在打入摩洛哥市场，增长率逐渐增加：鱼制的熟食产品、番茄罐头、调味品和烟草制品。这一变化可能对于这个有着越来越大的亚洲社区和越来越多的亚洲餐馆的地方来说并不奇怪。

在纺织品和皮革方面，摩洛哥主要向中国购买22种产品：即使与最近5年的平均量相比，布的进口量明显在下降，但布依然是远高于其他的第一大进口产品，占的比重接近38%。除了近两年的细绳、细线和缆绳的进口量依然稳定，该部门其他产品的购买量的变化普遍表现为两位数，甚至三位数的增长。

在机械和冶金类中，电脑表现突出，2009年和最近5年中年均占19%，尽管这些产品购买量的上升增速在2008年和2009年明显放缓。相反，家具和家用设备的进口量明显改善。还是要注意，在摩托车、汽车和起重设备类别中，2009年的进口量显示下降了15%，直到70%。最后，在电子电器产品方面，摩洛哥人喜欢中国制造的录音和音像复制设备产品，因为它们构成了这一行业的进口产品的一半以上。只有电子元件和电灯分别降低5%和30%。不过该行业整体取得了两位数的增长。由于这些表现，中国现已成为了摩洛哥第三大经济伙伴。

2. 其他领域的合作

1988年，中国和摩洛哥成功在渔业领域成立了第一家合资企业。

如今，二十多家中摩渔业企业在摩洛哥南部运营，特别是在阿加迪尔，创造了几千个直接就业岗位。

21世纪初以来，更多的中国企业和货物进入了摩洛哥市场。

为此，龚元兴（中国驻摩洛哥大使）先生号召更多的符合条件的中国企业去摩洛哥投资建厂。"中国企业可以充分受益于摩洛哥的优势，特别是其地理上的优越"，他解释道。

1975年以来，中国开始向摩洛哥派遣医疗援助队。迄今已有1300多名中国医生在摩洛哥工作过（每人2—4年）。

大部分中国医疗援助队都在摩洛哥偏远贫困地区。中国人挽救了居民区大量的生命，为改善当地居民的卫生状况作出了贡献。

另外，中摩在文化、新闻出版和教育领域的合作一直不断深化。2007年，中国在拉巴特和丹吉尔成功地举办了"中国电影周"。

2007年，中国政府增加了提供给摩洛哥留学生到中国大学的奖学金配额，并恢复向摩洛哥派遣中国留学生。

同年，新华社和阿拉伯马格里布新闻社续签了合作协议。

在金融领域，2000年10月，摩洛哥外贸银行在北京建立了一家分行。

结论

尽管地理上远隔，文化存在差异，中国成功加强了与摩洛哥的贸易关系，已成为了超过摩洛哥多个传统伙伴的一个主要经济贸易伙伴。

当然，中摩贸易额在最近的三年中平均年增长72%。但是，摩洛哥方面依然大有潜力可挖，特别是在中国市场上。

此外，根据这种背景，很有必要作出更多努力，以促进经济伙伴关系，提升并平衡目前对中国有利的双边贸易率，这样才能使两国均获益。

摩洛哥拥有的优势中国投资者尽可以利用，特别是其欧洲和非洲之间的地理位置和摩洛哥王国与美国、土耳其、埃及和约旦等多个国家签订的自由贸易协议。

摩洛哥王国开展的经济和社会改革，以及政府为外国投资者落实的鼓励性措施等，都使摩洛哥成为渴望向一个有着十几亿消费者的欧洲、非洲和北美市场开放的那些中国公司的平台。

译者：陈丽娟

中国金融业走进非洲的现状、问题与对策

郭宏宇[①]

中国对非洲金融业的投资并非中国金融业对外投资的主体，2012年末，中国对非洲金融业直接投资存量达到38.7亿美元，仅占中国金融行业全部对外投资存量的5%，但是，就对非投资而言，金融业投资有着重要的地位，金融行业投资占全部对非投资的比重则达到17.8%，仅次于采矿业[②]。中国金融业在非洲的发展不仅体现在相对规模上，更体现为推动对非贸易、对非投资的发展，以及形成中国金融行业对外投资的全球战略布局。金融行业对对非贸易和对非投资的推动，体现在跨境贸易结算、出口信贷、企业贷款等金融服务上，由于非洲金融体系不发达、汇率风险较高等多重因素，中国对非贸易和对非投资仍对中国金融机构有很大的依赖性。金融行业的全球战略布局，体现在非洲未来的金融发展前景上，预计2020年，非洲银行业资产将增长248%，达到1.37万亿美元，存款将增长270%，达到1.1万亿美元[③]，并

[①] 中国社会科学院研究生院经济学博士，保险学博士后，现任外交学院国际经济学院讲师。专业为资本市场、保险。

[②] 中华人民共和国国务院新闻办公室：《中国与非洲经贸合作（2013）白皮书》，中华人民共和国国务院新闻办公室网站，http://www.scio.gov.cn/ztk/dtzt/2013/9329142/329145/Document/1345040/1345040.html。

[③] 据英国经济学人智库（Economic Intelligence Unit）的研究报告，http://www.mofcom.gov.cn/aarticle/i/jyjl/k/201108/20110807708186.html。

且在金融危机的冲击下，对非洲的并购更易成功[①]。因此，有必要对中国金融业走进非洲的现状、经验与问题进行总结，并在此基础上进一步推动中国金融业在非洲快速、良性发展。

一、中国金融业在非洲的发展现状

中国金融业在非洲的发展是不全面的，主要开展业务的是银行业金融机构，业务的分布也不均衡，并且对当地的金融机构有一定依赖性。其中，较重要的特征为以下三方面。

（一）政策性金融占对非金融的主体

援助是中国与非洲经贸往来的起点，与之相应，政策性金融在中国对非金融中占最重要的地位。以向非洲的贷款为例，在2012年《中非合作论坛第五届部长级会议——北京行动计划（2013年至2015年）》中，中国宣布向非洲国家提供200亿美元贷款额度的目标，而国家开发银行在2013年"中国—肯尼亚：投资及商业论坛"上宣布，国家开发银行对非贷款余额已经达到189亿美元。虽然国家开发银行已经转制为商业银行，但是从其资产负债来看，债券仍是其主要资金来源，基础项目仍是其主要资金投入领域，政策性金融的色彩仍十分浓厚。因此，中国在非洲开展的金融业务具有高度的政策属性，政策性金融占据绝对优势。

（二）战略合作是拓展非洲金融业务的主要方式

相对于非洲本地银行和西方发达国家的银行而言，中国的银行在非洲开展业务的时间还很短，业务集中于中资企业。在开拓非洲当地金融业务时，一般采用与当地或西方金融机构合作的方式实现业务规模的快速增长，只是在具体方式上有所区别。中国工商银行主要采取并购方式进行合作，于2008年收购南非标准银行20%的股权，并与其建立长期战略合作伙伴关系[②]。中国建设银行与南非第一兰特银行进行战略合作，联合双方的客户提供咨询及

[①] 付碧莲：《中国金融机构布局非洲南美》，《国际金融报》2012年1月18日，第5版。
[②] 詹向阳、邹新、马素红：《中国工商银行拓展非洲市场策略研究》，《西亚非洲》2010年第11期。

融资服务①。中国银行与南非莱利银行集团进行战略合作,增加对在非中资企业的服务覆盖、基础建设投资领域、大宗商品贸易融资和银行卡业务的合作②。总体来看,在开展贴近当地金融环境的业务时,中国金融机构对当地金融机构仍有较强的依赖性。

(三)业务向中国企业和结算倾斜

中国金融业在非洲起到资金跨国转移的角色。非洲发展水平较低,储蓄严重不足,投资所需的资金主要依赖国外流入,这使得中国金融业在非洲难以吸收当地的居民储蓄,只能以企业客户为主要的服务对象,吸收企业存款并向企业发放贷款,或是通过国际金融市场获得少量非洲资金,如国家开发银行在2012年向部分非洲国家中央银行的定向配售③,而在金融机构所服务的企业中,中资企业(包括华人华侨)又占主要部分。资金来源渠道与业务对象的狭窄使得中国金融业以贸易服务、存汇业务等结算服务为主要的业务领域,其业务结构和境内银行以存贷款业务为主并有大量个人客户的业务结构有着显著区别。

二、中国金融业在非洲遇到的问题

如上所述,中国金融业在非洲的发展并非全面推进。这是非洲的金融环境所决定的,无论是客户、竞争对手,还是非洲本身的高风险问题,都对中国金融业在非洲的全面发展形成制约。

(一)缺少本土化的金融服务

在中国境内,银行的主要角色是吸收存款、发放贷款,以及结算业务,许多种类的中间业务并没有大规模的开展。对中国企业而言,所需的更多是基于本土化知识而提供的金融服务。中国在非洲的企业可以分为两极:一极是大企业的分支机构,另一极是立足当地小微企业。对于前者而言,在中国国内有很强的融资能力,不需要在非洲当地以很高的成本进行融资;对于后

---

① 马海亮:《中国建行与南非第一兰特银行联手拓展非洲业务》,《经济日报》2009年8月4日,第7版。
② 马海亮:《中行与莱利银行签署战略合作协议》,《经济日报》2013年8月6日,第4版。
③ 《国家开发银行2012年年报》,http://www.eximbank.gov.cn/report_27_13319.html。

者而言，风险非常高，银行等金融机构不愿向其提供信贷支持。而在存贷款与结算之外，企业更需要跨越文化差异与金融环境差异。南非标准银行的管理人员表示，在对中国投资企业的金融服务中，60%的工作是帮助对方理解交易、金融工程、政府及监管者，40%的工作则是协助理解当地文化①。法国兴业银行的管理人员也表示，在金融危机期间，许多中资企业需要对当地有一定了解的跨国银行来分析形势②。

（二）存在新兴经济体的潜在竞争

中国金融机构在非洲本土的业务扩张依赖于和当地或发达国家金融机构的合作，这些金融机构也乐于引入中资机构的市场。但是，随着其他新兴经济体金融机构向非洲投资，中国金融机构面临的潜在竞争也会趋于激烈。尽管目前其他新兴经济体在非洲的金融活动仍落后于中国，但是发展非洲市场已经成为这些新兴经济体的共同取向。如韩国银行试图在非洲、中东等地开设分行，友利银行计划以迪拜事务所为跳板，投资中东、非洲、土耳其等新兴市场③。随着新兴经济体金融业竞相进入非洲，中国金融业与当地金融机构的良好合作关系可能解体。

（三）面临较高的政治风险与汇率风险

在非洲的金融活动要面临更高的政治风险。部分政治风险来自非洲外部，部分风险则来自非洲自身。非洲外部的政治风险主要体现在外交层面的影响，如发达国家政府层面对非洲国家的游说④。非洲内部的政治风险主要体现在非洲的国有化或本土化浪潮，如津巴布韦在2012年宣布对银行业的本土化决议，要求外资银行在一年内将51%的股份转让至津巴布韦当地黑人名下⑤。非洲汇率风险同样由外部和内部两个来源，外部的来源主要是来自发达经济体及国际金融组织的冲击，如在国际货币基金组织（IMF）的建议下，

---

① 何伊凡、侯嘉丽：《非洲金融的"窗口期"》，《中国企业家》2012年第2期。
② 同上。
③ 驻韩国经商参处：《韩国银行业积极投资中东、非洲地区》，中华人民共和国商务部网站，http://syggs.mofcom.gov.cn/article/i/jyjl/j/201310/20131000367504.shtml。
④ 一些金融机构认为，中国在加纳的某项天然气交易因美国政策游说而取消。参见何伊凡、侯嘉丽：《非洲金融的"窗口期"》，《中国企业家》2012年第2期。
⑤ 《津巴布韦高官就银行业本土化问题发生分歧》，商务部网站，http://www.mofcom.gov.cn/aarticle/i/jyjl/k/201207/20120708225300.html。

花旗银行等国际银行缩减对外信贷以降低贷款风险,特别是减少对非洲国家银行的信贷额度[①]。内部来源是非洲国家不稳定发展趋势,由于经济高度单一化,所以外部冲击对非洲国家的影响非常强烈。

三、发达国家金融业投资非洲的经验

得益于较长的殖民时期,发达国家银行在非洲发展时间较长,并且与非洲现代部门的文化差异较小,从而建立众多的分支机构,对非洲当地的金融环境也非常了解。这些是中国在非洲的金融机构尚不具备的优势。但是,仍有一些金融业投资非洲的经验是值得中国金融业借鉴的。

(一)注重投行业务和商业银行业务的互补

非洲金融整体上不发达,根据麦肯锡季刊报告,撒哈拉以南非洲未使用正式或半正式金融服务的成年人(未开立银行账户的人口)所占比例为80%。这意味着银行业难以在非洲国家获得足够的业务规模。但是,非洲整体上的贫穷并不能排除非洲局部上的富有,由于其资源等方面的优势,在部分行业和部分城市形成了较发达的现代部门。这些现代部门有着广泛的金融需求,需要金融机构向其提供整体的解决方案。为适应这一金融需求特征,在非洲发展较为成功的银行均为混业经营银行。这些银行有突出的投行业务,如大宗商品保值、企业并购等方面经验丰富,能把投行线、个人银行线、私人银行线上的产品和商业银行的平台相结合,为企业提供包括开立信用证、无追索权押汇、汇率相关的金融衍生品等的一揽子金融产品,提供一站式、量身订制化的金融服务。如渣打银行,在客户金融融资时为客户设计包含利率掉期和远期交易的结算方案,以降低企业的汇率风险,从而更好地吸引客户。

(二)将非洲业务与全球产品线相结合

尽管非洲是一个相对独立的金融区域,但是发展非洲的金融业务却需要将非洲业务与全球金融业务相结合。相对于发达经济体与新兴经济体的金融

---

① 驻尼日利亚使馆经商处:《国际金融机构缩减对尼日利亚等非洲国家信贷额度》,商务部网站,http://www.mofcom.gov.cn/article/i/jyjl/k/201202/20120207951015.shtml。

市场而言，非洲金融市场规模较小、发展落后，开拓非洲市场主要着眼于非洲金融市场在未来的发展，以及全球范围的风险分散。因此，至少在可预见的年度内，克服在非洲开展金融业的风险，以及为非洲企业融资资金都需要扩展到全球范围。我们可以看到，在非洲较为成功的银行均将全球业务作为非洲金融业务的依托，如法国兴业银行将商业银行业务和全球网络优势相结合，以拓展在非洲的大客户群。

（三）注重对非洲文化与政策的分析

在非洲国家，最重要的风险是政治风险，虽然金融企业可以寻求对政治风险的保险，但是在政治风险较高时，保险公司会拒绝承保。因此，最根本的办法仍然是了解非洲的文化与政策，并且与非洲社区保持良好的关系。这就需要研究非洲每个国家对贸易、外汇、汇率的规制和管理方式，并因势利导，使得自己符合这种变化的趋势并获得一定的政治影响力。如渣打银行表示，他们对当地的文化、较特殊的劳工法律、货币政策都有深入的了解，不仅和当地企业关系良好，而且和当地政府层面的关系也很深厚①，从而形成在非洲国家的政治影响力，在一定程度上克服非洲国家的政治风险。

四、推动金融业走进非洲的政策建议

中国金融业在非洲尚有广泛的发展空间，为推动中国金融业更好更快地走进非洲，我们提出如下的政策建议。

（一）政府：针对非洲的特点进行政策层面的宏观引导

中国金融业在非洲的脚步已经落后于发达国家，并面临着新兴经济体的潜在竞争，这就要求政府对金融业的对非投资进行推动，以促进其超常规的发展。具体建议如下：

第一，注重外交层面的推动，在和平共处五项原则的基础上适当引导企业与当地社区、基层政府的合作。并建立全部中方金融机构共享的非洲国家政治、经济、法律研究平台，降低金融企业获得当地金融环境信息的成本。

第二，放松在非金融机构发展投资银行业务和商业银行业务的限制，鼓

---

① 思琳：《渣打：投资非洲的金融大使》，《首席财务官》2013年第4期。

励企业将投行业务与商业银行业务相结合，拓展金融业务类型。对于非洲业务的风险，不是简单地隔离，而是鼓励企业在全球范围内分散非洲业务的政治风险和汇率风险。

（二）金融机构：面向非洲当地拓展金融服务

虽然中国金融机构的客户仍集中在中资企业和华人、华侨，但是，非洲本身的业务仍需拓展，已形成自身的竞争优势。具体建议如下：

第一，增加非洲本地的高级雇员比重。非洲同样有受过良好教育并且有较高素质的金融人员，这些人员虽然劳动力成本较高，但是在本土化方面有着天然的优势，更了解当地的金融环境，也更易与当地的企业、社区和政府进行协调。虽然中国金融机构也可通过战略合作等方式获得当地与西方金融机构的本土优势，但是考虑到来自新兴经济体的潜在竞争，中国金融机构需要学会如何通过非洲乃至全球的劳动力市场获得非洲的本地人才，以获得属于自身的本土化竞争优势。

第二，加强金融工具的研发工作。对于非洲的金融业务而言，金融机构不应坐等业务上门，而是要为企业制定前瞻的、全局的解决方案。这就需要金融机构向投资银行靠拢，建立面向非洲金融环境的研发部门，向企业提供基本贷款、结算需求之外的风险控制方案。

三

中非政治、法律领域合作篇

非洲一体化对企业营商环境的影响
——从国际法的视角思考

李正宁[①]

中国的整体政策环境比较稳定，中国企业市场化时间较短且并不具备过多的法律经验。因此很多中国企业在进行对外投资时往往忽视对于东道国营商环境的提前考察。随着中国对非投资金额的不断增加，以及非洲东道国法律体系的不断健全，这种缺乏提前考察与评估的风险将越来越大。因此，对于非洲东道国实体法以及非洲商法协调组织（OHADA）等区域统一私法的研究对于企业就愈加重要。当然，商事法等法律体系的健全并非良好营商环境的充分条件，一国政治环境、国家安全等良政同等重要。因此，从政府层面加强中非交流、互助与互相监督，积极参与到非洲政治、经济与法律体系建设中，在对非洲国家和非洲区域组织给予经济援助的同时能够与非洲国家共同进行思想及制度的启发，让非洲国家尚未完成的上层建筑中尽可能多地留下可以与中国法律体系和谐共存、乃至相互兼容的内容，是节省中国企业未来资源、加速中国企业当地化融合的重要措施。

---

① 外交学院国际法专业硕士，北京市大型综合性法律服务机构浩天信和律师事务所合伙人。

一、世界银行营商环境报告及其不足

在世界银行发布的《2014年营商环境报告》国别排名中,世界银行将所有经济体按其营商环境的宽松程度排名,从1到189,1为最佳。世界银行在图示中将各个排名划分为5档,其中第1—38名为第一档、第39名至76名在第二档、第77名至第114名为第三档、第115名至152名为第四档、第153名至第189名为第五档。营商指数排名高说明该国的政策法规环境有利于企业经营。该指数是一国在十项课题①中百分位数排名的平均值,每项课题由若干指标组成,拥有相同权重,内容涉及的时间段是2012年6月到2013年5月。

虽然这份报告的排名和方法学不无可被挑剔之处,该报告在很多方面仍然对将非洲地区作为整体与中国进行比较研究具有相当意义。

在该报告中,中国(包括城市:上海)营商环境排名在参评的全部189个国家中排名第96名(人均收入5740美元,属中高收入)。而非洲国家中,排名最高的是毛里求斯(第20名),随后依次是卢旺达(第32位)、南非(第41名)、突尼斯(第51名)、博茨瓦纳(第56名)、加纳(第67名)、塞舌尔(第80名)、赞比亚(第83名)、摩洛哥(第87名)、纳米比亚(第98名)、佛得角(第121名)、埃塞俄比亚(第125名)、埃及(第128名)、肯尼亚(第129名)、乌干达(第132名)、也门(第133名)、莫桑比克(第139名)、布隆迪(第140名)、塞拉利昂(第142名)、利比里亚(第144名)、坦桑尼亚(第145名)、尼日利亚(第147名)、马达加斯加(第148名)、苏丹(第149名)、冈比亚(第150名)、阿尔及利亚(第153名)。而排名最低的十个国家除委内瑞拉(第181名)和缅甸(第182名)外,剩余8国均为非洲国家。但需要指出的是,实际上委内瑞拉属于收入较高的国家,人均收入达到12470美元。根据世界银行的这份报告,营商环境排名在153名至189名的这些非洲国家主要集中在西非和中非地区。

---

① 指开办企业、申请建筑许可、获得电力供应、注册财产、获得信贷、投资者保护、缴纳税款、跨境贸易、合同执行、办理破产十个课题。

在该报告中的56个最低收入与中低收入国家与地区中，只有4个国家和地区的营商环境排名在第77名以前（最优或次优），占全部56个最低收入和中低收入国家和地区的7.1%，第115名以后（较差和最差）的国家和地区有35个，占全部56个最低收入和中低收入国家和地区的62.5%，其中15个国家和地区的营商环境落入最差一档（占全部营商环境最差国家的40.5%）。

由于该报告选取的营商环境课题从法律角度主要是商法关注的范围（开办企业、获得信贷、投资者保护①、缴纳税款、跨境贸易、合同执行、办理破产），其余部分是财产法关注的一小部分范围（注册财产），并考虑了一小部分政府管制法关注的与生产型企业有关的事项（申请建筑许可、获得电力供应），因此存在一定的不全面之处：例如在设立企业的课题下考虑了程序数量和时间、实缴资本与投资收益占比等因素，但未考虑企业经营过程中的成本（例如安全保障、获取信息类基础设施服务的便利度）；考虑申请建筑许可的因素但未考虑各国土地资源的实际情况导致的立法选择、及建筑行为与第三产业关联度不高的事实；考虑合同执行方面时间因素在商业交易中的重要性，但难以考虑司法判决本身是否公平以及对司法判决的执行时间，同时也未考虑对于企业财产权保护特别是侵权行为进行制止的程序及时间、一国政治稳定性对于商业环境的影响等。当然，这些会对商业环境产生重大影响的事项也很难被以量化的形式全面体现在报告中。从这份报告的大致排名，我们可以看出，营商环境差的地区，经济发展也往往会受到限制。从投资者的角度，去营商环境较高的地区投资可以减少非商业风险对于经营的影响，而去营商环境较低的地区投资则可能会面临更多的法律与时间的不确定性。相对而言，从政府的角度努力去提高营商环境，可以促进商业环境的发展，并相应提高国民收入。

但是，影响营商环境的政治与法律体系究竟有哪些？笔者认为，应当包括社会环境的稳定性、人员安全、商业运行环境、财产安全（对侵犯财产权行为的制裁制度）、投资程序与成本、利润返还、征收与补偿机制等。从

---

① 需要注意的是，世行报告的"投资者保护"是公司法意义上的公司对股东的权利保护，而非投资法意义上国家对投资者的权利保护。

法律体系的角度，主要靠基本法（政权、组织①与武装力量②管理）、财产法（财产取得、财产注册、财产保护）、商法（公司与商业交易）、投资法（投资者准入与投资许可、投资收益分配与汇出、投资争端解决）、行政管制法（环境保护要求、基本建设程序、行政诉讼程序及后果、司法程序及裁决执行）。此外，经济政策亦存在很大的影响（例如通货膨胀和通货紧缩）。

非洲国家在发展自己国家特色的经济与政治制度时，中国模式也是一种有借鉴意义的研究课题。尽管从商法环境上，中国的商法暂未给予商业经营者过多的自由度和商业模式的创新空间，但在商业自由以外，中国能够向商业经营者提供的政治及经济制度稳定和安全管理能够大大增强投资者的信心，同时中国庞大的市场及国内贸易量是其他任何一个国家不能向本国经营者提供的优势。而与中国相比，非洲国家历史导致的多民族与多种族共存、当地传统与外来文化交融、各国法律差异及较少的洲内贸易，都导致非洲国家经济上崛起时必须克服更多的困难才能创造真正良好的商业环境和生机勃勃的商业活动。非洲各国正在努力进行的政治、经济、法律的一体化进程必不可少。

二、非洲一体化进程的国际公法问题：非洲互查机制对中国的影响

非洲一体化最显著的标志是非洲联盟的存在，而非洲联盟对于推动非洲地区国际条约法体系的建立和完善扮演重要的角色。

从非洲联盟尚处于非洲统一组织(OAU)时期，OAU宪章即明确了非洲统一组织的基本宗旨：(1)促进非洲国家的统一与团结；(2)协调并加强他们之间的合作与努力以改善非洲各国人民的生活；(3)保卫他们的主权、领土完整与独立；(4)从非洲根除一切形式的殖民主义；以及(5)在对联合国宪章与世界人权宣言给予应有尊重的情况下促进国际合作③。在合作领域则主要

---

① 包括政党、非政府组织、商业组织等可以具有法律地位的组织形态。
② 军队、警察、国家安全与一切其他国家暴力组织。
③ 李伯军著：《当代非洲国际组织》，浙江人民出版社，2013年3月第1版，第37页。

集中在政治外交、交通运输、教育、文化、卫生、科技。在这一时期，尽管OAU的宗旨之一是改善非洲各国人民生活并推动区域经济的发展，但OAU的结果仍主要集中于维护非洲国家的主权与独立，包括各国的国家安全和政治家安全，并在推动专属经济区制度的建立与《国际海洋法公约》的立法、非洲境内部分国家领土争端解决等方面取得了令人瞩目的成就。但从国际法的角度，OAU以国际公约的形式确定的国家义务仍然以普通的国家义务为主，对于主权原则和不干涉内政原则没有实质的突破，各国政府在各自国家主权范围内的权利并不会受到干涉，因此外界对于一国营商环境的影响有限。

2001年，OAU宣布非洲联盟成立并启动《新非洲行动计划》，随后将其更名为《非洲发展新伙伴计划》（NEPAD），并于2008年宣布将NEPAD并入非盟框架内。非盟的成立与NEPAD的实施从很大程度上说明非洲国家的一体化进程已经进展到一个相当紧密的阶段，并且对传统的不干涉原则进行了发展与补充。

首先，从非盟在《非洲联盟基本法》中设定的目标上看，非盟的目标之一是促进"良政"，并明确将促进非洲国家经济的一体化发展。相应的，其运行原则明确"在危急时刻根据联盟大会的决定对某个成员国进行干预"、"尊重法治和良政"、"谴责并反对不符合宪法的政府更迭"，并"禁止联盟任何成员国与他国订立或参加与该联盟基本原则和目标相违背的条约和其他联盟"。在这样的目标和运行原则下，《非洲联盟基本法》及其修正案对于不干涉原则进行了有条件的突破，而非漠视原则更为一国政府治理被联盟主动干涉成为可能。这种情况下，任何一个非盟国家政府在进行国家治理的过程中就必须考虑其行为是否会严重威胁法律秩序。而由于"法律秩序"一词的含义不清，除了公认的以非宪法允许方式变更政府的行为和传统违反国际人道法的情形外，各国也不得不从经验主义的角度来判断，而不得不考虑其他国家对其统治行为的看法、考虑到良好治理的本质要求、考虑自然法的精神，以稳定其政权。而更进一步，这种对于良治和维护法律秩序的要求也会推动非盟成员国对于国家经济发展的内在需求。

在NEPAD框架下，2002年《民主、政治、经济和公司治理宣言》即明确各参与方应共同追求以下目标：民主与良好的政治治理、经济和公司治理、社会经济发展和非洲互查机制。在"经济和公司治理"一项中，宣言通过了八个经济方面的准则和标准，包括货币与金融政策的良好实践准则、财政透明的良好实践准则、预算透明的最佳实践、公共债务管理指南、公司治理原则、国际会计标准、国际审计标准，及有效银行监管的核心原则。而非洲互查机制则要求参加该机制的成员国接受其他成员国对其政府管理、经济决策以及人权等方面的审查和评估。如果经过互查，某成员国未能达到预先规定的标准，则互查机制的首脑论坛有权要求该国在没有达标之处进行改革并提出具体建议。截至2013年，在非洲互查机制启动十周年之际，加入非洲互查机制的成员国已有33个，其中17个国家已经完成自查并接受了该机制下政府和国家首脑论坛的互查①。

《非洲联盟基本法》下的非漠视原则和非洲互查机制都是对于"不干涉内政"这一原则的发展，但并非对于"不干涉内政"原则的突破或违反。不干涉内政是主权原则的体现，"不干涉"的原因是主权所体现的对内的最高权。而非漠视原则和非洲互查机制下的介入、评价、提议行为均是基于《非洲联盟基本法》针对非盟成员国和"非洲互查机制"下针对加入该机制国家的他国行为，而这种"介入"是以"被介入国"批准《非洲联盟基本法》和非洲互查机制这一对国家主权的自愿限制为基础和前提的。而相较其他法律和政治类国际公约而言，非洲互查机制不但作用于国家和政府这一国际法主体上，更深地在于其深入了一国的营商环境建立中，正如非洲互查机制秘书长 Ban Ki-moon 在非洲互查机制十周年时的联合国非洲特别顾问办公室高层会议中所提，互查机制不仅加强了具有原则的领导和有建设意义的国家对话，还对于公民参与对其产生影响的决策过程提供了更多的空间②。

---

① 非洲互查机制庆祝其十周年活动的新闻发布稿，http://aprm-au.org/sites/default/files/APRM%20Press%20Release%2025%20April%202013%20Final.pdf。
② http://www.un.org/apps/news/story.asp?NewsID=46297&Cr=africa&Cr1=development.

三、非洲一体化进程的私法一体化：OHADA对中国企业的积极意义

非洲一体化进程中对于企业最具有现实意义的是商法一体化。企业对外投资和对外贸易过程中，不同国家和地区商法的差异和冲突是对企业影响最大、而最容易被企业忽视的。而统一的法律环境则会帮助企业认识和预测其即商业行为将面对的法律后果，且会极大地减少国际贸易的成本、促进国际贸易和国际投资[①]的增长。非洲统一商法组织（the Organization for Harmonization of Business Law in Africa "OHADA"）应运而生。

OHADA成立于1993年，目前已有17个非洲国家加入了这一组织，包括贝宁、布基纳法索、喀麦隆、中非共和国、乍得、科摩罗群岛、刚果（布）、刚果（金）、赤道几内亚、加蓬、几内亚、几内亚比绍、象牙海岸（科特迪瓦）、马里、尼日尔、塞内加尔和多哥。OHADA的主要目标在于统一OHADA组织成员的商法（Business Law）、为所有OHADA成员国创建一个最高法院，为法官建立一个区域培训中心、并建立区域性的仲裁体系。为完成这一目标，OHADA截至2013年已通过九项统一法，包括《一般商法统一法》、《商业公司及经济利益集团统一法》、《担保法统一法》、《债务追偿简易程序及执行措施统一法》、《清偿债务的集体程序（破产程序）统一法》、《仲裁统一法》、《会计统一法》、《公路货物运输合同统一法》、《合作制企业法》。

与《联合国货物销售合同公约》(CISG)相似的是，OHADA的各项统一法均为商事主体可直接适用而无需经过各国转化程序的实体法，且各成员国国内法与之发生冲突的，OHADA统一法将优先适用。比CISG更进一步的是，CISG在一国适用时应适用于涉外案件或被当事方选定，而OHADA的统一法生效后将在所有成员国内直接适用，对所有成员国有约束力，成员国国内与之相冲突的先前立法或随后立法不得适用。

根据OHADA条约，OHADA统一法的实施在成员国法院以外，主要靠

---

① 在很多著作中，国际投资的概念有时也会包括贸易。

OHADA建立的司法与仲裁共同法院实行。

适用统一法的诉讼的一审和上诉由成员国法院或仲裁庭审理。司法与仲裁共同法院仅负责受理成员国国内上诉法院处理过的涉及"统一法"适用及解释的案件。经成员国上诉法院审理后的案件，可由一方当事人直接上诉或由国内该上诉法院转呈至司法与仲裁共同法院。司法与仲裁共同法院的判决是最终判决，由成员国在其领土范围内确保该判决的执行和实施。在成员国领土内，不得有与之不一致的决定被执行和实施。从这一角度上讲，司法与仲裁共同法院具有成员国终审法院的性质。除受理案件进行实体审理外，共同法院也如同国际法院一样具有咨询管辖权，可接受成员国或部长委员会、成员国审理有关案件的法院的咨询，对有关《非洲商法协调条约》、"统一法"的适用或解释发表意见。

对于适用统一法的仲裁案件以外，司法与仲裁共同法院具有仲裁机构的色彩。对于合同一方住所或经常居住地在成员国内，或合同实施地或将要实施地全部或部分在一个或几个成员国内，与合同有关的争议可根据仲裁条款或庭外和解条款提交至司法与仲裁共同法院解决。在双方同意争议由仲裁庭解决的情况下，成员国的法院对此争议无管辖权。司法与仲裁共同法院并不亲自解决当事人提交的争议（并非仲裁庭），其仅充当仲裁中心的角色，它指定或确认仲裁员、听取仲裁程序进展情况、审查仲裁裁决。在签署裁决之前，仲裁员应将决定提交至司法与仲裁共同法院审查，共同法院可对该决定作出任何正式的修改。仲裁裁决在每个成员国内具有终局裁决的效力。可由共同法院颁布执行令确保裁决的实施和执行。

当然，OHADA组织及其统一法不可避免地存在一些缺点，有些是殖民历史造成的，例如其初期立法沿革法国和大陆法系体例较多，而且官方语言为法语时受到大量非法语非洲国家和地区[①]的抵制；有些是OHADA作为超国家组织的权力与各成员国基于主权的司法权之前的冲突，例如共同法院的权力是基于其对于OHADA统一法的解释权，因此当案件同时需要对OHADA成员国国内法作出解释和一国判决在别国的执行时共同法院会难以自处；还有些是OHADA成员国作为不同超国家组织的成员而面临的国际

---

① 例如曾经受到喀麦隆一些以英语为官方语言的省份的抵制。

义务如何协调的问题，例如西非经济货币联盟、西非国家经济共同体、中非经济货币共同体、非洲知识产权组织等的成员国基本上也都是OHADA的成员国。

可以看到，OHADA一直努力在克服困难，例如其已经将法语作为官方语言修改为以法语、英语、西班牙语和葡萄牙语作为官方语言，也因此获得了非法语成员国的加入。例如几内亚比绍和赤道几内亚即分别为葡萄牙语国家和西班牙语国家。随着对官方语言修改、并在新立法中加入普通法系的概念，OHADA的成员国数量必然能够获得大幅度增加[①]。而仅从商业公司运营所需的商法环境而言，OHADA对于商法统一化、法律可预见性和跨国贸易所需的法律统一性等方面的意义绝对不应当被低估。特别是对于在OHADA成员国从事经营的中国企业而言，了解OHADA的各项统一法，不仅能减少忽视所在国法律而造成的风险、减少聘请不同国家律师以及不同国家律师执业水平与语言能力的限制，同时由于OHADA成员国基本商业法律制度的统一，也相当于将OHADA成员国合并为一个法域，大大便利了在该法域内不同地区以复制相同模式的方法开设分支机构的活动。

但我们必须注意到，正如本文在评价世界银行营商环境报告时所指出的，商法环境仅仅是营商环境的一个重要参数，但良好的营商环境绝不能仅止于商法环境。OHADA面临的问题与非洲多数其他国家面临的问题一样，在于成员国或OHADA组织本身的实力是否能够保障有关机制设计的初衷得以实现。OHADA组织的运行需要获得足够的财政支持，而OHADA目前同样面临着财政压力。此外，OHADA共同法院的权威需要通过审理大量的案件维护，而科特迪瓦2011年的政治环境动荡就使得总部位于科特迪瓦的共同法院的运行大受影响、受案率严重下降。同时，尽管利比亚与卡扎菲曾经在非盟和非洲互查机制的建立过程起到过重要作用，但其国内政治轰然倒塌的脆弱性却足以将制度理念上的一切先进性抹杀。

---

① 诸多撒哈拉以南国家，例如布隆迪、埃塞俄比亚、马达加斯加、毛里塔尼亚、卢旺达、加纳和尼日利亚等国都表达过其具有成为OHADA成员国的初步兴趣。

四、对于中国企业在非洲投资的建议与讨论

营商环境的良好与否决定了企业运营成本的高低及投资回报可预见性的稳定程度。对营商环境的评价标准不应当仅仅根据东道国的商业法律制度健全与否判断，国家政治环境、投资法律、税务与财政法律同样重要，而这些法律制度本身能否被稳定和良好地遵守与执行则更为重要。由于不同企业所在的行业和对风险的控制能力存在差异，对营商环境的好坏判断也不应当过分依赖相关组织的排名，而应当由企业自行判断。

以下因素都可能影响一国特别是针对外国投资者的营商环境，包括但不限于：

安全稳定性。包括法律的稳定性、执政政权的稳定性、政权更迭制度的稳定性、军事力量的稳定性、武器管控与使用政策、是否存在强烈的民族矛盾、社会矛盾、地缘冲突等。

经济稳定性。包括该国市场是否过于依赖国际贸易、经济政策是否持续稳定或具有可预见性、货币币值是否稳定、货币是否可自由兑换、政府或人民收入是否稳定等。

投资法律制度。包括相关行业是否存在外资准入政策、对于投资人是否存在特定的资质要求、该行业的特许权制度、从事该行业业务是否需要履行一定的投资核准程序、投资人退出或变更的限制、征收与补偿政策、并购的审查要求等。

公司法律制度。包括设立及存续条件、是否具有最低资本金要求、是否有当地资本持股要求、对于公司组织性文件的强制性要求、公司注册与登记管理、经营范围限制、破产清算的特别要求等。

财产法律制度。包括财产与产品使用、取得、注册、持有、处置和财产权的保护与限制、知识产权保护、征地与拆迁制度及成本等。

融资法律制度。包括该国是否允许从国际金融组织或国际商业银行获得贷款、该国担保法允许的担保种类与实现担保权的可能、设备资产取得与处置的限制、对于保险的特殊要求和限制等。

财税法律制度。包括一般商业税费的种类与比例、取得与保有、销售财

产涉及的税费种类与比例、账户与外汇政策、利润汇出的成本等。

标准/资质管理制度。包括对于投资者及其雇佣专家的当地资质要求、当地法定标准要求等。

人力资源环境。包括当地合格雇员是否容易取得、当地雇员成本及雇佣制度、外国人员出入境管理与雇佣要求等。

行政/司法管制法。包括行业相应的环境保护要求、基本建设程序、进出口管理、行政诉讼与国家赔偿程序及后果、司法判决的公正性、司法程序及裁决执行等。

中国的整体政策环境比较稳定，中国企业市场化时间较短且并不具备过多的法律经验。因此很多中国企业在进行对外投资时往往忽视对于东道国营商环境的提前考察。随着中国对非投资金额的不断增加，以及非洲东道国法律体系的不断健全，这种缺乏提前考察与评估的风险将越来越大。因此，对于非洲东道国实体法以及OHADA等区域统一私法的研究对于企业就愈加重要。

当然，正如我们已讨论过的，商事法等法律体系的健全并非良好营商环境的充分条件，一国政治环境、国家安全等良政同等重要。所幸在非洲一体化的过程中，非盟基本法和非洲互查机制为标志的集体安全与相互监督能够对看似完善但稍嫌脆弱的法律体系进行良好的补充，中国企业对非投资时的风险与收益评估方法能够变得更加稳定和可靠。但单单依靠企业来推动这一进程并不符合企业追逐盈利的商业性质，仅靠企业的社会责任也不足以推动如此浩大的工程。因此，从政府层面加强中非交流、互助与互相监督，积极参与到非洲政治、经济与法律体系建设中，在对非洲国家和非洲区域组织给予经济援助的同时能够与非洲国家共同进行思想及制度的启发，让非洲国家尚未完成的上层建筑中尽可能多地留下可以与中国法律体系和谐共存、乃至相互兼容的内容，是节省中国企业未来资源、加速中国企业当地化融合的重要措施。

非洲和欧盟商业关系经历考验
——经济贸易伙伴协定

[毛里塔尼亚] 伊丽马纳·马马杜·卡纳①

在经济合作伙伴协定的影响下,非洲市场的保护盾牌终被清除,除此之外,以取消关税壁垒为目标的谈判也圆满落幕,非洲和欧盟之间不对等的关系终于告一段落。起初为促进老牌殖民地经济发展而制定的单方优惠体制并没有帮助非洲走出贫穷。被称之为洛美公约的一系列税率优惠政策使产自发展中国家的产品,农业产品除外,可以在不收取任何关税的情况下不限额地进入欧洲市场。尽管如此,由于贸易保护和制度壁垒的存在,非欧之间的商业交易仍然面临重重阻碍,这些困难构成了阻碍非洲大陆发展的真正绊脚石。非税率性壁垒如此五花八门,无可否认,它阻碍了非洲从自由和不受限制的贸易中充分获取利益。

由于非洲国家出口欧洲的物资增长速度持续走低,商业体制的弊端遭到了无情批判,关于经济合作伙伴协定是否能带来益处的争论愈演愈烈。考虑到现行贸易体制既与非洲大陆的多边贸易相抵触,也不符合世界贸易组织的法规,欧盟决定,于谈判科托努协议之日,增加一条用地区贸易协定替换现

---

① 伊丽马纳·马马杜·卡纳(Elimane Mamadou KANE):政治学和公共法学博士,毛里塔尼亚政策分析中心制度发展方向的专家。本文思考来源于作者2009年1—3月连载在《世界研究》期刊第85期中的一篇文章,《非洲和欧盟贸易关系的考验—经济合作伙伴协定》,刊登在"非洲和世界"专栏,第67—89页。作者声明:文章观点并不代表毛里塔尼亚政策分析中心的立场。

行协议的条款。预计将在2007年年底替换现行优惠体制的地区贸易协议不仅符合多边贸易组织的条例，而且，连同自由贸易协议，它们一起被看做是欧洲委员会对非洲发出的绝对命令。欧盟单方面希望同地区以及经济合作伙伴协定的成员国进行谈判，这将使得非洲国家对自身经济的管理力度降低。所有这些都表明以维护自由互换型伙伴关系为主要目的的非互惠贸易协定已经走到了尽头，今后的所有协议都必须符合世界贸易组织规章制度。取消税率壁垒不仅将剥夺非洲国家的财政收入，而且还将迫使非洲产品与欧洲产品展开竞争。由于贫困和竞争力低，非洲经济早已变得支离破碎，考虑到这一点，我们的确应该好好想想欧盟的真实动机。为了使新协议符合世界贸易组织的规章条例，欧盟背弃了洛美条约中"与贫困斗争"的基本原则。至此，我们面临的第一个问题是，地区贸易协定是否是取代非互惠型贸易的真正可行办法。而另一个问题是，多边贸易是否有能力促进非洲大陆的发展。事实上，我们有理由对世界贸易组织尤其是欧盟的法律进行指责，因为这两个机构都企图将自身与非洲的关系简化为单纯的贸易联系，这一举动无疑是想将问题简单化并忽视了推动非洲发展这一中心问题。重新审视洛美公约并不是没有道理的，这表明非洲和欧盟之间的合作模式已经出现了问题。尽管非洲国家都在着手取消关税壁垒，然而他们的发展水平却不尽相同。他们中有些是最不发达国家，有些是非最不发达国家。与谈判范围十分宽泛的科托努协议不同，地区贸易协定充分关注地区并将各个共同体的不同特征考虑在内。虽然这些特征既复杂又一时难以理解，它们依旧是谈判的重要内容。

  虽然谈判取得了明显进展，我们还是有必要强调一下，经济合作伙伴协定之所以迟迟难以最终签订，这其中的原因并不是非欧之间故意拖延时间，而是双方之间存在着严重的分歧。另外，自由贸易协定下的多边贸易虽然取得了众多成果，但这却是以损害人类的发展为代价的。同时，为了更好地理解自由贸易协定始终存在争议的缘由，我们还需要注意到两个方面：不符合多边贸易规则的旧体制的终结昭示了旧合作模式的失败，新的贸易合作机制仍然不能推动非洲大陆的发展。

一、与一般贸易体制相违背的法令终被取消：非洲与欧盟旧合作模式的失败

迫于布雷顿森林体系的压力，当非洲大陆的经济陷入债务泥潭并已经成为阻碍经济发展的桎梏之后，非洲国家着手制定了经济复兴政策。从社会经济角度来看，优惠体制的终结敲响了团结互助体系的丧钟，尽管这一体系存在不少瑕疵，但它仍然曾经使得非洲国家收获了一些微薄的财政收入。然而经济合作伙伴协定实施后，非洲国家将不再继续享受税率优惠。关税壁垒的取消不仅将削弱当地工农业的实力，而且也将对国家支付平衡产生影响。

1. 不对等商业关系的终结

洛美协议的结束构成了非欧关系的重要转折点。起初，非互惠型贸易交易的目标是促进发展中国家的发展，其基本特征是非洲国家的产品可以在不被收取任何关税的情况下自由进入欧盟市场。然而，这种不受限制的自由进入具有局限性，按照共同农业政策出口欧盟的农产品就不享受这项待遇，而遵守附加贸易协议的非洲农产品却又可以自由进入欧洲市场。从非洲大量采购特殊的和不具备竞争性的农作物能够使欧洲获利丰厚，为此，欧盟专门制定了稳定出口收入制度为遭受价格波动的产品提供利润损失补贴。作为咖啡，茶叶，花生和可可的重要消费者，出台一种能够维持价格稳定的机制对于欧盟意义重大。和农产品一样，矿产品也受到了稳定矿产品出口收入机制的保护，这项机制将在价格波动的时候向矿产品生产国提供贷款以作支援。欧盟给予非洲的非互惠型贸易优惠在关税与贸易总协定的条款中是个特例，面对像非洲国家一样经济不协调的国家，非互惠型贸易关系总能使发达国家获益丰厚，而这也构成了非洲经济落后的一个原因。

由于拉丁美洲国家和美国对非欧贸易提起诉讼，优惠体制再遭责难。人们对欧盟香蕉进口共同体体系是否符合世界贸易组织的条例产生质疑。拉美国家和美国依据关税贸易总协定第13条条例将诉讼递交世界贸易组织的争端解决机构，指控这些违反一般贸易体制的传统行为。事实上，由于世界贸易组织不断施压，商业条例与多边组织条例不兼容，在2000年科托努协议通过的时候，欧盟将逐渐引入一项机制为经济合作伙伴协定的实施做准备。

新的自由贸易体制不仅符合多边主义,而且将逐渐瓦解优惠体制,特殊协议和担保体系也将偃旗息鼓。

在非洲商品出口势头走低的情况下,对洛美协定精神的质疑体现了多边主义的胜利。自税率优惠体制在非洲实施以来,非洲商品出口额逐年减少,经济合作伙伴协定的签署恐怕也不会改变这种局面。经济合作伙伴协定的目标是使非洲贸易符合世界贸易组织的条例,因此它并不能帮助非洲走出贫困。经济合作伙伴协定建立在取消税率条令的基础上,它的指导思想是极端自由主义思维。非欧之间力量悬殊巨大,将二者共置于同一场竞争中是非洲人的失策。欧盟认为地区贸易协定能够促使非洲融入世界贸易,并最终帮助它脱离贫困。总之,欧洲人的这两个相互矛盾的雄图大略都没有考虑到非洲大陆的特点。非洲需要的是促进发展的合作环境,而不是促进经济增长的商业协议。在非洲人看来,相比作为促进发展的服务工具,新的多边主义商业协议更能够帮助非洲脱离欧洲的控制。其实,人们对这种合作模式有许多不满,比如,人们对欧洲企图简化自己与非洲的关系,把非洲作为一个普普通通的合作伙伴来对待就十分不满。欧盟的这种想法明显缺乏常识。同时,欧盟也无法做到重新制定一个符合自己意愿的对非贸易模式。因为已经签订的经济合作伙伴协定只是向多边组织规则的唐突靠拢,并不是欧盟商业政策的自愿重塑。新的贸易调整没有引发人们思考,就连欧盟决策机构内部也没有人就此议题进行过争论。其实,欧盟自身也早已深陷多哈会谈,此时它能做的也至多是向非洲提供一种将非洲大陆的特点考虑在内并在未来的谈判中融合了非互惠优惠体制内容的贸易体制,同时,在非洲实施经济合作伙伴协定之前,给非洲预留出时间帮助它向新体制过渡。

然而,从旧体制向新体制的转变毕竟太过唐突,而且也没有考虑到制度和经济方面的问题。不过,尽管非欧之间合作机制既复杂又面临着诸多问题,非洲人民却也并没有想过真的有一天和这一体制断绝关系。另外,虽然非欧之间不对等的贸易体制已经结束,一些非洲学者仍然视欧洲的对非贸易为殖民主义的回归,并且这些行为已经引起了他们的不满。

2. 非洲对经济合作伙伴协定的迟疑

欧洲企图将优惠体制——经济合作伙伴协定向世界贸易组织规则看齐的愿望遭到了非洲人民的抗议。非洲社会的民众和经济巨头们集体拒绝放弃非洲所享受的税率优惠。在非洲大陆经济大萧条的背景下，人们实在无法理解欧盟委员会执意向世界贸易组织条例靠拢的动机。数十年以来，欧洲一直是非洲大陆的合作伙伴，和其他商业组织不同，它十分了解非洲大陆的特点。作为非洲的主要伙伴，欧洲十分清楚非洲目前无依无靠的状态。然而，纵使欧洲非常了解非洲的处境，它却仍然努力向多边主义规则靠拢。其实，由于对非贸易政策收效日益式微，欧洲早已心生不满。如今，欧洲物资来源渠道已日益多样化，非洲早就不再是其唯一的基础原料供应者。我们可以说，从欧洲找到其他物资供应商的那一刻起，它对非洲的特殊关照就已经结束了。况且，德国的重新统一和领土扩大已经使欧洲财政负担沉重。中欧东欧的复兴政策又需要雄厚的财力以作支持，所以，欧盟委员会早已没有资金继续支持其雄心勃勃的对非优惠贸易政策了。总之，后来利用世界贸易组织对欧盟发出警告的大好机会，欧盟最终取消了对非的非互惠贸易政策。在非洲社会经济发展不景气的大环境下，欧洲利用世界贸易组织的规则背弃了洛美协定的精神，这给非洲国家造成了无法弥补的损失。公共投资的减少和债务的恶性循环早已使非洲国家变成了欧洲的附庸。在经济危机的影响下，这种情况变得更加严重，然而即使如此，非洲国家也从未产生过修改欧盟商业政策的念头。不容否认的是，在非洲大陆遭遇了政治和经济难题的时候，欧盟仍然对科托努协定的重要条约进行了修改，这使得非洲人民再次怀疑欧洲在非洲大陆所做的一切努力到底居心何在。在非洲看来，经济合作伙伴协定是欧洲边缘化非洲的新策略，这将不可避免地给他们带来巨大损失。贸易的自由化不仅意味着非洲国家的财政收入来源将被切断，而且还预示着非洲国家自独立之日起就经历着的贸易优惠时代即将成为过眼云烟。非欧市场相互开放之后，双方关税便会取消，单就这一点看，非洲商品也许有望展现活力。然而，由于欧洲在健康和控制植物病害方面要求十分严格，非洲商品在出口欧洲市场时面临着诸多困难，为了应对这种局面，非洲商品必须增强自身竞争力，这对非洲商品来说将是一个很大的难题。在旧的优惠体制下，非洲产品的出口量远大于进口量。非洲从欧洲进口的加工过的初级产品数量远大于欧洲从非洲进口的数量。实现贸易自由化后，欧洲商品的竞争力将远远高于非洲商品的竞争力。借口非互惠贸易体制不符合世界贸易组织的法律规定，欧洲委员会已经坚决舍弃了这一体制，现在，欧洲已经开始着手与非洲谈判建立合乎法律的新的贸易体制。

二、经济合作伙伴协定：非洲和欧盟多边贸易的新机制

欧洲和非洲的谈判主题并非是固定的。谈判往往由地区组织依据各自利益主持引导。比如，不同于同中非国家的谈判内容，欧盟与西非国家的谈判总框架是推动欧洲产品进入西非市场，而这又与同南非及东非国家的谈判主题有所区别。由于既要考虑到非洲各个地区组织的特点又要考虑到欧盟的需求，非欧之间的谈判既棘手又复杂。总体来说，谈判主要有两个目标：促进非欧商品贸易和服务贸易；解决双方的深刻分歧。如果欧洲委员会一开始曾把地区贸易协议看做是促进地区一体化的工具，那么在协议的实施过程中，非欧双方对这一协议的评价却又有了不同的看法。非欧双方的分歧主要集中在两个方面，首先是逐渐取消非洲关税壁垒的时间表问题，其次是是否应该限制贸易自由化，保护敏感商品。由于双方分歧太多，新的贸易体制一直迟迟未能生效。另外，双方在协议签订问题上的心理障碍以及在技术问题上的犹豫不决也使得经济合作伙伴协定始终难以最终签订。

1. 非洲和欧盟的谈判初露端倪

根据自由贸易协定的实施步骤，欧盟已经着手与非洲地区一体化组织举行会谈。在将各自地区面积和非欧双方利益综合考虑在内之后，每个地区须起草一份与欧盟谈判的会议议程。谈判的目标是确定非洲和欧洲合作的综合框架。利用关税贸易总协定第24条条款作为自己的挡箭牌，非洲一直迟迟未交谈判的日程安排。这一方面是因为谈判程序牵扯到敏感商品的划分问题，而这些商品将被排除在贸易自由化之外；另一方面是因为最不发达国家和非最不发达国家在某些区域并存，而他们之间又时常存在利益分歧。此外，在非洲西非国家经济共同体的15个成员中，有3个国家是非最不发达国家，而另一些包括加纳和科特迪瓦在内的国家的商品又都大量出口欧洲，因此，为同欧盟继续保持商业往来以及避免因延迟签约时间而为本国贸易带来损害，上述国家都与欧洲签订了临时的经济合作伙伴协定。另外，在协议签订方面，最不发达国家与非最不发达国家情况有所不同，即使不签订条约，

前者仍可以从除武器外的一切合作协议（Tout sauf les armes，TSA）中获利，而后者却别无选择，只能与欧盟签订临时的经济合作伙伴协定。

欧盟认为，在地区经济合作伙伴协定未能签订的情况下，执行全面普及特惠税体系协议（Système généralisé de préférences，SGP）或者临时协议也符合世界贸易组织的法规。这种专断的解释实际上使欧洲对非洲国家进行特殊和差别对待成为可能。即自由贸易协定和经济合作伙伴协定的法律依据是授权条款。具体点说，这项条款允许发达国家在发展中国家的自由贸易区和关税联盟中实施歧视性贸易政策。然而仔细留意一下，欧盟一开始其实并不同意将这项条款应用于最不发达国家，直到2004年，世界贸易组织的申诉机关在一项决议中表示可以将税率优惠应用于有特殊要求的同时具有全面普及特惠税体系成员选举资格的次区域国家。同时这项决议强调，单边税率特殊区别对待必须应用于所有处于相同贸易发展水平的国家，否则这种特殊对待将不符合法律规范。

于是，如何实现非欧市场的贸易自由化，这依然是个难题。不过，建立非欧自由市场的第一步已经完成。在此之后，除糖和大米之外，欧洲市场将迎来一场全面的贸易自由化。非欧谈判结束后，双方均同意自2011年开始，开放第一类别的商品进入西非市场使其自由竞争。第二类别的商品将在2013年被投放市场，随后是第三类别的商品。考虑到一些商品十分敏感，它们将暂不实行贸易自由化。自此，非欧商品贸易自由化持续发展，即便在与其他经济一体化机构进行谈判时，这一进程也不曾中断。然而，虽然自由化取得了明显进展，一个不容忽视的事实是，截至2007年12月31日，依旧没有任何一个地区经济组织签订了经济合作伙伴协定：最不发达国家仍然从TSA贸易体制中获得好处，而非最不发达国家则继续从临时协议中攫取利益。临时的经济合作伙伴协定免除了非洲产品进入欧盟市场时的关税。然而，由于这种临时体制只能片面地为非洲带来好处，目前欧盟方面已经叫停了这一协议，在与非洲未来的谈判中，欧洲期望降低甚至取消关税利率。

经济合作伙伴协定的签订已经陷入僵局，非洲国家必须在临时的经济合作伙伴协定和全面普及特惠税体系协议中作出抉择。由于尼日利亚的商品出口并未过分依赖欧洲市场，因此，该国拒绝签订临时的经济合作伙伴协定并要求在全面普及特惠税体系协议方面深化合作，然而，由于委员会认为尼日利亚并不具备签署国际协议的必要条件，因此尼日利亚的这一请求并未得到批准。

由于自由贸易协议迟迟无法签订，一些非洲国家要求继续实施科托努协议中的税率政策，考虑到这一要求不符合世界贸易组织的法律要求，欧盟拒绝了这一请求。除西非国家外，中非国家也曾向欧盟提出过这一请求，不过，它们同样遭到了欧盟的拒绝。直到2007年12月31日，仅喀麦隆一国签订了临时的经济合作伙伴协定，至于另外的两个非最不发达国家——加蓬和刚果，它们依然继续坚持全面普及特惠税体系协议，尽管这项协议带来的收益并没有经济合作伙伴协定来的丰厚。后来，作为欧盟优惠政策的主要受惠体，中非国家终于将签订临时的经济合作伙伴协定提上日程，与此同时，这些国家的农业问题也受到了充分的重视。长久以来，受益于特殊协议，喀麦隆和刚果的糖和香蕉一直大量出口欧洲。经济合作伙伴协定的签订之所以一拖再拖，一方面是因为中非国家地区一体化水平低，另一方面是因为国家之间发展不平衡，而这主要表现在国家之间贸易交流少，两个新国家（刚果民主共和国、圣多美和普林西比）一体化进程坎坷。在中非国家，税率壁垒消除缓慢。非欧双方就市场准入问题展开的一系列谈判已经确定了被准许进入市场的以及在过渡时期结束后才可进入市场的商品名单。为了继续享受互惠体制，推动非洲商品进入欧洲市场，许多非洲国家已经签订了临时协定。一些严重依赖欧洲市场的非洲国家在签订完临时协议之后依然并不满足，纷纷翘首期待最终协议的签订。比如，在2007年草签经济合作伙伴协定后，喀麦隆又与欧盟在2009年1月15日正式签署了临时经济合作伙伴协定。作为中非国家里非最不发达国家的一员，喀麦隆是唯一与欧盟签订临时经济合作伙伴协定的国家，其他国家如刚果和加蓬，它们依然在坚守着全面普及特惠税体系协议。非洲国家临时协议签订类型的复杂多样导致非欧市场自由化谈判道路依旧漫长。

2. 谈判依旧任重而道远

截至2007年12月31日，在非洲的五个地域组织中，没有任何一个在自由贸易协定方面与欧洲达成共识，与此同时，这一轮的临时协议签订也终于结束了。当非洲国家面临着税率上涨的恐吓和威胁时，欧盟声称除临时的经济合作伙伴协定之外它们别无选择。这种言论是毫无根据的，世界贸易组织并未规定洛美协定之后非洲国家必须采用何种合法贸易体制。同时,无论是特殊机构还是申诉机关都未曾授权欧洲使其将自由贸易协定变成地区贸易的唯一方式。欧盟之所以执意将临时经济合作伙伴协定作为其与非洲合作的唯一途径,一方面是因为它已不想再将非欧关系局限在特殊体制这一层面,另一方面是因为如果欧盟与非洲继续执行特殊协议,根据法律要求,这项协议必须同样适用于拉丁美洲或亚洲的其他国家,而这将为欧洲带来严重的财政问题。不过,虽然在体制问题上仍有分歧,非欧谈判还是取得了一些重大进展。2009年3月24—27日,西非国家经济共同体和欧盟在非洲西部阿布贾市汇聚一堂召开谈判会议,会议十分顺利,至此,非欧分歧得以消除。在此次谈判中,非欧两方几乎对经济合作伙伴协定的全部内容都达成了共识,包括商品、分歧的处理、一般的例外情况和最终的组织机构等。然而,在合作发展、行业政策的税率支持办法以及西非市场准入问题等方面,双方的分歧依旧存在。在已经确认完20%的可进入西非国家经济共同体市场的商品名单后,欧洲以西非经济活动缺乏竞争和市场主体为由提议实现贸易自由化。针对这个问题,直至目前,西非国家经济共同体依旧没有发表任何言论。非欧之间的最后一轮谈判于2009年6月17日在布鲁塞尔举行,在这次会议上,谈判取得了实质性进展。然而,这些成就依然不能掩盖双方的深刻分歧。一些主要的问题,如服务贸易、商品贸易、发展合作问题一直存在并阻碍了经济合作伙伴协定的最终签订。然而,与会双方同意继续谈判,化解分歧,双方期望于2009年10月末,在发展、商品交易和其他与贸易有关的问题方面签订地区经济合作伙伴协定,市场准入和其他富有争议的问题将在今后的谈判中予以解决。未来的谈判也会涉及政治和谐方面的问题。

  非欧两方起草了谈判时间表并将其划分为两个阶段:2009年10月末前将结束服务贸易和商品方面的谈判。在第一阶段中,欧洲还研究了关于推动欧洲商品进入西非市场的提案。虽然西非国家经济共同体向欧洲开放了60%的西非市场,然而欧方却始终认为这些市场份额仍然远远不够,并且认为这一行为违反了世界贸易组织的法规。西非方面认为60%的市场份额完全符合多边组织的标准。其他一些悬而未决的问题,比如最受益国家的条款,欧洲共同体的收益分成,非执行性条款,西非发展计划的法律安全问题将在2009年10月中旬得到解决。2010年1月,非欧双方将展开第二轮谈判。此次会议将着重讨论如何扩大经济合作伙伴协定的合作领域。服务业的问题将被列为讨论的重点。经济管理和贸易框架的现代化问题将成为讨论的主要对象。通过这些谈判，非洲西部国家表明了他们的地区一体化意愿。考虑到自己的非最不发达国家地位，科特迪瓦和加纳签订了其他一些临时协议，尼日利亚则继续坚持着全面普及特惠税体系协议。当涉及签署临时经济伙伴协议的问题时，只有科特迪瓦明确表示愿意签署，加纳则表现得十分犹豫。在最不发达国家和非最不发达国家并存的地区，非洲与欧盟的谈判尤其艰难。西非国家经济共同体十分期待经济合作伙伴协定未来变成促进地区一体化的推动器，届时，所有次地区组织的成员国都将被纳入到这一地区商业协议中。经济合作伙伴协定一旦签订，不仅科特迪瓦和加纳之前签署的临时协议将失去法律效力，尼日利亚签署的全面普及特惠税体系协议也将退出历史舞台，而且，早在之前，全面普及特惠税体系协议中的一些条款就已经被西非国家经济共同体所诟病了。与西非国家情况不同，非洲南部国家的谈判之路依旧艰辛。南部非洲国家和欧盟之间早有不和，这主要是因为欧盟坚决拒绝将该地区国家的最不发达国家地位考虑在非欧谈判之中。除此之外，在出口税、数量限制、新生企业、发展门槛（基准）、农业、保护农业的专门条款、资源的替代性和最受益国家的条款（简称NPF）等具有争议性的问题上，南非和欧洲之间也存在分歧。2009年4月6日在卢萨卡召开的由欧盟代表和东非、南非地区商务部长共同出席的联合会议上，阿什顿委员解决了所有分歧。在谈判期间，欧洲委员会宣称欧盟不会强求非洲接受其接受范围之外的事情。欧洲的这一转变具有十分重要的意义，这使得南部非洲和东非国家接受了临时协议并且期待经济合作伙伴协定的最终签订。与南部非洲国家在签署地区贸易协议过程中举步不前的情况相反，东非国家与欧盟之间的谈判早已顺利结束。双方只剩在服务贸易、源头规则和发展合作方面达成一致。不过，即便如此，经济合作伙伴协定的签订日期还是将被推迟到原计划日期即2009年7月以后。中非地区的谈判活动进行也很缓慢，在中部非洲国家经济共同体的要求下，原定于2009年4月20日召开的非欧联合会议被迫推迟。在会议推迟期间，中非国家的商务部长们就经济合作伙伴协定的基本内容展开了激烈的争论，并最终制定了一份对欧谈判策略。新的贸易体制将催生新的市场前景，为适应新的商业环境，必须对非洲国家的税务法律进行大范围修改。

然而，由于现行商业体制缺乏透明度，非洲国家无法对贸易法律进行深入改革。新协议签订后国库收入的减少将促使国家实行紧缩性财政政策，国家公务人员因此将面临被裁员的威胁。在如今的危机背景下，裁员将造成人民收入的锐减，要知道，一名非洲工薪者的工资养活的通常是整整一家人。

非洲方面的请求主要是使欧盟停止对欧洲农业提供补贴。这个问题一直未能彻底解决。不过，当世界贸易组织峰会在香港举行的时候，欧洲终于开始着手停止其农业补贴政策。另外，为了打击与新加坡有直接牵扯的贪污行为，欧洲要求非洲在公共市场的条约签订方面更加透明化。这一举动深刻影响了非欧关系并引发了不小的骚动。首先，这是对非洲内政的干涉。然而欧洲随后解释说这一问题与发展相关，它只是想通过此种苛刻的要求重塑公共市场的政策。欧盟在健康和植物检疫方面的标准阻碍了非洲产品进入欧洲市场，而其之所以这样做，是因为欧洲正在努力策划一种全新形式的贸易保护主义，这将是非洲难以跨越的一道坎儿。

正当人们对非欧关系该何去何从进行激烈讨论的时候，经济合作伙伴协定的签署遭遇了重重困难。事实上，这项协定不仅不会帮助非洲产品进入欧洲市场，反而会使非洲大陆的税收收入减少。非洲的大部分国家都是最不发达国家，在这种情况下执意签订经济合作伙伴协定，人们不禁对其可行性产生了怀疑。难道我们就不能打破多边组织的条款限制，制定一些符合最不发达国家或者非最不发达国家情况的特殊贸易体制吗？同时，最不发达国家是否应该被纳入到地区谈判中也值得我们一再深思。但主要问题是：与欧盟签订地区合作伙伴协议对非洲而言究竟能有什么好处？这是洛美协定失败后的一项替代协议还是保存洛美协定发展成果的一种办法？未来依旧是未知的。

译者：于洁

塞舌尔国际金融法律发展
——中非投融资合作的国别法律分析

张国勋[①]

一、塞舌尔宏观经济概述

塞舌尔地处西印度洋,由116个大小岛屿组成。陆地面积455.8平方公里,领海面积约40万平方公里,海洋专属经济区面积140多万平方公里,人口9万。[②]

塞舌尔为中等收入国家,2012年人均GDP达到12783美元。[③]从2008年11月开始,塞舌尔在国际货币基金组织(IMF)为期两年的备用信贷安排支持下,开始实施经济改革计划。政府一方面开始取消外汇管制,实行卢比浮动汇率,增加外汇储备,实行紧缩财政政策,精简政府机构,加快国营企业私有化进程,取消政府对国营公司的补贴,改革税收制度,加强对公司企业的税务审计。另一方面,政府积极与各债权人就债务减免、重组展开谈判,积极争取发展伙伴提供金融支持,以实现债务可持续的目标。

在世界银行(WB)发布的《2012年全球经商环境报告》(Doing

[①] 外交学院国际法专业硕士,驻塞舌尔使馆二秘。
[②] 参见塞舌尔统计局网站,http://www.nbs.gov.sc/。
[③] 2012年塞经济统计数据,详情参上。

Business）中，从10个经商环境的分项指标改善程度对全球183个经济体进行评估并排名。塞舌尔在183个参评国家中，列非洲第八位，居全球第103位。而在2014年报告中，塞舌尔上升为第80名，列非洲第七位。

国际电信联盟（ITU）2013年《信息社会评估报告》将塞舌尔评为全球157国中第64位，位居非洲第一，毛里求斯和南非分居第二和第三。

从投资合作吸引力的角度看，塞舌尔的竞争优势有：

（1）政治稳定：政府欢迎、支持本地和外来投资；

（2）语言优势：本地劳动力能讲流利的英语、法语；

（3）地理位置优势：塞舌尔地处印度洋东西方贸易的必经之地，与亚非欧大陆隔海相望；

（4）比较便利的工作生活环境：政府可以向外来投资者提供工作和居住许可。

（5）较好的基础设施：当地的通信、电力、供水和道路网络基本上可以满足投资要求；

（6）良好的教育环境和平静的生活环境。

（7）交通优势：塞舌尔目前有阿联酋航、肯尼亚航、塞舌尔航等数十家公司的航班，连接亚非欧国家。2013年开通了塞舌尔和香港的直航班机。

二、塞舌尔金融管理体系

塞舌尔是一个久负盛誉的国际金融服务和避税司法主体，向国际公司和投资者提供了范围广泛的离岸金融和税务处理服务。其中，塞舌尔中央银行（Seychelles Central Bank）和塞舌尔国际商业管理局(Seychelles International Business Authority，简称SIBA)主要担任国际金融服务的监管职责。

（一）外汇管理

外资企业和有居住许可的外国人可在当地自行开立外汇账户。现行法规并不限制外国人携带外汇现金出入境。2008年11月，塞舌尔政府解除了对外汇的管制，允许外汇自由汇兑，并实行卢比浮动汇率，卢比的可兑换性大幅提高。

（二）银行机构

塞舌尔中央银行是塞中央银行，也是国家金融最高管理机构。中央银行负责发行、管理货币，监督管理商业银行，以及管理国家外汇等。①

塞舌尔当地主要商业银行有：塞舌尔国际商业银行、塞舌尔储蓄银行、塞舌尔开发银行（为生产项目提供长期优惠信贷，重点支持农业、渔业、工业、服务业和旅游业的新型现代化项目）、毛里求斯商业银行、英国巴克莱银行、印度巴罗达银行、巴基斯坦哈比卜银行等。

中国国家开发银行在塞舌尔设有工作组。

（三）融资条件

在当地注册的外资企业可与本地企业同等条件在当地商业银行获得融资。贷款审批涉及贷款用途、项目性质和规模、项目收益预期情况等。塞舌尔贷款除了需偿还本金和缴付贷款利息外，还要缴纳贷款税和贷款手续费。此次调整在贷款利率、税率和手续费上均有所降低。2011年4月进行了新的调整，具体调整如下：

贷款利率为：个人贷款利率从原来的13%降到9%；小型企业（年流转额在100万卢比以下的企业）100万卢比以下贷款利率由10%降低到6.5%，贷款期限为5—7年；中型企业（年流转额在100万—5000万卢比的企业）的贷款利率由原来的13%—16%降低到10%。

贷款税率为：10万卢比以下，个人贷款免交贷款税，企业贷款税率为10%；10万卢比以上，个人用于购买汽车或住房的贷款税率为5%，企业贷款将由企业和企业协商而定。

贷款手续费为：100万卢比以下从1000卢比降为500卢比；100万卢比以上的，从原来的1%降到0.25%。

禁止离岸公司从当地银行借入卢比，除非得到塞舌尔中央银行的特批。

（四）信用卡使用

塞舌尔是世界银行、国际货币基金组织和非洲开发银行等的成员国。国际上通用的VISA卡、万事达卡和美国运通卡等信用卡在当地银行、旅馆、饭店和商店均可使用。中国的银联卡已于2013年与塞旅游局签署合作协议

---

① 参见塞舌尔央行网站，www.cbs.sc。

推广在塞使用银联人民币信用卡。

（五）塞舌尔证券市场

塞舌尔有一家证券交易所TROPIX，目前只有一家上市公司，为塞舌尔国有保险公司（SACOS），并有政府发行的短期债券，证券交易所由外国商业管理局管理。

三、离岸金融

（一）国际法律框架

塞舌尔是多边投资担保（Multilateral Investment Guarantee Agency，MIGA）成员、解决投资争端国际中心（International Convention on the Settlement of Investment Disputes，ICSID）成员，是东部和南部非洲共同市场（Comesa）、南部非洲发展共同体、印度洋金枪鱼委员会和环印度洋地区合作联盟等组织的成员国，可以享受规定的投资和贸易便利以及成员国之间的商品自由流动。①

（二）国内法及行业鼓励政策

塞舌尔曾经是英国和法国的殖民地，1976年获得独立成为民主共和国，但当地法律仍沿用了英国普通法和法国民法的主要架构。其中商法和金融立法主要基于英国普通法。

2005年塞舌尔政府颁布新的《投资法》规定，外资对旅游业、渔业、农业、IT产业、无污染工业和离岸业等进行投资，可享受免征生产设备、燃料和原材料及辅料的进口交易税和销售税，可享受减免外籍职工的工作许可费，可视情况减免营业税。

1987年的《商业税法》规定，塞舌尔财政部长有权决定是否给予减免税收优惠。除国营和准国营企业可享受减免税收优惠外，外国大中型投资项目、旅游和农业及渔业、非赢利性团体、出租车经营者、出租居民住房、注册船舶业务、出口型企业等均可享受减免税收优惠（减免幅度为5%—15%不等）。2008年10月塞舌尔财政部重申，只有财政部可以免除公司营业税、

---

① 参见塞舌尔投资局网站：http://www.sib.gov.sc/。

商品服务税和社会保险。其他部委只有经过与财政部协商后,才可在未来合同中包括免税条款。

塞舌尔相关法律规定,外商经批准可在自由贸易区设立银行保险分支机构,可建立物资仓储分拨拆装转口中心,可创办各类加工生产企业,也可注册登记外国飞机轮船等。外资在自由贸易区的投资可以获得的优惠待遇如下:

(1)公司可以保密为由,不公开其财务账目;

(2)政府主管部门可以协助办理外商投资的注册登记、营业许可、工作许可证和海关报关等事宜;

(3)可享受最长25年的免税待遇;

(4)可享受进口设备、车辆和区内所用消费品等的免税待遇;

(5)可享受免除经营过程中的各项税收待遇;

(6)可雇佣外籍劳务,并享受免除外籍劳力的工作许可和社会保险税等待遇。但塞舌尔政府强调自由贸易区内的投资项目必须符合出口导向和塞舌尔环保标准要求。

(三)特殊经济区域的规定

根据《1995年国际贸易区法》允许SIBA给再分销、制造,管理和其他专家服务发放执照,在马埃岛设立国际自由贸易区,拥有零税收、执照费终身固定、能够100%输入外籍劳工、印度洋中央的战略位置,以及众多其他诱人的特点,塞舌尔是成立和经营国际企业的合理恰当之选。

塞舌尔是以之为非洲的中心向外推动辐射型业务的理想地点。塞舌尔的优势包括:

1. 《洛美协定》成员国,享受欧盟国家进口特惠待遇
2. 东部和南部非洲共同市场成员
3. 该地区最深的深水海港
4. 具有战略意义的区位
5. 法律保障的特许权
6. 快速高效的进出口清关
7. 有吸引力的出口货物运费
8. 提供安全可靠的现成楼宇

9. 土地租赁成本低廉

塞舌尔国际自由贸易区也具有以下特点：

1. 零税收
2. 一站式服务
3. 执照费终身固定
4. 能够输入外国劳工

（四）塞舌尔国际金融中心

目前塞舌尔正在着力打造非洲国际金融中心，以离岸金融业务为主，由塞舌尔国际商业管理局负责指导和监管。[①] 特点是税收与效率结构组合，监管部门和私人部门的密切协作模式，24小时即可成立国际商业公司，快捷办理工作和居住签证等。法律允许的主要商业类型包括如下：

国际商业公司

根据塞《1994年国际商业公司法》规定，公司可以处理任何合法的离岸业务，所有人、股东和董事的信息受法律保护不对外公开，除非依照塞舌尔高等法院判决公告。费用低廉，注册快，可以拥有和管理在塞舌尔登记的飞机和船舶。但不能经营塞国内业务。每年只有注册年费。

特别执照公司

根据塞《1972年公司条例》和《2003年公司法（特别执照）》授予特别执照的塞舌尔国内公司同时开展国内和国际业务，包括国际持股、知识产权特许等多种业务。特别执照公司至少有一名塞舌尔居民作为董事会成员。每年对全球收入的1.5%的税率缴纳塞舌尔营业税。

基金会

根据塞《2009年基金会法案》，基金会在塞舌尔是法律上独立实体，可以以法人身份拥有财产，但不得拥有塞舌尔境内任何不动产。基金会可以根据其章程成立并开展日常商业活动、信托交易等各种业务。外国基金会也可在塞登记。

国际信托

根据塞《1994年国际信托法》，当一位经当局授权发牌的塞舌尔居民信

---

① 参见塞舌尔国际商业管理局网站：http://www.siba.net/。

托人登记一份声明，表明遵守信托法，即可成立一家塞舌尔信托单位，当天完成注册。信托行为或受益人详细信息不予披露。可以拥有和经营其他公司股票，操作银行账户，购买各国政府证券等。

有限合伙企业

根据塞《2003年有限合伙公司法》，一家合伙企业可以有2个以上的法人而非自然人，必须包含一名一般合伙人和一名有限合伙人。享受20年免税，可在塞舌尔境内从事国际商业活动。

共同基金

根据塞《2008年共同和对冲基金法》，允许境内外公司、单位信托或合伙企业经授权特许成立共同基金。经当局认可，外国基金可得到豁免，有塞舌尔发牌的基金管理公司管理，并在认可的司法管辖权领域内的一家股票交易所上市或最低投资额10万美元以上，在塞舌尔境内免税。

受保护的单元公司

根据塞《2003年受保护单元公司法》，受保护单元公司（PCC）是塞舌尔特色公司形式。这类公司能够设立一个或多个拥有分割独立的资产和负债的单元。然而，每个单元不构成一个独立的法人实体。单元公司只需要一个董事、公司秘书和注册地址，就可以注册组成公司。

证券公司

根据塞《2007年证券法》，国际公司可在塞舌尔境内发起证券公司，通过外国商业管理局发牌，在塞舌尔证券交易所上市，该公司应全球收入的1.5%税率缴纳塞舌尔营业税。

非国内保险公司

根据塞《2008年保险法》，国际公司可在塞舌尔设立非国内保险业务的公司，开展专属保险、再保险和人寿保险等产品，但非国内保险公司必须有一位以上本地保险负责代表，负责公司在塞舌尔维护公司记录、申报和担任公司在塞舌尔联络办公。公司精算师、审计师、代理人和经纪人必须符合法律规定的专业持牌条件，可以雇佣50%的外籍劳工。

四、中非投融资合作展望

就涉外民商事案件领域而言,中塞双边法律合作机制比较完善。历年来,中国与塞舌尔签署了众多双边协定如下:

1999年8月26日,中国与塞舌尔签署了《避免双重征税和防止偷税漏税协定》。

2007年2月10日,中国与塞舌尔签署了《促进和保护投资协定》。

2013年5月6日,中国政府与塞舌尔政府签署了《中华人民共和国政府和塞舌尔共和国政府关于互免签证的协定》。

2013年5月7日,国家开发银行与非洲商法协调组织签署了《合作框架协议》。

在《海牙民商事案件域外取证公约》的43个成员国中,非洲成员国只有两个,即南非和塞舌尔。

2009年以来,中国已成为非洲的第一大贸易合作伙伴。中国与非洲在石油和原材料、农业、民生、基础设施等领域合作广泛,对非洲国家经济社会发展起到了重要的促进作用。中国一直非常重视非洲业务发展,致力于中非互利合作。塞舌尔作为非洲的桥头堡,中国企业可借塞舌尔的金融中心为跳板,推动中塞贸易投资发展,并大举进入非洲。通过法律和司法的途径保障投资的安全,以仲裁成为解决商事争议的手段,促进中国在非洲各国的投资,实现中非双赢。

撒哈拉以南非洲法语地区新宪政主义的回顾和展望：非洲批判性宪政理论

[多哥] 阿达玛·科波达尔[①]

对于非洲新宪政主义，不难想象它会成为众矢之的，这种指责既表现出对新宪政主义失望的同时也相信它能有所作为，此外还显示出对它的支持和背弃。这些思想充分体现出令法学家堪忧的政治现状，依据这种现状，我们不能改变那些行为或者习惯，它们只是形式化或者某些既简单又复杂机制的制度化体现。因此，现实显而易见，20世纪90年代新宪政的胜利被一种新的政治管理模式代替，这种模式实际上是多年重压和独裁的延续，尽管原来的模式有所控制并最终抛弃[②]。

如果人们还记得90年代非洲新宪政运动，旨在翻版西方宪政，就会理解当时的断言。新宪政主义与启蒙时代先驱的思想相契合，它的核心符合自由的理念，这种思想体系的基础是对法律的信仰，倡导普世的合乎法律规范的秩序。因此，一种能让人民获得幸福，即自由与和平的法学思想或者说一

[①] 阿达玛·科波达尔（Adama KPODAR）：多哥洛美大学公法和政治学专业教师。
[②] En 1987 déjà, le Professeur Maurice Kamto observait à propos du constitutionnalisme africain que «l'Afrique est le continent des incertitudes et des espoirs perpétuellement déçus», Pouvoir et droit en Afrique noire, Essai sur les fondements du constitutionnalisme dans les Etats d'Afrique noiree francophone, Paris, LGDJ, 1987, p.491.

种哲学观，是符合宪法观念的。基于此观点，撒哈拉以南非洲法语国家倾向于接受新宪政的理念便获得了认可。新宪政的思想传递了具有西方传统特色的原则，其中包括：权力分配，保护个人的基本权利，多党竞选制以及对法治国家的认可。

事实上，对西方宪政思想的模仿在1990年以前就已经开始了。自20世纪60年代非洲大多数国家独立以来，他们确实已经公开表示了对该宪政模式的信赖[1]。依据宪政学说，这些国家的政治体制的确是以上述原则为基础。从1964年、1965年一直到1990年，出现了另一种趋势：从自由体制过渡到以非洲黑人总统制为名的独裁统治，这段时期的统治备受谴责。出现在20世纪90年代的第三种趋势又回归到第一种模式的基本要求[2]，即采用宪政政体。

然而至少二十年内，在大多数情况下，实行这些宪政原则会出现一种类似于第二种趋势的变化，也就是说会失去某些原则，否则就会破坏宪政的原则或者很快进入毫无法律可循的世界。因此，许多作者观察到，民主被削弱的现实替代了振兴民主的希望，人们感受到一种扬弃之间的反复，抛弃所得又再次获得。

其实，宪法的变化并不是一件新奇的事。首先在理论方面，正如参与政治进程一样，人们可以分析这些变化[3]。因此，从秩序和运动的辩证角度甚至政治意志的角度都可以观察宪法修改的不同时期[4]。这些不同时期也表现出政治活动的稳定性和非洲立宪的丰富经验。再回到对立宪的认识上，宪政运动的目的不仅是明确权力的现状，而且还反映或者在一定时期传播人民所赞成的权利思想。宪法的转变同样能证明这种权利思想并不是一成不变的，而是

---

[1] Voir Buchmann (J.), L'Afrique noire indépendante, Paris LGDJ, 1978; Conac (G.), dirLes institutions constitutionnelles des Etats d'Afrique francophone et de la République Malgache, Paris, Economica, 1979; Gonidec (P.-F), Les systèmes politiques africains, Paris LGDJ, 1978.

[2] Ahadzi (K.), Les nouvelles tendances du constitutionnalisme africain, AJP, juillet-décembre 2002, vol.1, n° 2, pp.35-86.

[3] Voir Burdeau (G.), -Traité de science politique, Tome III, La dynamique politique, Paris LGDJ, 1968; -Tome III Vol.II, La dialectique de l'ordre et du mouvement, Paris, LGDJ, 1981.

[4] Idm.

在进步或者不断变化。此外，以前不被法学①所接受的变革思想最终从权利学说②的角度得以解释并接受也说明了这一点，因为它就是以一种权利思想代替另一种权利思想。

其次，从表面上和实际上来看，撒哈拉以南的非洲法语国家并不是唯一经历动荡和对于立宪问题踟蹰的地区，英式③和法式④的立宪史以及现状都体现出这种犹豫。但是，应该认识到的是，西方宪政总体上根据一条主线而变化⑤，非洲则与此不同，它的特点是在接受一个相对确定模式的情况下仍有不确定因素存在。此外，从20世纪末西方模式趋于稳定以及帝国主义倾向使得西方认为他们的宪政模式是普世的。

但是，非洲宪政的不稳定性仅仅是表面现象。为了阿哈德滋·诺努·葛菲（Ahadzi Nonou Koffi）教授在这个方面预测的趋势得以完善，在撒哈拉以南非洲法语地区，从宪政系统化的角度来看，可以得出一个不变的现实——这个地区在宪政方面并不是反复无常的，这就像莫里斯·格莱莱·阿昂昂佐（Maurice Glèlè Ahanhanzo）教授所想的那样⑥。非洲一旦找到了她的发展之路——先采纳西方模式之后很快就把它非洲化，这种非洲模式为了强化自身特点而经常违背西方的模式。如果西方宪政体系故步自封，那么非洲的政治

---

① Carré de Malberg (R.), Contribution à la théorie générale de l'Etat, T.II, 1922, pp132 et 497; Barthélémy (J.)/Duez (P.), Traité de droit constitutionnel, 1933, p.227.

② Geny (F.), Science et technique, TIV, 1924, p132; Levy-Bruhl (H.), Le concept de la révolution, Recueil d'études en l'honneur d'Edouard Lambert, T.II, 1938, p250; Liet-Veaux (G.), Essai d'une théorie juridique des révolutions, Thèse, Renne, 1942.

③ Voir entre autres, Mathiot (A.), Le régime politique britannique, FNSP, Cahier n° 68, Paris AColin, 1955; Leruez (J.), Gouvernement et politique en Grande Bretagne, Presses de la FNSP et Dalloz, 1989; Larche (J.), Les institutions politiques de la Grande Bretagne, Bloud et Gay, 1965; Le Royaume de Tony Blair, Pouvoirs n° 93, 2000.

④ Remond (R.), La vie politique en France depuis 1789, 2 vol.1965-1969.

⑤ Le sillon du constitutionnel occidental est fait dans trois directions: une certaine conception de l'homme et de la liberté, l'acceptation du pluralisme politique conjuguée avec la recherche constante d'un équilibre structurel et la prédominance des valeurs de la «pax christiana».

⑥ L'Afrique «adopte, remet en cause, suspend, abroge, puis renouvelle la constitution; elle cherche sa voie», La constitution ou loi fondamentale, in Encyclopédie juridique de l'Afrique, T 1, Abidjan, NEA, 1982, p.33.

变革也将会一成不变。尤其对于第二种趋势的描述，即独裁体制占上风的时期，只是源于时代的看法。这点和东欧国家很像，玛丽·伊丽莎白·波多万（Marie-Elisabeth Baudoin）在一篇分析中谈到民主的时代和当时的独裁①：尽管他们很想加入欧盟，欧盟则在人权和民主方面有所要求。把这种思考拿到非洲的案例中来，民主的时代就是在形式上采纳西方模式的民主，而当时的独裁则符合数年来似乎已经不存在的殖民地遗留模式。民主的时代特点在于存在民主政体，当时的独裁是总统集权的再次出现，是质疑自由，挑战公民权利，对选举的舞弊。正如著名学者西塞罗所说的一样，尽管国家体制应该遵守法律的准则，但是只需要摆布宪政的基本原则就可以让所有这些有悖于西方宪政的问题得以解决，当然还有隐约但又强大的军方在政坛上的作用。

这种情况不可避免地引起国家的动荡、不安和政治纷争，这些都是国家存在之前原始状态的特点，这种状态比臭名昭著的独裁时代的状态更危险更可怕。人们只是认为，和西方推行全面法治国家的宪政不同，非洲的宪政成为反对法治国家的一种工具。对于非洲民主的未来来说，非洲宪政几年来的情况一直糟糕得让人担忧。

对非洲宪政持警示观点的人不应该忽视整个新宪政运动中存在的一段较为缓和的时期，尤其是1990年之后的那段时期。确实如此，依据一些学者的观点，例如，让·杜布瓦·德·高杜松（Jean Du Bois De Gaudusson），他认为宪政显然在发展，宪政的有效性就表现出这种发展，而它的目标则是规范政治权利和保护人权，他还注意到多次修宪也是朝着改善宪政的水平而发展。然而这个非洲学者，对天发誓，他通过大量对非洲宪政的评论也清楚地认识到非洲的宪政大厦是建立在"腐朽的地基"②之上，也就是说在非洲施行宪政是有困难的。

然而，一些学者，例如泰奥多尔·奥洛（Théodore Holo）教授③和安德

---

① Le droit constitutionnel et la démocratie à l'épreuve du temps, in Démocratie et liberté: tension, dialogue, confrontation, Mélanges en l'honneur de Slobodan Milacic, Bruxelle, Bruylant, 2008, pp.40-54.
② Cette expression vient de nous, mais résume bien les pensées profondes de l'auteur cité.
③ Démocratie revitalisée ou démocratie émasculée? Les constitutions du renouveau démocratique dans les Etats de l'espace francophone africain: régimes juridiques et systèmes politiques, RBSJA, 2006, n° 16, pp.17-41.

烈·卡巴尼斯（André Cabanis）教授[1]，更为极端（在我们看来太现实了），他们认为90年代所建立的宪政大厦只是假象。这些不同的论点像多米诺骨牌一样一个接一个指向同一观点，非洲的新宪政只是幻象。我们只能往这层含义上想，总体上运气和不幸大于成功和功绩，尤其是让·杜布瓦·德·高杜松赞颂宪政的好处时，实际上他只提出了一个形式上的设想。

确实如此，宪政并不可以简单概括为存在一部宣扬重要民主原则的宪法[2]，而且更重要的是从宪法作用的角度衡量它的有效性[3]。因此，如同法

---

[1] La pérennisation du Chef de l'Etat: l'enjeu actuel pour les constitutions d'Afrique francophone, in Démocratie et liberté: tension, dialogue, confrontation, Mélanges en l'honneur de Slobodan Milacic, préc. pp.349-380.

[2] C'est peut-être la dimension institutionnelle de la constitution qui répond bien à la définition qu'en donne le Professeur André Hauriou: «constitutionnaliser le pouvoir, c'est le soumettre à des règles précises, et, plus particulièrement, mettre au point des mécanismes de représentation politique, établir auprès des gouvernements des censeurs, qui seront qualifiés pour dialoguer avec ceux –là», Droit constitutionnel et institutions politiques, Paris Montchrestien, 1972, pp.73 et ss.

[3] Encore faut-il ici revenir sur la notion de Constitution. Elle est ambiguë. Pour les uns elle est le soutien de l'existence de l'Etat qui suppose que le pouvoir et l'administration soient organisés mais elle n'est pas la source du pouvoir et ne le limite évidemment pas. Pour les autres, la constitution définit les organes de gouvernement, aménage leurs rapports mais ne comporte pas d'énoncé de normes qui s'imposent à tous, notamment aux titulaires du pouvoir. Pour les derniers, elle est la source et le fondement du pouvoir, elle édicte des normes qui garantissent les droits et libertés des hommes et fixent les limites, en termes de but et d'étendue, des compétences des gouvernants. Elle est donc mécaniste et normativeVoir avec intérêt la thèse de Papatolias (A.), Conception mécaniste et normative de la Constitution, Bruxelles, Bruylant, 2000. C'est cette dernière définition qui nous paraît la plus indiquée, car la Constitution n'est pas loi fondamentale pour rien. Elle est fondamentale parce que c'est la seule norme qui peut en même temps organiser les pouvoirs qu'elle institue et protéger les libertés. Ceci répond bien à son identification au contrat social décrit par Jean Jacques Rousseau et son existence en tant que miroir de l'idée de droit qui sert de socle à la société politique, comme l'observe justement Georges Burdeau. Aussi, il convient de se référer à l'article 16 de la Déclaration des droits de l'homme et du citoyen de 1789, qui dispose: «Toute société dans laquelle la garantie des droits n'est pas assurée, ni la séparation des pouvoirs déterminée, n'a point de constitution.».

治国家的概念一样①，这里同样需要对宪政进行反思。在伊夫·曼尼（Yves Meny）笔下②，我们可以感受到些许不同，他相信"宪政会在全球背景下被广泛采纳，或者被替代……宪政名义上的无上荣光肯定会在法律上得以确立"。他还补充道，"如果因为你是政治上的少数派，大家认为你在法律上有错，就没有一种可行的宪政"。因此，从正式的含义来说，宪政就是将宪法作为基本法律的过程。实质上，宪政还包括另一个情况，这种基本准则不仅应该包括一种能实现人民幸福期许的权利意识，而且还应该包括有效实现宪政的机制。宪政还应该充当晴雨表，以此为标准衡量民主的活力。此外，非洲宪政在实践中也表明需要这种区别。

从以上这些方面来看，根本问题就是继承了西方宪政的新宪政主义在撒哈拉以南非洲的影响力。这个问题提了至少二十年，最好用相对的观点——理想又极其美好——看待这个问题，这种观点蕴含于一些探讨西方宪政推广或者政治价值共同遗产的学说③中。就像阿里斯托芬的《黄蜂》一样，宪政主义饱受非议。

对于法学家来说谈论准则，尤其是基础性准则的失败是很可怕的。然而，这也在学术上激起了对这种情况研究的兴趣，全部问题在同样的情况下会得出当前研究的假设，这些问题表现出足够的重要性，还为非洲宪政理论的作出重要贡献。

---

① Il existe deux conceptions de l'Etat de droit. La première qualifiée de formelle et d'origine allemande, considère l'Etat de droit comme celui qui est soumis au droit. La seconde d'origine française, dite substantielle identifie l'Etat de droit non seulement comme celui là qui est soumis à un droit dont la qualité et l'objectif visent la protection des droits et libertés des individus. Voir Chevallier (J.), -L'Etat de droit, Paris Montchrestien, 1994; -La mondialisation de l'Etat de droit, in Droit et politique à la croisée des cultures, Mélanges Phillipe Ardant, Paris, LGDJ, 1999, pp.325-337; Jouanjan (O.), s.dir., Figures de l'Etat de droit, Institut de Recherches Carré de Malberg, PUS, 2001.
② In Dictionnaire constitutionnel, Paris, PUF, 1992, p.213.
③ Il s'agit en l'occurrence d'une conception particulière du pouvoir qui dans la philosophie politique de ses promoteurs, met un accent important sur l'éthique comme valeur universelle que l'on doit placer au centre de l'ordre politique. En ce sens que les droits de la personne humaine doivent être garantis par le respect du pluralisme et des libertés. C'est donc la réalisation de la mondialisation de l'idéal-type de la démocratie représentative libérale, telle qu'elle fut conçue il y a des siècles par les intellectuels ouest-européens résidents (Grande-Bretagne et France), ou expatriés (Amérique du Nord).

一方面，问题让我们回到对宪政的定义，相对地看待西方宪政的推广。大家表现出对撒哈拉以南非洲法语国家的反思，和过去一样，当前宪政思想种类丰富甚至是矛盾重重。

另一方面，本研究将指出法律在形式上和现实中存在的差距，在撒哈拉以南非洲法语地区，是不可能只考虑民主而冷冰冰绝对化地使用法律，从规范化的角度①说就是区分开法律和政治现实。因此便有了一些宪政的规则和政治现状：正是运用法律的总体问题区分开宪政的动态与静态。在宪政理论中，一般情况下我们认为，如果宪法是通过严格的定义编纂的，只有在宪法规定的法定情节下才能修改，这个非常重要的原则主要涉及一些机制，也就是一些机关、管辖权以及法律程序。相反，基础性条文的应用，例如，"管理工具"就一定会受到政治关系的制约，因为法律在行使权力的时候所拥有的特权从根本上说是一种自决权。在行使自决权的过程中可以根据用途的不同而变化，而且从政治层面来说，这种变化也是完全可行的②。

当人们看到宪法文本——既体现民主内涵又规定了如何管理个人——的时候，反差就凸现出来。执政者的所作所为基本没有考虑法律规定的结果，也未考虑约束行为的准则。这种情况让我们不可避免地产生以下的联想，大多数撒哈拉以南非洲法语国家的宪法和施行政治权利所围绕的全部法律机构，就像一个面纱遮蔽了相对公正的现实，它们证实了执政者的虚伪和民众的天真（亦真亦假）③。非洲国家政权也希望得到一部宪法，这是一个必须承认的事实，但是宪法的地位却时常被侵犯。从此看出，幻想和谈论撒哈拉以南非洲法语地区对宪法的迷信，就只有一步之遥，有这一步是因为该地区的宪政模仿只是在局部地区，西方宪政的嫁接还没有完全开始。采纳西方宪政

---

① Pour Hans Kelsen...
② Ce sera l'occasion de faire le point sur les rejets, les faux-semblants du renouveau démocratique, les dysfonctionnements, le jeu politique dans lequel se nouent et se dénouent les alliances, de relever les espoirs déçus, les occasions ratées ou inexploitées etc...
③ Il faut sur le plan purement juridique relativiser cette conception politique, dans la mesure où l'existence des règles constitutionnelles prouve que le groupe aspire à une régulation de la vie politiqueD'un côté, les gouvernés ont besoin d'attribuer à leur subordination une autre justification que l'arbitraire ou la fantaisie des Chefs d'Etat; de l'autre, ceux-ci souhaitent donner à leur activité l'allure d'une fonction d'autant plus noble qu'elle aura été plus solennellement codifiée.

的原则是显而易见的,只是这种接纳自己不足以使目标在现实中得以实现,特别是确保个人的幸福。其中便缺少了一个基本的因素,就是接纳并相信以这些原则为基础的价值观,因为启蒙时代的哲学在思考自由主义宪政时认为,接纳这些价值观是更好践行它们的基础。

此外,这篇意在批判的研究将会指出阻碍非洲宪政发展的因素,这些因素有碍于非洲宪政的发展,有碍于提出一个全新而实际利于重新开始的条件。为此,最好在展望前先回顾一下历史。

第一种观点中,人们只能得出相对悲观的结论:在撒哈拉以南的非洲法语地区,新宪政死路一条。但是,第二种观点认为:非洲新宪政的成果如果历经浴火重生的考验,一定能在某些地区焕发活力。

一、宣判死亡

在此,有必要统计和分析一系列意在背离新宪政主义初衷的行为、表现、习惯和战略。在这方面,破坏宪政的密谋源于公民和军队串通一气,国民利用法律武器来反对法律本身,而军队则诉诸武力。

1. 法律力量反对新宪政主义

在所谓的发展主义理论影响下,20世纪60年代非洲的宪政很快转向独裁。根据这个理论应该建立国家并着手发展经济,但1989年的事件证明这是误入歧途。当权者们将法律作为最好的执政工具,他们为了达到同样的结果找到了另一种策略,即首先借助宪法的观点曲解新宪政主义。于是新宪政主义便成了宪法的牺牲品,但是该思想也深入人心。有位诗人说过:要想在风中前进,就利用风的力量。

在第一方面,在所谓的宪法专家帮助下开始修改宪法。修宪本身不是一件宪政方面的坏事,而且大家认可与时俱进在宪政问题的重要性[①],即使有时

---

① En réalité, la constitution pose un dilemme. Elle doit être stable car elle aménage les conditions d'exercice du pouvoir et fixe les droits et libertés des citoyens qui ne peuvent être soumis aux incertitudes du moment; en même temps, elle reste l'expression de la volonté du peuple souverain et celle-ci ne s'épuise pas après que le texte ait été adopté, Dmitri Georges Lavroff, La constitution et le temps, in Droit et politique à la croisée des cultures, Mélanges Phillipe Ardant, préc. p.207 et ss..

它否认了宪法的本性，正如我们说宪法"不是为小憩而搭建的帐篷"。面对已有的宪法结构，虽然人们的生活在变，思想在变，但为了确保公民的安全宪法应保持稳定，同时也要与时俱进。宪法具有不稳定性是一个我们不能责怪的事实，因为用一种和现实脱节的法律思想来看问题它有可能使政治社会僵化①。

然而，这个分析得出的结论有所不妥，如果继续对宪法进行修改，它将成为对总统有利的施政工具。正是借助于一些总统政治主张的大转变，或者法律变革产生的大量宪政改革思想②，很可惜撒哈拉以南非洲法语国家的执政者们采用一种不可名状的新执政方式，因此他们在非洲黑人总统制的重重困难之中采纳了新宪政主义，尽管新宪政在20世纪90年代受限于国民议会和制宪议会。在这方面，非洲大陆这片区域的宪法周期只是无休止地重复和不断地采用原来的那一套。正如1964年或1965年开始的非洲宪政第二次浪潮，它的特点在于对宪法局部修改来保证总统的优势地位，并且将政党的团结制度化。同样，90年代后修宪也是为了确保国家元首的权力终身制，甚至给他的后裔更多的权力。

---

① Pour Jean Waline, «l'un des pires péchés d'orgueil que puisse commettre le constituant est de considérer que son œuvre étant parfaite, et ayant de ce fait vocation à l'éternité, il faut interdire aux générations futures de la défigurer...», Les révisions de la constitution de 1958, in Droit et politique à la croisée des cultures, Mélanges Philippe Ardant, préc. p.235.

② Dans la majorité des cas, les constitutions dites de transition démocratique ont été révisées. Pour l'essentiel: la constitution burkinabè du 11 juin 1991 révisée en janvier 1997, avril 2000 et janvier 2002; burundaise de mars 1992, révisée en septembre 1996 et le 20 octobre 2004; camerounaise de janvier 1991, modifiée en janvier 1996; centrafricaine du 28 décembre 1994, suspendue en mars 2003 et remaniée le 26 décembre 2004; comorienne du 7 juin 1992, modifiée en octobre 1996 puis en décembre 2001; du Congo-Brazzaville de mars 1992 remaniée en octobre 1996 puis en janvier 2002; de la République Démocratique du Congo de mai 1997 (décret constitutionnel), avec un texte transitoire d'avril 2003 auquel a succédé le texte du 18 février 2006; gabonaise du 26 mars 1991 modifiée en mars 1994, septembre 1995, avril 1997, octobre 2000 et août 2003; guinéenne du 23 décembre 1990 remaniée en novembre 2001; ivoirienne de 1995, modifiée en juin 1998, puis le 23 juillet 2000; malgache du 18 septembre 1992 modifiée en septembre 1995 et avril 2007; mauritanienne du 12 juillet 1991 révisée en juin 2006; nigérienne de mai 1996, révisée le 9 août 1999; rwandaise de juin 1991 remaniée en mai 1995 et le 4 juin 2003; sénégalaise de mars 1998 modifiée le 22 janvier 2001; tchadienne du 14 avril 1996 révisée en juin 2005; togolaise du 14 octobre 1992 révisée en décembre 2002.

修宪完成以后，国家元首的地位有了惊人的改变，此外还带来了很多好处[1]。

因此，民主时期的宪法对于总统选举的模式大体上保留了两轮多数代表制的选举方式[2]。2000年3月塞内加尔总统阿卜杜·迪乌夫（Abdou Diouf）首先采用了这种方式选举，许多国家的总统为了避免遭受相同的命运改变了这种方式。当时考虑到政党数量的增加以及反对派的分裂，他们采取一轮多数代表制的方式，这样在第一轮他们就战胜其他对手。例如，2001年11月几内亚对宪法进行修改[3]，同样或类似的情况还发生在2002年12月的多哥[4]，2003年5月的卢旺达[5]，同年8月的加蓬[6]，以及2001年12月的科摩罗[7]。

关于总统的任期，如果总的趋势是模仿五年任期，那么这种现代的宪政模式在此仅仅是一个幻想，以这种现代模式为掩饰，总统通过修改宪法中限制任期的条款把总统权力终身化。过去，为了保障权力正常更迭并防止权力终身制的危险，法律对任期的不断变化加以限制[8]。从2006年开始，除了马里、塞内加尔和毛里塔尼亚之外，其他的撒哈拉以南的非洲法语国家当时都

---

[1] Du Bois De Gaudusson (J.), Quel statut constitutionnel pour le chef d'Etat en Afrique?, in Le nouveau constitutionnalisme, Mélanges en l'honneur de Gérard Conac, Paris, Economica, 2001, pp.329-337; Cabanis (A.)/Martin (M.L.), La pérennisation du Chef de l'Etat: l'enjeu actuel pour les constitutions d'Afrique francophone, in Démocratie et liberté: tension, dialogue, confrontation, Mélanges en l'honneur de Slobodan Milacic, préc.pp.349-380.

[2] Exception faite du Cameroun où le Chef de l'Etat est désigné «au suffrage universel, direct, égal et secret, à la majorité des suffrages exprimés (article 6.Al.1)C'est d'ailleurs ce qui a favorisé l'élection de justesse du Président Paul Bya en 1992 avec 39% des voix contre 35 pour son adversaire John Fru Ndi.Il en fut de même en Centrafrique, le texte de décembre 2004 revenant cependant sur le système à deux tours (article 24 al.1).

[3] Article 24.

[4] Article 60.

[5] Article 100.

[6] Article 9.

[7] Article 13.

[8] Exception faite de la Mauritanie, jusqu'à la révision de juin 2006 et de la Côte d'Ivoire jusqu'en 2000. Voir contra les analyses du Professeur Loada...

规定只能对总统任期的期限进行一次修改，例如在加蓬①、几内亚②、乍得③和多哥④。

此外，还需要特别关注多哥总统与总理之间关系的情况。修订之后的宪法第66条规定：共和国总统任命总理，罢免总理职位。经总理建议，总统任命其他政府成员，免去他们的职务。根据此条款的内容，共和国总统有权任命和罢免总理，即使我们知道实际上某些无法估计的措施会阻碍这条如此严格的规定的施行。然而从理论角度来看，多哥本想实现的议会制政权结

---

① Article 9 de la constitution révisée en 2003.
② La réforme de l'article 26 effectuée en 2001.
③ La révision de l'article 61 par le référendum de juin 2005.
④ La modification de l'article 59 al2 en décembre 2002.

构①被完全改变了。在这个结构里，政权是由宪法赋予总统权力的，而不是通过议会多数派协调组织政府的。总理在宪法上对总统和国民议会负责。因此多哥的政体还是一个未知数，还无法归入经典模式之列，或许就像法国总统蓬皮杜所说的"一种不纯正的融合政体"，多哥的模式应该归入混合政体之中②。

值得注意的是，这些修宪的内容都是由曾经的宪法组成部分派生而来。当总统职位和议会席位都被多数派占据时，总统和议会之间关系就能很好地协调，这便加强了宪法的作用。

---

① La doctrine au XIXème siècle a construit le modèle du régime parlementaire autours d'un certain nombre de critères, qui aujourd'hui sont toujours d'actualité. Généralement on y trouve trois organes: le Parlement, un Chef d'Etat, un gouvernement ou un Cabinet. Ce qui caractérise ce régime c'est les manières dont les rapports entre ces organes sont agencés, c'est-à-dire l'existence de moyens d'action réciproques: le Parlement ou du moins l'une des assemblées parlementaires, peut contraindre le Cabinet à la démissionOn parle alors de responsabilité politique. Inversement, le Parlement ou l'une des chambres peut aussi être dissoute par le Chef de l'Etat ou le Cabinet. Cette vue des choses n'est cependant pas systématiqueIl existe en effet dans la doctrine des divergences. Certains auteurs estiment que seul le critère véritablement déterminant est la responsabilité politique du gouvernement. De ce fait, un régime qui comprendrait seulement la responsabilité politique devrait être considéré comme parlementaire. Le régime parlementaire serait celui dans lequel les ministres sont politiquement responsables. D'autres auteurs pensent que le régime parlementaire naît d'une combinaison des deux critères. Ainsi, dans le cas où l'Exécutif ne dispose pas du droit de dissolution, il est à la merci du pouvoir législatif, qui devient l'organe dominant et on est en présence non d'un régime parlementaire, mais d'un régime d'assemblée. Sur cette controverse voir Hamon (F.)/Troper (M.), Droit constitutionnel, Paris, LGDJ, 2005, pp.106 et ss. Adhémar Esmein souligne également que le droit de dissolution envisagé dans sa nature démocratique, c'est-à-dire la possibilité de renvoyer l'une des chambres prématurément au verdict des urnes, «peut se concevoir, ainsi compris, sans le régime parlementaire».il souligne en revanche qu'avec le gouvernement parlementaire, «il est naturel, légitime et presque nécessaire», Eléments de droit constitutionnel français et comparé, Editions Panthéon-Assas, 2001, Collection Les introuvables. Quelque soit la pertinence de ces positions nous pensons que les deux critères doivent rentrer de concert dans la définition du régime parlementaire, car ce régime apparaît véritablement comme une vie de ménage, fondée sur une collaboration équilibrée entre les pouvoirs des principaux acteurs et leur révocation mutuelle, à l'image qu'en donne Claude Emeri à travers le syndrome de la mante religieuse.

② Cité par Gicquel (J.)/Gicquel (J.-E.), Droit constitutionnel et institutions politiques, Parsi, Montchrestien, 2005, p.131.

与其他修宪内容相比，我们得出一些结论。一方面，总的来说，国家元首的地位才是重要的参考标准，此标准使撒哈拉以南非洲法语地区有了自己的特点，也使得这片地区有别于其他的民主地区。我们注意到，通过20世纪90年代的修宪，对于反对以前专制统治的态度，总统有意调整态度以一次性适应新的宪政标准，然而这种调整却没有完全实现。长期保持总统的优势地位是非洲宪政中意味深远的一点，总统和内阁共同行使政权并未限制住总统的优势地位。这种优势本身并不惊人，因为它顺应当代民主的总体趋势①。但是也应该看到另一面，与其他欧洲主要民主国家不同的是，尽管反抗政权的机制在宪法中作了规定，但也不能在非洲有效地发挥作用；这正是真正的危险所在，总统权力的优势地位会导致个人专权的政体②。所以，正是总统的地位让我们看清了非洲的政治体制，我们认为这个论证很靠得住，从政体的定义以及分类，总统的地位应该和其他经典的标准③一并成为一种决定性的判定标准。

　　理论的最后一点内容是宪法学和政治现状之间明显的辩证关系，二者相互影响。这种有利条件证明：依据二者相互影响的关系，我们便可以有效控制民主和法律方面的体制，这样能够保持民主政体的长久性。

　　不管这样修宪的合法性是什么，修宪的内容都表明了该国执政者想要继续掌权的意愿，此外改用选举，另一种同样民主的机制也对其有所促进。

　　在第二个方面，应该指出的是选举以不同方式贯穿于非洲法语国家的宪政全阶段。第一阶段，选举是凭借实力取得权利的一种方式；第二阶段，选举又成为通过政变和叛乱获取政权合法性的工具④；第三阶段，选举又回归第一阶段的要求⑤。确实如此，20世纪90年代，立宪主义者相信多元民主的

---

① Voir la révision constitutionnelle en France de...

② Gérard Conac en dresse le portrait type en considérant «qu'il est au centre de tout; que dans une large mesure, il se confond avec le système politique lui-même.Il n'est pas seulement le symboleIl le modèle et le contrôle. L'on attend de lui qu'il guide, qu'il endigue, qu'il protège», Portrait d'un Chef d'Etat, in Les pouvoirs Africains, Revue Pouvoirs 1983, n° 25, pp.121 et ss?

③ Séparation souple ou rigide des pouvoirs, responsabilité politique ou non.

④ Sur les deux premiers cycles voir Lavroff (DG.), Les systèmes constitutionnels en Afrique noire. Les Etats francophones, Paris, Pedone, 1976, pp.14-41.

⑤ Sur ce cycle, cfAhadzi (K.), Les nouvelles tendances du constitutionnalisme africain, préc.pp.59 et ss.

观点，这种观点"强调在世俗社会中多样化的政治法律理念，即反对派和不同利益集团同时存在"①，并以此政治体系为基础。多元体制的建立必然会产生以自由、透明和民主的选举作为权力的竞争机制的宪政要求，以及真正确保政治机构制度化的目标。多元体制便是采用了"民主选举制"②。但是，这只是一种口头上承认，随后，从多哥到布基纳法索、尼日尔、乍得、刚果（布）、喀麦隆、加蓬以及毛里塔尼亚，为了消除危机、反抗和侵权的发生，选举便通过极其不符合规范的方式进行。现在这种趋势已经扩散到之前我们认为是不会受到影响的非洲英语地区，例如肯尼亚和赞比亚。选举是经宪法批准、国际社会认可的，然而今天却饱受质疑和批评。这是真正的欺骗，选举沦为简单的行政程序。

历史上看，阻碍选举涉及总统选举，但是也影响到总统的其他考量，为了更好地执政他需要议会，因此国家元首们还把此举推广到议会选举。

我们可以从中吸取一些教训。应该自问非洲民主制度中选举的真正作用何在？选举可以保证国家元首长久执政，确保表面的民主得以实现，正如过去军事力量夺取政权后，又借助选举使政权具有合法性。如果不同政权没有通过修宪达到宪政的平衡状态，掩盖现有的宪法不平衡状况也不失为一种手段，多哥的情况正是如此。非洲的国家元首们通过总统和议会选举中的舞弊

---

① Pimont (Y.), La constitution de la République du Mali, RJPIC 1993, p.265 et ss.
② C'est un régime politique dans lequel la dévolution du pouvoir dans l'Etat est soumise au vote dans des conditions de concurrence et de participation ne subissant que des réserves mineuresIl s'agit d'une définition minimum qui ne prend pas en compte la «qualité de la démocratie», c'est-à-dire son enracinement dans la société. Stricto sensu, à la limite peuvent être qualifiés de démocratie électorale des régimes qui offrent de mauvaises performances en termes de qualité de la démocratie, en particulier en portant atteintes aux droits politiques, mais qui parviennent à régler les conflits liés à la lutte pour le pouvoir par le moyen des élections. Mais comme l'une ne peut aller sans l'autre, on retiendra lato sensu la première définition proposée.

行为确实保证了大权在握,直至他们去世①。我们回到最初的情况,也就是另一种形式的黑人总统制。总统制借鉴了美国政体,但是实际上并未遵守其中的基本价值——权力平衡分配的思想,反而让总统独掌政治大权②。这一切致使总统完全没有责任可言,反而他在人民面前执行重大的权力,因此这几乎不可能实现民主政权的更迭,否则的话就会出现另一种违背宪法的情况:军事力量夺权。

2. 军事力量反对新宪政主义

在宪政的第二阶段,军事暴动或是政治叛乱成为特权者获得权力的主

---

① Et encore, l'hypothèse d'un retour des dynasties n'est pas à écarter. C'est un constat en effet qui va éclabousser les démocraties africaines, et qui laisse suborer le pire pour l'Afrique: certains Etat africains s'ouvrent à la tentation de la transmission du pouvoir de père en fils. C'est le dauphinat constitutionnel, qui constitue une monarchisation rampante de la République et qui accouche de l'Etat famille. Le destin présidentiel semble être lié à l'ADN et non plus au mode de dévolution classique du pouvoir consacré dans les constitutions. Inauguré au Togo par Faure Essozimna Gnassingbe et Joseph Kabila de la République Démocratique du Congo (dans une certaine mesure), le temps des héritiers pourraient se poursuivre par Karim Wade (Sénégal), Saïf Al-Islam Khadafi (Libye), Gamal Moubarak (Egypte), Ali Ben Bongo (Gabon), Theoderin Obiang Nguema (Guinée Equatoriale).

② Jeannot (B.), Droit constitutionnel et institutions politiques, Dalloz, 1991, p.120. Mais l'expression est forgée par Maurice Duverger, Echec au roi, 1978. Pour l'Afrique voir Buchmann (J.), L'Afrique noire indépandante, 1962; Gicquel (J.), Le présidentialisme négro-africain: l'exemple camérounais, in Mélanges Georges Burdeau, Parsi, LGDJ, 1971, p.701; Moulins (R.), Le présidentialisme et la classification des régimes politiques, Paris, LGDJ, 1978.

要途径①，1990年之前军人政权的普遍出现就是证明②。然而，也正从那时起，揭开民主制度序幕的国家议会开始出现，并且反对军人获得政权的方式。因此，90年代的宪法从宪法范畴上终结了这种权利交替的方法。但是军事领域中的废除不等于政治领域中的废止③。事实上，军事暴动、政治叛乱和其他军人参与的民主形式的运动并不停留在宪政的历史中，它们一直渗透并充斥于新宪政主义之中。这是一种新的等级制度的确立。在这种参与形式不断发展的大趋势下，我们划分出了积极派和消极派。

首先，在民主时代来临之际积极派援以军事行动为例。与人们通常的想法不同，非洲的一些武装力量在建立民主制度方面起决定性作用，同时反对当时军人掌权的等级制度。1991年的马里情况就是这样，不遵循民主制度的穆萨·特拉奥雷（Moussa Traoré）将军被阿玛尼·杜马尼·杜尔（Amani Toumani Touré）中校推翻。科特迪瓦的情况也如此，因为亨利·科南·贝迪埃（Henri Konan Bédié）的非军事政权陷入孤立、排外和部落化的境地，所以罗贝尔·盖伊（Robert Gueï）将军发动了一场军事暴动将其推翻。在同样情况下的不同级别中，当政权向民主过渡之际，武装力量进行干预是为了摆脱政府的危机。例如发生在尼日尔1996年1月27日的情况，继1990年之后第一次公民民主选举出的政府被伊布拉尹·巴雷·迈纳萨拉（Ibrahim Barré Maïnassara）所领导的政变推翻。他取代了马哈曼·奥斯曼（Mahmane

---

① Panabel (J.P.), Les coups d'Etat militaires en Afrique noire, Paris, L'Harmattan, 1984; Bangoura (D.), Les armées africaines 1960-1990, Paris CHEAM, 1992.

② L'Afrique comptait alors 24 régimes militaires: Algérie (Chadli Bendjedid), Bénin (Mathieu Kérékou), Burkina faso (Blaise Compaoré), Burundi (Pierre Buyoya), Congo (Deni sassou Nguesso), Egypte (Hosni Moubarak), Ethiopie (Mengistu Hailé Maruam), Ghana (John Jerry Rawlings), Guinée Conakry (Lansana Conté), Guinée Equatoriale (Teodoro Obiang Nuema Mbagozo), Liberia (Samuel Doe), Libye (Mouamar Kadhafi), Madagascar (Didier Ratsiraka), Mauritanie (Maaouya ould taya), Niger (Ali saibou), Nigeria (Ibrahim Badamassi Babanguida), république Centrafricaine (André Kolingba), Rwanda (Juvénal Habyarimana), Sierra Léone (Joseph Momoh), Somalie (Syad Barré), Soudan (Omar Hassan El Béchir), Togo (Gnassingbé Eyadéma), Zaïre (Mobutu Sesse Seko)On a même pu parler dans la doctrine de la quasi institutionnalisation du putsch ou de coup d'Etat, Benghemane (M.), Les coups d'Etat en Afrique, Paris Publisud, 1983; Martin (L.-M.), Le soldat africain et le politique: essai sur le militarisme et l'Etat prétorien au sud du Sahara, Toulouse, Presses de l'IEP, 1990.

③ Bertrand (M.), La fin de l'ordre militaire, Paris, Presses de Sciences po.1996.

Ousmane）总统和阿玛·阿马杜（Ama Amadou）总理之间艰难的共治，总统是1993年3月当选的，总理则是来自最大的反对派，这个共治很可能引起国家内部的危机。这次军事力量的介入使政府机构重组并且采用了新的宪法。但是，1996年巴雷·迈纳萨拉扭转了形势，向有利于他的一面倾斜，同时他被选举为总统。他的闭关政策和权力个人化导致他被推翻，并在1999年被达乌达·马拉姆·万凯（Daouda Malam Wanké）领导的武装力量谋杀。马马杜·坦贾（Mamadou Tandja）在选举中获胜，这个新的军事政权重新走上了民主的道路。中非共和国也通过武装力量的介入逐步走上了宪政的道路。事实上，在经历了多次反对昂热·菲利克斯·帕塔塞（Ange Félix Patassé）政权的叛乱之后，2003年5月弗朗索瓦·博齐泽（François Bozizé）将军成功当选总统并带领国家走上了民主的道路。2005年3月在毛里塔尼亚，阿里·穆罕默德·瓦尔（Ely Mohamed Vall）上校领导的军事政变推翻了反民主体制的领导人马维亚·乌尔德·西德·艾哈迈德（Maaouya Ould Sid' Ahmed）。这次军事介入掀起了宪政生活的整顿之风，重铸了宪法并且组织了总统大选，2006年5月的大选中西迪·穆罕默德·乌尔德·阿卜杜拉希（Sidi Mohamed Ould Cheikh Abdallahi）获胜当选总统。然而，2008年8月6日的政治暴动再一次昭示：只有手握兵权，才能当选。事实上，这次政治暴动发生在总统拒绝召开国民议会临时会议和军队中六个高级官员免职之后。虽然同样出自这群人，有位将军却承诺保留和尊重现行制度，同时尽快组织总统选举。

这种对民主的声援不仅出现在法语区，同时也出现在葡语区[1]。

军事手段的介入从一些学说的角度来看或许是有好处的，因为它是为民主服务[2]。西方宪政主义学说中，军队——曾经的沉默巨人——本身不是一股

---

[1] C'est le cas de la Guinée Bissau et de Sao Tomé é Principe Voir, Kpodar (A.), Essai de réflexion sur la régionalisation du maintien de la paix et de la sécurité collectives: l'exemple de l'Afrique de l'Ouest, Thèse-Droit, Université de Poitiers, octobre 2002; Martins (M.), Le conflit en Guinée Bissau: chronologie d'une catastrophe, L'Afrique politique, 1999, pp.213-328.

[2] Grégoire (E.)/Olivier de Sardan (J.P.), Niger: le pire a été évité et demain? Politique africaine, n° 61, mars 1996, pp.117-121.

政治力量，国家本身就是建立在军事权力从属于公民权利[1]的基础之上，而且军队长期以来都表示不过问政治并标榜以此作为典范的国家固有组成部分。这种隶属关系并不意味着军队势力地位的下降，这是因为军事和政治分属不同的领域，政治生活越是民主，军队就越强调自身的收缩，这是为了避免引起一些争论：没有尽职并且有害于自身职能的完成。但是如果军队必须保持不问政事，它的使命之一便是当国家法律中的法制观念受到威胁时，它竭力维护这种观念。

因此，军队可以影响政权，要么拒绝成为政权更迭的同谋，要么借助武力掌握政权。第一种情况，它以压力集团的形式出现；第二种，军队干预的目的是推翻公民政权，建立军事政府。即使我们赞同这种分析，考虑到这些行为的政治合法性，我们认为从法律的角度来看，非洲的军事干预并不属于新宪政主义范畴。确实，之所以制宪议会反对这种可能性，是因为制宪议会已经以人民过去的生活为据作出了明确的选择，同时不信任这种体制，担心这种体制会随着其他目标的变化而改变宪法，科特迪瓦和尼日尔的例子就是明证。因此，虽然这些斗争以合法性为目的，但对于非洲的新宪政主义，这些斗争在不同程度上与明确反对民主的军事干预相比，仍然表现出很大的危险。

其次，军队势力明确反对实行民主制度，这种情况是非常典型的。例如发生在布隆迪的情况，1993年的大选皮埃尔·布约亚（Pierre Buyoya）少校不承认落选，政权交给获胜者布隆迪民主阵线的领导者梅尔基奥尔·恩达达耶（Melchior Ndadaye）；同年10月12日，军队通过政变掌握政权，同年国民议会的主席和副主席都被暗杀了。但是面对国际社会的压力，军人政府的执政并没有持续很久，因此政权又重新回到了皮埃尔少校手中。同样，多哥武装力量被视为国内民主进程的阻碍。不要忘记在纳辛贝·埃亚德马（Gnassingbé Eyadema）将军统治时期对人民和反对派无数次的镇压[2]，直至他去世多哥军队才发动政变，并把政权交予其子福雷·埃索齐姆纳·纳辛

---

[1] De Soto (J.), Pouvoir civil et pouvoir militaire, La défense nationale, 1958, pp.12 et ss.; Girardet (R.), Pouvoir civil et pouvoir militaire dans la France contemporaine, RFSP, mars 1960, p.5 et ss..

[2] Amnesty International, Togo: les forces armées tuent impunément, Paris 1993; Toulabor (C.), Violence militaire, démocratisation et ethnicité au Togo, Autrepart, 10, 1999, pp.105-112.

贝（Faure Essossimna Gnassingbé）。2005年2月5日，纳辛贝将军逝世的消息一公布，参谋长扎卡里·南贾（Zakari Nandja）将军就宣布，鉴于宪法存在缺陷，国民议会主席方巴雷·纳查巴（Fambaré Ouatara Natchaba）又不在国内①，军队决定把权利交给其子福雷·纳辛贝。为了掩盖这场骗局，国民议会连夜召开会议，决定罢免现任主席并由福雷·纳辛贝取而代之。为了使后者履行誓言，宪法法院参与到体制中……但是，面对国际社会对于政治模式奇怪改变的谴责，新总统被迫辞职……为了重回总统宝座，他不仅在选举中弄虚作假，而且还招致流血事件。

军队的干预对施行新宪法带来了一些问题。

首先，军队的干预表明国家无法按照预定的宪法秩序进行治理。这将很大程度上削弱宪法的基础和宪法的根基，后者规定了宪法在国家权力中的地位。事实上，宪法的功能除了规定个人的权利与自由之外②，根据启蒙思想家的设想，宪法还有利于建立政权，还是权力的合法性工具。宪法的主要目的在于削弱统治者或候选人对权力支配控制，仅授予他们宪法所规定条款的执行权力，这样宪法便确立了法律的权力，而当权者就应该效忠法律。因此，通过法律的手段，宪法可以改变有些政府不想采用依法治国的想法。中立个人意志也符合权力的制度化。个人意志无权强加于民，只有当它们在宪法所规定的框架内才在法律上合法有效。这些框架限定政治的功能，同时规定政治功能的框架以及它的完成条件。从这个角度来看，尽管宪法规定了其他机制，但他们仍采用军事政变的手段夺取政权，那么如何在政治方面分析这些军事手段呢？应该考虑到在撒哈拉以南法语非洲宪法不再符合它决定权力的地位，军队为了使用武力甚至使宪法中立化。因此，在现实中，宪法的"权威"在这个范围内只是过眼云烟。如果宪法文本适用于执政者，他们只是

---

① En effet, selon l'article 65 de la constitution: «En cas de vacance de la présidence de la République par décès..., la fonction présidentielle est exercée provisoirement par le Président de l'Assemblée nationale...».
② Jellinek (G.), La Déclaration des droits de l'homme, trad. Fardis, 1901; Grandin, Les doctrines politiques de Locke et la Déclaration des droits de l'homme, thèse Bordeaux, 1920; Esmein (A.), Eléments de droit constitutionnel, 8ème éd.1927, t.I, p.596; Duguit (L.), Traité de droit constitutionnel, 3ème éd.T.I.II...; Jèze (G.), Valeur juridique des déclarations des droits, RDP, 1913, pp.688 et ss; Carré de Malberg (R.), Contribution à la théorie de l'Etat, t.II, pp.578 et ss.....

把它当成一纸空文，如果情况需要，他们可以轻松地践踏。因此，宪法正在去掉它神圣的外衣被大家所熟知。毫不夸张地说，在非洲，宪法的基本内容仍然是保障各种权利，同时限定政权。如果能看到违宪的情况和在政治领域的军事干涉，这就是大势所趋。此外，宪法也向通过武力上台的这些统治者提出了合法性的问题。在一个宪政体制中，假如是独裁统治者当政，他们将按照自己赋予的职权发号施令。法律理论规定只有经过合法授权才能正当执政。这的确需要一个理由，这个理由正是宪法，因为宪法确定了执政应该具备的诸多条件。它选定了统治者，同时奠定了统治者的合法性。宪法规定他们权力具有合法性，这为统治者权力的来源提供了依据。撒哈拉以南非洲法语国家废除了宪法条文中通过武力执政的内容，凡是采用这种手段上台的统治者都是违宪的，即使后来他们由普选产生。正如"欺诈会破坏一切"所说，这些后来合法的统治者，之前都是非法的。

其次，这些政变使政治陷入僵局，甚至包括武装冲突，以及短期内不稳定的状况。为了摆脱政治冲突，统治者采用了一种新的解决方式，在不侵犯宪法文本的情况下削弱宪法的地位。例如以下的政治协定，阿尔贝·扎菲（Albert Zafy）和迪迪埃·拉齐拉卡（Didier Ratsiraka）于1991年10月31日马达加斯加签署的公约①，2003年1月23日科特迪瓦主要政治派别间签署的《马尔库西协议》②，2003年刚果民主共和国签署的全面包容协议，2004年8月6日布隆迪签署的共享权利协议，以及2007年多哥签署的全面政治协议。这些政治上的妥协具有法律意义，通常使国家机构的功能适应当前政治势力的利益。上述的协定构成了新宪政主义的问题，宪政要求宪法成为解决国家机构之间政治和法律问题的唯一基本准则，此外它们也不能被视为"宪法条

---

① Voir Afrique Contemporaine, n° 163, 1992, p.55.

② Du Bois De Gaudusson (J.), L'accord de Marcoussis entre droit et politique, Afrique Contemporaine, n° 206, été 2003, pp.42 et ss.; Kpodar (A.), Politique et ordre juridique: les problèmes constitutionnels posés par l'Accord de Linas Marcoussis du 23 janvier 2003, RRJ, 2005-4-2, pp.2503-2526.

例"①。这种解决政治危机新的方法反映出的更深层次的问题——宪法在丧失它的威严。依据宪法的规范性概念②，法律禁止在一个国家内存在除宪法制定机构之外，任何能够制定与之相悖的基本准则性条款的组织机构。但是，在危机时期政治协议却被认为是一种权宜之计。我们只能得出这样一种趋势作为结论，即在政治生活领域弱化宪法正逐渐取代"合法化的政治辩论"③。

最后，解决政治危机的另一种方法是组建过渡政府或者多种政治力量的联合政府，而并不是在法律的基础上组织政府。吕克·辛琼（Luc Sindjoun）教授分析了这些政府的情况，它们修改了宪政中的实质内容，所以出现了国家危机、政府垮台或者国家分裂，因此它们的统治被认为是一种原始状态的政治制度④。

事实上，90年代在撒哈拉以南的非洲法语国家，新宪政主义的目标一

---

① Apparue sous la plume de Dicey en 1885 («Constitutional convention», in Introduction à l'étude du droit constitutionnel, Trad. Batut (A.)/Jèze (G.), Paris, éd. Giard et Brière, 1902), la convention de la constitution résulte d'un accord de volonté entre les différentes institutions ou pouvoirs publics, pour adapter, en partant des normes constitutionnelles, des attitudes qui peuvent être contradictoires avec le texte constitutionnel. Sur cette question voir Lemaire (F.), Les convention de la constitution dans le système français, RFDC, 1998, pp.451-515; Laferrière (J.), la coutume constitutionnel, son rôle et sa valeur en France, RDP 1944, pp.44 et ss; Vedel (G.), Le droit, le fait et la coutume, in Le Monde, 27 juillet 1968, p.7; Levy (D.), De l'idée de coutume constitutionnelle à l'esquisse d'une théorie des sources du droit constitutionnel et de leur sanction, in Mélanges Charles Eisenmann, Paris Cujas, 1975, pp.81 et ss; Avril (P.), Les conventions de la constitution, Paris, PUF, collLéviathan, 1997; Rials (S.), Réflexion sur la notion de coutume constitutionnelle, RA, 1979, pp.265 et ss..

② L'ensemble des normes juridiques qui se caractérise par sa suprématie sur les autres règles; ou bien l'ensemble des règles écrites, relatives aux grands principes qui régissent l'organisation de l'Etat et ne devant être modifiées que suivant une procédure très spéciale...dont le non respect est sanctionné par le juge. Voir: Kelsen (H.), Théorie générale du droit de l'Etat, Paris LGDJ, 1945, rééditée en 1997; Théorie pure du droit, Paris LGDJ, 1965, réed.1999; Raynaud (Ph.), Philosophie de Michel Troper, Droit, RFTPCJ, n° 37, 2003, pp.3-11; Amselek (P.), Réflexions critiques autour de la conception kelsenienne de l'ordre juridique, RDP 1978, pp5-19; Hamon (F.)/Troper (M.), Droit constitutionnel, Paris LGDJ, 2003, pp.22-23.

③ Du Bois De Gaudusson (J.), Les solutions constitutionnelles des conflits politiques, Afrique Contemporaine, n° spécial, 4ème trimestre, 1996, pp.252 et ss..

④ Le gouvernement de transition: éléments pour une théorie politico-constitutionnelle de l'Etat en crise ou en reconstruction, in Démocratie et liberté: tension, dialogue, confrontation, Mélanges en l'honneur de Slobodan Milacic, préc.pp.967-1011.

方面是促进国家的民主化进程朝着自由民主的方向发展，另一方面是建立和巩固这种政治新格局。正是基于这一点，我们把这段时期非洲所进行的这项宪法工程视为行动指南，这项事业为我们建立民有、民治、民享的新政府指明方向。总之，这是源于奉献的原则，法制的观念以及宪法所体现的思想。如今，问题的关键在于宪法主义是否实现了这一目标。回答是否定的，目前无论是在理论思想上还是政界内部都存在反对非洲宪政主义的批判和怀疑。其中一些最严苛的批判者们认为宣扬建设民主时代的口号已遭到赤裸裸的践踏，早已束之高阁。撒哈拉以南非洲法语国家的新宪政既没有在时代的浪潮中存活下来，也没能抵挡住政治现状的冲击，它就在统治者政策的双重压力下自行停止，走向终结，然而谁又能从宪法理论的角度看出，非洲宪政主义游弋于表面上接受与做法上唾弃二者之间的这种趋势呢？

一方面，自非洲国家独立以来，宪法制定和实施的差距很好地体现出宪法精神的贬值。托克维尔从理论的角度发现法国人喜好探究政治理论，是因为他们所生活的政体既不允许把理论转换为现实，也禁止通过这种方式发现其现行政体的不足。相反，美国人习惯自治管理模式，通过具体实施经验把存在的实际问题和主流政治思想作比较，找到不足[①]。因此新宪政主义可以在某些条件下经过改造获得重生。撒哈拉以南非洲法语国家经过殖民地解放运动后，宪法思想被普遍接受，然而却没有真正在法律和政治方面做好准备，只是作为像西方国家当年一样用宪法思想对抗专制统治。非洲国家只是照搬西方模式，并未有效地施行宪法，这是因为宪法不符合当地的政权现状，尤其是权力的个人化，注重社会权利而非个人权利，经济发展落后，不存在民族国家等。在撒哈拉以南的非洲法语国家，我们应当认可宪法巩固政权的作用，然而在动荡时期它却无法保证国家的长治久安，因此宪法权利的限制功能大打折扣，甚至还会因为个人利益而无视宪法。由此观之，虽然宪法是国家法律秩序的源泉，但人民没有宪法观念这种法律秩序也是无法建立的。如果宪法秩序在撒哈拉以南的非洲法语国家遭到嘲弄和讥笑，那是因为无论是当权者还是人民都没有真正地接受把权力纳入法律规范内的思想观念。宪政的衰退表明非洲政治秩序如此脆弱以至于法律文献也没能建立其应有的秩

---

① De Tocqueville (A.), La démocratie en Amérique, I, Chapitre 4.

序，这是因为宪法只是一味的当作舶来品，宪法观念没有扎根于公众内心，这样宪法自然就无法在风云变幻的政治生活中存活。

另一方面，无论是法律的宣传还是自由主义政体的有关条文，非洲宪法秩序都从未如此的兼容并包。如果这种宣传因为其理论观点而精彩，它的精彩之处也同样体现在对原则权威性的质疑。的确，如果这些观念真正的扎根非洲人民的思想中，我们就无需如此费力地宣传了。事实上，非洲宪政的这种模仿旨在表达对未来的希望，而非表现人民坚定的思想意识。然而，基于启蒙哲学思想的宪法并非是一张对美好未来的保证书，它更像是在民主进程中人们制定社会组织法律框架的一个必经阶段。在先进的民主政体中，当经典宪法在其宣言中阐明时代信仰时，这其实是在记录一个客观事实。在非洲，我们认为情况则不同，因为在宪法中我们所宣扬的法制观念只是对未来的设想憧憬。然而这种设想往往太过模糊，太过宽泛以至于包含一些和事实相悖的原则，因此也不能成为同一社会体系的法律框架，更不能建立稳定的政权。这正解释了撒哈拉以南非洲法语国家的当权者制定的宪法只是暂时胜利政治力量的工具，宪法规范也只是根据时局被当权者赞赏或抛弃的统治方法。然而，只有保持坚定政治方向的宪法才能得以继续存在，否则它就成为一种向法律传统致敬的摆设或是一个掩饰大于法律观念的借口，正如上文介绍非洲的现状一样。

最后，鉴于国际上对自由民主的要求以及非洲国家对国际金融机构的依赖，这些机构往往把民主政治模式作为财政支持的条件，因此接受西方宪政长期是非洲国家的共同唯一选择。在这种条件下，问题的关键不再是选择方向，而在于使非洲人民接受有利于新宪政实施的法律制度，这样不但可以避免无政府主义同样可以抵制多数人中少数人的专制。

二、有条件的重生

20世纪60年代独立之后，大部分撒哈拉以南的非洲法语国家继承了西方的宪政主义。西方宪政主义在欧洲历经了几个世纪的风雨，提倡建立一个遵守原则的政府。这些原则意味着一些人民普遍接受的价值观，没有这些价值观，宪政就只是一个空壳。事实上，宪政主义是对这些价值观的信仰，通过民主文化传播到非洲的独立国家，成为这种外来的政府模式成功的关键因素。

1. 接受宪政主义价值观

如果国家不承认或不接受这些宪政的原则，即使宣称自己符合宪政模式，新宪政主义也仍然是一个幻想。

在任何一个社会中都存在一些被普遍接受的价值观，可以增强集体的凝聚力。价值观可以是身体、智力或心理的特质，可以评价某些种类的活动，参考个人之间的关系模式，描述出一种理想或现实，但是他们都源自集体心理对某一现象或看法给出的价值。社会就是为了遵循一种特定的生活方式而组织自己行为活动的一个群体，这一加强团结的目标依靠一些反映社会主流价值观的行为来实现。社会秩序指的就是对这些价值观的遵循，而这些价值观则是由它们本身所包含的迫切需要产生的。这一自我调节的社会机制表现在两方面。一方面，它来自一系列的压力，习惯上，还来自人们处在的同一文化归属和参与中所接受的教育准则；另一方面，它通过制约和惩罚机制得以体现，这一机制只是某一社会价值产生的结果，同时参考集体的基本要求。

如果这些社会学方面的思考能明确价值的定义，基本法律效力的概念与宪法[1]就有关联，比如，在法国和德国，宪法机构用一些具有宪法价值的目标来表明一种观念，即政治社会建立的基础是自身需求和必要性而法律机构必须满足这些需求。事实上，一个社会的政治价值观与影响所有社会成员并且引导他们行为的集体所接受的要求和期望是吻合的。正是这些价值保留了集体在政治上的统一性和稳定性。它们对个人和集体起着调节作用，规范作用，而个人和集体也在潜移默化地遵守这些价值，这正是存在法治观念和必要性原因。政治价值的法律准则得到认可和保护，于是便产生了法律的效力。因此，我们可以明确宪法的意义在于认可某一社会并在法律上保护其政治价值，此外还应确保社会的安全。

在撒哈拉以南的非洲法语国家中把宪法作为统治工具并且遭到受侵犯的

---

[1] Adam (A.), Sur les valeurs juridiques fondamentales, in Démocratie et liberté: tension dialogue, confrontation, Mélanges en l'honneur de Slobodan Milacic, préc.pp.25-37.

事实表明,人们对宪法的遵守不仅仅因为它是人们唯一接受并通过特定程序修改的准则,还因为它传递的是统治者和人民尚未接受的社会基本价值。换句话说,不遵循宪法价值观念的宪政只是对宪法的毁灭。我们因而可以理解撒哈拉以南的非洲法语国家接受这些预示着新宪政价值观的必要。然而,这些价值观在哪?如何确定它们?

我们可以追溯到很久以前直至西方宪政的源头:文艺复兴时期和资产阶级改革时期,中世纪基督教时期以及远古时代。现在,宪政的基本原则已经被撒哈拉以南非洲法语国家所接受。但是,对当代法律制度产生直接和决定作用的思想源头是可以在启蒙时代作家的哲学作品中找到的,其中最著名的有约翰·洛克,孟德斯鸠和卢梭[1]。宪政主义从他们的书中获得了一些原则:三权分立思想、限制专制、人民主权、尊重个人自由等。目前我们不需要重温这些丰富的宪政理论,重要的是要追根溯源来解释这些原则的必要性和目的性,概括来说就是它们的价值。这些政治原则或是格言的特点就在于民主的管理方式。民主作为一种道德价值观,与实证主义背道而驰。民主思想改变了政治职能的威信,后者的支撑在于实现集体利益的信仰。

民主被看做是以人的首要价值的一种要求。民主表现为实现自由和公正的工具,以及获得社会福利的事业。

第一,宪政建立在宪法的基础上,存在宪法仍然是根本而神圣的原则。如果说宪法在宪政中占据主要地位,那么就需要建立一个机构以确保其至高无上的权力不受侵犯,因为它代表了一种价值观,在它身上我们可以看到政府权力的真正地位以及国家机关的根本地位。其意识形态上的作用就是确认作为政治社会基础的法治观点[2]。因此,宪法工具化就是破坏宪政和国家

---

[1] Voir avec intérêt, Lavroff (D.G.), Les grandes étapes de la pensée politique, Paris Dalloz, 1999.

[2] Friedrich (C.J.), le problème du pouvoir, in Le Pouvoir, Annale de Philosophie politique, 1951, I, pp.35 et ss..

本身①。

第二，民主和非洲新宪政主义应该紧密持久地与自由相联系。民主基本定义（人民主权）的重要性只有在我们考虑过它排除了什么之后才体现：管理国家的权力并不真正属于人民，比如在选举中舞弊。这一观点突显出民主作为建立在自由基础上的管理体系的作用，这一体系以命令和服从的关系为基础②，二者的关系在任何一个政治化的组织社会中都是必不可少的。但是，这一自由有着不同的定义。民主最初来自于一种人类固有特权的自由，有了这一自由，人可以掌握自己的命运。民主代表着没有限制，身体和精神上独立思想，这是能够"自治的自由"。然而，这种"自治"是脆弱的，应该时刻抵御政治权力专制化的可怕危险。于是就有了另一种自由的定义，就是"参与的自由"。这一自由把人民与行使权利紧密相连，以防止统治者向人民施加自由决定权。在这一观点中，民主很像政治自由的体制，因为它的权威建立在它统治的人的意志之上的。作为自由的工具，新宪政主义传播的民主与自由主义哲学是密不可分的。它保护的权利是个人生来就有的，要求其去实现这些能力。因此，我们需要好好安排国家的政治体制，让民主不受制于权力。

第三，在价值观方面，新宪政应该成为伸张正义的工具。它旨在建立一个公正的社会，避免统治者及其保护者将自由看成他们的特权。因此，自由被认为是新宪政应该实现的追求。

---

① Il est difficile aux gouvernants de se rendre à cette évidence car l'une des caractéristiques de la plupart des constitutions africaines, si l'on veut remonter un peu plus haut est qu'elles ont été élaborées à une époque où les pays africains n'étaient pas indépendants et où l'influence du colonisateur était encore considérable. Celui-ci pouvait orienter, sinon dicter les choix politiques des dirigeants africains, qui continuent de percevoir même aujourd'hui le constitutionnalisme comme un produit d'importation, témoin de l'impérialisme constitutionnel occidental. C'est peut-être pour ces raisons que les constitutions africaines s'effondrent sous les coups d'Etat. Voir Fischer (G.), La décolonisation et le rôle des traités et des constitutions, AFDI, 1962, pp.80 et ss; Gonidec (P.-F.), Les droits africains, Evolution et sources, Paris LGDJ, 1976, pp.78 et ss.

② La démocratie a été comprise pendant des siècles comme une formule exclusivement politique applicable pour l'explication et l'aménagement des rapports d'autorité et d'obéissance. Historiquement elle a d'abord été une arme contre le despotisme.

第四，民主被看做人民利益的维护者①。很明显，在一个物质资料有限的世界里，只有政治权力可以阻止有优势的一方独占市场，损害劳苦大众的利益。因此民主的目的便是保证个人和集体已经获得的利益，并且保证他们可以分享更多经济发展带来的成果。

我们可以尝试把新宪政的根本法律价值观系统化，首先要知道新宪政是完全反对专制或过分干预政权，必须用宪法规定的机制解决政治问题，以宪政权力过渡的方式确保权力更替。另外，统治者有责任维护个体的自由，巩固法治国家。因此，人民有义务服从统治者。

20世纪90年代，撒哈拉以南的非洲废除总统制表现在废止旧宪法、采纳新宪法，表现出其抛弃专制主义的观念，接受建立新的法律和政治秩序的观念，这一新秩序与民主规范相适应。这些法律条文作为新价值的传递者，应当努力改变体制和实行新宪法。由于它们规定新的行为规范，为国家提供新的构想，因而可以被看做是推动历史前进的发动机。

在米歇尔·德勃雷（Michel Debré）看来，共和国既是"公共事务"又是有自己价值观的民主政治形式②。它的基本要求是尊重公共事务，乔治·韦德尔（Georges Vedel）认为，"我们从这一头到另一头，就像从激流到河流"③。换句话说，共和国是一种体系：将公共事务的民主管理委托给一个自身民主的政府。根据罗蒙·卡雷·德·马尔贝格（Raymond Carré de Malberg）的定义，我们认为合法国家是建立在法治之上的。所以，和非洲国家一样，共和制的国家不会把公共事务交给一个只按照其利益来统治的小群体或是少数人。

第二个要求是与共和制国家的运行相联系的，这便扩大了统治者的政治责任。1789年《人权宣言》第15条规定"社会有权要求机关公务人员报告其工作"，这与上述要求含义相同。这一责任要求其承担政治行为范围内产

---

① Depuis les théologiens du Moyen Age, toutes les spéculations de la science politique reposent sur cet axiome que la puissance publique et le gouvernement qui l'exerce n'existent que dans l'intérêt de tous les membres de la nationVoir Esmein (A.), Elément de droit constitutionnel, 1927, t.I, p.311.

② La mort de l'Etat républicain, Paris Gallimard, 1947; La République et son pouvoir, Paris, Nagel, 1950.

③ «Res publica» et République. A propos de deux livres de Michel Debré, RFSP, volI mai 1951, p.200.

生的政治结果，大体说来就是罢免或不连任①。这个责任也包括统治者为民众服务，对他们负责②。在代议制的政体中，每个通过选举获得职位的人都应该认识到自己应该为国家做什么，并且承担后果。相反的，这一责任可使民众产生维护集体的意识。

但是，我们在这一地区看到建立宪政和实际实施之间的差距。这表明，宪法原则包含了自治和他治的必然联系，自身可以产生效果，但是也依赖于自身所处的政治和社会环境。体系的完全改变要求宪法需要被政治和社会环境真正地采纳和接受。如果目前妥协和政治辩证思维不存在于政治文化之中，那么政治文化会成为一个阻碍司法维护稳定的因素。因而人们可能轻视宪法或使之仅仅成为一种工具。所以，接受新宪政思维应该和改变思想观念同时进行，否则宪法就不再有原先的重要性，也就是说会变成一张可任意踩踏的白纸或者被工具化，此外根据凯尔森理论的定义，宪法永远不会达到规范性的标准。和新宪法高唱着民主的春天一样，真正向新宪政体制过渡来自于不断的学习或者民主文化。

2. 向民主文化招手

"除了法律和政治，文化是践行价值和原则的最好保障。文化作为极易被接受的价值体系，可以让人们的态度和行为符合政治和法律规则。"③

政治文化是政治态度④的集合体，也就是"安排或者准备以一种方式而不是另一种方式去行动。它可能在某一特定情况下采取特定的行为"。⑤根据社会政治学的观点，我们把政治文化分为三个方面，根据这三方面，我们可以分析出撒哈拉以南非洲法语地区民主文化的必要性。

第一方面是认知性的，包含个人和社会对政治的所有认识。通过对人的教育和公民的教化而实现，这些认识是自由化民主的根本。我们回忆起孟德斯鸠创立了管理民主或代表制民主，据此，人民可以选择自己的统治者，

---

① Segur (P.), -La responsabilité politique, QSJ, Paris PUF, 1998.

② Avril (P.), Pouvoir et responsabilité, in Mélanges Burdeau,...

③ Milacic (S.), La démocratie politique éclipsée par l'Etat de droit, in Illessy (I.) sdir., Constitutional Consequences of the EU Memberships, Université de Pécs, Faculté de droit, 2005, p.241.

④ Lancelot (A.), Les attitudes politiques, Paris, 1974, pp.6-7.

⑤ Cot (P.)/Mounier (J.P.), Pour une sociologie politique, Paris, Seuil, Tome III, pp.15-18.

但是不能自治，所以需要有一些熟知民主规则的人①。这一观点是存在质疑的，因为我们不知道人们区分好的统治者和不好的统治者的基础是什么，或者严格一点来说，在选择统治者的同时，人民已经在自治，我们从中可以感受到教育在自由宪政主义中的重要性。法国革命者明白了这一点，学校成为公立性的。从自由主义观点来看，教育只有在个人②对自己的改造后才能达成，但这一努力必须由为个人创造必要条件③的公共权力来支撑。教育使人达到各种利益的终极和谐状态，摒弃自己的自私，反而追寻更有意义的大公无私。它要求人减少要求，转而在工作、美德、努力和限制欲望的博弈中找到自己的方向。在非洲政治组织中，国家的角色在自由化民主的作用下得到了加强，因为这些政治组织重视符合自己标准的人，尤其是公民对于政权的必要性。革命中代表制民主的理论家依据公民责任感④这一独特的美德构想出了这一观点作为证据。因此，自由化民主的决定思想在于，教育是普选的补充。教育一方面使竞选者不空谈社会理想，另一方面使选民基于社会发展

---

① En d'autres termes, le peuple serait médiocre législateur s'il faisait lui-même les lois ou imposait à ses élus le contenu de ses lois. En revanche le peuple excelle à choisir ses représentants.

② L'individualisme, fondement des théories du siècle des Lumières, permet de considérer que tout doit se faire par l'action individuelle, jusqu'à l'individu lui-même. Et, puisque l'individu est à la fois la fin et le moyen de tout progrès social, il va de soi que celui-ci dépend de la qualité de l'instrument dont il use. Il ne faut donc pas se surprendre du rôle primordial que la doctrine libérale, sous toutes ses coutures et à quelque moment qu'on l'envisage de Bentham à LSay et de Condorcet à Jules Ferry, a toujours reconnu aux questions liées à l'éducation des hommes.

③ On pourra ainsi concevoir avec Stuart Mill que «la première question à l'égard de toute institution politique est de savoir jusqu'à quel point elle tend à développer chez les membres de la communauté les différentes qualités morales et intellectuelles», Le gouvernement représentatif, 3ème éd. Franç., 1877, p.41.

④ Dans son Premier mémoire sur l'instruction publique Condorcet n'écrivait-il pas: «Plus les hommes sont disposés par l'éducation à raisonner juste, à saisir les vérités qu'on leur présente, à rejeter les crimes dont on veut les rendre victimes, plus aussi une nation qui verrait ainsi les lumières s'accroître de plus en plus et se répandre sur un plus grand nombre d'individus, doit espérer d'obtenir et de conserver de bonnes lois, une administration sage et une constitution libre... C'est donc un devoir à la société d'offrir à tous les moyens d'acquérir les connaissances auxquelles la force de leur intelligence et le temps qu'ils peuvent employer à s'instruire leur permettent d'atteindre...».

和社会利益作出选择,避免所有扼杀撒哈拉以南非洲民主选举的毒瘤。① 只有依靠人,我们才能教化出公民,只有依靠教育,我们才能塑造人。② 因此,教育是民主的条件。应该承认的是,如果人保持最初的混沌状态,民主是不可能实现的。因而,我们就能理解为什么教育在民主中的作用成为数不胜数的演讲、书和辩论都选取的共同主题,从这个意义上讲,教育可使人以统治者和民众的双重角度意识到自己在民主机构中的作用。所以在识字率很低的地区,教育政策应得到重视。回顾斯图尔特·米尔(Stuart Mill)和托克维尔说的话,他们呼吁统治者承担自己的责任③。但这一教育如果仅仅局限于它本身是不够的,它还应该建立在文化这一同样重要的因素之上。

政治文化的第二个方面是情感性的。它代表了所有社会价值具有的情感意义,决定了个人对体制的要求以及与政治界人物关系的态度。以此我们应该提出一些关于撒哈拉以南非洲民主未来的重要问题:民主体制是否真的有那么完美,难道只有西方国家可以实行吗?非洲实行民主的条件还不成熟吗?换句话说,这种类型的政府是不是不适合非洲政治文化,或者,非洲是不是还没有准备好接受民主价值观?

---

① Le Professeur Théodore Holo faisait remarquer à ce propos qu'«aussi, dans un contexte de pluralisme, la compétition pour la fonction présidentielle est-elle très âpre. En raison de la perte d'influence des idéologies et de l'absence d'une véritable culture politique, le choix des gouvernants s'effectue bien souvent selon, non pas la crédibilité et la qualité du projet de société des candidats en lice mais plutôt l'état de leur fortune et leur générosité à l'égard des électeurs...», démocratie revitalisée ou démocratie émasculée?...préc., p36.
② Vacherot, La démocratie, 1860, p.33.
③ «La valeur d'un Etat à la longue, c'est la valeur des individus qui le composent, et un Etat qui préfère à l'expansion et à l'évolution intellectuelle des individus, un semblant d'habileté administrative dans le détail des affaires; un Etat qui rapetisse les hommes, afin qu'ils puissent être entre ses mains les instruments dociles de ses projets (même bienfaisants), s'apercevra qu'on ne peut faire de grandes choses avec les petits hommes et que la perfection de mécanisme à laquelle il a tout sacrifié finira par ne lui servir de rien, faute du pouvoir vital qu'il lui a plu de proscrire pour faciliter le jeu de la machine», La liberté, 1864; «On dirait que les souverains de notre temps ne cherchent qu'à faire avec les hommes des choses grandesJe voudrais qu'ils songeassent un peu plus à faire de grands hommes; qu'ils attachassent moins de prix à l'œuvre et plus à l'ouvrier et qu'ils se souvinssent sans cesse qu'une nation ne peut rester longtemps forte quand chaque homme y est individuellement faible et qu'on a point encore trouvé de formes sociales ni de combinaisons politiques qui puissent faire un peuple énergique en le composant de citoyens pusillanimes et mous», De la Démocratie en Amérique, T I, 4ème Partie, Chap7, p.449.

为了回答第一个问题，我们可以说，事实上新宪政指得不是一种被神化的统治体制。它建立在之前分析过的，所有人都可以遵循的简单原则之上①。

　　对于后面一些问题的解答，在赞成积极的论点之前，我们会首先向大家展示否定者们的论点。根据否定者的观点，宪政民主作为西方政权的典型特产，总体上不适用于第三世界国家，尤其是20世纪60年代以后解放的非洲，来源于理论和政治界。宪政民主构成了主要的文化特性，该观点既反映出非洲国家对权力概念的认识，即认为权力是神圣且私人的②，又体现出他们对发展和统一的需求③，这种文化特征使新国家不具备民主的能力，并最终导致其走向专制。这些论题值得探讨，观点如下。首先，尽管这一文化特性真实地存在，它也会因为自身传达的信息——社会的焦躁，故步自封，黑人因为自己的身份跟不上世界的发展④——而遭到抵制。因此，这一文化特性不能阻碍那些一成不变或者政治传统僵化的非洲国家。从本质上说，所有的文化都需要与别的文化交流，共同进步，即使这些文化属于帝国主义文化。其次，这一文化特性与法治国家和民主并不违背。为了证明此点，我们需要回顾一下殖民时期的非洲，尤其是要分析统治当时政党的价值观⑤。多元化的概念在非洲不会被忽视，因为从人民和民族的角度来说，它是被多数人认同的。另外，不管它们的表现形式是什么，这类社会主要都被摇摆在集权和

---

① Supra.

② Pour une présentation de cette thèse qui n'emporte pas forcément adhésion des auteurs ici référencés voir entre autres : Mair (L.), Primitive Government, Londres, Penguin Books, 1962; Gillissen (J.), Introduction historique au droit, Bruxelles, Bruylant, 1979Gonidec (P.F.), L'Etat africain, Paris, LGDJ, 1970; Lombard (J.), Structures de type féodal en Afrique noire, Paris, Mouton, 1965; Le Roy (E.), Histoire des institutions politiques d'Afrique noire. Cours enseigné à l'Université de Brazzaville, 1970-1971, inédit, Revu et corrigé, Paris, LAJ, 1979-1980; Coquery-Vidrovitch (C.), Les structures et le village africain précolonial, in Colloque organisé par le CEJA de Paris, 1989, p.8 et ss(Dactyl.); Glèlè-Ahanhanzo (M.), Religion, Culture et pouvoir en Afrique....

③ Emerson (R.), Parties and National Integration in Africa, in Lapalombara (P.)/Weiner (M.), Political Parties and Political Development, Ed. Princeton, New Jersey, PUP, 1966, pp.296 et ss; Hamon (L.), Société, Pouvoir et Armée dans le Tiers-Monde, RJPIC, n° 2, avril-juin 1980, pp.526 et ss.

④ Mongo Beti, Identité et tradition, in Michaud (G.), Négritude: tradition et développement, Bruxelles, ed. Complexes, 1978, pp.18 et ss.

⑤ Voir avec intérêtPotholm (Ch.P.), La politique africaine, Théories et pratiques, Paris Economica, 1981.

分权之间的机制所控制，后一机制体现了分权思想。① 更值得注意的是，权力屈服于一种根本的超越性价值观，它制约着权力（就是我们所说的西方宪法），这种思想并未被忽视。莫里斯·康多（Maurice Kamto）教授指出，殖民时期的非洲，权力本身是神圣的，法律又是这一神圣权力的产物；法律的起源建立在神话传说上，这一传说又建立了一个我们可以赋予"宪政价值"的超越性秩序，并且高于权力之上②。最后，应该批评发展主义和国家团结的观点，因为它们并没有引导非洲国家的发展。因此，具体来说，西方宪政主义的主要原则在非洲得到接受并建立在当地传统之上，这使得非洲可能接近英国古典宪政思想③。但最后一个疑问就是要知道这些原则在价值观等级中的重要性。

政治文化的最后一个要求是评价性的。它包含了参考一系列等级价值观对政治现象作出的判断。它来自对撒哈拉以南非洲宪法周期的分析，从独立一直到今天，非洲人民，不管是学术界、政治界还是其他各阶层，从未停止过追求和平、法治和民主。这表明人民相信要想获得幸福，只有将民主原则置于法律和政治规则的顶端才能实现，即使在专制统治时期，宪法也会将这

---

① Dans la majorité des cas, les Africains considéraient la société comme une communauté dont l'autorité dirigeante avait pour mission de promouvoir le bien commun et dont les chefs étaient directement liés au peuple qu'ils conduisaient. Un proverbe africain met clairement l'accent sur cette analyse: «un chef est chef par la volonté du peuple. Un peuple est un peuple à travers le chef». Le roi ou le chef était juridiquement assujetti à la société qu'il dirigeait et pouvait être déposé en cas d'agissements nuisibles ou d'incapacité. Le roi ou le chef ne pouvait pas non plus espérer que le fait d'exercer la magistrature suprême l'aiderait à se maintenir longtemps au pouvoir si son comportement était entièrement irresponsable ou arbitraire. Voir Maquet (J.), Pouvoir et société en Afrique, Paris Hachette, 1971.

② L'auteur remarque que le respect de la norme fondamentale transcendante est source de la légalité et facteur de la légitimité du pouvoir, la légitimité du pouvoir passe par le respect de la norme du groupe, et sa transgression est la cause de la déchéance du pouvoir, Pouvoir et Droit en Afrique noireEssai sur les fondements du constitutionnalisme des Etats d'Afrique noire francophone, Paris, LGDJ, 1987.

③ Même si ce constitutionnalisme connait des textes écrits, il est dans sa globalité fondé sur des règles coutumières et non écrites, des traditions politiques. Et la Grande Bretagne d'ailleurs m[ère] du constitutionnalisme occidentale, offre ce paradoxe de ne point posséder de constitution au sens formel du terme, mais d'avoir une histoire constitutionnelle, stable et solidement établieVoir Vedel (G.), Manuel élémentaire de droit constitutionnel, réed. Présentée par Carcassonne/Duhamel (O.), Paris, Dalloz, 2002, pp.32 et ss.

一思想写在前言中，足以证明其重要性。

不幸的是，这些价值观似乎在许多现实情况下不能发挥作用：与西方宪政截然相反的殖民政策，冷战影响下发展起来的非洲黑人总统制以及非洲政客对金钱的渴望。但事实上人们并没有完全丧失这些价值观，因为我们认为，即使上述事实明显具有新宪政主义的特点，这些因素只是宪政史上的例外。只有过去辉煌的政治文化重生以及帝国时代非洲的稳定才能让这段时期终结。

从这方面来看，最好回过头看看非洲国家，他们的教学内容都特别强调殖民前的非洲大陆以及奠定政治基础的价值观。这种政治选择应该扩大到所有非洲人民，并且还要回顾历史。非洲大陆上宏大的故事传说和伟大的作家都应该以一种复兴非洲学说的态度把作品发扬光大，不要像今天那样消失反而推崇西方的东西。这个过程可以积累以往的经验，这些现有的经验会巩固新宪政主义的内涵，还可以增大民主成果的积极影响。另一方面来说，应该运用宪法思想来加强民主文化和法律文化意识。这种意识应该是政治家和普通个人都具有的，在发挥它保持社会和平作用的同时广泛传播。同时作者也认为，无论是农业政策还是国家财富再分配，努力实现经济发展或许也是明智的。国家财富再分配能够避免贫困，正是因为贫困才会引起诸多冲突，导致新宪政不稳定。因此，加强对地区政权的扶持是有必要的，这些地区政权在加强非洲民主方面发挥了很大的作用。

有些人宣扬选择另外一种政体或许会适应非洲现状，然而我们的观点和他们完全不同，我们认为非洲能够实行外来的模式，因为事实上非洲根本价值体系和西方宪政思想的内容差别没有那么大。正如别人所说，其实最基本的是执政者和上层社会的人所具有的宪政伦理；前者通常受到抨击，但是如果没有宪政伦理，统治者既不会获得民众的支持也不会选择宪政和民主与自由的价值观，这些观念赋予了统治者宪政伦理的全部价值。正是基于此，这项事业对我们来说似乎是有益的。有些人认为构想的新颖只是我们的借口，在那些认为新构想只在说大话而并没有任何收获，因此，在这个向往民主和人权的复兴时代，如果我们可以、我们应当推广某些西方的政治或法律思想，这样的话就没有人会拒绝共和制度和共和思想。

译者：吴鑫凯

四

中非安全与军事合作篇

非洲战乱和非盟自主维和行动

王洪一[①]

长期以来，非洲军事冲突和战乱问题层出不穷，非洲大陆和国际社会深受危害。在国际社会的支持下，非盟在"非洲方案解决非洲问题"和联合图强的精神指引下，进行了一系列自主维和的尝试。虽然非盟自主维和行动取得了丰硕成果，但维和能力依然不足，非洲和平与安全问题仍然面临着艰巨挑战。

一、非洲冲突问题层出不穷

自独立运动以来，非洲大陆的战争与冲突几乎从未间断，战乱问题层出不穷。从20世纪60年代到80年代，非洲共发生各类政变和兵变280次[②]，武装冲突和战乱24次。有10多个国家发生过10起以上的军事政变，80年代非洲一度有20多个国家的政权为政变军人控制[③]。1990年以来，非洲大陆总体局势走向缓和与稳定，但仍然发生了24起大规模的武装冲突，10余起武装冲突至今仍旧没有解决。

[①] 中国国际问题研究所副研究员，从事非洲安全问题研究十余年，并直接参与过联合国在非维和行动。
[②] 贺文萍："非洲军事政变：老问题引发新关注"，《西亚非洲》2005年第3期。
[③] 王洪一："解析非洲'政变年'"，《国际问题研究》2004年第3期。

（一）独立运动前后的战乱和冲突

在独立运动之初，非洲国家难以解决西方殖民者遗留下来的边界划分、政治权利分配、部族矛盾等问题，缺乏处理复杂政治、经济和社会问题的经验和能力，各政治和利益团体之间的整合与合作也遇到困难，因此爆发了一系列的内战和边境冲突。

这一时期非洲战乱的主要特征是军事冲突的有限性和低烈度。首先，冲突各方的政治号召力和军事组织能力有限，既没有物质条件，也不具有充足的兵员，冲突一般限制在分属各政治势力的前殖民时期的军事人员之间，往往不会造成大规模的伤亡和人道主义灾难。其次，战乱问题的进程中，各方力量重视以政治手段实现目的，军事行动是为实现政治目标而采取的辅助手段。最后，非洲国家间仍保持团结互助、共同追求民族独立的友好关系，边境冲突基本上能最终以和平方式解决或搁置。

另外，非洲国家对前宗主国仍然保持依赖性，对于西方国家继续控制非洲的企图没有足够的制约能力，各方力量最初普遍求助西方国家进行调停，甚至邀请西方国家进行武装干涉。1960—1968年的刚果（金）内战和1967—1970年的尼日利亚内战初期，典型地体现了非洲国家获得独立后面临的艰巨困难和复杂局面，也开启了西方国家尤其是前宗主国武装干涉非洲战乱的先河。非洲战乱问题从此成为国际政治中的焦点问题之一。

（二）冷战时期的战乱

20世纪60年代中期，由于东西方两大阵营在全球范围内进行激烈的争夺影响力的斗争，美欧和前苏联等国家广泛介入非洲冲突和战乱。两大阵营的介入，使得非洲和解、和平、联合、发展的进程受到干扰，非洲各国本来就不成熟的政治架构无法完善。同时，西方干涉加深了非洲各国政治势力、社会阶层、部族、地区力量之间的矛盾，深度影响了非洲的内政和安全走向，造成了至今仍无法消弭的后果。津巴布韦、尼日利亚、贝宁、加蓬、安哥拉、乍得、苏丹（第二次内战）等国家发生的内战，其激烈程度、影响范围、延续性和破坏性，都因为外部力量的介入而加深和加重。

西方国家对非洲冲突的广泛介入，还改变了非洲战乱的进行方式和作战模式，政治暗杀和武装政变、雇佣军问题、海盗问题、武器走私和丛林战，成为危害非洲国家和平与安全的重要因素。在现代国家成立之前，非洲的历史传统和文化传承中一直强调部落和村落长老之间的和解与谈判，并不轻易动用武力，而且交战时遵守基本的人道主义原则。冷战时期，两大阵营为支持各自的政治力量而采取极端手段，向非洲输入各种作战的综合暴力手段。英、法、美、苏等国的军事顾问和雇佣军几乎参与了所有的非洲战乱，1970—1980年间，就参与了至少150起政变和兵变。1978—1989年，法国著名的雇佣军首领德纳尔甚至控制了科摩罗的政权，建立了一个"雇佣军"国家[1]。

另外，这一时期的某些战乱由于涉及民族独立问题，因此具有顽强的生命力，大规模的战乱和小规模的武装摩擦时断时续，迁延至今。例如，苏丹1955年爆发第一次内战后就陷入了长期战乱。目前苏丹分裂成南北两个国家，外部介入的程度有所下降。但南北双方间的矛盾依然没有解决，边境摩擦和各自的内部武装冲突依然存在。再如，1975年"阿拉伯撒哈拉民主共和国"宣布成立后，西撒哈拉战争旋即爆发。1979年毛里塔尼亚停止了武装干涉，联合国1990年积极参与西撒政治进程并派驻维和部队，西撒的武装冲突规模和次数急剧减少，但由于公民投票问题难以得到摩洛哥的认可，现在仍看不到和平曙光。2012年的马里内战，实际上是图阿雷格人的民族建国斗争的历史延续，此后法国的干涉行动则针对的是恐怖主义分子，实质上是两个不同类型的战争。

（三）民主化以来的战乱

从90年代以来，西方国家减少了对非洲的控制和对非洲事务的介入。同时，非洲国家进入民主化和多党制时期，激烈的社会变革激化了各种部族、宗教和社会矛盾，恶化了非洲各国国内和国家间的关系，使得武装冲突和战争类型更加复杂。这一时期非洲共发生了23次战乱，其典型特征是内战、边境冲突、国家间战争、地区冲突等相互混杂交织，造成更广范围内的地区动荡。例如，苏丹的第二次内战中，埃塞俄比亚、乌干达、利比亚、埃及、乍得、中非等周边国家不同程度卷入其中。安哥拉第二次内战、大湖地区战乱、利比里亚和塞拉利昂战乱、科特迪瓦内战、刚果（金）战乱和索马里内战，几乎牵涉了所有的邻国。索马里内

---

[1] http://news.xinhuanet.com/theory/2011-05/16/c_121420035_2.html

战不仅牵涉到周边国家，还衍生出海盗问题，威胁国际航运安全，成为国际焦点问题之一。

这一时期非洲战乱的另外一个显著特征是，参战军事力量的政治和社会诉求更加多元化。在乌干达、苏丹和刚果（金）边境地区活跃的圣灵抵抗军，其政治诉求掺和了很多邪教理论。在索马里，各军事力量的诉求涵盖了宗教、领地、族群关系等领域，有些军事冲突甚至是为了优先获得国际援助机构的救济。在乍得和中非，很多村落和部落武装派别根本没有政治诉求，其战斗目的是为了保护草场和水源。

其次，发动内战和挑起武装冲突的政治和军事力量，越来越追逐大至国家政权、小至地方政治和经济利益分配的现实目标，历史上追求制度变革和实践政治理念的目标已经越来越淡化。现在非洲的武装派别基本上没有政治纲领和组织原则上的差异，追求民主和公正越来越成为口号和遮羞布。追逐现实利益普遍成为非洲战乱中军事力量的真正目的，有些军事力量为了利益不惜为其他国家发动"代理人战争"。例如，刚果（金）边境地区的战乱、西非的利比里亚内战和塞拉利昂内战，很多军事派别的目的在于控制钻石、矿产和木材等资源。刚果（金）、达尔富尔和乍得境内的反叛力量，很多是周边国家或者西方政治势力的代理人。

另外，由于缺乏真正的政治纲领和一致的奋斗目标，非洲战乱中的政治和军事力量越来越平面化，战争更加血腥，造成巨大的物质和人口损失。各武装派别持续不断的分化组合，使得战乱地区的社会组织结构脆弱而分散，既不利于战乱问题的解决，也使得冲突问题容易复发。以达尔富尔问题为例，由于各武装派别的不断分化组合，政府的谈判名单很难确定也经常更改，和平协议因为有些派别的消失和新派别的产生而实际上失效。由于缺乏政治指引和管理上的松散化，很多军事力量不再遵循一般性的社会规则，非洲战乱破坏性增加。塞拉利昂和利比里亚内战中，大量使用娃娃兵，对平民野蛮屠杀，被认为是历史上最血腥的战争。[1]

（四）非洲战乱特点

第一，非洲战乱呈现反复性的特征。非洲多数国家积贫积弱，历史遗留

---

[1] Crane, David M.CASE《塞拉利昂特别法庭．弗里敦：联合国和塞拉利昂政府》2008年。

问题突出，现实新挑战严峻，政府执政能力和掌控国家安全秩序的能力低下，政治、经济、宗教和族群等各种矛盾相互交织，因此战乱问题不易解决，且经常反复。将当前非洲战乱问题与历史上的战乱问题对比可以看出，非洲当前的战乱问题多为民主化时期的遗留问题，或者与民主化时期的矛盾冲突有密切的关联性。

第二，战乱对周边地区的溢出效应明显。非洲国家之间多存在跨境部族，人民之间往来频繁，但国家间边界模糊，边防力量薄弱，因此战争溢出效应明显。而且，非洲各国间的关系错综复杂，历史纠葛众多，邻国和相关国家往往积极介入他国内战。战乱的溢出效应使得整个大陆的战乱此起彼伏，而且国内战争往往与国家间冲突和地区局势动荡等战乱问题交织在一起。

第三，非洲战乱问题的外来性因素突出。非洲国家普遍缺乏抵御国际政治经济环境负面影响的能力，容易受到国际和地区宏观形势变化的影响。目前西方国家依旧热衷于干涉非洲国家的对内和对外施政方针，使得非洲国家无法按照自我意愿解决冲突。索马里内战和刚果（金）战争等许多战乱问题的外因明显，而利比亚之所以发生战争，其外部因素大大高于内部因素。

第四，冲突的诉求多样化。冲突各方理想主义的消失和对现实性利益的追逐，使得单纯的政治方案往往难以触动问题的实质，因此需要综合了政治、军事、经济、司法和民事手段的全面和平方案，而且应该重视促进经济发展和体现社会公正对于防范和制止战乱的重要价值。

第五，冲突破坏性加大。过去泾渭分明的前线和战场逐渐消失，武装人员渗入冲突地区的各个角落，对平民的肆意伤害增多。而且非洲国家司法和民事能力薄弱，使得战乱的破坏性尤其可怕。

二、非洲战乱的影响和发展趋势

非洲战乱问题给非洲造成深重灾难，威胁地区稳定形势，影响世界和平与安全，近年来的发展趋势令人担忧。

（一）非洲战乱问题对所在国家和人民造成深重灾难

各种战争和冲突给非洲造成巨大灾难，严重影响了非洲的和平稳定，制约了非洲的发展和繁荣,是造成非洲大陆落后与贫困现状的主要因素。

第一,持续的战乱和动荡破坏非洲国家已有经济基础,摧毁已取得的社会经济发展成果。20多家非政府组织的联合研究结果显示,从1990年至2005年,23次战乱给非洲造成2840亿美元的经济损失,超过了国际社会对非洲大陆的援助总和。① 截至目前,非洲战乱造成的经济损失总额可能已高达6000亿美元。据非洲开发银行分析,2008年非洲发生78次武装冲突和摩擦,造成180亿美元的损失,占相关国家国内内生产总值的15%,超过了教育和卫生开支的总和。其中最主要的损失包括:国民生产总值下降、破坏基础设施的损失和资本外逃等。而且这一数据还没有包含周边国家因为贸易下降、保护难民和预防冲突蔓延而遭到的损失。② 受到战争和冲突的影响,非洲开发银行认为,在处于战争状态的地区,人均国民生产总值普遍缩水63%。

第二,冲突和战乱本身及其引发的人道主义灾难,造成大量人口死亡,社会发展的有生力量受到巨大损失。据非洲开发银行2008年报称,1990—2005年,世界上50%的战争和冲突发生在非洲,23个非洲国家陷入冲突和战乱,造成的人口死亡总数占到了全球的一半以上。③ 其中,刚果(金)冲突直接和间接造成的死亡人口达到了500万,卢旺达大屠杀造成约100万人死亡,达尔富尔冲突造成35万人死亡。

战争和冲突还引发大规模难民潮,形成人道主义灾难。1993年非洲撒哈拉以南地区难民总数曾经达到745万人,到2010年仍有200万难民,流离失所人口650万。④ 由于非洲经济条件和基础设施薄弱,生存环境恶劣,因此受战争间接影响而死亡的人数远远高于其他地区。据估计,间接因素导致的人口死亡是战争直接死亡人数的14倍。在战乱地区,缺粮人口比例增加

---

① 非盟文件《le renfrocement des capacite de médiation de l'union africaine》,引用 Iansa, oxfam, saferworld等机构2007年的调查统计数据。
② ONE, http://www.one.org/c/fr/presentation_des_problemes/3490/.
③ 包括南非、阿尔及利亚、安哥拉、布隆迪、刚果(布)、科特迪瓦、吉布提、厄立特里亚、埃塞俄比亚、加纳、几内亚、几内亚比绍、利比里亚、马达加斯加、尼日尔、尼日利亚、乌干达、中非、刚果(金)、科摩罗、卢旺达、塞内加尔、塞拉利昂、索马里、苏丹和乍得。
④ 联合国难民事务高级专员公署资料,《2011 regional operations profile-Africa》。

15%，人均寿命减少5年，医疗覆盖不足率升高2.5倍。①

战争和冲突导致武器泛滥和司法体系的崩溃，引发的贫困问题和治安环境恶化，都导致恶性犯罪的增加。在战乱和战后地区，恶性犯罪导致的人口死亡远远高于平常。非洲人口占全球的14%，但枪击死亡率占全球的20%。例如，1999—2001年，科特迪瓦恶性犯罪导致的死亡率上升了130%。

第三，冲突和战乱加剧人才和资本向外部输出，使非洲国家失去可持续发展的动力。排除生存环境恶化等因素，战争还会导致经济活力的下降、产业萎缩、物资流动性障碍、通货膨胀等问题，间接导致人才和资本向西方转移。据统计，乌干达北部地区动荡造成农业和牧业收缩20%以上，旅游收入损失14%，生活成本上升10%。该地区因此向西方流出资本上亿美元，专业技术人才大量流失。在安哥拉，由于战争期间的大量地雷没有清理，很多地区的农业生产几乎停滞。原本发达的农业区，资金和人口外流严重，贫困人口持续向城市转移，而富裕人口则移居海外。

第四，战争既破坏了非洲的文化传承，又制约了现代教育的发展，影响了非洲人民整体素质，造成非洲各行业人才匮乏的局面。一方面战争导致儿童死亡，生存下来的儿童受教育的比例严重下降。据分析，在战乱区，儿童死亡率高达50%，识字率下降20%。② 战争中，人口寿命急剧下降，负责传统教育的老年人在战乱区很难见到。战争还造成家庭破裂，影响儿童接受传统教育的机会。同时，战争导致教育设施损坏，国家教育经费的大幅度下降，教师流入其他行业。据非政府组织拯救儿童（SAVE THE CHILDREN）统计，非洲贫困国家中每11个儿童中就有1个失学儿童，而战乱区每3个儿童就有一个失学。

第五，冲突和战乱不仅伤害国家之间、国内族群和地区的信任关系，还造成了非洲人彼此的威胁感和不安全感，使可持续发展的前景充满不确定性。在大湖地区、苏丹、塞拉利昂和利比里亚等战乱地区，原有的社会结构解体，社会环境动荡，人与人之间充满敌意。以乌干达北部为例，由于战争

---

① 《les milliars manquants de l'Afrique—les flux d'armes internationaux et le coût des conflits》RAIAL..2007.

② 《les milliars manquants de l'Afrique—les flux d'armes internationaux et le coût des conflits》RAIAL.2007.

的残酷性,当地人民受到严重的战争创伤,普遍存在对外人的冷漠和强烈的怀疑情绪,较正常人更容易陷入紧张情绪,更容易采取对抗和暴力手段来解决问题,人与人之间的社会关系也因此异化。战争尤其对儿童的影响更加突出,当地儿童玩的游戏不是过家家,而是劫掠、强奸和伤害,其思维逻辑也带有更多的暴力色彩。①

(二)非洲战乱威胁周边国家安全,引起地区形势动荡

冷战后,非洲战乱问题的一个突出特点就是战乱的跨国家性,导致周边国家政治局势发生动荡。卢旺达大屠杀导致布隆迪、乌干达、刚果(金)等多国边境地区冲突,引发大湖地区的危机。刚果(金)内战导致所有的周边国家参战,被称为第一次"非洲大战"。苏丹达尔富尔冲突引发乍得和中非的安全局势动荡,两国叛乱武装一度占据边境地区,造成了两国政治局势的紧张。索马里问题不仅引起埃塞俄比亚、厄立特里亚以及乌干达和布隆迪等国的干涉,索马里海盗问题更引起25国海军参与的护航行动。即使战乱和冲突没有扩散到周边国家,也会引起周边国家的武器泛滥,治安环境恶化,导致国家安全局势的紧张。科特迪瓦1999年陷入动荡,马里为应对紧张的安全局势,采购了1300万美元的武器装备,而布基纳法索的军费开支则增加了52.6%。

非洲战乱问题还影响周边国家的经济和贸易环境,影响周边国家的投资和贸易,拖累周边国家的经济增长。以科特迪瓦战乱为例,在2002年,科特迪瓦港口几乎瘫痪,周边国家尼日尔、马里和布基纳法索的进出口贸易不得不绕远道从其他港口进行,但需要承担更高的运输成本。一个集装箱从布基纳法索到阿比让的运输成本为29万非郎,而到多哥洛美的运输成本则高达70万非郎。因此,马里的牲畜出口几乎完全停止,布基纳法索的畜牧出口也下降了65%。② 在战争的最初3个月,布基纳法索和马里政府的海关和税收因此减少了3000万美元。而转入布基纳法索的私人资金减少了70%以上。③

---

① 《The immediate and lingering effects of armed conflict on adult mortality: a time-series cross-national analysis》, Journal of Peace Research, Vol.42, No.4, 471-492 (2005).

② 世界银行文件,《Regional impact of Côte d'Ivoire's 1999–2000 sociopolitical crisis: an assessment》。

③ 《Ivorian war sends regional shockwaves》, Africa Recovery, 2003年7月, Harsch E.(2003)。

非洲战乱问题导致相关国家之间的关系恶化，不利于非洲的团结。非洲战乱问题的溢出效应，导致周边国家纷纷介入，各国支持不同的冲突方，国家之间的关系因此受到冲击。在苏丹南北冲突中，利比亚、埃塞俄比亚、厄立特里亚、埃及、肯尼亚、刚果（金）、乍得和中非等国家都曾介入，苏丹政府甚至先后与埃及、埃塞俄比亚、乍得、刚果（金）、中非、肯尼亚发生摩擦和冲突。在当前的南苏丹问题上，埃及、乍得和利比亚支持苏丹，而黑非洲国家则支持南苏丹。苏丹与南苏丹之间如果爆发冲突，很可能使得非洲联盟内部形成两个派别，造成非洲的分裂。在索马里问题上，阿拉伯国家和黑非洲国家之间存在分歧，而埃塞俄比亚和乌干达等国家间也存在不同的意见，影响了非盟和政府间发展组织（简称伊加特）对该问题的影响力。在刚果（金）问题上，非洲各国之间的矛盾和分歧更加突出，安哥拉、津巴布韦、乍得和纳米比亚曾经出兵帮助卡比拉，对抗乌干达和卢旺达及其支持的叛乱势力。当前非洲国家在刚果（金）问题上仍然存在分歧，大湖地区国际会议协调机制因此难以发挥重要作用。

各国之间的矛盾因为战乱问题而激化和延伸，非洲地区经济一体化进程也受到影响。从非盟到中部非洲国家经济共同体、西非国家经济共同体、南部非洲发展共同体以及东非共同体等各地区组织的一体化进程，都不同程度受到苏丹冲突、科特迪瓦危机、刚果（金）战乱和索马里冲突的影响。西撒哈拉问题造成相关国家的长期不信任关系，因此经济发展程度相对较高的北非地区，一体化进程反而是整个非洲大陆进展最缓慢的地区。目前，非洲各地区组织不仅在货币、经济贸易和司法体系一体化上难以取得实质性进展，一些对非洲未来发展至关重要的跨地区项目也难以得到落实。由于相互之间缺乏信任关系，长期以来酝酿的一些非洲国家间基础建设项目迟迟难以推动。例如，刚果（金）、安哥拉、纳米比亚和南非之间的非洲南北走廊项目因为刚果（金）对周边国家存在警惕而一再搁浅。连接马里、布基纳法索和加纳的铁路项目，连接喀麦隆、乍得和苏丹的铁路和公路项目等都只能停留在设计图纸上。

（三）非洲战乱问题的发展趋势

冷战结束后，非洲战乱问题曾经一度覆盖非洲多数国家和地区，后续影响持续至今。但随着国际形势日益趋于和平，国家间的对抗行为减少，国际社会和外部力量致力于在非洲促进和解、维护和平。非洲战乱问题失去外部支撑后逐渐降温，非洲大陆的总体局势也趋于缓和。同时，非洲民主化进程在最初的高潮后逐渐平静，非洲逐渐进入平静民主的阶段。①民主化浪潮引发的各种冲突和矛盾逐步缓和，非洲战乱问题失去了一个重要的原动力。

第一，从1990年以来，非洲经济保持了快速稳定发展，平均经济增长率达到5%以上，超过了外部援助的总和。②外部投资尤其是发展中大国对非洲投资增加，非洲接受的外国直接投资已占发展中国家接受全部直接投资5%。③非洲国家的财政状况日益好转，政府有更多的经济和财政手段消除社会和政治矛盾，改善人民的生活条件。经济快速发展，不同程度地改善了社会各阶层的经济状况，给普通民众带来逐渐增加的经济收益，有利于缓和为生存和争夺社会资源而衍生的冲突和矛盾。

第二，非洲国家日益强调对极端手段夺取政权的集体遏制，使武装政变和武力夺权的案例逐渐减少，减少了政变导致的战乱问题。2006年7月，在班珠尔召开的非洲联盟首脑会议上，通过了修改非盟宪章的决议，明确界定了对政变以及在败选后拒绝交出权力的政府的惩罚措施。近年来，除尼日尔因为前总统违宪而发生的军事政变受到非洲国家肯定外，非洲发生的军事政变大大减少，军事政变成功的事例几乎绝迹。

虽然非洲战乱问题有逐渐减少的发展趋势，但非洲大陆依然面临严峻的安全与和平威胁。首先，非传统安全的威胁增大，非洲恐怖主义组织和极端宗教组织的力量和活动都有扩大的趋势。活跃在北非的基地组织马格里布分支威胁着阿尔及利亚、利比亚、摩洛哥、马里、尼日尔等国的安全，利比亚内战中大量武器流失问题加剧了这一问题可能带来的威胁。在尼日利亚，尼日尔三角洲的暴力活动和博科圣地组织有发展壮大的趋势，可能给尼日利亚和周边国家的安全局势带来严重危害。在非洲之角，索马里伊斯兰青年党成为基地组织分支，采用自杀式攻击手段在索马里和周边国家发动恐怖袭击，而且试图与索马里海盗建立合作关系。极端宗教组织圣灵抵抗军活跃在苏

---

① 喀麦隆总统比亚、乍得总统代比等非洲领导人在2000年后多次强调"平静的民主"，反对民主化过程中出现的暴力和冲突。
② 贺文萍：《中国人看非洲》，中非合作论坛网站，2010年4月1日。
③ 姚桂梅："跨国公司在非洲投资的作用和影响"，《西亚非洲》1998年第6期。

丹、乌干达、中非和刚果（金）等国，危害周边国家的安全，并造成苏丹、乌干达、刚果（金）等相关国家的关系紧张。

第三，要求社会公正和改善经济条件的基层民众诉求所引发的暴力活动增加，影响非洲国家的安全局势。由于受到全球金融危机的影响，黑非洲各国出现了物价上涨和底层民众生活条件下降的不利局面。撒哈拉以南非洲国家的社会底层和失业人群受到西亚北非阿拉伯国家局势动荡中群体暴力反抗政府的鼓舞，陆续发起一系列的游行示威和暴力冲突，要求实现社会公正和改善民众的生存条件。类似活动虽然没有引发阿拉伯国家那样大规模的社会动荡，但也造成人员伤亡，并且加深了社会阶层的对立，使得相关国家的政府威信下降，威胁政府的执政基础。在布基纳法索，部分军人参与民众动乱，安全局势一度岌岌可危。在肯尼亚、乌干达和尼日利亚，总统大选后都爆发动乱。在毛里塔尼亚、苏丹和乍得，因为物价上涨引发骚乱，凸现了促进社会公正和经济发展与维护稳定和安全的关联性。

第四，国际社会和西方国家对非洲冲突和危机的处置措施过于武断，轻视非洲国家的集体意愿，使得一些本可以缓和的矛盾演变为持续战乱的问题。在索马里问题上，美国等西方国家从自身战略利益出发，过于强调和敌视伊斯兰法庭联盟的基地组织色彩，忽视了伊斯兰法庭联盟中存在的温和属性。在伊斯兰法庭联盟即将统一全国并愿意与过渡联邦政府和谈的情况下，忽视了索马里人民普遍支持伊斯兰宗教法庭联盟的态度，采取武力手段进行干涉，结果不仅不能彻底平息乱局，反而催生了伊斯兰青年党的崛起，导致其彻底倒向基地组织。在当前非洲的战乱问题中，西方的偏执政策引发的后果普遍存在，今后南北苏丹矛盾问题、达尔富尔冲突、利比亚内战、马里战争的发展进程，还将继续受到这一负面因素的影响。

三、非盟自主维和行动的成就和缺陷

自从 2001 年非盟成立以来，解决各种冲突和战乱等问题，维持非洲地区的稳定与安全一直是非盟面对的主要任务和挑战。为此，非盟相继成立了专门的安全机构，组织实施多次维和行动，并在结合历史与现实经验的基础上塑造具有非洲特色的集体防务与安全体系。集体安全体系的建设，日益成为非洲团结的重要助推力量。2010年非盟峰会特意把当年确定为"非洲和平与安全年",并在两次非盟峰会上集中讨论了应对危机和维持非洲稳定发展的战略措施。2013年4月,非盟统一协调七个地区组织,将各个谈判协调机制纳入到泛非智者网络(PANWISE)体系中[1],使得非盟在危机预防和管理方面取得了进一步的发展。

(一)非洲自主维和行动得到各方支持

出于现实的困境和长远的需要,国际社会越来越倾向鼓励非洲国家培养自主维和能力,制定自主维和战略,采取自主维和行动。这符合非洲国家长期以来团结自强和自己主导非洲事务的意愿,得到了非洲国家的积极响应。

其一,联合国维和部队难以满足非洲的维和需求,希望非洲提升自主维和的能力。西方因为热衷于执行自己在科索沃和中东地区的"人道主义干预",减少了对联合国特派团人员派遣数量(美国派遣人员由1993年的28000人下降到2011年的41人,英国由1995年的9000多人下降到2011年的281人,法国由1995年8000人下降到2011年的1319人)[2]。所以尽管联合国维和部门以主要精力关注非洲和平与安全事务,由于维和力量和实际能力下降,所以不能满足非洲的维和需求,一些筹备中的非洲维和行动遭遇挫折。例如,索马里问题不仅影响东部非洲的稳定形势,而且滋生出非洲之角的海盗问题,影响了国际海运安全,成为国际广泛关注的战乱问题。非盟和地区国家长期以来呼吁联合国派驻维和部队,但联合国维和部门认为该特派团预估的费用成本可能超出可以承受的范围,而且因为上次联合国维和失败,导致美国士兵伤亡,所以很难动员欧洲各国派兵。[3]因此,英美法等安理会常任理事国一直采取拖延措施,导致该问题长期以来难以解决。2006年中非、乍得和苏丹爆发边境地区人道主义危机后,联合国紧急部署能力不足,不得不求助于欧盟,由法国为主的欧洲军事力量先期承担为期1年的维和任务。利比亚战争和马里战争仓促结束,法国过早撤军,都显示了西方军力的不足。因此,《卜拉希米报告》中特别指出,联合国应该加强与非盟的合作,

---

[1] http://www.au.int/en/content/13th-meeting-panel-wise-african-union-addis-ababa-ethiopia13-april-2013
[2] 联合国文件,《军事人员和警察派出国》,2011年8月。
[3] 《中国的联合国维和贡献与日俱增》,国际危机组织,2009。

联合国也在"2010和平行动改革议程"中提出了改善与非盟合作的方针。

其二，国际援助机构不堪重负，希望减轻压力。从1990年以来，联合国维和部门开始探索新的维和理念，维和行动的任务范围也有所扩大，以监督选举、人道主义援助，帮助难民重返家园等工作为特色的"二代维和"成为主要维和任务。由此，各种国际援助组织广泛参与维和行动，支持人道主义行动和加强政府能力、帮助难民回归和战区重建等民事活动。非洲维和特派团的民事需求较大，国际社会配套投入的资金之大，甚至超过了维和行动本身费用。当前，国际援助机构、世界粮食组织、难民署和一些非政府组织在非洲冲突和战乱地区的开支不断增加，但其预算仍难以覆盖拟定的工作范围。例如，国际援助机构在中非、乍得和科特迪瓦的人道主义救援预算缺口达到20亿美元，不得不多次呼吁各合作伙伴给予补充支持。2000年，联合国500多名维和士兵在塞拉利昂被集体劫持和绑架，凸现了联合国在非洲维和中力量之薄弱。①国际援助机构越来越认识到，必须提高当地的维和能力，加强非洲的民事能力，才能减轻国际社会的压力。"国际危机组织"甚至提出，国际援助机构应该改变工作重心，帮助非洲提高自主维和的能力。

其三，西方国家希望非洲国家分担维和责任。为维护在非洲的传统影响力，在过去和当前的非洲维和行动中，西方国家承担了较大的财务分摊和派兵责任，特别是在联合国特派团初步组成的过程中发挥主导作用。国际金融危机爆发以来，欧美等西方发达国家面临的国内困难加大，有减少财政支出的倾向，因此需要压缩在非洲事务中的开支。同时，欧盟和北约面临兵力不足的困难，希望非洲国家分担派兵责任。例如，欧盟在2009年完成在乍得和中非维和行动中的初步部署后即陆续撤出了主要维和力量，在科特迪瓦和马里的维和行动中，法国兵力也有压缩的趋势。

其四，非洲国家希望通过自主维和促进非洲团结，提高自身能力，摆脱受制于人的局面。首先，非洲国家一直致力于实现非洲团结，而战争和冲突导致非洲国家之间关系紧张，因此非盟的主要任务之一就是维护和平。非盟的重要目标中，就包括建立自己的维和及反恐力量等内容。其次，非洲联盟

---

① 联合国文件，2000年《秘书长关于联合国工作的报告》中承认，塞拉利昂的事件证明联合国维和部队需要加强装备和力量。

和地区组织,需要通过提高维和能力,来实践对各国人民的承诺,提高国际公信力和影响力。另外,非洲国家日益认识到,外部力量对非洲的认识与非洲人存在偏差,实行维和行动的目的和非洲整体利益存在差异,维和行动的效果与非洲国家追求的目标存在差距。最近利比亚和科特迪瓦的两个冲突案例引发了非洲国家的深入思考,非洲各国普遍希望通过自主维和摆脱受制于人的局面。

(二)非洲自主维和取得丰硕成果

非洲自主维和的理论既吸纳了联合国维和部门和其他地区军事组织的经验,又充分考虑到了非洲国家的特色,在理论建设方面取得了较大成就。从非统组织时期,非洲各国领导人和理论界就重视和探讨非洲自主维和的可能性机制,积累了丰富的经验。在20世纪80年代初期,非洲国家倡导"非洲方案"和"非洲国家首先尝试"的原则,得到越来越广泛的认可。早在非统时期的1990年,西非国家经济共同体向利比里亚派出自己的维和部队。1997年,内战中的塞拉利昂发生军事政变,革命联合阵线在首都大肆屠杀,制造了人间惨剧,西共体向塞拉利昂派出维和部队。从成立以来,非盟积极调解布隆迪、刚果(金)、利比里亚、索马里、科特迪瓦和苏丹等国的战乱和冲突,为协调安排维和行动积累了丰富的经验,使其维和行动能够避免仓促行动和准备不足的问题,也能较少引起国际非议。

非盟追求的目标之一就是建立联合防御系统,2000年洛美会议对非洲的和平与发展问题给予了高度关注。在此次首脑会上,与会各国普遍认为,非洲要在21世纪实现发展和全面复兴,必须首先消除战乱和冲突;非洲国家应对非洲严酷的现状进行深刻自我检讨和承担应有的责任。会议着重讨论了塞拉利昂问题、埃厄边界冲突、科摩罗昂儒昂岛独立等战乱,并提出一系列解决方案;强调加强非统预防、处理和解决冲突机制的作用;建议组建非洲维和部队,成立非洲和平和预防冲突学院,以培训调解和处理冲突的专门人才。萨利姆还倡导非洲国家实行有助于和平、稳定与安全的新政治文化,从根本上杜绝军事政变等违法行为。从2002年非盟成立后,非洲国家将维和责任委托给非盟,在充分遵守"不干涉内政"的非盟宪章的前提下,倡导"国家保护责任"的指导原则。2003年成立了和平与安全理事会,在吸纳联合国维和经验的基础上,全面研究"冲突预防"、"早期预警"、"外交防范"、

"建和与维和"、"干预和人道主义行动"为内容的非洲综合和平与安全建设。

在机构建设逐步成熟后,非盟积极谋求自主维和行动的广泛实践,不仅敦促成员国积极参与联合国部署的维和行动,锻炼各国的维和能力,还积极尝试自主维和行动。苏丹达尔富尔问题国际化后,非盟不仅在政治上积极促使政府和反政府武装达成停火谈判,还克服了财政、技术、后勤和作战等各种困难,于2004年向达尔富尔地区派出了7000人的维和部队,为防范该地区的大规模武装冲突作出了重要贡献。2007年,非盟在联合国授权下,向索马里派出1500名维和部队,到目前已经接近1万人的规模①,充分显示了非盟的维和决心。此外,非盟还在卢旺达设立了小型的维和观察和参谋机构。2009年非盟德班会议和《的黎波里宣言》强调非盟与其他机构开展合作,重视非洲次地区的作用,强调地区冲突预防和管理机制,并鼓励知识界充实维和理念。非洲自主维和理论日益丰富,维和思路也更加切近非洲实际。

（三）非盟自主维和行动面临艰巨挑战

非洲积贫积弱,因此自主维和历程充满艰辛,尽管取得了巨大的进步,但仍然面临家奴的挑战。

首先,虽然非盟自主维和行动的理论建设取得了丰硕成果,但多数理论规则脱胎于西方经验,甚至盲从和复制西方观念。因为非洲的现实条件与西方国家存在太大差异,所以西方一般性理论在非洲产生了适应性困难。例如,非洲国家在强调保护责任时,有可能让西方强国获得干涉非洲国家内政的权利。在利比亚内战和科特迪瓦内战中,非盟内部因为主权和保护责任的理念冲突而难以形成统一意见,西方武力干涉后仍然反应迟钝,大大打击了非洲国家联合自强的信心。另外,在打击恐怖主义组织活动方面,非洲一些国家在西方诱惑下主动担负起"国际责任",使得本来针对西方国家利益的极端势力调转矛头,转而袭击非洲主权国家的中央政府。最近,原本只针对美国利益的索马里青年党将主要精力用于报复埃塞俄比亚和肯尼亚,不能不让非洲国家对其政策进行反思。

其次,非盟的维和实践。虽然非盟在自主维和实践上取得了一系列成果,但由于军事部署和干预能力有限,目前仍处于探索阶段。非盟主导下的

---

① 《An Anthology of Peace and Security Research》,亚的斯亚贝巴大学和平与安全研究所,2011。

维和实践目前行动仅体现在索马里、苏丹和卢旺达三处，非洲国家对非盟的维和行动往往寄予厚望也容易陷入失望。同时，非盟过于强调政治手段的灵活变通，其决策效率往往差强人意，而且难以一直坚持原则。例如，非盟在苏丹的维和行动遇到各方面困难，在2007年转移给了联合国—非盟混合部队，在索马里的维和行动中过于重视军事威慑作用，其政治和民事责任则基本上由联合国承担。马里战争目前进入了巩固成果的阶段，但西共体的军事部署迟迟不能展开，仅有少量乍得军队配合法国行动，本来可以由非盟承担的维和使命最终还是变成了联合国稳定团。

另外，非洲亟须加强常规维和力量。非盟和平与安全理事会要求，非洲需要团结一致地持续预防、管理和解决冲突，尤其应重视非洲安全力量，即快速反应部队的建设工作。非盟宪章第八章则要求，非盟安全力量主要依靠各地区组织。因此，非盟依据2003年《马布托报告》精神，决定成立5个地区总部并培训5个维和旅，总兵力需达到1500人。按照非盟的设计，维和旅在紧急情况下必须做到30天内派出军事顾问、观察员及先期维和准备部队，在90天内派出全部维和部队。在发生种族屠杀的情况下，在14天内派出全部重装备维和部队。[①] 由于面临各地区积极性不一致、财政和技术困难、民事和后勤力量薄弱等问题，非盟安全力量的建设工作进展缓慢。当前，拟定的军事人员已经全部到位，但各总部普遍缺乏政治、司法、后勤、人权等民事人员，2个地区维和总部还没有成立，1个在建，两个培训中心也在建设过程中。

总之，非洲的冲突和战乱问题影响非洲的稳定和发展，威胁全球和平与安全问题。为了改善非洲的安全形势，国际社会付出了巨大努力，但收效甚微。实践证明，非洲事务需要非洲自己解决，非盟加强自主维和能力是唯一的选择。目前非盟自主维和努力仍然处于实践阶段，但经过多方努力，非盟一定能超越各种困难，弥补不足和缺陷。

---

① 非盟文件，《AU Vision and PSO Concept》，2011年10月19日。

美军非洲司令部：
非洲人的希望还是绝望

[喀麦隆] 穆维·阿列克安德雷·费尔南德 少校[①]

美军非洲司令部（AFRICOM）的设想最先是由美智囊团提出的，其理由是，美国在非洲地区的地缘战略地位日渐降低，存在被一些新兴大国，特别是亚洲大国——中国所取代的风险。表面上看，正是在2007年时任中国国家主席胡锦涛高调访问非洲之后，美国宣布了成立非洲司令部的决定。实际上，美国除了担心失去对非洲的主导地位外，对中东石油的依赖性逐日降低和对非洲能源的需求增大，也是其中的一个主要目的。尽管非洲人是最后意识到这一点的，但这就是事实。非洲很有可能只是一个利益纷争之地而已。

一、非洲司令部的设立

美军非洲司令部只是华盛顿全球战略理念下所设立的六个司令部中的一个，与其他五个司令部相比，美军非洲司令部落户非洲的时间相对较晚。之所以被推迟，是因为美国与非洲各国在落实非盟和平与安全理事会上的分歧，以及双方就传统安全威胁（领土争端）和非传统安全威胁（疾病与饥饿、

---

① 穆维·阿列克安德雷·费尔南德：喀麦隆陆军少校，国防大学防务学院第31期防务与战略研究法语班学员。

跨国犯罪和非法走私、极端主义与恐怖主义）的优先处置顺序上的分歧所造成的。非洲强烈反对美国把司令部建立在本大陆的领土上，之后美国被迫将其放在了德国的斯图加特。非洲人一开始就意识到自己将不会从这一屈辱式的"南北合作"模式中得到什么好处。因此，非洲一直在坚决抵制和抗拒，如阿尔及利亚正式对美国表达了反对的立场，这就是非洲司令部虽然已存在了五年，但仍然没有在其所管辖范围内找到安身之所的原因。

美军清楚地意识到，进入非洲大陆不仅要面对非洲人的抵制，还要面对先前就存在于非洲大陆，如科特迪瓦、塞内加尔、加蓬、中非、乍得和吉布提的9000多名法国军人，同时还要面对在非洲的能源和相关领域都有很多投资的中国人。如何绕过非洲的抵制和他国的竞争就成了美国的一项战略，于是，才有了之后诸如非洲应急行动培训与援助计划（ACOTA）等的一系列行动计划。这一合作机制取代了之前的非洲应急反应计划（ACRI），主要是在当地进行反恐训练，因为美国把恐怖主义看做是非洲的一个现实威胁，尽管事实并非如此。很不幸的是，美军的这些策略，在一定程度上动摇了非洲反对的声音。随着时间的推移，个别非洲国家蠢蠢欲动，态度已开始发生转变。一些国家如吉布提（美国有基地）、摩洛哥（是否在坦坦市设立了基地尚未证实）、或许还有南苏丹（获得独立的部分原因是美国的支持）都与华盛顿有着密切的往来，而埃及继续钟情于美军中央司令部。尽管世界范围内出现的诸多突发性事件（2008年的次贷危机、G20取代G8、阿拉伯之春）给国际社会带来了震撼性的影响，但美国人非但不吸取教训，还继续推行其强硬的外交政策，利用力量对比的优势扩大其在全球的势力范围。

美国认为，对全世界的监管是其神圣不可侵犯的权利。诚然，司令部的部分使命至今尚未明确，但初衷主要有以下几个方面：

一是反恐。美国认为，恐怖主义主要有两个高发地区，一是非洲之角，这一地区恐怖活动成风，民兵组织可能与基地组织有往来；另一个是马格里布地区，与伊斯兰马格里布基地组织有勾结，并与萨拉菲斯特集团关系密切。

二是石油安全。目前美国从非洲进口石油占15%，到2015年，美国1/4的石油和原材料将依靠非洲供应。这就给这一超级大国带来了非洲油井与原油供应的安全问题。美国的目的在于确保本国在几内亚湾与亚丁湾的石油供应安全，以便减少对中东石油的依赖。

三是经济竞争。非洲的中部、西部、东部和北部的其他中立地带都是一些老牌殖民大国如法国和英国的势力范围，正所谓近水楼台。还有中国在非洲的投资与援助，美国力图通过在非洲进行预先军事部署，削弱其他国家的势力范围，特别是抑制中国的崛起，因为中国不支持对外用兵。这种军事思想虽然同样适用于非洲，但被美国看做其亚洲竞争对手的弱势所在。

二、非洲司令部所面临的挑战

1. 反恐合作失去信任

反恐是美军非洲司令部的一个主要使命。针对跨撒哈拉地区的反恐目标，伊斯兰马格里布基地组织的当事国已经提出要建立伙伴关系，各国军队想借用美军力量来反恐。非洲各国和地区（如马里、利比亚、达尔富尔、刚果民主共和国、乍得和中非等）过于依赖外部的援助，而忽略了非盟和平与安全理事会的存在。正是基于此背景，才有了2011年3月对利比亚上空实施禁飞区时美国的大规模火力打击行动。联合国安理会第1973号决议规定，可通过设立禁飞区来保护普通民众的安全。而美国及其盟国则打着这一旗号，凭借其技术上的优势，向非洲人民进行了一次力量展示。此外，非洲司令部还从埃塞俄比亚的阿尔巴门奇机场派出了无人侦察机分队实施侦察。这次行动使非洲司令部的军事干预向前推进了一步。

确实，通过非洲应急行动培训与援助计划，美国为支持非盟在索马里的行动花费了3.55亿美元，这对迫使恐怖集团——索马里共和国反政府武装守旧的伊斯兰组织成人党（al-Shebab）从首都摩加迪沙和周边城市撤出作出了决定性贡献。但是，在自己的地盘上又做了一次旁观者之后，非洲人才认识到，在安全问题上，美国人并不值得非洲人信任，因为每一次冲突之后，非洲人还要自己料理后事，只有这样，才能避免重蹈马里的覆辙。非洲人认为，国家力量或政体的合法与非法、主权与一体化等方面的冲突，本该由非洲人自己来解决，而不是由发达国家来解开这个由来已久的谜团。非洲应该靠非洲人自己，而不是靠美国人提供人力和财力资源来维护地区与国家的安全。

2. 经济援助受到非议

我们知道，美国的抗艾滋病医疗陪护援助以及其他援助项目有很多。美国国际开发署在非洲的使命是减少贫困，促进民主与经济增长，抚慰受灾民众，防止冲突。但在每年90亿—100亿美元的预算中，美国国际开发署更愿意动用非政府组织，而不是当地政府，这就使得所谓援助的真正受益者更加复杂。

美国负责非洲事务的助理国务卿约翰尼·卡森（Johnnie Carson）在国会谈及非洲事务时说："我们坚决认为，实现非洲大陆长期持久稳定的唯一方法，就是为我们的非洲伙伴提供必需的手段，以便于他们能够实现自身的稳定。"美国国际开发署的做法似乎与这一说法背道而驰。

非洲人不该再像以前一样天真单纯了，美国关于"为非洲提供援助以便让非洲日后实现自治"的论调将会成为泡影。因为一切非政府组织、机构和部门都是霸权主义在这一战略空档期与大国地缘政治调整期展示其"软实力"的代言人。

3. 文明冲突备受指责

美国非洲司令部兼具地方和军事双重性质，带有很大的模糊性。这一混合参谋部可能会吸纳千余人，用于介入东道主国的社会生活，让当地人民接受他们的文明。美军进驻非洲国家后，在政治上维护美国的利益，操控当地政府，驻有美军的国家政府往往会丧失对民众的权威，那是由于国家的众多决策常常是由华盛顿方面作出的，难以服众。在人权上实行双重标准，美国士兵嫌犯虽然犯下了滔天罪行，但却凌驾于当地法律之上，且只有在美国才能对其进行审判。这无疑是白宫对东道主国的一种蔑视，也是与美国宪法背道而驰的。在生活方式上奢侈享受，不买当地产品、抬高生活用品价格、无限制地挥霍生活必需品，造成当地食品短缺，通过一些亲美的非政府组织和机构将服务外包等。美式生活模式大大伤害了当地的宗教观和家庭观，特别是美军过度自由化的举止触犯了当地不同族群的禁忌。事实上，美国军人就犯下了无数反人类的滔天罪行。除阿布格莱布监狱事件外，自2010年1月起，美军在阿富汗屠杀了大量民众并虐尸，而这只为消遣，这是美国官员和嫌犯都供认不讳的事实。这就是冒犯当地民众土著文化的明证。

三、结论

总之,美军非洲司令部是美国在非洲实现其国家利益的一个工具,目的在于确保美国在非洲主导地位和能源安全。美军在非洲的所作所为,表面上看是在打击恐怖主义、消除安全威胁、帮助非洲国家提高自治能力、维护防务安全,并且在这些方面做了很多工作。实质上看,美国是在进行新的战略扩张,为维护其全球霸权开发新的生存空间。美军所做的一切最终受益人会是美国人,而不是非洲人。非洲人对其企图不能仍然蒙在鼓里。各国政府也应该明白一个道理,要让非洲更加稳定,靠的既不是非洲司令部,更不是处处驻军的法国部队,而是非洲人自己,拯救非洲还需非洲自身的团结和认识上的战略性觉醒。

编译:刘夫香

编者注:根据内容情况,对标题及文章结构作过小部分相应的调整。

非洲军官视角下的中非安全合作

陈梓德、刘夫香[①]

中国和非洲各国同属发展中国家,在国际体系中处于相似的地位,加强相互合作符合双方的共同利益。在双方共同努力下,中非关系不断发展深化,堪称"南南合作"的典范。特别是进入新世纪以来,中非合作向宽领域、深层次拓展,在经贸合作突飞猛进的同时,中非在安全领域的合作也取得了长足的进展,提高安全合作水平已成为推进中非合作深度和广度的增长点。国防大学防务学院作为我军最高层次的对外军事培训机构,每年培训数十名非洲国家的高级军官。这些军官来自非洲绝大多数国家,非常关注中非安全合作关系的发展,对进一步深化这种合作关系充满了期待,并通过各种形式表达了自己的看法。

一、中非安全合作的基础

军官们普遍认为中非关系具有深厚的历史积淀和广泛的政治认同,中非安全合作建立在互信共赢的基础之上。

---

① 陈梓德:国防大学防务学院副教授。刘夫香:国防大学防务学院讲师。

(一)深厚的历史渊源

谈到中非关系,非洲军官首先要提到中非交往史。中非的交往有着三千年的历史传承。早在公元前5世纪,中国就开始了与埃及的商业往来。明朝时期,郑和七下西洋,到达了非洲东海岸多个地方。他们不仅带去了中国的产品和先进技术,而且也在非洲传播了中国"以和为贵"的优秀文化,播下了非洲信任中国的种子。尤其是在西方对非洲的殖民统治后,非洲对中国的信任进一步加深。突尼斯马图西上校说:"中国从未搞过奴隶贩卖,从未进行过殖民扩张,从未推行过霸权主义,也没有介入对非洲国家造成重大负面影响的结构调整,具有发展中非关系的良好基础。"

新中国成立后,从20世纪50年代开始,为了支持第三世界国家的民族解放运动,在毛主席的倡导下,中非建立了以反殖、反帝、反霸为主要目标的友好关系。中国向许多非洲国家提供了坚定的道义支持和无私帮助,为非洲民族解放运动作出了巨大贡献,赢得了非洲人民的广泛赞誉。非洲军官在谈到中国对非洲各国民族解放运动的鼎力支持时,依然对毛主席、周总理印象深刻,敬佩之情溢于言表。马里的瓦利大校说:"当时,中国在自身还未摆脱贫困的情况下向非洲提供了大量的无私援助,支持非洲国家的民族独立斗争,并帮助非洲国家建立自己的民族工业。这样的援助弥足珍贵。"非洲国家也坚定支持中国的政策主张,积极配合中国在国际舞台上的政治斗争,并为1971年中国恢复在联合国的合法席位提供了宝贵支持,发挥了关键作用。

(二)坚实的政治基础

中非安全合作建立在和平共处五项基本原则的基础之上。和平共处五项原则是中国对非政策的基础和依据。

中国是最大的发展中国家,非洲是发展中国家最多的大陆。谋求国家独立、反对外来干涉、维护国家稳定、发展民族经济是双方的共同任务。在与非洲交往过程中,中方一贯尊重非洲国家的内外政策,尊重非洲国家的领土完整,尊重非洲国家自主选择发展道路,反对外部势力对非洲内部事务的干涉,支持非洲国家平等参与国际事务。贝宁的伊萨中校说:"中国发展对非关系不设定政治和经济政策取向的条件,也不把民主、资金使用透明度、反腐败等作为先决条件。中国强调'相互尊重'和'不干预'非洲国家的内部事务。""而西方对非援助往往会以政治或经济改革为条件,这很不得人心。"非洲国家也坚定不移地坚持"一个中国"原则,在中国涉台、涉藏、涉疆问题上提供了宝贵的支持。双方还在联合国改革、国际金融危机、发展、人权、打击海盗等全球性问题上相互理解和包容,相互配合,共同维护各自的正当权益。作为联合国常任理事国,中方在国际场合积极维护非洲利益,在苏丹、科特迪瓦和利比亚等非洲热点问题上,为维护非洲和平稳定发挥了积极作用。新世纪后,中非双方致力于发展互利双赢的伙伴关系,2000年启动的"中非合作论坛"使中非合作机制化,成为中国与非洲进行建设性对话与务实合作的重要平台。

此外,双方频繁的高层互访也反映了良好的政治互信。阿尔及利亚的法里德空军中校在比较中美对非关系后说,中国注重加强与非洲高层领导人间的人际交往,国家主席、总理经常访问非洲,包括军事代表团在内的各种高级代表团的访问更为频繁。"从1991年开始,中国外长年初访问非洲几乎成了惯例。非洲国家领导人非常欢迎中国的这一举动,中国也经常接待来访的非洲国家领导人,而美国任何一届政府(除克林顿第二任期外)从未派出如此多的高级别官员出访非洲,也很少接待非洲国家访问团"。

(三)相似的历史境遇和安全理念

中国和非洲有着相同的被西方列强欺凌的痛苦经历。时至今日,西方国家仍然习惯于对中国和非洲的内政事务指手画脚,特别是在人权、民主问题上横加指责,甚至于直接出兵干预非洲事务。

非洲军官普遍认为,非洲国家出现的安全问题都与西方国家的影响有关。一方面,历史上殖民者人为划分的边界为非洲地区种族、宗教、领土纷争埋下了祸根。至今,西方国家仍然在利用这些矛盾控制非洲。马里的瓦格中校说:"非洲国家的民族矛盾和部落冲突受到一些老牌殖民强国的挑唆和煽动,他们的目的是保持对原殖民地国家事务的持续干涉,并使这些国家依赖于原殖民国家的保护和援助。"另一方面,西方强加给非洲国家的民主模式加剧了非洲国家的动荡。冷战后,为了换取西方的经济援助,许多非洲国家不得不接受西方国家的民主化改革条件,"尽管西方民主与非洲国情并不相符,但西方大国仍将自己的民主体制和价值观强加于非洲各国。不仅没有像预期的那样解决好非洲的经济社会发展问题,反而进一步加剧了非洲政局的动荡，政府更迭司空见惯"。

中国也同样受到西方国家在政治、经济、外交、军事等方面的打压。西方国家在国际场合刻意歪曲诋毁中国形象的做法让非洲军官愤愤不平。比如，阿尔及利亚的法里德中校在谈到中国与苏丹经济合作时说，西方指责中国无视民主和人权，通过石油开发使苏丹获得购买武器的资金，进行种族屠杀，"中国成了西方媒体、非政府组织和一些政府机构掀起的风暴中心，那么多国家在苏丹开发石油，为什么只有中国受到如此'待遇'呢？"中非双方在国际事务中相互同情相互支持正是基于这种相似的境遇。

促进世界和平、维护国内安全稳定、致力于经济发展是中非双方的共同追求。中国改革开放后的经济快速发展，社会安定团结给非洲军官留下了深刻的印象，尤其对中国的和谐社会建设、和平发展理念赞赏有加，渴望能够借鉴中国的发展模式促进非洲的发展。科特迪瓦的苏哈雷上校说："中非合作有助于双方社会经济发展，有利于提高发展中国家的国际地位，也有利于世界的和平发展。中国在国际舞台上的影响力正在不断提升，非洲以此为荣，并希望能借鉴中国的经验来实现自身发展，共同建设一个和谐、可持续、繁荣的世界。"

二、中非安全合作的成就

中国积极推动非洲地区的安全稳定，并作出了重要贡献。虽然中非安全合作在军事、司法、警务、国际维和和打击海盗等多个方面都取得了重要成就，但非洲军官谈到中非安全合作时，关注点主要集中在中非军事合作方面。他们十分感激中国在人员培训、装备建设及应对非传统安全方面对他们的支持和帮助，感谢中国为帮助非洲实现持久和平与安全所作出的贡献。

（一）中国为非洲各国军队培养了大量的军事人才

非洲是中国对外军事培训的主要方向，中国历来重视对非洲的军事培训。中国对非军事培训开始于20世纪60年代，培训规模和层次逐年扩大。目前，中国已有二十多所军事院校面向非洲军队开放，所有与中国建交的非洲国家都向中国派遣了军事留学生，仅仅国防大学每年就招收数十名来自非洲的高级军官。乍得的马哈马特上校说，"鉴于中国与乍得的良好合作关系，我方军队中的很多领导人都在各类合作协议的框架下获得了赴华学习的机会。中国每年计划接收36名乍得各级军官到中国军事院校学习。受训人员层次不一，有高级军官、尉官、士官等"。非洲国家非常重视来华学习军官的选拔，把有发展前途的优秀军官派往中国，有些还是总统亲自指定的。很多军官放弃了在西方国家学习的机会，把中国作为留学的首选地。因此，许多军官在华培训回国后都得到了重用。从国防大学毕业的学员中，先后有8位担任了非洲国家的领导人，数十位担任了军队领导人，超过1/3的驻华武官在国防大学学习过。此外，中国还持续向多个非洲国家派出了军事专家，帮助非洲国家培训了大量的军事人才。这些军官为民族的解放独立、维护国家安全稳定、增进中非军事安全合作发挥了重要作用。

（二）中国提供武器装备援助促进了非洲国家的国防建设

为支援非洲国家的民族独立解放运动，从50年代开始中国就持续向非洲国家提供武器装备。这些武器装备对非洲国家的独立发挥了重要作用，并为独立后的武装力量建设提供了巨大的帮助。由于非洲国家工业水平有限，武器装备几乎都依赖进口。与西方国家的武器相比，中国的装备更适合非洲的实际。马里空军中校瓦格说："非洲国家的武器装备大多从西方强国进口，但这些装备通常非常陈旧，可用性很差。因而反叛武装的装备优于政府军的现象司空见惯，以至于政府军在作战中经常失利。"塞内加尔的法耶中校说："中国向非洲出口的武器装备更适应非洲的气候环境，价格低廉，操作简便，成为非洲国家军队军事能力建设的优先选择。"此外，中国积极支持非盟在维护地区安全中的努力和作用，先后于2010年和2011年两次向非盟提供3000万元人民币无偿军事援助。布隆迪的邦库瓦博上校表示，"中国在实现非洲各国与非洲地区的和平方面发挥了非常重要的作用，所提供的武器装备援助让我们看到了非洲和平与发展的希望"。

（三）中国积极支持并参加非洲的和平与安全建设

中国积极支持并参加非洲的和平与安全建设，支持非洲"以非洲方式解决非洲问题"。中国积极参加联合国框架下的非洲维和行动。摩洛哥的阿布德勒·卡德尔中校说："中国向非洲派遣维和部队促进了非洲大陆的和平与稳定。中国对联合国维和的贡献主要体现在非洲，在中国派出的1800名维和人员中有1500名在非洲执行任务，充分显示了中国对非洲安全的重视。

中国在非洲的军事存在给饱受战争与冲突之苦的非洲大陆带来了实现和平的希望。"至2011年，中国军队共参加了联合国在非洲的15项维和行动，累计派出维和官兵1.5万余人，是联合国安理会五常任理事国中的最大出兵国。2013年12月3日，中国还首次向马里派出安全部队执行维和任务。2010年和2011年向非盟在索马里维和行动提供现汇援助120万美元，支持非洲维护地区安全的努力。同时，中国积极参与亚丁湾护航，迄今已派遣16批海军舰艇编队赴亚丁湾和索马里海域实施护航，先后为500多批次共5000余艘各国船舶提供安全保护。中国的和平行动也得到了非洲国家的支持。海军护航编队多次访问非洲国家，吉布提为中国护航编队提供补给。非洲的高级军官纷纷表示，中国的付出让我们看到了中国作为一个负责任大国的伟大形象。

（四）中国帮助非洲国家应对非传统安全威胁

非洲国家面临众多非传统安全威胁，如恐怖主义、轻武器扩散、路匪抢劫、跨国犯罪、贩毒、饥荒、疫病、环境污染等。这些威胁已经严重影响了非洲各国的安全稳定，成了制约非洲发展的重大障碍。非洲军官在各种不同场合经常提到中国重视非洲各国的安全关注，并通过各种方式帮助非洲国家提高应对非传统安全威胁的能力。如中国与非洲国家开展警务合作，共同打击跨国犯罪；通过农业技术的推广转让，提高了非洲的农业生产水平，实现粮食安全；投入巨资帮助非洲国家建设医院等基础设施，并长期派出援非医疗队，为完善非洲医疗卫生体系，提高非洲应对卫生安全挑战能力作出了重大贡献。2009年6月，中国军队还首次在非洲与加蓬举行代号"和平天使—2009"人道主义医疗救援联合行动。尼日尔的塞都中校在谈到中尼关系时说："自1976年以来，中国先后向尼日尔派出了16支医疗队，诊治了400万尼日尔人，相当于尼日尔全国人口的1/4，同时还援助了大量药品和医疗设备，为尼日尔的经济发展和社会进步作出了重要贡献。""得益于中国农业专家和技术人员传授的土地复耕和灌溉技术，尼日尔的农业不断发展，确保了蔬菜和副食品的供应，在短时间内提高了尼日尔政府应对粮食安全的重大挑战。"

三、中非安全合作面临的挑战

中国关注非洲的和平与发展问题,并与非洲国家在安全领域开展了诸多富有成效的合作。随着国际形势的变化发展,中非安全合作也面临着诸多挑战。

(一)非洲政治生态变化对中非安全合作的影响

非洲一直是最不稳定的大陆之一,历史遗留的族群冲突、宗教矛盾、边界纠纷没有得到妥善解决,国家间的冲突持续不断;国家体制不健全,政局稳定性差,政权更替频繁;政府管理能力弱,社会经济发展水平低,社会秩序较为混乱。这样的安全局势对中非安全合作带来了许多不利影响。首先,对深化中非合作,非洲内部出现了各种不同的声音。贝宁的伊萨中校说:"目前在一些非洲国家,中国进入非洲问题已成为国内选举争论的焦点,比如赞比亚就有很强的反华情绪,在2006年总统选举时赞比亚领导人指责中国推行'新殖民主义'。尽管多数非洲人还是坚信,与西方相比,发展与中国的关系对非洲更有利,但这些争论危害了中国与非洲良好合作关系的发展。"加蓬的邦贝勒尼中校也说:"大多数非洲人民都认为中国的对非合作战略给非洲带来了机遇和希望,但同时也有人声称中国推行的'软实力'战略实质上是一种'麻痹战略',其根本目的是占领非洲","中国的'双赢'归根结底还是'中国赢'。"其次,社会的不稳定对中国在非洲的长期存在构成障碍。武装犯罪团伙针对中国在非洲的企业、华人暴力事件增加。最后,中资企业、商人与当地人的矛盾加剧。由于文化背景差异,非洲当地人对中国人的行为方式不适应,民众抗议活动时有发生。即使是援助项目,"由于中国企业习惯雇佣中国人,受失业困扰的受援国对此反感"。

(二)西方国家对中非安全合作的制约

非洲长期受西方的殖民统治,西方对非洲的影响深远。近年来,非洲虽然积极寻求多方位合作伙伴,但"西方与非洲精英及非政府组织之间的密切关系根深蒂固,中国进入非洲必然会面对来自西方的压力和抵制"。在西方国家看来,中国在非洲的存在干扰了非洲大陆的稳定,损害人权事业。西方攻击中国对非政策主要基于两点,一是中国对非援助不预设条件,如良政、环保、缩减债务等；二是中国为了获取资源，支持一些占有自然资源的"独裁"政权，如苏丹、津巴布韦，破坏了西方对非合作的"成果"，恶化了非洲专制和动乱局面。实际上，这是西方国家担心自身在非洲的既得利益受损的表现，他们凭借自己强大的宣传载体来宣称"中国扩张论"、"掠夺资源论"以及"新殖民主义论"等观点，达到破坏中国形象的目的。

非洲军官认为，中国在非洲的两大主要竞争对手是美国和法国。首先是美国。美国对非洲的政治、经济、军事等领域具有广泛影响。近年来，中国在非洲利益的日益增加，引发了美国的不满情绪。塞内加尔的恩贾耶中校说："随着中国的崛起，中国对非的经济影响力日益增大，对原材料的需求逐日增加，这与美国在非的能源及其他原材料供应势必产生冲突。此外，美国在非反恐斗争的理念也将与中国的产生分歧。中国与国际社会的做法是为了造就一个不利于非洲地区出现恐怖分子的环境，而这有悖于美国的初衷。事实上，美国的'大中东计划'中涉及几个非洲石油大国，如毛里塔尼亚、马里、阿尔及利亚、苏丹等，这些国家的石油总产量占全球产量的65%，而这些国家都与中国保持着较好的经贸关系。美国认为，中国在非洲的经济发展势头较之美国占了上风，这不利于其大中东战略的推行"。甚至有学员认为，美军的非洲司令部就是为抑制中国在非洲的发展而成立的。

另一个是法国。法国是非洲的前殖民宗主国之一，在非洲有重大的战略利益。法国对非洲政治、经济、文化等方面有深刻影响，并长期在非洲多国保持军事存在，视非洲为其传统的势力范围。中非安全合作必然会引起法国的嫉妒。尼日尔的苏迈拉中校说："法国几乎垄断了尼日尔的整个铀市场。作为前殖民大国，在未来的数十年内，法国仍然对尼日尔的政局施加着影响……中国在尼日尔影响日益增大的事实引起了尼日尔前殖民国家的愤慨。尼日尔可能成为双方的竞技场，一边是发达国家，他们感受到其霸权受到威胁，另一边是新的竞争对手：中国。尽管目前法国还没有正式对中国的闯入作出回应，但它终究会对继续保持与其前殖民地的关系问题上表现出某种关切。"而且，"经济上的冲突难免会带来安全领域的问题"。

（三）中国对非政策存在一些局限性

非洲军官认为，在与非洲安全合作方面，中国自身存在的一些不足也制约了双方合作关系的发展。一是从总体上对非洲的安全形势研究不够。非洲地区的安全形势错综复杂,既有历史遗留问题,也有现实发展问题。中国对非洲安全形势变化的把握上不够及时,缺乏前瞻性。二是对非合作过于拘谨。不干涉内政原则是中国对非政策的基础,得到了非洲国家的普遍欢迎,但在实施过程中过于迁就对方,缺乏主动性。面对各种安全威胁,非盟、区域组织如南部非洲发展共同体、西非国家经济共同体等,以及南非、尼日利亚等地区大国都在为营造地区和平方面作出了很多努力,并取得了一些明显成效,中国也直接或间接地作出了贡献,但相对保守。三是中国缺乏对外宣传力度,做得多说得少。西方国家为维护在非洲的既得利益,凭借其国际舆论的主导优势,极力歪曲损害中国形象。阿尔及利亚的法里德空军中校说:"西方媒体对'中国威胁论'的歪曲宣传,在一定程度上损害了中国的国家形象,将会对非洲与中国的安全合作带来负面影响。"四是在国际场合发挥作用不够。非洲国家期待中国能在国际场合为他们提供足够的支持,但由于实力所限,有时会无能为力。比如在利比亚问题上,学员们就期待中国能发挥重要作用,但中国无力阻止西方的打击行动。加蓬的邦贝勒尼中校指出:"非洲大陆,特别是马格里布地区和科特迪瓦的形势令人担忧。近年来,中国在非洲的利益不断增大,因此,维护非洲稳定是中国不可推卸的责任。中国目前在非洲安全问题上的态度与非洲人的期望是不相符的。尽管中国在某些问题上已经发挥了一定作用,如打击贩毒、恐怖主义和海盗、参与维和行动(西撒哈拉、刚果民主共和国、科特迪瓦、苏丹、利比里亚等),但这还远远不够。如果中国不能给非洲提供安全保障,双方怎能建立一种以信任为基础的合作伙伴关系呢?"

四、加强中非安全合作的对策建议

中非安全合作符合双方的共同利益,是大势所趋,人心所向。为进一步加强中非安全合作,非洲军官对中国也提出了一些对策建议。

(一)适应新的形势,调整相关政策

中国对非政策随着时代的变化进行了很好的调整,取得了良好效果,对非安全合作也应随着中非关系的深入发展进行相应的调整。非洲的高级军官普遍赞赏中国实行的不干涉别国内政政策,但也有部分军官认为,不干涉政

策是在特定的国际背景下提出的，在今天的新地缘政治环境下，中国应重新审视不干涉政策，并作出积极的调整。他们认为，中国的实力已今非昔比，中国有能力发挥更大的作用，应该更加积极地介入非洲问题的解决，"目前中国对非洲事务的介入度十分有限，完全可以加大自己在国际事务的参与力度"。如，在国际舞台上为非洲国家提供更有力的支持；对合作对象应提出自己的要求等。在扩大中非军事实质性合作方面，非洲军官有更大的期待，希望中国扩大合作范围，增大在非洲军事影响力。比如，中国海军编队在亚丁湾护航行动得到了非洲国家的广泛赞誉。贝宁的于勒空军上校就说："希望在几内亚湾也能看到打击海盗的中国海军编队，而不能仅有美国、法国和英国的舰队。"关于解决护航编队的保障问题，阿尔及利亚格尔菲上校说："中国可以与相关非洲国家签订双边协议建立稳定的补给点加以解决。"科特迪瓦柯南海军大校则认为，"中国海军应更多地停靠非洲沿岸国家，建立与非洲军队的更广泛合作，逐步解决补给基地问题"。在谈到中国在马里的侨民保护时，马里的科巴中校认为："虽然目前在马里的中国侨民尚未受到直接威胁，但必须从现在开始考虑危机发生时如何对他们实施保护。中国应该与马里展开军事合作，建立专门的安全部队，使之具备保护人员安全、帮助中国侨民撤离等能力。法国、美国在与马里进行人员培训、联合军事演习中都包括这项内容，值得中国仿效。"

（二）加强对非军事援助，帮助非洲各国军队提高维护国家安全能力

非洲军官认为，非洲问题需要非洲人自己解决，维护非洲的安全稳定不能靠美国的非洲司令部，也不能靠在非洲处处驻军的法国，而是要靠非洲人自己。目前，非洲国家军队维护国家安全的能力还很弱，许多问题都需要外界的干预。西方国家的援助条件苛刻，需要中国加大军事援助。一是要进一步加大人员培训的力度。缺乏合格的军事人才是非洲军队战斗力提高的瓶颈。中国可以采取更多的方式提高其作战能力，如成建制地训练非洲部队，开展联合军事演习提高其训练水平等。尼日利亚的赛耶海军上校说："举行旨在加强能力建设、维护全球和平及增强安全合作的联合军事演习，能够给两国尤其两国海军带来战略收益。"二是帮助非洲国家提高军队的综合保障能力。非洲国家军队的军事设施普遍落后，维持日常军事行动都非常困难，更谈不上保障作战行动了。加蓬的埃杜中校说："大部分（非洲）国家的军队在作战时得不到有力的后勤支持，影响了他们的作战效能。在执行地区和次地区军事任务时，也遇到了同样的困难，不得不求助于联合国及其他战略伙伴国。"

（三）加强与地区、国际组织协调，拓宽安全合作渠道

非洲军官不希望非洲大陆成为大国利益争斗的竞技场，赞赏中国在联合国框架下处理非洲问题所作出的努力。中国应进一步参与联合国有关涉非问题规则的制定，使国际规则向有利于非洲问题解决的方向发展。中国还应加强与非洲地区组织的协调配合。为增强自身解决安全问题的能力，非洲国家成立了多个地区和次地区组织，这些组织在解决冲突方面取得了一定的成果。非洲军官十分看重这些组织，把它们看做非洲人的希望和依靠。中国应该重视通过与它们的协调配合来发挥作用。此外，中国还应加强与西方国家及其他新兴大国的协调配合，在坚持自己原则的基础上采取协调一致的行动。摩洛哥的萨米尔中校建议，"中国应和欧洲国家、美国在非洲进行合作，避免势力范围的争夺，更好地维护非洲大陆的稳定"。最后，还应加强与非政府组织和民间团体的交流。与西方国家相比，中国更注重与政府机构的协调配合，与非政府组织和民间团体的合作明显偏弱。

（四）加强对外宣传和交流，扩大中国的影响力

中非双方相距遥远，双方仍然缺乏深入的了解。西方国家主导国际舆论，误导了非洲人对中国的认识，损害了中国形象和双方合作。随着双方合作的深入，人员交往进一步增多，需要加强媒体宣传的力度。一是要加大对外宣传力度，使国际社会更加了解中国的对非政策和意图。加蓬的邦贝勒尼中校说："宣传力度不足对中国在非洲的现象造成了不可低估的负面影响。中国很少对自己在非洲的作为进行宣传，西方媒体仍然是非洲民众获取外界信息的主要渠道，这与中国目前的地位极不相称。因此，中国应该改变一贯低调的作风，积极应对外界对中国在非洲'搞帝国主义和新殖民主义'的批评，大力宣传自己在非洲取得的成就和作出的贡献。"二是要加强人文交流，组织更多的文化交流活动，增进相互文化认同和了解。阿尔及利亚的纳吉中校认为，"中国已经征服了非洲国家领导人的心，现在应该通过加强文化往来和学术交流、提供更多留学机会、帮助非洲进行职业培训和高级干部培训等途径来获得非洲人民的信任，赢得非洲人民的心"。中国人也应更多地了

解非洲的传统习俗，以更好地融入非洲。三是要加强与非洲媒体的合作。非洲电视广播基本上都是西方的声音，中国国家媒体应加强与当地媒体合作，让非洲人能更多地听到中国的声音，扩大中国的影响力。

深化中非军事关系的挑战与机遇

彭庭法[①]

军事关系作为国家总体关系的重要组成部分，既是国家政治、经济、外交关系的有力助推器和稳定剂，也是改善国家安全环境、维护国家发展利益、促进国防和军队现代化建设的重要手段。中非军事关系在中非关系全面发展历程中发挥过独特而重要的作用，为实现各民族解放与独立、增强发展中国家话语权、满足各自安全需求等方面作出了巨大贡献。随着中国综合国力的提高，国防与军队现代化建设的不断推进，中国发展与非洲国家的军事关系吸引着全世界的目光，既有欢迎和期待，也有担忧和疑虑，甚至还有指责和污蔑。既有中国要在非洲搞"新殖民主义"、"新干涉主义"的论调，也有中国"彰显大国形象、体现国际责任"和"中国机遇论"的褒奖。面对复杂的外部环境，中国既要冷静应对，增信释疑，化弊为利，也要抓住机遇，乘势而上，主动作为。

一、深化中非军事关系的重大战略意义

中国是世界上最大的发展中国家，非洲是发展中国家最集中的大陆，巩固和发展中非关系是中国的必然战略选择。深化中非关系可以为中华民族的伟大复兴争取更多的竞争优势，获得更大的发展空间，赢得更广泛的国际认

---

① 彭庭法：国防大学防务学院副教授。

同，更有效地维护日益拓展的"利益边疆"①。

第一，深化中非军事关系是维护重要战略机遇期的客观需要。

党的十八大报告指出："综观国际国内大势，中国发展仍处于可以大有作为的重要战略机遇期。"非洲在国际地缘政治格局中具有重要的地位，拥有丰富的自然资源和潜在的巨大市场，是联合国和多边外交重要的"票仓"，也是维护中国国家利益、履行国际责任、树立大国形象的重要舞台，深化中非军事关系是维护重要战略机遇期、实现中华民族伟大复兴的客观需要。首先，中国在诸多核心利益上需要非洲各国的支持。当前，涉及中国核心利益的国家统一尚未实现，海洋领土争端愈演愈烈，藏独、疆独等分裂势力时刻威胁着国家安全和社会稳定，在这些问题上，中国需要非洲各国继续提供支持。其次，中国的可持续发展离不开非洲因素。中国需要非洲丰富的自然资源、不断扩大的市场规模，以及在气候变化等全球性议题与非洲开展合作和协调立场。最后，非洲也是中国履行国际责任、提升国际影响力的重要舞台。随着全球化的深入发展、中国综合国力的提升以及国际参与度的不断提高，中国加速了融入国际体系的进程，国际社会对中国的国际责任提出了新的要求和期待，国际责任已经成为中国大战略的关键词②。

第二，深化中非军事关系是国家利益日益拓展的迫切要求。

随着中国对外交往日益加深，维护海外华人的正当权益和生命财产安全，确保海外资产、能源资源供应和运输通道安全，关系着中国的长远发展和根本利益。首先，中国在非洲利益的不断拓展与深化，中国在非洲面临着越来越大的安全压力。让军事力量以灵活方式走出国门，用"硬"实力维护国家发展利益，保护海外公民的合法权益，是中国海外利益不断拓展的必然要求。其次，中国在非洲影响力的迅速提升被西方视为对其既得利益的严重挑战，打破了西方大国在非洲的利益平衡，"中国因素"成为西方国家调整或制定对非政策不得不关注的一个重要考量。因此，深化中非军事关系，从一定程度上抵消西方国家对非战略调整给中国带来的负面影响，显得非常迫

---

① 20世纪80年代中期，美国等西方大国首提"利益边疆"概念，旨在维护自身利益、确定战略控制范围。

② Shi, Yinhong, China's peaceful development, harmonious world and international responsibility: achievements and challenges in *SIIS Global Review*, Spring 2008, pp.19–28.

切。最后，非洲的地缘战略形势关系着中国海上通道安全。非洲航线是中国现有的三条石油运输航线之一，红海、苏伊士运河、直布罗陀海峡、好望角是中国获取非洲石油、有色金属以及商品贸易的重要航道。由于西方国家对非洲相关航道和海域的经营控制、非洲持续的局势动荡以及海上恐怖主义和海盗等非传统安全因素的威胁，中国与非洲之间的海上通道安全面临着巨大的风险。

第三，深化中非军事关系是满足非洲安全需求的现实之举。

非洲的安全与稳定关系着中国的能源资源供应，关系着中国在非利益的安全，从而关系着中国的国家发展利益。随着中国综合国力的不断增强和国际地位的不断提升，非洲希望中国在大陆的和平与安全建设中发挥更大的作用。一方面，非洲无力独自应对自身的安全挑战。非洲国家和非洲地区组织自身的安全能力有限，需要借助外部力量来维护非洲大陆的安全。由于历史原因和现实教训，非洲国家对与西方开展安全合作始终抱有戒心，这也就是美国非洲司令部在非洲难以落足的主要原因。另一方面，非洲国家普遍欢迎中国在非洲安全事务中发挥积极作用。加强在非洲的安全合作是中国向世界展示负责任大国形象的重要体现，也是中国融入国际安全机制的一个有效途径。[①] 中国奉行"互信、互利、平等、协作"的新安全观，坚持"不干涉内政"的基本原则，致力于增强非洲各国和集体安全机制自身安全能力，赢得了非洲国家的高度信任，为深化中非军事关系奠定了坚实的基础。

二、深化中非军事关系的挑战与障碍

在新的背景下，深化中非军事关系仍面临着很多的挑战与障碍。这些因素既与中国自身的能力和政策的局限性有关，也有来自非洲本土的影响，还有来自西方的挑战和压力。只有在充分认清和认真分析这些不利因素的基础上，才能有针对性地进行政策或策略调整，着眼长远进行规划和布局，实现中非军事关系的持续、健康、稳定发展。

---

① 徐伟忠："中国参与非洲的安全合作及其发展趋势"，载于《西亚非洲》，2010年第10期，第14页。

第一，中国自身能力、制度或机制的制约。

一是"不干涉他国内政"招致非洲的不满和西方的批评。全球化的发展加快了中国融入国际体系的进程，海外利益快速拓展带来新的安全诉求，国际社会对中国承担大国责任的呼声日高，中国政府以灵活方式介入非洲有关事务将成为一种趋势。当中国恪守"不干涉"或"东道国同意"原则时，西方会认为中国行为是国际集体行动的障碍；当中国政府积极加强与有关各方的协调，推动热点问题的妥善解决时，西方国家却又指责中国政府向有关国家政府施压，是为了保护自身石油利益对非洲实行的"新殖民主义"和"新干涉主义"。"达尔富尔问题"就是中国实施"走出去"战略时众多挑战的一个缩影，是中国学会在国际压力下生存的一次尝试[①]。二是军事援助能力有限与非洲各国的需求产生矛盾。作为新兴经济大国和安理会常任理事国，国际社会和非洲各国对中国的期望值直线攀升，认为中国应该承担与西方大国相同的责任，作出同等的贡献，但这不符合中国的国情和实际能力。三是跨部门协调机制缺失。由于部门利益冲突和制度法规缺失，在发展对非军事关系中还存在着条块分割和行动脱节的情况，造成了资源浪费和效率低下，难以形成合力。

第二，中非军事关系面临更加复杂的非洲本土环境。

虽然中非之间有着传统的友谊，但随着国际政治环境的发展变化、非洲自主意识的增强以及受西方影响的新生代领导人逐渐掌控非洲各国政权，中非军事关系面临着更加复杂的环境。一是部分非洲国家对中国的对非政策模式产生质疑。一些非洲人认为中国并不能作为非洲民主的样板，中国的廉价商品给非洲的本土工业造成巨大冲击，中国企业对非洲自然资源过度开发造成了对生态环境的破坏，由此导致近年来针对中国工人的绑架袭击事件不断发生。二是非洲国家对与中国在安全领域的合作持谨慎态度。由于历史上长期被西方殖民统治的遭遇，非洲国家在与外部力量开展安全合作方面态度谨慎。自主意识和"泛非主义"促使非洲集体组织和主权国家试图依靠自身力量维护大陆和国内和平，为此非盟和西共体都组建了自己的常备部队，对冲

---

① 刘鸿武、李新烽：《全球视野下的达尔富尔问题研究》，世界知识出版社，2008年版，第208—209页。

突地区和国家进行自主维和和主动干预。三是非洲国家奉行大国平衡战略对深化中非军事关系形成掣肘。随着民族解放运动的完成以及冷战结束和苏联解体，非洲国家对中国的政治需求相对减小，对华政策中的实用主义成分明显上升，很多非洲国家为了实现自身利益最大化，奉行大国平衡战略。

第三，西方国家对中国在非洲影响力采取防范与对抗。

由于西方与中国在非利益存在结构性矛盾，因此西方国家主要采取防范与对抗，试图削弱中国在非洲的影响力。一是在政治上以"西方式民主"应对"中国模式"的挑战。"中国模式"正在被越来越多的非洲国家认同和接受，引发了西方国家的担忧和对中国输出发展模式的猜疑。西方认为，以多党制、普选和三权分立为标志的西方民主是非洲政权体制的唯一模式，而中国在非洲不断提升的影响力正在对西方的非洲治理模式构成实质性挑战。二是在经济上通过渲染"中国威胁论"挤压中国在非洲的利益空间。西方相继抛出了"经济威胁论"、"软实力威胁论"、"资源掠夺论"、"环境破坏论"，夸大中国对非洲的威胁，试图挤压中国在非洲的利益空间。美国则在2006年发表的《对非洲战略报告》中指出，中国在非洲的活动已对美国和西方构成威胁，并要求西方国家从战略上共同应对中国的挑战。[①] 三是在军事上，通过拉拢利诱或武力干预等手段抵消中国影响力。西方国家一方面通过加大军事援助力度、举行联合演习、推动非洲集体安全机制建设等方式深化与非洲国家的军事关系，赢得政治上的支持和经济上的合作。另一方面，对非洲的反西方政权或内部冲突进行直接武装干涉，扶持亲西方政权，显示西方的能力和决心，逼迫非洲国家与之合作。

三、深化中非军事关系面临的机遇

中非军事关系的发展具有深厚的基础。中非在历史上有过相似的遭遇，同是发展中国家，有着共同的政治诉求和维护和平的共识，也共同面临着全球化带来的挑战和机遇，深化中非军事关系有着很多有利的因素。

---

① 张宏明："西方同中国在非洲利益冲突与中国的应对策略"，载于《西亚非洲》，2010年第7期，第13页。

第一,"中国模式"具有强大吸引力。

改革开放以来,中国经济保持了30多年年均10%的高增长率,经济总量从世界第十位上升到2010年的第二位,民主法制建设不断推进,社会长期保持稳定,引起全世界关注,"中国模式"①在国际社会颇为盛行。对非洲国家来说,"中国模式"比西方模式更具吸引力。首先,被强加的西方式民主制度不符合非洲的实际。多党民主带给非洲的不是稳定和繁荣,而是贫穷落后、党派纷争、种族仇恨、社会动荡。沉痛的教训让非洲人认识到,民主是发展的结果,而不是前提,非洲应该有自己的政治选择和发展道路。其次,非洲的当务之急是消除贫困和实现发展。贫困是社会冲突和极端主义的根源,解决贫困的根本途径是发展。然而,西方主导的非洲"结构调整方案"并不适合非洲各国国情,没有取得预期的经济和社会效益。中国自1978年实行的改革开放使经济规模扩大了9倍,贫困人口减少2.35亿。非洲认为,中国的很多经验都值得非洲各国学习。最后,西方与非洲的合作始终是附带政治条件或强制性的,受援国必须满足西方规定的各类指标。而中国与非洲的合作建立在平等互利、共同发展的基础之上,对非援助不附带任何政治条件,强调非洲的自主权和自身"造血"功能,尊重非洲人民选择适合自己国情的发展道路。

第二,中非传统友好提供了坚实基础。

中非之间的传统友谊为双方深化军事关系奠定了坚实的基础,中非合作论坛和《中国对非洲政策文件》为发展中非军事关系提供了有效平台和政策指导。首先,中国和非洲都经历了被殖民的历史,在反帝反殖的斗争中,中非人民在道义和物质上相互同情、相互支持,树立了南南合作的典范。上世纪五六十年代,在波澜壮阔的非洲民族解放运动中,新中国给予了精神上、物质上和军事上一切可能的援助。在联合国、台湾、人权等问题上,非洲坚定地支持中国。中非政治友好的深厚基础为中非关系的长远发展奠定了牢固的基石。其次,在政治上相互支持的同时,中国还为非洲的经济发展提供了

---

① 2004年5月,美国学者乔舒亚·库伯·雷默在英国著名思想智库"伦敦外交政策中心"发表了题为《北京共识:对中国力量的影响力的理解》的论文,引发了西方精英对中国发展经验的关注度和对"中国模式"的争论。

大量无私的援助。在国内经济建设困难重重、资金缺乏的情况下，中国政府援建了被誉为"友谊之路"的坦赞铁路，共有66名中国工程技术人员为之献出了宝贵的生命。据统计，1956—1977年，中国为非洲提供了超过24.76亿美元的经济援助，占中国对外援助总额的58%[①]。最后，改革开放特别是进入新世纪以来，中非友好关系的内涵进一步被深化和充实。在全球化背景下，中非双方不断增加共识，扩大利益交汇点。中国在国际规则的制定和许多全球性议题上维护非洲国家的利益，在涉及非洲安全的重大问题上，中国也体现高度负责的态度，反对西方动辄进行军事或经济制裁，主张在联合国框架内解决各类争端或冲突。非洲则在申奥、申博和联合国改革等问题上积极支持中国。

第三，中国国力军力和国际地位不断提升。

改革开放和经济发展为中国积累了巨大的物质财富，综合国力明显增强。随着国家经济社会发展，中国国防费保持适度合理增长。中国国力军力的不断上升为深化中非军事关系提供了物质条件和力量基础。首先，中国经济的发展和综合国力的提升为增加对非军事援助提供了现实可能。在物资装备方面，中国向很多非洲国家捐赠了大量的军需物资和技术装备。在财政援助方面，中国通过无息或低息贷款以及无偿资金援助帮助非洲国家购买军用物资或用于军事训练。在智力援助方面，中国为非洲培训了大量的军事人员，每年有数百名非洲各国军官来中国接受军事培训，中国还定期派遣军事教官到非洲有关国家开展现地培训。其次，中国国防和军队现代化建设的不断推进为中非军事合作增加了选项。中国价廉物美的武器装备深受非洲国家青睐，非洲成为中国军品贸易的重要市场。此外，中国国际地位的上升为在非洲安全事务中发挥更大作用提供了强大驱动力。中国是联合国安理会五个常任理事国中派遣维和人员最多的国家。2008年底以来，中国共向亚丁湾索马里海域派出了16批护航编队。中国支持非盟及次地区组织在非洲和平进程中发挥主导作用，与非盟建立战略对话机制。

第四，非洲发展进入新的阶段。

进入21世纪以来，非洲政治形势总体上趋向稳定，民主政治得以巩固，

[①] 李安山："论中国对非洲政策的调适与转变"，载于《西亚非洲》，2006年第8期，第14页。

经济持续较快发展，冲突热点有所降温，和平进程有序推进，非洲发展进入了一个新的历史阶段，为中非军事的发展注入了强劲动力。首先，非洲政治趋稳和经济发展为深化中非军事关系提供了良好的环境。随着"非洲发展新伙伴计划"①和"联合国千年发展目标"的推进以及国际社会对非洲事务干预力度的不断加大，非洲政治生态渐趋理性，经济发展成效显著，社会进步有目共睹。在此背景下，中非高层互访频繁，经济交往不断深化，军事领域的交流与合作也日益拓宽。其次，非洲军队转型为推动中非军事合作带来了契机。独立以后，非洲很多国家的军队都是在原来殖民地军队的基础上建立起来的，受西方的影响严重。随着民族和解和内战结束，很多非洲国家走上了正规化建军之路。军队体制编制、武器装备和使命任务都处在调整转型之中，以提高捍卫国家领土主权以及遂行非战争军事行动的能力。最后，非洲集体安全机制在维护大陆安全方面的作用上升为深化中非军事关系提出了新的要求。近年来，非盟和次地区组织如西非国家经济共同体、南部非洲发展共同体、中部非洲经济共同体和大湖国家经济共同体等非洲集体安全机制在大陆和平与安全建设中的地位不断上升，但也面临着经费短缺、成员国内部分歧和执行力不够等挑战，对中国在资金援助和处理热点问题的政策立场上的期望值也越来越高。比如，非盟不满足于以观察员身份参与中非合作论坛，希望以论坛正式成员或重要伙伴方，以更多地参与论坛事务。②

第五，西方国家战略调整带来契机。

随着中国综合国力的增强和国际地位的上升，西方国家纷纷调整对华政策，对华关系成为各大国对外政策的重点。中美共同确定了建设21世纪积极、合作和全面的关系定位；中俄进一步加强了战略协作伙伴关系；中欧致力于发展全面战略伙伴关系。这为中国与西方在对非事务中加强沟通协调与务实合作提供了政治基础，为中非军事关系的发展提供了有利条件。一方面，全球性问题日益凸显，西方国家无力独自应对。在非洲大陆，恐怖活

---

① "非洲发展新伙伴计划"（NEPAD）是2001年7月在赞比亚首都卢萨卡召开的第37届非洲统一组织首脑会议上一致通过的非洲自主制定的第一个全面规划非洲政治、经济和社会发展目标的蓝图，旨在解决非洲大陆面临的包括贫困加剧、经济落后和被边缘化等问题。

② See African Union Commission, "AUC Chair in Strategic Dialogue with Chinese ViceMinister", AUC News, Issue 35, November 2008, p.131.

动、海盗劫持、武器扩散、武装冲突、能源安全、传染病蔓延、人道灾难等问题十分突出，给世界和平与地区安全带来严重挑战。国际社会包括西方国家在内都希望中国更多地参与多边安全合作，在反恐、护航、维和、人道主义救援等领域发挥更积极的作用，给中国与非洲、西方之间的双边或多边军事交流与合作带来了新的契机。另一方面，中国和西方在非洲问题上的战略共识和利益交汇也促使西方重视与中国的政策协调与合作。欧盟负责外交与安全事务高级代表索拉纳称："在非洲的合作是欧盟与中国全面战略伙伴关系中的一个要素。" 2008年10月，欧盟推出《欧盟、非洲与中国：走向三边对话与合作》政策文件，提出中、欧、非三边合作的机制机构和政策建议。[1]美国也重视在非洲问题上与中国加强接触，将非洲议题纳入中美战略经济对话议程，至今已举行四轮中美非洲事务磋商。

总之，随着中国进一步融入国际体系和全球化进程，国际责任和国家利益不断拓展，维护国家根本利益、确保可持续发展、展示负责任大国形象是中国发展对外关系的根本出发点，也是发展中非军事关系的基本遵循。深化中非军事关系应着眼于国际和国内两个大局进行思考和筹划，紧紧围绕国家政治、经济利益和军队现代化建设的需要，抓住机遇，把握原则，灵活应对，为维护国家利益并最终实现中华民族的伟大复兴营造良好的外部环境。

---

[1] 罗建波："中国与西方国家的对非洲外交：在分歧中寻求共识与合作"，《世界经济与政治》2009年第4期，第35页。

五

中非文化、社会合作篇

电影产业在推动
中非关系中的作用

[刚果（金）] 龙刚①

导言

塞内加尔著名作家谢赫·哈米杜·凯恩（Cheik Hamidou Kane）在《暧昧的冒险》（《Aventure Ambiguë》）②一书中写道，第一批踏足非洲的欧洲人和非洲本地人的相遇锻造了一种新的文明，这种文明来源于枪炮和鲜血。

非洲大陆拥有丰富的文化多样性，但欧洲人无疑是很有优越感的，因此他们将自认为优越的文化强加给别国。早期对非洲的人类学研究和殖民电影或者叫做"人种电影"，也证实了这种欧洲文化复杂的优越感。

早期的欧洲人类学家和电影人在非洲找到了一片实验的沃土，非洲人被当作实验室的试验品。为了发现"另一个人种""去探测他们"——人体测量学由此起步——"带着好奇心去观察真实的实验对象"，这些话语在当时是非常时髦的词汇。所以殖民电影也成为对非洲洗脑的一个强有力的宣

---

① Antoine Roger Lokongo，中文名字：龙刚，刚果（金）学者，北京大学国际关系学院非洲研究中心研究员（博士）。本文是这次征稿过程中收集到的为数不多的涉及中非文化合作的文章。数量不多有些遗憾，但也有些庆幸，因为这篇文章为我们提供了十分有建设性的一种文化合作思路。作者希望用笔杆和镜头为中非文化交流服务。
② 谢赫·哈米凯恩：《暧昧的冒险》，巴黎：朱亚尔，1961年，第59页。

传工具。①

中国对自己的文化保护得很好，因为中国只经历过"半殖民地"社会。而非洲则在文化方面、政治方面以及经济方面完全被殖民。在经历了惨痛的奴隶制度和殖民之后，非洲的先进人士不得不发掘非洲的历史和文化，通常是依靠口口相传的传统和记忆来发掘，目的是重建和修复被武器和圣经摧毁的文化及历史。非洲电影由此而诞生。

最早的非洲电影人、演员、音乐家和作家要完成的任务是重新找回被西方殖民者、传教士和人类学家扭曲的、虚化的、抹去的和否认的历史。如弗朗索瓦兹·普法夫②指出的，正是秉承着这样的精神，乌斯曼·塞姆班（Ousmane Sembene）的第一部纪录片《L'empire Songhaï》（桑海帝国）和第一部电影《Ceddo》（平民）都旨在探索和追寻非洲殖民前的历史。中国完整地保护了自身的文化并且利用它形成了自己的政治和经济道路，这应该激发非洲人在中非文化合作框架内去发掘自身丢失的文化。

从那时起，非洲电影的特点，便是争辩的逻辑性，以及抨击长年以来欧洲中心论对非洲的虚构与种族偏见，以及那些假意为非洲带来一个所谓的基于"上帝的旨意"而赋予非洲人全新而优越的文明。这些特点直至今日仍然有所保留。

这些带有欧洲色彩的观点如今依旧存在。正像非洲研究中心主任舒运国所写的那样，"一些西方人仍然偏向于本着一种殖民主义的心态思考问题，带着一种冷战思维的有色眼镜看待世界。在他们的世界里，非洲还是属于欧洲的势力范围，而其他人未经允许休想踏上这片大陆。在他们的字典里，弱肉强食的原则在处理本就不平等的国际关系中是天经地义的。他们不会考虑风云变化的时代及不断发展的人类文明进程，这就导致他们难免会在处理新

---

① 穆萨·索（Moussa Sow），"塞内加尔电影：在 桑贝内·乌斯曼、贾布里勒·迪奥普·曼别特、穆萨·塞内·阿布萨、乔·盖伊和阿兰·戈米斯（Sembene Ousmane, Djibril Diop Mambety, Moussa Sène Absa, Jo Gaye et Alain Gomis）的 作品中的电影语篇进化的主题"，2004年12月向路易斯安那州立大学和农业机械学院提交的部分完成的哲学博士论文。

② 弗朗索瓦兹·普法夫、乌斯曼·塞姆班的电影：非洲电影先锋。康涅狄格州：格林伍兹出版社，1984年，第12页。

的国际问题时仍旧沿用旧的观点"。①

在本文中,我想重点强调非洲电影业所取得的成就,尤其是在影片质量和影片的国际关注度方面,同时列出它在完成目标的道路上正面临的问题,以及解决这些问题的方法,特别是在电影制作领域的中非文化合作上。

一、非洲电影业与20世纪30年代的解放黑人运动

曼迪亚·迪亚瓦拉(Manthia Diawara)将非洲电影的前身归功于"左派与空想者即那些致力于推广泛非主义的人。他们相信未来的任务是团结起来把电影用作被殖民国家得以解放的媒介,把电影当做非洲全面统一的基石,而不受地域限制或者与民族国家的概念相关问题的困扰"。②因此,统一的趋势在当今就显得尤为重要,而这要追溯到"解放黑人运动",其主流思想是"泛非主义"和"黑人文化认同"。

黑人解放运动发生在20世纪20年代,特别表现在"泛非洲主义"(一种政治文化运动,旨在巩固全体非洲人民的团结统一甚至将其制度化)和黑人文化认同(黑人或者是黑人国家特有的历史,文化和特点),随后这场运动推动了非洲大陆本身以及散居地的非洲人民为他们的政治、经济和文化解放而进行斗争。因此,非洲电影业自然而然地与这些不知能否得以传达的解放运动的思想意识有一种天然的联系。这也就是说,非洲电影业是这些思想的源泉。而非洲电影业潜在的动力则来自于非洲人民的信念,来自于他们寻找自我,苦难同当的信念;所有的非洲人民都曾受制于骇人听闻的奴隶制度、殖民主义、种族隔离以及新殖民主义政策;为了重申他们的尊严,他们在政治、经济、文化上的主权,因此,非洲电影业的作用是锻造一种"普遍的非洲意识,一种以黑人文化或者非洲文化为典型代表的全球性的文明和文化"。

---

① 舒运国:《平等、互利和共同发展基础上的中非关系》,人民日报在线,2010年2月26日,http://english.peopledaily.com.cn/90001/90780/6903736.html,查询于2013年10月13日。
② 曼迪亚·迪亚瓦拉:《非洲电影:政治&文化》,布卢明顿,印第安纳州大学出版社,1992年,第39页。

1. 泛非主义

泛非主义是一场运动（确切的说是一场政治运动），是一场争取拥有非洲文明的国家和具有非洲血统的人民统一的运动。被奴役的悲惨遭遇使得非洲人口锐减，在之后的1885年柏林会议上，欧洲人为了暂停对非洲不休的争吵及血腥的占领，决定把非洲大陆置于砧板之上，然后像猎食羊羔一样对其进行瓜分。固有的傲慢及残酷促成了这一决定，用一支笔和一张地图就瓜分了非洲大陆，也统治那里的人民，丝毫没有顾及人民的血缘亲疏，更何谈他们因社会地域分离而忍受的需要治愈的伤痛。非洲人民至今仍然受这一导致瓦解社会根基的扭曲决定的负面影响。

泛非主义的支持者，比如作家、社会学家威廉·爱德华·布格哈特·杜波依斯，出生于美国，在1960年加入加纳国籍，于1909年创立了全国有色人种协进会。他相信只有非洲人民的团结统一才有助于他们治愈曾在奴役与殖民政策的灾难中所受的伤害，同时也有助于他们激发人类的、智慧的、精神的，以及在政治上、经济上、文化和社会方面的潜能，这样，他们才有能力决定自己的命运，避免新形式的剥削。

"非裔美国人深知这一理念：他们为终结斗争而斗争，不死即赢⋯他或是选择作为一个可以享受完全的、不受限制的平等的黑人，和白人一样平等地踏上这具有现代文明气息的美国，或是选择直接离开。若不是灭绝、根除、分歧，那就要绝对的平等。没有妥协。"[①]

事实上，在20世纪30年代到40年代的反法西斯战争中，共产主义者和民族解放组织发挥了重要作用，成为1945年战争胜利的中坚力量。1945年初，在朝鲜、越南、东欧和中国，共产主义和民族解放运动盛行，旨在推翻资本主义和殖民主义，引领人民取得决定性的胜利。到1947年，印度已经脱离了大英帝国获得了独立，非洲大陆也已开始崛起，这便打破了殖民主义政策中的核心谋略。[②]

---

① 威廉·爱得华·伯格哈特·杜波依斯：《美洲的黑人重建，1860—1880》，底特律：自由出版社，1999年。
② 阿巴约米·阿齐克韦："非洲和美国的帝国主义：前殖民危机和非洲革命的必要"，《全球研究》，2013年5月19日，http://www.globalresearch.ca/africa-and-u-s-imperialism-post-colonial-crises-and-the-imperatives-of-the-african-revolution/5335641，查于2013年10月13日。

这样一来，非洲所有的电影制片人重新走到一起组成一个实体。非洲第一批知识分子和电影制片人中的大部分人都接受过西方教育，他们联合起来，为重拾非洲文化、独立非洲大陆而奋斗。1957年加纳首先独立以来，其他非洲国家也纷纷效仿，形成多米诺骨牌效应。当时有一种普遍的泛非主义军事主义思想盛行，旨在解放整个非洲大陆，使其脱离殖民主义，这一思想从未泯灭直到后来纳米比亚、赞比亚、津巴布韦获得独立，以及种族隔离主义在南非灭亡。那些争斗和成就第一时间被电影和文学作品演绎得淋漓尽致。这些风雅的作品中都或多或少的加入了政治元素。每一部电影，都在一个社会文化和政治背景拥有特色的国家拍摄，并始终带有一种泛非主义的视角（有人称其为单一文化社会）。

难道其他非洲国家没有面临相同的问题吗？难道这些国家相同的补救措施不是普遍被强制的吗？几乎每个非洲国家都受到了来自奴隶制、殖民主义，以及17世纪欧洲扩张的影响。独立的非洲成为政变、独裁统治和一党执政的非洲，随之而来的是当今的多党民主和地区冲突。

2.黑人文化认同

黑人文化认同是一种使命性的文化运动，只要有黑人的地方，就需要重新建立非洲人民的历史和文化价值以及寻求黑色人种（文化统一）的认同。这一运动反映在利奥波德·塞达尔·桑戈尔的诗歌和文学作品中。利奥波德·塞达尔·桑戈尔是一位诗人，也是塞内加尔的第一位总统。

有一种"非洲灵魂"，一种"黑人精髓"，一种"泛非洲现象论"被谱写描述，有时候还带着一种神秘色彩，在电影中，诗集里，史诗及传说里，喜剧，舞蹈，歌曲，谚语（在这里体现着一种和谐）中都谈及到这一曾经被曲解的需要重塑的文化财富。非洲的演员无法脱离他所在的世界，而这个世界是局外人无法窥探也不能理解的。而霸权的殖民统治者要么滥用，要么镇压这种思想。但在非洲与欧洲的碰撞过后，通常对非洲人而言，他们可以在世界文化（指的是各国文化的融合）的大背景中把握住自己的文化，因为生活永远不可能完全重来。桑戈尔、穆罕默德·凯恩、恩古吉·瓦·提安哥、皮乌斯·恩甘杜·恩卡沙马（Senghor, Mohamadou Kane, Ngungi wa Thiong'o, Pius Ngandu Nkashama）和其他人的作品都应在这种观点下被重新审视一遍。①

二、从泛非洲电影业联盟到泛非电影和电视节

非洲电影从一开始对殖民创伤的反感情绪进化到了非洲文化的多样性。这种"文艺复兴"是一个永无止境的过程。然而，当今的非洲电影业的目标是打破旧有的框架，赋予非洲的历史与文化一种崭新的含义，给世界一个新的印象。这就像是一个"批判的批判"。

非洲在文化方面仍然是最富有的大陆之一。中国需要向非洲学习的有很多，反之亦然。本文的作者（龙刚）来自刚果民主共和国。他来自邦干多民族（Bongando）。在刚果民主共和国有250个民族。每个民族的名字取自当地人所讲的语言。所以邦干多人讲邦干多语(Longando)②，蒙戈人（Mongo）讲蒙戈语(Lomongo)，以此类推。这是一笔未经研究的文化财富。

1. 泛非洲电影业联盟

泛非洲电影业联盟（Fédération Panafricaine de Cinéma, FEPACI。其总部从突尼斯首都突尼斯迁到布基纳法索首都瓦加杜古），由第一个非洲电影制片人建于1970年，这位制片人依旧怀有相同的"非洲民族主义"，并追随利奥波德·塞得·桑戈尔的步伐。利奥波德·塞得·桑戈尔是法兰西学会的第一位黑皮肤的成员，也是一位黑人文化认同思想的强烈拥护者；同时，这位制片人也是布莱斯·迪亚涅和乌斯曼·塞姆班的支持者。布莱斯·迪亚涅(Blaise Diagne)是首位法国国民议会西非代表，而乌斯曼·塞姆班是第一位黑人非洲电影制片人。③

这些泛非洲电影业联盟的电影制片人所希望的，是他们的电影成为刺激非洲大陆进步的催化剂。在泛非洲电影业联盟建立之前，来自贝宁的保林·苏马努·维埃拉(Paulin Soumanou Vieyra)，在他的《非洲和电影》（*Le Cinema et l'Afrique*）一书中，其中一个章节标题如下："电影业在新的非洲民

---

① 穆萨·索瓦，见前文注释。
② 邦干多语和中文有很多相似的词语，它们有相同的意思和发音，比如说"娘"（Niáng）。在邦干多语中我们也说"Niángo"来表示母亲的意思。
③ 穆萨·索瓦，见前文注释。

族意识的形成中所扮演的角色。"① 实际上，保林·苏马努·维埃拉 于1955年在巴黎拍摄的电影《塞纳河上的非洲》(*Afrique-sur-Seine*) 被认为是第一部由非洲人拍摄的非洲电影。保林·苏马努·维埃拉是巴黎高等电影学院的毕业生。②

在殖民地化后，电影业因此需要在"形成非洲民族意识"过程中扮演政治角色。非洲在这里被看做一个实体。这是因为当时世界被分成了两个阵营：苏维埃和资本主义。非洲不得不摆脱殖民主义的束缚并成为一个民族实体，理论上既不与东方也不与西方结盟（不结盟运动促进了万隆会议于1955在印度尼西亚召开）。③

在非洲电影为非洲民族意识兴起而斗争的过程中，这种信仰被1974年4月在瓦加杜古由非洲文化协会举办的会议再一次确定。与会者有来自整个大陆的专家、作家和顶级的电影人。事实上，这次会议的主题是"非洲电影人在唤醒黑人文明意识中所扮演的角色"。

在"百年电影"庆典的同时，恰逢第14届"瓦加杜古泛非电影电视节"的举行，这次电影电视节的主题是"非洲与百年电影"。出席者刚果民主共和国电影人巴鲁夫·巴谷帕·卡宁达 (Balufu Bakupa-Kanyinda) 说，"非洲电影人不能逃脱他们肩负的任务及其使命，这就是在他们的大陆上成为'无声的声音'。让我们用笔杆和摄影机为我们的大陆服务"。④

套用巴鲁夫·巴谷帕·卡宁达的这句话，让我们把笔杆和摄影机用于为中非文化交流服务，促进中非关系更上一个新台阶。

毋庸置疑，非洲电影先锋的基础性工作和政治斗争承诺先后受到泛非主义、黑人文化认同和纪念非洲文化共同体庆典的推动。然而，由于非洲大陆在独立后争取政治统一上的失败，非洲电影中的大陆观给了非洲大陆以外的人们这样一种印象：非洲是一个被蚊子、疟疾、艾滋病、饥荒侵扰的民族，是一个专制统治和战争不断的大陆。一些非洲电影人认为，是时候打破同一性身份了，应该赋予非洲电影一种以民族成分和丰富的多元文化为基础的、

---

① 保林·苏马努·维埃拉：《电影和非洲》，巴黎：非洲现存版本，1969年，第125页。
② 穆萨·索瓦，见前文注释。
③ 同上。
④ 同上。

可以轻易辨别的新身份。

然而，正如非洲伟大的埃及学学者谢赫·安塔·迪奥普(Cheik Anta Diop)所说，"黑非洲根深蒂固的文化同一性不应该被质疑"。① 但是这种同一性已经被多样的非洲殖民体系严重地影响和同化了。奴隶贸易和之后的间接统治得到了被腐化的非洲国王和酋长的推波助澜（他们当中一些人，不像目前非洲大多数的领导人那样强烈反对和抵制过殖民主义），同时也不要忘记宗教——践踏非洲传统社会结构的基督教和伊斯兰教的引进。因此，非洲从地理政治学的角度被划分为讲法语、讲英语、讲葡萄牙语和讲西班牙语的不同国家。

正如刚果民主共和国已故总统洛朗·德西雷·卡比拉 (Laurent-Désiré Kabila) 所说，"由于其子民的共谋，非洲50多年的独立运动向世界呈现了一个分裂、被掠夺和被羞辱的大陆的悲哀场面"。即使在这50多年之后，非洲仍然支离破碎。而非洲各个国家的电影给予了这个支离破碎的非洲一种新形象。②

由于在国家层面缺乏合适的电影基础设施，非洲电影人逐渐形成了保护自己的电影业集团。非洲电影也因此被视为一个单独的实体。但是如今，他们在同这种"无名"作斗争，为的是要把富有社会文化特征的民族性与贤能之人搬上荧屏［塞内加尔和他的艺术家，例如拉明·桑格尔（Lamine Senghor），引领了这条道路］，同时又不陷入地区和民族的宗派主义。目前，非洲许多国家已经建立了国家电影制作中心，尽管其中不少因为政府投入演员培训的资金少、资金管理不善和现代设备的缺乏已经关闭。许多人开始转向南非去生产电影，因为纳尔逊·曼德拉的国家有着良好的电影基础设施，同时，他们甚至很可能很快就会转向中国。

2. 瓦加杜古泛非电影电视节

瓦加杜古泛非电影电视节（*Festival Panafricain du Cinéma et de la Télévision de Ougadougou*，FESPACO）始于1970年，是在瓦加杜古举行的

---

① 谢赫·安塔·迪奥普:《黑非洲的文化统一：古代（卡纳克历史）父权制和母权制的范围》，伦敦：卡纳克楼出版社，2000年。
② 龙刚:《关于刚果入侵的媒体报道：追随西方利益的足迹？》2000年9月，http://www.lalkar.org/issues/contents/sep2002/congo.html，查于2013年10月13日。

一年一度的盛会,是我们谈到过的电影人才的盛会,是多种社会文化交流的盛宴。

自1970年以来,瓦加杜古泛非电影电视节确立了名副其实的国际地位,非洲人有机会观赏自己的电影(在这里情感剧广受青睐)。每年,瓦加杜古泛非电影电视节都会关注非洲电影的发展,这些电影以每个国家或者几个拥有共同文化价值观和习俗的国家的政治社会现实、传统文化遗产为基础拍摄而成。

2005年2月,瓦加杜古举行的第19届泛非电影节上,获奖的是南非导演左拉·马赛可(Zola Maseko)的电影《鼓》。① 这部影片讲述的是新闻调查员亨利·恩杜马洛(Henri Nxumalo)的故事,他调查20世纪50年代德兰士瓦省农民生活的艰苦条件。亨利·恩杜马洛受雇于一个农场,过着奴隶般的生活。后来,他为了能够记述工人们艰难的生活而故意犯罪入狱。他编纂的杂志《鼓》,对政府是难以忍受的威胁,所以不得不被禁……② 这部作品使一个后种族隔离时代的南非给我们带来了更多新的惊喜。

瓦加杜古泛非电影电视节作为反映非洲文化、政治、经济一体化的一面镜子,在全球化的大背景下,向人们展示了非洲的希望、追求和抱负,还有他存在的各种矛盾,这些都与西方人所描述的大相径庭。这对于作家、制片人以及演员来说是一个交流思想、分析问题并提出解决办法的良机,这些都得归功于瓦加杜古泛非电影电视节的举办。

三、非洲"第七艺术"(电影产业)面临的问题

在政治、经济以及文化上,非洲仍然受西方的操控,由于缺乏经济手段,甚至非洲的电影产业也面临西化的风险。然而,第七艺术代表着一个伟大的工具,非洲可以用它来建设自己的软实力。非洲需要向中国学习,而且要依靠自身的努力。

2011年人民日报上曾刊载:"文化越来越成为国家凝聚力和创造力的关

---

① FESPACO的大奖被称为《Etalon d'or de Yennenga》(也内加金骏马)。
② 穆萨·索瓦,见前文注释。

键来源、成为国家综合实力竞争的关键因素,成为经济社会发展的核心力量。"① 因此,电影产业可以提高公众对国家建设的参与度。中国的电影产业正在蓬勃发展之中,2012年的票房收入总额达170亿元人民币,相当于30亿美元,世界排名仅次于美国。因此,中国的电影市场在以每年30%的速度扩大,其中国产电影占有巨大的比例。② 在2013上半年,中国国产电影的票房高于外国影片65个百分点,创造了一个新趋势。然而,在2012上半年,外国电影的票房则是国产电影的两倍。中国国产电影欣欣向荣,在票房上正在赶超外国电影。③

为了更好地迎接未来,我们必须了解过去并分析现在。自非洲电影的产生已经有50年了,但是作品的制作和传播仍然是个现实问题。非洲电影在技术和艺术质量方面取得了长足进步,这值得颂扬。但非洲电影还有许多问题要面对。

1. 对外依赖性和资金来源短缺

"现在发生了巨变。我们的电影甚至被国际电影节所认可。当你游走世界无法在别处的荧屏上看到我们的电影时,我们还可以使用DVD传播",刚果民主共和国的迪厄多内·恩冈古拉 (Dieudonné Ngangura) 在第19届瓦加杜古泛非电影电视节说。④ 他的一个支持者塞内加尔电影制片人阿赛义杜·蒂亚姆 (Assaidou Thiam) 指出,"如果非洲电影诞生50年后,还无法脱离外界帮助来自己制造,那么这将是一个严重的问题。"⑤

例如,自2000年9月,欧盟以文化交流和合作为基础拨出600万欧元,用以资助非洲、加勒比海和太平洋附近国家的电影制造业。这是一个三年援助计划,资助制作共14部电影和一部电视连续剧。电影制片人提交了200个

---

① 新华网,《文化发展关乎现代化的实现》,中国日报,2011年10月19日,http://www.chinadaily.com.cn/ethnic/china/2011-10/19/content_13931171.htm,查于2013年10月13日。
② CNTV.com,"2012年,中国电影市场卓越的一年",www.chinesefils.cn, http://www.chinesefilms.cn/141/2013/01/14/122s13385.htm,查于2013年10月13日。
③ 《国产电影胜过外国大片,2012年戏剧性的逆转》,国际商务时报,2013年8月22日,http://www.ibtimes.com/domestic-chinese-films-now-outperforming-foreign-titles-dramatic-reversal-2012-1395917,查于2013年10月13日。
④ 穆萨·索瓦,见前文注释。
⑤ 同上。

项目,其中通过了46个。在这46个当中,38个得到了427万欧元的制作费,8个得到了41万欧元的宣传费。①

2. 在国外寻求职业生涯

非洲确实孕育了众多的体育英雄和著名的演员,但他们都已经离开原籍国,到国外寻求更好的发展空间。然而,有一位在法国学习电影专业的非洲学生注意到,"除了在美国电影中,黑人演员在其他所有影片中都只是出演小角色,总体来说并不被重视"。②

3. 非洲拍摄的电影缺乏市场

要拍摄一部电影,首先要知道谁来发行它。非洲电影很少出现在国家电视台上。在西非,电影被认为是极少数人从事的舶来品,也没有任何商业价值,并且由于技术质量差,很少出现在银屏上,除非是一个西方国家的优秀的电影公司拍摄的电影。

4. 非洲政府的不作为

非洲国家的政府没能给国家电影中心创造、支持和提供所需的物质保障,似乎电影对于他们来说并不在优先考虑范围之内;也有可能因为他们害怕电影势必成为一个强大的民主工具。因此,目前的趋势是把电影作为政府的宣传工具来维护政权。

此外,我们觉得电影泛非联盟和其他许多非洲电影制作协会(都成立在海外)都没能找到帮助非洲电影解放自身的切实有效的方法。它们在非洲名存实亡。事实上,它们只是像信箱一样用来接收其他合作伙伴和捐赠者的财政补贴。这些合作伙伴和捐赠者认为,他们只能帮助那些在非洲扎根的电影制作集团。③

四、非洲电影的未来

非洲电影的未来要依靠电影的多样性,要激起电影人才的热情以及要提

---

① 穆萨·索瓦,见前文注释。
② 穆萨·索瓦,见前文注释。
③ 穆萨·索瓦,见前文注释。

升专业制作者和技术人员的培养水平［低成本制作，运用相适应的技术。从这个角度来说，尼日利亚的电影产业在非洲是最好最强的，现在被称为诺莱坞（Nolywood），和美国的好莱坞（Hollywood）、印度的宝莱坞（Bollywood）遥相呼应］。但是，为了推行良好的电影基础设施建设，使非洲电影有国际水平的市场，并且能够和好莱坞、宝莱坞竞争，在与国际组织的合作中，政治因素还是首要考虑的。非洲很大很多样，并不缺少丰富的文化和人才，应该以它独特的文化类型为荣。

五、结论及前行的道路

在殖民时代结束50年之后，非洲电影的发展速度快得难以置信，或诙谐或严肃地描绘了各自国家的社会政治生活和文化生活。他们已经摆脱殖民的阴影——《丁丁在刚果》，一部比利时经典电影，完美地阐释了这一点——重新找回自我，长期以来，这部电影被认为是对真正的非洲和真正的非洲文化的艺术表现。通过对殖民时期前、反殖民斗争、后殖民时代的讲述，黑非洲的电影制作和电影文化既不单调又没有受到西方模型的限制。由于在国家、文化、性别和意识形态等方面的不同认识，非洲电影人之间的区别可能最突出地体现在关于非洲身份的相关电影中。

但是，非洲电影面临着更多的新困难，超乎我们的预料，比如物质材料方面和地缘政治方面，有一些我们在上文已经提到。解决办法要依靠来自不同国家的非洲电影制造商来转换思路，想出更多的创意。瓦加杜古泛非电影电视节正为他们提供了这样一个机会。

有这样一种看法，认为非洲电影无视虚弱的国家政府，正在演变并且扮演着国家的角色管理着民众（至少是社会科学和文化方面），要不就是对人们的思想变化和发展起着催化剂的作用。这可能是一种优势，但是如果缺少国家的、地区的甚至是非洲大陆的基础设施支持，非洲电影就将被出口到西方国家，以获得更好的收益和更多的观众。

中非文化合作对于非洲电影来说是一个绝佳的机会。现在有必要进行初步的联合研究来勾勒出中非双方在中非合作论坛框架下的合作。诚如上文强调过的，非洲电影产业存在许多问题，但也有可能抓住机会克服这些困难。

在这个方面，应当认真考虑举办一个一年一度的中非电影节（以文化和发展为主题）来加深双方对彼此文化的理解，这将是建立中非战略关系的一部分。

非洲欢迎中国和非洲电影人共享新技术或者是电影制作设备。设立一个中非电影制作基金和电影制作协会（双边的，地区的，大陆的或者是非盟/中非合作论坛的）也在考虑范围之内。

中国很流行的电视剧《媳妇的美好时代》对中国和非洲国家互相理解彼此文化产生了重要的作用。2013年3月25日，习近平主席在坦桑尼亚达累斯萨拉姆尼雷尔国际会议中心演讲的时候特别提到了这部电视剧，他说："中国电视剧《媳妇的美好时代》在坦桑尼亚热播，也让坦桑尼亚的人民了解到中国人生活的酸甜苦辣。"

我们相信，这只是个开始。

非洲：被支配的大陆
——外部政治文化对非洲法语国家的影响

[马里] 比拉马·科纳雷①

不同的国家和文化共同组成了非洲法语区，我们很难为其界定一个统一的政治文化。但是，一些历史事件又将这片大陆上的那些受所谓殖民或资本主义发展模式压迫的国家联系了起来。

要了解非洲法语区的政治文化就必须重新审视现代非洲的历史，尤其是其与法国的关系史，因为正是法国塑造了它们的运行机制。早在阿拉伯人和白人殖民者到来之前，非洲就已经有了自己的行政组织。非洲有自己的操作模式、政治和行政组织，这对几大王朝来说都是如此，如西塞（Kaya Makan Cissé）②统治下的加纳帝国，凯塔（Sonni Ali Ber Sundjata Keita）统治下的桑海帝国和穆萨（Kankou Moussa）统治下的马里帝国，此外，这一模式在大湖区也尤为显著。它们的管理体系主要基于团结、分享、热情和勇敢等价值观。因此，在非洲的传统社会里"人"始终处在中心位置。然而现在，人们只追逐金钱——这是殖民主义、新殖民主义和资本主义留下的遗产。

殖民主义带来了西方思想和西方霸权在世界范围内尤其是在非洲的扩

---

① 比拉马·科纳雷：通信工程师，宾喜利通信公司（Binthily Communication）总经理，kbirama@gmail.com。

② Kaya Makan Cissé 曾是瓦卡杜（Wagadou）索宁克人的国王，建立了统治加纳帝国的西塞图卡拉王朝（8—13世纪）。

张。欧洲人通过划分社会阶级和安排行政事务，给非洲人带来了他们的社会等级制度和行政体系，非洲人民也因此被奴役。以至于在非洲国家独立之时他们仅有一种生活模式，即西方模式。而我们最早的精英领导者（桑戈尔、凯塔、博瓦尼……（Senghor, Modibo Keita, Felix Houphouët Boigny...）也都是在欧洲的学校里完成了学业。在来非洲任职之前，他们中的一些人甚至曾就职于一些殖民和后殖民时代的行政机构。

这种印象挥之不去——非洲仿佛只是在为欧洲的经济和地缘战略服务。对西方人来说这只是在保护他们的利益。我们清楚地看到，当新一届的政府还未选举出来之时，两个曾经的殖民者——法国和英国便率先瓜分了利比亚的石油资源。虽然这次的武装干涉得到了希望推翻卡扎菲政权的利比亚人民的同意，但是参战诸国均有着不可告人的动机。鉴于利比亚拥有的资源，这场革命显得十分可疑。欧洲开始全方位介入，突尼斯和埃及的政权都已被人民的浪潮所推翻。笔者认为，非盟和世界上的学者本该在卡扎菲政权倒台后对利比亚的石油生产设立一个禁止期限。

更进一步说，经济只是其中的一个方面。难道我们就没有参与到西方政治思想在世界上的传播过程中吗？法国曾用金钱扶植了一个个非洲政权，现在又用炸弹和导弹将这些总统赶出地堡；这些都在实质上表明了非洲国家和非盟缺乏决心、领导力和政治文化。比如非盟的法律就明确规定不承认任何政变者，但在法国的支持，或者说是操纵下，很多非洲国家都承认了利比亚过渡政府。

正是这种力量，这种在思想、经济和军事上的霸权为西方以及他们在财富轴心上的地位提供了庇护；也使他们可以普世化他们的思想和他们的治理方法，一些穷国的领导者们也对此不无好感。

从这点来看，西方是在以一种单边主义来处理非洲的政治问题的。其不良后果便是导致了现今的地区动荡。自脱离殖民统治以来，非洲就鲜有政治稳定的局面。欧洲得罪了非洲领导人，也因国界划分问题而得罪了非洲人民。为保住自己在非洲的势力范围，法国提出了"法兰西非洲"，在通过推行其隐秘的外交企图向非洲政权施加影响和压力的同时，还有着一大帮随时准备为捍卫法国利益发动政变的雇佣兵。在今天，冲突的可能还不能被完全排除。利比亚战争结束后，数以千计的武器流向了萨赫勒和撒哈拉地区。这些武器被马格里布伊斯兰基地组织获得而且将会用于谋杀或者其他恐怖活动。这就更加坚定了非洲人民的想法：我们只是在为西方而活。我们曾参加了两次世界大战，今天他们又要我们去打击伊斯兰势力，甚至是代替他们去战斗。这片大陆最终只会更加支离破碎，发展进程只会更加落后。

自相矛盾的是，这些富国总是第一个站出来指责非洲所经历的痛苦、滞后的经济和脆弱的政治前景，但是这些问题又全是残酷殖民时代的遗留。当然，对新殖民主义的评价是希望非洲人可以扫清门前雪，停止指责欧洲的错误并认真工作。但是有一件事是肯定的：在几个世纪里，非洲人民都因为黑奴和殖民而受尽了伤痛，需要至少50年以上的独立才能减轻这段时期对非洲政治文化的影响。

我们不论行为还是精神上都是由欧洲塑造的。比如独裁就是一个纯粹的西方产物：西班牙、葡萄牙、东欧……所有的模式都被引入非洲大陆，而当时非洲还处在酋长统治之下。我们这里所说的是那些永远占有权力的独裁者。难道他们就没有借鉴过国王或皇后所享有的权力世袭制吗？而且我们的领导者不可饶恕的行为都可以被认为是殖民时代的重现。正如阿尔及尔·孟邦贝（Archille Mbembe）在他的书（《论去殖民化的非洲》）中所说：历史遗留仍然存在，"通过征服我们获得了使用基本暴力的权力，而这种暴力是一种合法的暴力"。……叛乱者自称胜利者：战斗的胜利者或选举的胜利者，这种情况在非洲已习以为常。除去这些行为，我们还引入了我们的语言中从来没有的词汇：资产阶级、贿赂。

非洲迷失了自我。除了殖民带来的负面影响，全球化和西方的政治经济模式也显露了其居心叵测的一面。首当其冲就是我们丢失了自己的文化和经济地位。工业发展缓慢，西方产品占据城市市场。金钱和消费社会的价值超过了一切：健康、文化、教育越来越不为非洲的领导人重视。一切都指向全球化。正如西方的一贯作风，这一切都是由他们决定好了的。然而，如果"人"不再是社会所关心的，如果基本需要也无法满足，那么我们的社会将是一个建立在不公正、不平等、资源掠夺、暴力和战争上的社会。

我们必须走出这个恶性循环并把命运掌握在自己的手中，但是非洲总是因为外界的劝诱而屈服。每当他想开辟出自己的道路时，总会以悲剧收场。非洲有过几位自由的思想家，他们反对西方，支持泛非洲主义。他们的果敢、他们的声音激起了老牌殖民国家的不满和愤怒，因为这些都无视禁忌。这些勇敢的活动最终也都以政治暗杀告终：在比利时的支持下，帕特里斯·卢蒙巴（Patrice Lumumba）于1962年被刺杀；托马斯·桑卡拉（Thomas Sankara）的死也与法国不无关系。

随着年青一代的成长，这片大陆将不必再受难，也不再只是自己未来政治的旁观者。非洲大陆上的政治权力正发生着转变。最后的独裁者也在人民的反对下下台。此外，资本主义也搬石砸脚，走向了自我毁灭。这一认识鼓励或促使在政治经济上有影响力的富有阶层精英的出现。这些精英只保护表面上的利益而置一部分被边缘化的人于不顾。在一个无民主体制下，这很容易产生有害的结果，并最终导致战争以及对欧洲模式和现任政权的全盘否定。

对非洲来说，迈过不堪回首的过去，接受自身无法愈合的伤痕并继续生活，将是他今后要面临的挑战。我们不能否认历史，现状更不允许我们对未来充满悲观情绪。历史学家和政治家约瑟夫·齐·泽尔博（Joseph Ki Zerbo）曾说："如果我们躺下，我们就死定了。"今天，新一批国家的出现，尤其是西方治理模式的衰落要求非洲必须建立自己的政治文化。这种文化见证过在其他国家行不通或崩溃的东西。更重要的是，非洲将提出一条在世界上都通行的道路，因为这是一条由人民选择的道路。这就需要我们建立一个尊重人权和公民权，保证个人自由和经济自由的社会。

非洲需要成立阵营，形成统一。因为我们从其他拉美、欧洲、亚洲的联盟和利益共同体中看到了联合的好处。这毕竟不是一个坏事。联合在一起的国家可以和平共处，发展经济，更好地应对西方的霸权。但是我们也不能急功近利。这需要我们打下真正可以实现联合的基础，而不需要那种只流于表面，一经挑战就支离破碎的联合。要建立这样的联合，各国应先处理好国内问题。首先是领导人问题，要使非洲不再被人支配，非洲的政治阶层就必须更新换代。

译者：孙璇

马达加斯加现状及中马合作展望

熊星瀚[①]

一、今日马岛

2009年新年伊始,马达加斯加首都塔那那利佛燥热的空气中涌动着不安。此刻,马达加斯加举国媒体最关注的事情有两件,一是向韩国大宇物流提供130万亩耕地长期租赁的协议草案,二是总统马克·拉瓦卢马纳纳(Marc Ravalomanana)打算斥资6000万美元购入一架波音总统专机。两件事情如同平地惊雷,点燃了又一场街头革命;时任塔那那利佛市长的拉乔利纳(Andry Rajoelina)借机起事,率领首都衣衫褴褛的贩夫走卒、无业游民、江湖艺人们喊话游行,寻衅滋事,将总统府团团包围,135人在血泊中倒下之后,被通缉的拉乔利纳走出躲藏数日的法国大使馆,从军方手中接管国家大权,成为"国家最高权力过渡委员会"主席,马克总统流亡南非。

那一年,拉乔利纳34岁。这个在夜场做过DJ,长相酷似LuckyLuke(幸运卢克)的年轻领袖,马克总统女儿的前男友,十数年间如火箭般蹿升,在政界商场处处逢源,一时间成为世界关注的焦点。

一切与七年前如此相似,2002年,同样作为塔那那利佛市长的马克,

[①] 2009年7月—2011年7月在马达加斯加工作,担任中国海外工程有限公司马达加斯加药厂翻译。期间对当地政治、经济、社会、文化问题产生浓厚兴趣,利用工作机会做过一些调研。2012年9月至今在外交学院就读法语硕士研究生学位。

也通过街头运动，将前后作过22年国家领袖的前总统拉齐拉卡（Didier Ratsiraka）赶到了万里之外的法国。和拉乔利纳一样，从政前，两人都是成功的商人，都用财富为自己铺砌了一条通往权势的道路。马克·拉瓦卢马纳纳，人称"酸奶之王"，从一个家庭牛奶商开始，一步步成为垄断整个马岛食品业的寡头。在成为国家领导人后，他也曾有过振兴马岛的雄心壮志，为此制定并施行了一切促进经济发展的措施，在2003—2008年间，马达加斯加的经济能保持国内生产总值年均超过5%的增幅。但在这个过程中，过度醉心于扩大自己商业帝国的马克逐渐将国家利益与家族利益混为一体，塔那那利佛大学副校长、研究宪法的教授Jean-Eric Rakotoarisoa说："他因此再也无法虚怀纳谏，人们也逐渐抛弃他，任由拉乔利纳迅速崛起。"

1972年，1991年，2002年，2009年，上了年纪的马岛人，对这些年份都会存有或多或少的记忆。周期性的革命与动荡，似乎成为这个国家一次次试图在挣扎中走出困境的唯一选择。马达加斯加独立后的历史，陷入一种"不破不立却又破而难立"的怪圈，动乱后的平静中，是周而复始的消沉。1975年至今，这个世界第四大岛屿上，人口从700万增加到2000万，然而年度人均国内生产总值，从1975年至2003年的整整28年间，却以年均1.6%的速度持续下降。2009年动乱至今，不到五年，马岛生活在贫困线以下的人口数提升了十个百分点，根据世界银行2013年统计数据，当前马岛贫困人口比例达到了令人吃惊的84%，全国超过一半的劳动者月收入低于50000阿里亚里（16.6欧元），在首都以及其他大城市，40%的家庭月收入低于100000阿里亚里（33.2欧元）。

2009年动乱带来的是什么？首先是马岛作为一个合法国家地位的消失和随之而来国际社会对其经济援助的断裂。其中最具代表性的，是美国取消了它作为"非洲贸易增长与机会法案［African Growth and Opportunity Act(AGOA)］"受益国资格。在首都和安琪拉贝（Antsirabe）的免税工业区里工作的10万工人中（大部分为纺织工），2.5万人因此遭到辞退。他们或者回老家，或者在街上拉黄包车，还有少数人去往约旦、毛里求斯的工厂里继续工作，如烟尘般消失得无影无踪。剩下来的人却并不能因此而庆幸，雇主们变得更加挑剔、苛刻、予取予求，随意的解雇与降薪成为常态，安琪拉贝某纺织厂里一位工作了八年的妇女，被雇主以健康原因解雇了，她得到的辞退补贴只是200000阿里亚里(约70欧元)。马岛负责保障劳动者权益的"国家社会保障署"对此力不从心,因为经济援助断绝,过渡政府对财政支出大幅削减(2008年,马岛有超过一半的行政开支来自国际经援),大部分政府部门的运营趋于瘫痪。

　　2009年动乱至今,建筑业、旅游业和纺织业是受到冲击最大的三个部门,超过20万个直接就业岗位因此消失。在农村,情况比起城市地区甚至更差,据联合国粮食安全调查员的统计,2011年,马达加斯加35%的农村人口处于饥饿状态,50%的农村人口面临粮食安全的威胁。与经济形势不断恶化相伴的,却是生活必需品的价格不断攀升,以大米为例,拉乔利纳上台伊始,曾承诺马岛人民将能以500阿里亚里的价格买到1公斤大米,2500阿里亚里买到一升食用油,而事实上,马岛大米价格长期停留在1300—1400阿里亚里每公斤,一升食油的价格则在4100阿里亚里以上。高涨的失业率,昂贵的生活,所有一切带来的问题不仅停留在经济层面:很多观察家指出,过于艰难的民生已经威胁到了许多家庭最基本的稳定,他们缺少必要的收入以维系家庭成员间的联系。以首都塔那那利佛的一个洗衣妇为例,她年过三十,依然单身,靠为人在河里浆洗衣服拉扯两个姐妹留下的四个孩子,她的这两个姐妹原先在免税区工作,被解雇后和其他被辞退的人一样消失了。洗衣妇还有一个兄弟,在军队里当兵,没有收入,只为求一个免费的食宿。生活压力太过沉重,她不断向房东借债维持最基本的生存开销,在困境中越陷越深。

　　然而,颇具讽刺意味的是,政治危机和外部经济援助断绝之后,最受伤的是广大平民,而马岛的少数特权阶层,非但毫发无损,甚至更因为国家动荡和秩序缺失而大敛钱财。拉乔利纳的过渡政府,远未被国际社会承认,但已经与来自澳大利亚、加拿大、中国的企业签订了数额巨大的矿产开采合同。根据国际危机组织(International Crisis Group,ICG)的调查,这些合同背后存在巨大的信息不透明,国家财政收入与个人所得的好处在很多地方难以区分。另外,自拉乔利纳上台以来,马达加斯加的红木盗采日益猖獗,每年都有数万棵珍贵的野生红木从国家自然保护区被砍伐和"偷运"出境,而走私红木的这一部分所得,很多也被视为一种特殊的财政收入,被归纳进临时政府的财政预算中。而所谓上行下效,当前,腐败现象已经深入马达加斯加行政体系中的每一个器官和细胞,上至封疆大吏,下至村官保长,处处皆有行政人员在利用手中的权力为自己谋得尽可能多的好处。随之而来的恶果是整个国家贫富差距的极速扩大,世界银行在其报告中指出,马达加斯加国内的人民生活在按两种速度运转,仅有少数人被纳入到经济活动的参与中。同时,不少的观察员也指出,国际经济援助的断绝,使得富人更富,穷人更穷,结果是马岛对人道主义援助的需求反而大大提升。

经济萎靡,腐败横行,资源流失,法令失效……已经无需再更多描述马达加斯加的悲惨现状,对此,马达加斯加精英阶层的迷茫、自私与不作为固然应受到谴责,但也无法忽视法国、美国等在此次政治危机背后的大国博弈。作为前法国殖民地的总统,马克·拉瓦卢马纳纳上任后,以其自身企业家特质,推行亲美政策,于2007年确定英语为法语之后的第三官方语言。2009年政治动乱中,拉乔利纳在遭到通缉后,受到法国驻马达加斯加使馆的长期庇护;上台后,拉乔利纳使得马岛重新亲近法国,2010年修订的新宪法中,英语从官方语言一栏中消失,2011年12月,法国前总统萨科齐在巴黎接见拉乔利纳,赞扬其解决政治危机取得的成绩,并为马岛提供了近1000万欧元的贷款。除去法美传统两强的角逐外,主要是围绕马岛丰富资源而展开的大国竞争也日趋激烈,矿产、耕地、林业、淡水、生物等资源成为争夺焦点,但同时也为马岛和平发展的前景蒙上又一层阴影。

2013年底,危机发生整整五年之后,当地民众和国际社会期盼已久的总统大选终于到来。12月20日,总统大选第二轮投票及议会选举投票同时进行,在总统大选第一轮投票中胜出的罗班松·让·路易斯与埃里·拉乔纳里马曼皮亚尼纳一决高下,持续近五年的政治危机,貌似即将走向尽头。

2013年12月23日,计票工作还在进行中时,两位候选人都高调宣布己方胜利;在已公布选票中领先的埃里底气十足,而暂时落后的罗班松则指责选举中存在"大规模舞弊"行为,并期待能实现逆转,作为回应,埃里声称,只有那些希望国家继续陷入危机的"顽固分子"才会质疑选举的有效性。对此,欧盟和非盟驻当地的选举观察员发表评论,认为整个选举过程是自由的、透明的、可信的,没有发现舞弊行为的存在。

然而,过程的合法性却无法掩盖先前选战中各候选人竞选条件的巨大差异,进入到第二轮选举的两人分别从自己的背后支持者中获得了巨大的经济援助。这样的援助,在他们各自的竞选活动中,是收买贫苦民众选票的必要条件。

作为当今马岛政坛的两颗红星,埃里与罗班松都有不俗的履历,前者曾留学加拿大,在过渡政府期间担任财政部长,后者则于2004—2008年间担任卫生部长一职。然而,出色的能力与丰富的经验却无法使得他们摆脱昔日政治强人的操控,本次选举中,埃里与罗班松直接代表了先前两任总统拉乔利纳与拉瓦卢马·纳纳两大阵营。国际社会曾希望他们不要代表旧势力参选,然而事与愿违,如今两人都在各自主人的旗帜下奔走呐喊。

忍受过长达五年的困境后,马岛人民期待的新一轮民主与繁荣会如约而至吗?几经难产的总统大选无论结果如何,上台执政者很可能只是前人的傀儡。以民生与国家为幌子的选战,说不定又是一场强权寡头间的分权游戏。当国际舆论纷纷指责埃里和罗班松沦为政治走卒之时,我们不妨先抛弃道德判断与伸张仗义的冲动。试想,在马岛这样一个政治生态和场域中,两位候选人如果不为强者代言,是否还能有今日宣布胜选的机会?而今天姗姗来迟的新一轮政治和解,是会带来长久的繁荣,或者只是另一次危机的伏笔?

政治危机的发生有其深刻的历史原因,而政治危机本身又直接影响了马岛经贸、社会、文化、金融、安全等各个方面,改变了整个马岛的历史走向。在认识当今马岛和中马关系并对其未来作出预测时,笔者认为应该从历史的角度解读这场政治危机的成因,将其放在马达加斯加取得独立后半个世纪以来整个社会演变的宏观背景下进行阐释,并且,应该强调的是,国家作为政治、经贸、文化等各个要素构成的综合体,在对其进行分析研究时,不应割裂各个部分彼此之间的联系。作为人类群体生活的产物,国家的主体永远是人,国情分析的新思路,是以人为本,从社会学和人类学的视野出发,强调观察者的主体介入和被观察者作为人的个体存在,在充分援引和解读数据的同时,应该加强民族志描写和田野观察。我们可以将这次政治动乱作为一个基点,评估其在政治、经济、安全、文化等社会不同层面造成的影响,在此基础上,进一步对马达加斯加和中马关系的未来走向作出预测。

二、2009年马达加斯加政治危机的成因及中马合作展望

1. 2009年马达加斯加政治危机的成因

如何解释这场政治危机的到来？是马克的刚愎自用还是大国主义的幕后阴谋？如果说在危机尚未结束时便要为其定论很是艰难，不妨先看看历史上发生过什么。

1958年，作为内参资料，生活·读书·新知三联书店翻译出版了一本由马达加斯加人赖·腊伯马南扎腊撰写的《马尔加什民族史》，全书最有意思的地方在于开头，在介绍过马尔加什人的人种起源和构成后，作者用不到五页书描述了马尔加什人的心理：

当心理因素使人们能够了解某些局势及其发展的意义和内容时，在对历史事实的阐述中是否（因此）存在着一些因果联系呢？不管怎样，通常称为民族性格或民族精神的特种心理复合，显然是任何民族的个别的或集体的反应的主要推动因素。

对马尔加什历史事件的分析，常常生动的表明大多数事件在何等程度上受到马尔加什人的性格本身的支配，同时表明在马达加斯加发展过程中确立的政治、社会和家庭制度在何等程度上影响着这种性格的形成。因此，开始叙述历史部分以前，我们认为有必要试行确定马尔加什人的某些民族特征（《马尔加什民族史》1958，p.14）。

作者将这民族特征归纳为：对土地的依恋，热爱和平，正义感，对暴力的憎恶和随之而来的隐忍或软弱，有迎合心理和敏锐的智慧。此外，作者专门强调了殖民时代对马尔加什人心理的重大影响，在征服和压迫中，他们首先学会了抑制自己感情的流露，用更隐晦和象征的方式来表达，但同时作者又强调："本质是集权主义的殖民制度，加强了马尔加什人或明或暗的各种依赖心理（《马尔加什民族史》1958，p.16）。"

短短五页纸，却使全书散发出一种历史心理学的味道，对于熟悉了通过政治经济学的历史唯物主义原理分析事件的我们，这样的方法无疑打开了另一扇大门。无独有偶，2002年10月5日，在拉齐拉卡败选后，《世界报》刊

登了一篇题为"拉齐拉卡，见风使舵的朋友"的文章，文章在回顾这位"红色元帅"近20年的国家元首生涯和他所进行过的社会主义改造时，运用了同《马尔加什民族史》那五页纸相似的方法。当然，新闻稿件与学术书籍相比存在很大不同，但是，马达加斯加周而复始的政治危机和各次危机中的种种相似，不得不让人在政治、经济、外交因素之外，寻求其他可能的解释。

塔那那利佛，马达加斯加首都，由十二个山丘组合而成的城市。女王宫耸立在其中一座山丘的悬崖之上，它所代表的，是400年前便建立的伊默里纳王朝的权势。与大多数撒哈拉以南非洲国家不同，马达加斯加孕育过一个高度发达的封建王朝，这个王朝的核心就是中央高原上建都塔那那利佛的伊默里纳王国，王国在殖民时期到来前一直是马达加斯加绝对的政治、经济和文化中心，臣服了所有大海包围的土地。200多年的时间里，马达加斯加人习惯了由一位帝王带领他们走向温饱或是饥寒。在撒哈拉以南非洲国家中，这样的历史经验和帝王情结是罕见的，但它们确实在这个岛屿上存在并且深深的刻画着当地居民的集体性情。对于《马尔加什民族史》的作者，他在总结历史时，却也无意中成为先知，伊默里纳王朝历任君王对殖民者的矛盾态度，马岛人对外既敏感自尊又极度依赖的心理，在当今只不过换了面貌，却依然翻来覆去的重演。独立后，不断革命，却从未战乱，要求自主，却愈发依赖，从拉齐拉卡到拉瓦卢马纳纳再到拉乔利纳，当殖民主义阴谋被全球化中的大国博弈游戏取代，土地占领被资源掠夺所取代，奴化教育被文化输入所取代，当权者的批评总指向外界，指向过去，却很少反思当下，反思自身。历史心理学的启发不是要回到英雄决定论的简单思维，而是要在日趋僵化和腐朽的陈词滥调前展现更鲜活和深刻的反思，是要展现在西方文明主导下的全球化浪潮里其他群体曲折和痛苦的适应过程和它们各自展现出来的特性。马达加斯加有着尤为独特的地理环境，复杂的移民史和民族融合史，独特的政治演变，2009年爆发的危机，其实只是这所有历史运动在这一空间上这一时间节点中的必然展现，如何条分缕析，去粗取精，如50年前的智者一样在其中预测未来，是我们还需要做的事。

2. 中马合作展望

政治

肇始于2009年的政治危机所造成的后果，在上文中已有较为详细的介绍。这样的后果对中马合作造成了较为严重的影响：首先是双方政治交往的断裂，马克·拉瓦卢马纳纳当政时期，中马政治互动频繁，2004年5月，马克访问中国并与中国时任国家主席胡锦涛签署《中华人民共和国政府和马达加斯加共和国政府经济技术合作协定》，马克总统本人还接受了北京大学名誉教授的称号；2008年11月，前人大常委会委员长吴邦国访问马达加斯加。可以说，在政治危机发生之前，中马政治合作正在以健康平稳的方式不断发展，由此推动的经贸和文化合作在深度和广度上都在逐步提升。不期而至的政权更迭严重阻碍了双方政治互动的进一步发展，中国至今尚未承认马达加斯加临时过渡政府，双边关系进入沉默期。此外，政治交往断裂对双方经贸合作也带来了负面作用。其中最直接的体现是很多中资企业在马达加斯加遭遇政治层面的问题时，中国大使馆可以给予的帮助和施加的影响变得非常有限。作为经济活动主体的企业，由于缺少必要的政治支援，在很多与当地行政机构往来产生的误解和困境中举步维艰。2010年底至2011年初，为稳定市场上生活必需品飞涨的物价，马达加斯加政府强制征用中国某企业在马岛所经营糖厂生产的食糖，并以打白条的方式拒绝支付购糖款项。而此时，由于中马双边政治关系尚未恢复，中方使馆无法以官方形式出面斡旋调停，致使该企业蒙受了很大的经济损失。

政治危机及伴随而来的经济危机，也导致整个马达加斯加行政系统的运作效能大大降低，随之产生的效率低下和腐败问题严重阻碍着中方驻马岛各企业和机构的正常运营。在"透明国际"（Transparency International）颁布的2012年全球廉政指数排名中，马达加斯加在176个参与排名的国家和地区中名列118位[①]。和大多数撒哈拉以南非洲国家和地区相似，腐败侵蚀着马达加斯加几乎所有的国家机构，特别是对于公共资源享有配置权以及与当地自然资源有直接管理关系的部门，贪污受贿、挪用公款等问题极其严重。值得一提的是，很多中资企业，在本身遭遇种种因马岛政府贪腐问题而产生的困难的同时，却也在另一方面助长着这种行为：对当地情况的不了解和"钱能通神"的传统观念，使某些企业的决策者相信幕后操作比起正当的商业竞争更为有效。在这种因为政治危机而产生的动荡局势里，这种实用主义的做法

---

① http://www.transparency.org/country#MDG.

确实带来了一些直观巨大的回报，但长远上看，随着马达加斯加走出危机和国家秩序的恢复，这样的思维能否还能继续生效，是值得企业决策者们思考的。

最后，在地缘政治方面，作为法美长期角力的舞台，此次政治危机的诱因依然是两个传统大国的利益纷争。但是，自1972年中马建交以来，中国在马的影响力日益增强。从过去的援建工程，到今天的双边贸易，中国在马达加斯加的经济和政治存在已经无法忽略。"据马达加斯加经济发展局统计数据显示，2012年马岛全国范围内新注册公司997家，较2011年注册公司数量增加8%。2012年注册的公司中有52%为外国公司，其中来自中国、法国、印度和毛里求斯的公司数量分别占到外国公司总数的38.6%、23.4%、9.3%和7.4%。值得一提的是，中国公司在马达加斯加注册数量自2007年以来就一直独占鳌头，稳居外国公司排行首位（援引自中国驻马达加斯加经商处）。"

经贸

20世纪60年代，马达加斯加的经济情况在所有非洲国家中排名靠前；稳固的政治构架，在当时来说较为完善的基础设施，受过良好教育的一批精英人才等等条件，都使得马岛在当时全世界的发展中国家中都属于先天极为优良的。遗憾的是，周而复始的政治危机以及领导层长时期的无所作为，使得马岛经济长期裹足不前，整个国家始终在贫困落后的泥淖中挣扎。①

对于大多数在马达加斯加投资的中资企业来说，近四年来最大的感受应该就是整个马岛经济的脆弱性，这种脆弱体现在很多方面：第一，马岛经济总量很小，而其产业结构是以依赖于外部援助的第三产业为主导，第一、第二产业为辅助；整个国民经济对外依赖性太强，特别是对欧元经济区的依赖，缺乏自给自足的农业生产能力和较为强大的生产加工业。根据世行统计，马达加斯加对欧盟出口占其出口总额的50%，其旅游业收入的85%源自欧盟国家旅游者，有15%的外来直接投资源自欧元区，当欧元区自身出现经济危机时，马达加斯加便会受到严重波及。第二，马达加斯加基础设施建设

---

① 可在世界银行网站查阅马岛各经济指数极其演变，http://donnees.banquemondiale.org/pays/madagascar。

薄弱，交通通信不便，运输和对外联络成本高昂，电力供应不稳定，加之多气象灾害，使得外来投资者对在此进行长期和大规模的投资抱有巨大疑虑。第三，计划经济体制留下的遗产未完全清除，在拉齐拉卡执政期间，马达加斯加曾效仿苏联和朝鲜，进行过长达十多年的社会主义实践，其对国内经济民生的影响是负面的，后来，通过国际货币基金组织（FMI）的牵线，马达加斯加重回西方怀抱，开始实施有节制的市场经济。在这段漫长的时间里，马达加斯加的重要经济部门都由国企控制，后经过马克·拉瓦卢马纳纳进一步改革，马达加斯加的市场经济体制才完全确立。尽管如此，政府对经济活动的过度干预仍时有发生，在水电和通信方面表现最为明显。随着政局动荡带来的混乱，这种干涉时常与官员的腐败行为相结合，对国家经济发展的危害也更大。第四是马达加斯加国民整体购买力低下，这是落后国家都需要面对的短板，而政治危机造成的失业率和物价升高使其更为严重。第五是经济发展中马岛决策者的短视和急功近利，这一点尤其体现在对自然资源的过度开发上。矿业资源、林业资源、水产资源、土地资源、生物资源甚至淡水资源，都成为马国政府购汇套现的手段，特别在危机到来后，外界经援断绝，面对巨大的财政亏空和贸易逆差，杀鸡取卵、竭泽而渔的悲剧几乎每天都在上演，过度开发导致的生态和环境灾难已经初现端倪。

以上诸多因素，只是马岛当前经济问题中比较有代表性的几个，它们都意味着整个马达加斯加的投资环境在恶化，投资风险也不断增加。在刚出炉的2013年全球营商环境报告中[①]，马达加斯加在报告涉及的185个经济体营商环境排名中位列第142位，在各项相关指标中可以很容易解读出马达加斯加投资环境中存在的种种硬伤，在资产转移、电力供应、建筑许可获得、合同执行力等方面，马达加斯加的排名都极其靠后。这使得投资马岛在成本控制、风险规避和发展规划上都极其难以把控。就中国投资者来说，应考虑上文提到的马岛经济所面临的困难，在特殊时刻应该沉得住气，在投资前进行更认真和深入的市场调查，充分了解当地情况，提防商业掮客。更重要的是，在外经商办企业，应尊重市场规则，遵守当地法律，与马达加斯加本国经营者友好合作，依法履行商业合同。此外，还应该保持与中国驻马达加斯

---

① http://www.doingbusiness.org/data/exploreeconomies/madagascar/.

加使馆及经商处的沟通，听取官方意见，避免盲目和一意孤行，导致不必要的冲突和恶性外交事件的发生。长期以来，中资企业在马岛的经营在总体上是健康和成功的，但是，也应该看到，对于财富和利益的过度追逐，也使少数华商铤而走险。在倡导环保和可持续发展的今天，所有违法经营活动只能招来制裁和一片唾骂，马达加斯加所保有的特殊的生物多样性使得这方面的矛盾更显尖锐。倘若中资企业在经贸活动中对保护生态不加重视，必然会使得国家形象受损，并严重阻碍中马关系的进一步发展。

社会

马达加斯加目前遇到的社会问题多种多样，且往往程度严重。

首先在教育上，经济民生的恶化带来失学率的进一步飙升，中国驻马达加斯加经商处援引联合国教科文组织数据显示："目前马达加斯加拥有154万失学儿童，其年龄在6岁至12岁之间。实际上，学校中还有6%的学生就学时间不足一年就因各种原因而辍学。在马达加斯加，孩子接受基础教育的情况根据地区和性别有所不同，农村地区是女孩上学少，而在城市地区则是男孩容易过早地离开学校。无力承担学杂费和纪律观念淡薄是适龄学童辍学率居高不下的两大主要原因。目前，82%的马国儿童生活在贫困线下，14.2%的孩子从未在学校接受过正规教育。"高失学率必然导致马岛全体国民的平均受教育水平下降，中国企业在当地寻找技术型劳动者的难度将增加，与当地人沟通的难度也会相应提高。

公立医疗卫生体系的运营状况恶化，药品供应困难，依赖外援，甚至首都大医院血库经常缺血。

此外，从20世纪70年代至今延续的高速人口增长，使得城市化速度不断加快，在20多年的时间里，马达加斯加人口年均增长率高达2.8%，而年均GDP增速仅为0.5%，贫困人口的激增使得城市环境不断恶化，有机构预测，马达加斯加首都塔那那利佛市内将在不久的将来形成全球最大贫民窟。

金融

银行体系。有较完善的银行体系，商业银行主要由法国和毛里求斯资本控股，存在一家中资（香港）银行。各大城市均有银行网点，但受整体国民购买力限制，银行衍生服务及配套设施皆极为有限。银行卡使用和POS机很少见，公民开户比例低，账户管理费偏高。

贷款。马达加斯加各商业银行的贷款利率普遍较高，贷款和还款条件也比较苛刻。

汇率。近五年来当地货币贬值严重。

外汇管制。政治危机后，随着外部援助的减少，马达加斯加外汇储备愈发显得捉襟见肘，为避免外汇的进一步流失，马岛财政部和央行对外汇流出实施了极其严格的管制。甚至驻马中方员工工资汇往国内都会遇到很大的困难。

作为世界最不发达的国家之一，马达加斯加的金融系统还远远称不上完善。但随着金融全球化浪潮席卷而至，我们不应该忽视马岛在发展金融上所取得的进步。作为在马岛投资经商的中国企业，一方面要充分估计在金融上可能遇到的问题，另一方面也需要不断积累经验，学习欧美公司在这解决方面问题上的先进方法和理念，同时不断和中国国内的金融机构沟通交流，引导它们走出国门，实现共赢。

法律

作为原法国殖民地，马达加斯加基本套用法国的法律框架，建立起了从立法、司法到执法的完善的机构和体系。在马岛的大城市，接受过教育的民众都有较强的法律意识。

当前形势下，在法律层面上最主要的问题是法律约束力的缺失。这样的缺失是由政治危机造成的社会动荡和国家机构执法能力下降带来的。不久前在马达加斯加北部发生的一起案例能充分反映这个情况：案件中，三名持枪劫匪进入一农户家中抢劫，在抢劫过程中，受害者反抗后被开枪打死；枪杀案激怒了整个村落，嫌犯在被村民围捕后，由赶到现场的当地宪兵队带走。然而，在村民的阻拦下，嫌犯被夺回，随即处以死刑并示众。嫌犯的亲人闻讯赶到，希望为死者收尸，遭到拒绝。由此可见，法律作为具有一般约束力的行为判断标准，很多时候已经失去其普遍性和强制性，法律阐释不再完全由司法和执法机关完成，而沦为个体或小群体可以操作和改变的条文。

在这样的情况下，所有中国在马人员都应该在坚持守法的情况下提高警惕，审时度势，避免卷入法律纠纷之中。

安全

自政治危机爆发以来，马达加斯加安全形势也在不断恶化。收入降低和失业人口剧增加剧了社会不稳定，恶性事件时常见诸报端，民众安全感普遍下降，南部地区匪帮强抢和偷盗牧民牲畜的事件已经演变为举国关注的社会问题；士兵持枪潜逃成为盗匪也已经不是个别现象。

就在马达加斯加华人华侨来说，同胞遭遇抢劫乃至谋杀的新闻也已经不再是偶有发生，整个华人群体和当地人一样都深切感受到了整个社会治安的恶化。就此专题，近日《南方周末》一篇题为"持剑经商——中国人在非洲安全攻略"的文章颇有参考意义。①

三、结束语

一场危机，一场似曾相识的迷局，问题远未解决，前路尚难分辨。马达加斯加的困境，值得我们进一步思索。限于时间和篇幅，本文所能做的，仅仅是触及皮毛，而真正有价值的研究，需要更细致的选题和更完善的方法。马达加斯加的问题不是一个个例，它体现了很多发展中国家的通病，民主理想与政治实践之间的差距，不是机械的体制搭建与看似完整的选举流程就能弥合的。要解决这样的问题，需要走入历史，走入田野，探求民族性与现代性的形成，聆听不同族群的诉求，探索不同发展模式的可能。在这一点上，中国学者和非洲学者的机遇与挑战都是前所未有的，后殖民时代，人文科学经历剧变，叙事主体消散，元理论遭到有意义的批判，第三世界成为学术研究中被重新发现和认识的部分。无论社会学、历史学、政治学还是人类学，特定的时代背景都为各个学科提供着特殊的研究问题，这篇粗浅的文章只是一个引子，一个对问题发生的粗浅笼统的综述，而真正有意义的成果，还需要采取科学的方法，在接下去更深入和系统的工作中去获得。

中非合作涉及的领域广阔，主题多样，有时候哪怕一个很小的切面，却也能解读出有意义的信息。但无论触及怎样的主题，选取怎样的研究方法，笔者坚信，国际交往与合作中的核心问题，永远是"人"的问题，以人为本的东方哲学里，其实更包含了一个社会科学中的根本出发点，而如何更好地把握住这个出发点，提升自己的研究水平，将是接下去急需努力的方向。

---

① "持剑经商——中国人在非洲安全攻略（2013-01-17），" http://www.infzm.com/content/85257。

六

中国与非洲区域一体化
建设合作篇

中国参加非洲跨境基础设施建设的尝试及意义

唐 晓[①]

基础设施落后是制约许多非洲国家经济和社会发展的重要因素。跨境基础设施建设既是非洲区域次区域一体化发展的优先领域，也是目前中非合作与非洲区域一体化结合的优先领域，中非双方官员、学者和民众对此均有广泛的共识。

一、中国参加非洲跨境基础设施建设是支持和促进非洲区域一体化的重要组成部分

非洲区域一体化是非洲国家基于共同的地域和理想，依靠集体力量维护国家独立，并通过联合走向复兴的历史进程，是团结、自信、自强"泛非主义"思想的具体表现。2002年非洲联盟正式取代非洲统一组织是"泛非主义"复兴的重要标志，自此非洲各国从政治合作走向全面合作，从"求独立，求解放"转变为"求和平，谋发展"，非洲国家的向心力得到迅速提升。2001年出台的"非洲发展新伙伴计划"（NEPAD）被纳入到非盟框架，成为非洲第一个自主制定的指导非洲全面发展的战略蓝图。西非国家经济共同体（ECOWAS）、中非国家经济共同体（ECCAS）、南部非洲发展共同体

---

① 唐晓：外交学院外交学与外事管理系教授，非洲研究中心主任。

(SADC)、东南非共同市场(COMESA)、东非共同体(EAC)、阿拉伯马格里布联盟(AMU)、萨赫勒—撒哈拉国家共同体(CEN—SAD)、政府间发展组织(IGAD)等八个次区域组织与非盟积极配合,整合所在地区国家力量,成为一体化进程的基石。始于2008年的国际金融危机给非洲国家的区域合作和一体化进程带来了巨大压力,同时也带来了机遇。许多非洲国家已经认识到,加强区域政治协商和加快区域经济整合,是非洲国家最大限度地抵御外部经济冲击,摆脱非洲大陆在国际体系中边缘化困局的必经之路。

基础设施建设在改善非洲国家竞争力、促进非洲国家之间贸易便利化和促进非洲大陆融入全球经济中发挥关键性作用。2010年7月由非盟委员会、非洲发展新伙伴计划秘书处和非洲开发银行(AfDB)负责制定和实施的非洲基础设施发展计划(PIDA)在乌干达坎帕拉非洲第15次首脑会议上正式启动,其总目标是通过改进非洲区域和大陆基础设施网络和设施,促进非洲社会经济发展和减贫,解决非洲由于基础设施严重不足而导致的生产和交易成本增加、企业竞争力减弱等给外国对非直接投资带来负面影响并影响非洲大陆社会经济发展速度的问题。该计划旨在制定到2030年非洲大陆发展诸如交通、能源、跨境水运和信息交流技术的短、中、长期战略和政策,通过建立非洲大陆的共识和发展全球合作伙伴,为非洲社会经济发展和融入全球经济打下充实、有效、可持续发展的基础设施基础。

基础设施建设也是非洲最低一体化方案中的优先发展项目。针对非洲一体化计划实施节奏缓慢,财政人力资源缺乏、区域经济共同体成员身份重叠、实体基础设施建设不足、缺乏政治意志、基础的制度建设不足、泛非机构之间的协调性不够、众多发展伙伴之间的行动缺乏一致性等一系列挑战,2010年7月非盟委员会在与各次区域组织协商后提出了最低一体化方案(Minimum Integration Programme, MIP)[①],作为实现各区域经济共同体结合的机制,以若干区域和大陆层面将要实施的优先领域为基础,使区域经济共同体加强合作,从彼此的比较优势和彼此在一体化过程中的最佳做法和经验中获益,实现阿布贾条约从文本到付诸实施。该方案涉及非洲大陆和各次区域两个层面的优先领域和次级领域的活动和项目,在权力自主原则下允许各次

---

① Minimum Integration Programme, African Union Commission (AUC) July 2010.

区域经济共同体以不同的节奏向区域一体化目标迈进。它是非洲区域和大陆一体化过程中所有利益攸关方的共识性方案，体现了阿布贾条约不同阶段下的各种项目和活动，使该条约实施具有更大的可见性，使非洲大陆一体化进程更加明晰。其中基础设施与人员商品服务、资本自由流动、和平与安全、农业一道被各次区域经济共同体一致列为优先发展项目。根据最低一体化方案第一阶段（2009—2012）有关基础设施建设规划，其具体的项目、活动和计划目标是：加快非洲发展新伙伴计划的实施；保证各次区域经济共同体有效参与非洲基础设施发展计划（PIDA）；支持区域经济共同体制定和发展基础设施项目的能力建设。①

二、中国参加非洲跨境基础设施建设的尝试

中国参加非洲跨境基础设施建设具有比较坚实的双边合作的基础。过去中非基础设施建设合作项目包括：升级或兴修境内道路和公路，为非洲重点地区陆路交通实现结合与联通作准备；兴修铁路和升级改造转运路线，推动非洲重点铁路连接路段的建设；港口扩大和清淤，推动建立高效一体化的水运网络；推动建立高效、一体化的海运体系和航空运输体系。实际上，基础设施领域的合作一直是中非合作的重点，中国已经在几乎每个非洲国家帮助搞基础设施项目，尤其是政府的援助，也有些是公司的行为，还有一些是劳务承包。50多年来中国为非洲援建了800多个成套项目，建成铁路2000多公里、公路3000多公里。中国还通过向非洲国家提供无息贷款、优惠贷款、优惠出口买方信贷、商业贷款等各类资金，支持非洲国家的基础设施建设。南非标准银行的一份统计报告指出，非洲基础设施建设2/3的资金来自中国。②中国企业在电力、通信、交通、能源等各领域建设了大批有影响的项目，中非经贸合作使双方受益。

值得注意的是，过去中非基础设施建设合作主要是国与国的双边合作，

---

① Assessing Regional Integration in Africa V, United Nations Economic Commission for Africa, 2012, Addis Ababa, Ethiopia, pp.24-25.
② 商务部官员：非洲基础设施建设2/3资金来自中国，中国网，http://www.china.com.cn/economic/txt/2011-10/21/content_23688099.htm，2012年11月20日登录。

很少与非洲区域或次区域基础设施建设和规划直接挂钩。随着非洲区域和次区域一体化形势的发展，中国如何从规模和效益上通过中国对非合作与非洲区域一体化建设结合起来促进非洲更大更好地发展，需要中国政府在观念上对中非合作方式和内容上进行创新，使目前的双边合作项目向未来非洲国家之间和区域之间大连接的目标靠拢和看齐，在双边合作的基础上培育和创造非洲基础设施区域一体化的基础和条件。同时，需要深入了解和认识非洲跨境基础设施建设的规划和需求。目前非洲联盟和一些次区域组织（如南共体或西共体）都有一些跨地区跨国家的项目，如公路、铁路、桥梁、港口、水利等，为中非提供了重要的合作机遇和平台。因此，加强与非洲区域和次区域组织沟通，探讨中国参加非洲跨境基础设施项目的路径，从小项目做起，积累经验之后再做大项目，拓宽融资渠道，加强项目风险评估，鼓励国内企业积极参与非洲国家的跨境基础设施建设，并重点在通信、交通、电力、水利等方面给予政策支持，开始成为中国政府进一步推动中非合作向前发展的新领域。

近几年来，中国政府已在中非跨境基础设施建设合作方面作出了积极有益的尝试。2011年11月，中国政府与东非共同体签署《经贸合作框架协定》，标志着中国与东共体正式建立经贸合作机制，这也是中国与非洲次区域组织建立的首个经贸合作机制。协议签署前，中国商务部副部长蒋耀平与东共体秘书长塞兹贝拉在中国与东共体经贸联委会首次会议上，提出了推进贸易便利化、深化投资合作、开展跨境基础设施合作、加强发展援助合作等四项具体建议。塞兹贝拉对中方的建议作出积极回应并提出了东共体七项优先项目，包括连接肯尼亚的沃衣和坦桑尼亚的阿鲁沙的公路以及维多利亚盆地办公楼的建设。蒋耀平表示，中国重视与东共体成员国的关系，支持东共体一体化进程，愿与东共体在多领域加强合作，推动双边经贸关系不断取得新发展。中国驻坦桑尼亚兼东共体大使刘昕生会后代表中国政府签署了向东共体提供10万美元捐款的协议。①

---

① 中国与东共体正式建立经贸合作机制，新华网，http://news.xinhuanet.com/fortune/2011-11/17/c_111175440.htm。China signs first pact with EAC, mapping out working mechanism，人民网，2011年11月18日。http://english.peopledaily.com.cn/102774/7648958.html。

2012年7月，中国政府在中非合作论坛第五届部长级会议上提出向非洲国家提供200亿美元贷款来支持非洲基础设施、农业和制造业发展。

2012年11月，由三家中国公司共同承建的肯尼亚首条现代化高速公路内罗毕—锡卡高速公路正式启用。该项目2008年启动，由中国武夷、中国水电、胜利油田三家公司分段承建，项目总耗资达310亿肯尼亚先令（约合3.6亿美元），由非洲开发银行贷款、肯尼亚政府、中国进出口银行优惠贷款共同出资，全长近50公里，是连接首都内罗毕与北部工业城镇锡卡的主干道，此次扩建将原来的双向四车道扩至双向八车道，其中有肯尼亚乃至东非地区最长的双向四车道公路桥、地下通道、人行天桥等，技术含量达到国际高速公路标准。尽管此项目是中国政府通过多方融资和动员国内多家企业参与非洲国家内部的基础设施建设，但由于该段公路是开普敦至开罗南北纵贯非洲公路的一部分，因此，这种看似双边合作的基础设施建设实际上也促进了非洲区域和次区域一体化基础设施建设。

2012年10月，为与西共体探讨开展区域合作的新途径和新方式，支持非洲经济一体化，中国商务部副部长李金早率中国政府经贸代表团对位于阿布贾的西共体总部进行正式友好访问。中方组织了中国进出口银行、国家开发银行、中土公司和中水电集团等大型企业及金融机构随访。24日，中国政府正式与西非经济共同体签署《中华人民共和国政府与西非国家经济共同体经济、贸易、投资和技术合作框架协定》，正式建立双方经贸联委会工作机制（这是继东非共同体之后中国政府与非洲次区域组织建立的第二个经贸合作机制）。据此，今后三年，中国将与非洲国家建立跨国合作机制，提供海关和商检设施以促进投资合作。中国政府将认真考虑西共同体提出希望帮助非洲西海岸国家完成业已开始建设的跨越西非的公路建设的建议。据官方估计，此项2000公里长连接9个西非国家的跨国公路尽管已完成1200公里，余下的工程将耗资100亿美元。李副部长指出，在双方探讨下一步合作前，中方技术人员将做进一步的研究，与公路连接的9个国家进行沟通和协商，在讨论资金问题前他们必须达成一致的协议，由于该工程耗资巨大，中国希望除中方之外非洲金融机构也予以支持，中方对此工程充满信心。李副部长还宣布中国政府向西共体捐赠20万美元以支持西共体一体化建设和区域内的能力建设。①

2013年3月27日,中国国家主席习近平在南非出席金砖国家领导人同非洲国家领导人对话会时表示,中国将在南南合作框架内向非洲基础设施领域倾斜,支持非洲一体化建设,中方愿同非洲国家建立跨国跨区域基础设施建设合作伙伴关系,帮助非洲开展互联互通及资源普查的咨询、规划、可行性研究和方案设计等前期工作,承诺到2015年将再向非洲提供200亿美元的贷款,用于基础设施建设项目、农业发展和工业加工。每年为非洲培训培养300名基础设施领域各类管理和技术人员。② 中国国家开发银行与南非TRNASNET国营有限公司在此间签署了《关于基础设施及设备技术改造升级金融合作协议》,合作额度50亿美元。根据协议,双方将支持有实力、有意愿的中资企业参与南非铁路和港口基础设施建设及设备技术改造升级等领域合作。③

综上所述,中国参加非洲跨境基础设施建设的各种努力和尝试,标明中非双方已经开始在此领域探索和建构一种新的多边合作模式,目前看来,其主要特点包括:其一,中国通过帮助非洲开展互联互通及资源普查的咨询、规划、可行性研究和方案设计等前期工作;其二,倡导由多边金融机构融资或提供贷款;其三,建立中国与非洲国家或次区域组织经贸联委会(其主要职责是监督和检查双方达成协议的实施情况以及探索新的合作形式与合作领域);其四,鼓励有实力的中方大型企业和机构直接参与非洲跨境基础设施建设;其五,中国将通过提供海关和商检设施的形式,促进非洲跨境贸易便利化,参与非洲国家的跨国合作机制建设;其六,中国将通过每年为非洲培训培养基础设施领域各类管理和技术人员的方式,参加非洲跨境基础设施建设。此外,中国政府还以捐赠的方式,支持非洲区域或次区域一体化建设和区域内的能力建设。

---

① China, ECOWAS move to strengthen ties, http://english.cntv.cn/20121025/100646.shtml.
② 习近平出席金砖国家领导人同非洲国家领导人对话会,中国共产党新闻网,http://cpc.people.com.cn/n/2013/0328/c64094-20943874.html,2013年10月9日登陆。
③ 中国国家开发银行与南非TRANSNET国营有限公司签署50亿美元金融合作协议,http://world.people.com.cn/n/2013/0327/c57507-20936323.html。

三、中国参加非洲跨境基础设施建设的意义

第一，中国参与非洲跨境基础设施建设，将积极推动非洲国家经济的发展，使非洲国家和人民从中受益。肯尼亚总统齐贝吉认为，"内罗毕—锡卡高速公路是国家的骄傲"，"是肯尼亚历史上第一条现代化公路，有助于在2030年实现中等收入国家的目标"，是"道路驱动肯尼亚经济发展"的典范，它将帮助肯尼亚国内各区域经济更好地融汇与合作，也将极大提升肯尼亚作为地区经济枢纽的地位。① 非洲媒体认为，该道路的修建"将深刻地改变数百万非洲人民的生活"。非洲开发银行主席唐纳德·卡贝鲁卡指出，"该公路在几个层面发挥着重要作用，首先它是一条重要的商业和交通通道，同时也是开普敦至开罗南北纵贯非洲公路的一部分"。② 该道路位于被称为肯尼亚经济发展动力的肯尼亚大都市区，该地区经济产出占肯尼亚国民生产总值的1/3还多。自三年前该公路升级改造以来，新道路已经产生了令人瞩目的效果，乘客已经享受到更加快捷、可靠、舒适、实惠的旅行，从内罗毕到锡卡的交通时间从两三个小时缩短至三十至四十五分钟。车辆排出的污染也大为下降。生活在公路沿线从事各种经济活动的近百万居民将从中受益，更重要的是它为生活在内罗毕中心商业区从事第二和第三产业的人提供了便利服务，从中受益的还有学生、店主、商人、奶农和园艺师等，将促进公路沿线的轻工业、服装制作业、畜牧业、高等教育、车辆修理、建筑业的发展。③

在2012年7月中非合作论坛第五届部长级会议上，中国国家主席胡锦涛提出在今后三年中国将向非洲国家提供200亿美元贷款，重点支持非洲基础

---

① 中国公司承建肯尼亚首条高速公路正式启用，中国网http://news.china.com.cn/live/2012-11/10/content_17084538.htm，2012年11月27日登录。

② Launch of Flagship Road Project in Kenya: "A dream realized"，非洲发展银行网，2012年11月9日，http://www.afdb.org/en/news-and-events/article/launch-of-flagship-road-project-in-kenya-a-dream-realized-9987/，2012年11月27日登录。

③ AfDB-funded Thika Superhighway: A masterpiece for East Africa "A national pride"，非洲发展银行网站，2012年11月9日。http://www.afdb.org/en/news-and-events/article/afdb-funded-thika-superhighway-a-masterpiece-for-east-africa-a-national-pride-president-mwai-kibaki-9986/，2012年11月27日登录。

设施、农业、制造业和中小企业发展。肯尼亚外交部常务秘书特维塔·姆旺吉对此指出,肯尼亚将把这笔钱用在包括基础设施、通信、工业和教育领域的项目上。他说:"肯尼亚已经并将继续从这笔基金中获益。我们将优先发展基础设施建设等项目,如电信、公路、工业、教育等领域的项目。"①肯尼亚内罗毕大学政治学教授基玛尼·恩约古认为,"国家要发展,基础设施建设必须先行。过去十年里,中国为肯尼亚的基础设施建设贡献了很大力量。毫无疑问,包括肯尼亚人在内的非洲普通老百姓都从中国在非洲的基础设施建设中受益。我认为,非洲未来的希望不在于发展与西方国家的关系上,而在于发展与包括中国在内的亚洲国家的关系上"。②

第二,在非洲区域一体化层面上,中国参加非洲跨境基础设施建设的努力和尝试将进一步促进非洲区域一体化的发展。近年来,中国和东共体国家经贸合作取得了长足发展。据统计,2010年双方贸易额达38.9亿美元,同比增长39%。截至2012年9月底,中国对东共体国家直接投资7.5亿美元。③中国与西共体的合作也令人鼓舞。西共体委员会副主席托加·麦金托什认为,中国政府与非洲次区域组织建立的这种新型的进步的伙伴关系预示着不断发展的中非关系开始了一种新的历史进程。"这一中非交流与合作的新势头决不能从我们手中溜走,我们也不应该让众多的机会从眼前消失"。他表示次区域组织已从中国与西共体建立伙伴关系尤其是加强跨国跨区域基础设施发展的决心中受到鼓舞,④ 2011年,中国与西共体成员国贸易额为278亿美元,在西共体成员国新增投资3.2亿美元。⑤

综上,中国参与非洲跨境基础设施建设,既有助于非洲的经济社会发展,也符合中国的中非合作战略,它是中非基于双边又兼顾多边的一种新的

---

① 肯尼亚政要对中肯未来关系充满信心,国际在线网,2012年11月9日,http://gb.cri.cn/27824/2012/11/09/6651s3919593.htm,2012年11月28日登录。
② 肯尼亚学者:中国发展给非洲国家带来了实在好处,国际在线网,2012年11月8日,http://gb.cri.cn/27824/2012/11/08/6651s3917407.htm,2012年11月29日登录。
③ 中国与东共体正式建立经贸合作机制,新华网,http://news.xinhuanet.com/fortune/2011-11/17/c_111175440.htm,2012年12月3日登录。
④ China, ECOWAS move to strengthen ties,http://english.cntv.cn/20121025/100646.shtml。
⑤ 中国政府与西共体签署经贸合作框架协定,中国日报网,2012年10月24日,http://www.chinadaily.com.cn/hqgj/jryw/2012-10-24/content_7330269.html,2013年3月10日登录。

合作模式，开启了中非更加广泛而深入合作的一种新的历史进程。但同时它也面临诸多问题和挑战，一是面临非洲国家对中国的较高期望与中国国力有限的矛盾，非洲国家提出的十多亿甚至数十亿美元的融资和援助需求对中国的压力较大；二是面临其他大国和新兴国家的竞争，如何处理好中非合作与其他国家对非合作的关系，避免产生恶性竞争与外部干扰；三是内外协调头绪多难度大，对外要与多个非洲国家就发展规划、融资比例等事项进行协商，对内涉及外交、商务、金融多个政府部门及企业；四是面临非洲国家政局不稳、恐怖势力等安全风险；五是中国企业海外投资经验不足，需要国家和政府在政策和投资环境等方面提供强大的支持和保障。对此我们应该保持清醒的头脑。只有科学规划，合理布局，密切沟通，加强协调，量力而行，循序渐进，中非才可能在这种新的合作模式和新的历史进程中互利共赢，取得更加广泛而丰硕的成果。

论中东非经济一体化中政治、制度的重要作用

［布隆迪］于连·尼姆博纳[①]

引言

借助不同的形式，几乎所有的非洲国家都已参与到地区一体化：如由地区商贸协定而明文规定的区域化；各国共建贸易、科技或文化区而形成的实际上的区域化；出于担心被瓜分为保护其生存空间而进行的区域化（菲利普·于贡，2001）。在中东非，两个正在建设并具体阐释了经济和政治可能存在的关联性的组织——大湖区国际大会、东非共同体——引起了我们的关注。

在非洲，即使政治、文化也推动着"地区经济共同体"的建设，但经济仍是该地区一体化的主导因素。事实上，多数情况下，领导一体化的主体都在力证将一体化主要建立在不稳定的经济基础上的必要性。无疑，近年来在世界某些地区，如亚洲、拉丁美洲甚至非洲，这样的观点促进了一体化。但同时也应认识到，政治及制度方面合作的欠缺使这些地区的经济一体化不如欧盟那样完善。在某种程度上，我们甚至怀疑这种着重发展经济的策略是面对政治及制度方面难以达成一致的现实的提前叛逃战略。

建设经济、政治一体化的动力论再度引发了国际关系界理论家们的热烈

---

① 于连·尼姆博纳博士：布隆迪政治学院（公立大学）教授。

讨论，其争论的焦点主要在：地区一体的基础是否建立在各国利益聚合的基础上？换言之，地区一体是否意味着总是以国家主体的利益为先？

以宏观的传统国际关系理论和微观的地区一体化理论为基础，当前研究致力于探索组织机构及政治在中东非经济一体化过程中的作用。我们所指的组织机构是官方的、正式的组织机构；政治及制度是指准则、法则、诉讼程序及法院依据惯例所预先制定的决策模式和程序。

让我们来做一个重要的假设："无论地区一体化的传统决定因素是什么——市场和相关政治环境，若没有以领导人为依托的强大的政治保证——领导人在人民支持的基础上采取不同的内政政策，一体化进程就会大打折扣。"我们将从经验、概念及理论反思三方面阐述在中东非一体化过程中空想愿景与回归主体利益现实间的碰撞，最终得出无可争议的结论：一体化必须将经济一体化和政治、制度一体化联系起来。

一、概念、理论质疑和必然趋势

当前各种各样的地区组织至少向研究者提出了三个基本问题：发生了什么？地区一体化的动力是什么，有什么重要作用？应该用什么样的研究理论或是研究方法来理解和认识非洲的一体化？

（一）概念：地区、合作、地区一体化

地区一体化涉及许多重要概念，在此有必要将其明释以避免造成误解和分歧。在当前的研究框架下，有必要指出我们所指的地区、合作及地区一体化的含义。

我们所指的地区并不是指一国范围内的某地域，而是指跨国间的、国际的地域。依据跨国概念，中非的一体化是由同一地缘政治并在一定程度上相互依存的各国共同推进的。地域一体化的国际概念强调的是某地区的一体化旨在同一原则基础上排除多边主义，实现区域融合。在当前状态下，我们认为大湖区国际大会及东非共同体的地区融合逐渐趋向于地域国际一体化，而与跨国地域一体化的模式分道扬镳。

地域合作指的是寓有融合意义并建立在国家意愿基础上的关系。也就是说这种关系必须以各参与国的独立为前提。以此为框架而签订的政府间地区

商贸协定其运行模式则为，各成员国坚守其各自的国家主权作出相应决策并对某些地区协定的实施享有否决权。继某些专家［奈尔（Nye），1971；穆拉维斯基（Moravcsik），1995, 1991］之后，邦宗和马克·奥利维尔·斯特劳斯·卡恩也认为这种决策方法符合三个特点：决策一致、不干涉别国事务及将各成员国特殊需要考虑在内。

若我们将此类关系与贝拉·巴拉沙（1Bella Balassa，1961）提出的地区一体化五步走相对照，不难发现它属于五步走中的第一步：自由贸易区。其余四步分别为：统一关税区、共同市场、统一经济区、统一政治区。然而当前关系却有效地消除了某些一体化成员国对一体化实现方式的怀疑和忧虑，因为按照某些约定俗成的规定当前的一体化状态确保了各国平等和主权的原则。

相反，地区一体化概念并未给予各国主体这种行动余力。无论是实际上——由企业实现的"区域化"或是理论上——由国家或公共机构实现的"地方主义"，由于地区一体化进程提高了各成员国的相互依存程度，该进程势必要求各成员国牺牲其部分自主权利。同样，此地区的地区组织亦必须接受现状，履行其职责以促成各国政治、经济上的融合的实现。

用于描述地区一体化的特征时，合作及一体的概念总是相伴相随，这也反映了我们的双重苦恼，也是我们思考问题的中心。各国总是在慷慨地让出部分自主权和维护主权主义间徘徊，因此在遇到涉及经济一体化尤其是政治一体化的重大问题而需要建立统一模式时总会碰壁，这与各国在面临上述问题时采取的现实主义或实用主义态度是分不开的。此外，在国际关系及地区一体化领域内固有的重要的理论质疑有利于我们理解带有上述特点的概念。

（二）理论质疑

地区一体化绝不仅仅涉及"某一种理论"。一方面，正如国际组织那恰当的描述："政治一体化的宏观理论若想作为指导地区一体化的完善理论还相距甚远"[1]；另一方面，只要我们谈及地区一体化就会想到其复杂的、多维的动机，而这动机又总是与普遍意义上相互交织的国际关系理论以及具体的

---

[1] 国际组织（1998）：《国际组织与世界政治学习》(Katzenstein P.J., Keohane R.O., Krasner S.D.)，第52卷（4），秋，第654—655页。

经济、政治一体化理论密不可分。

从一般意义上的国际关系理论看，中东非地区的一体化（大湖区国际大会——东非共同体）属于可观察、可分析的案例。因为这两个地区组织既涉及国家间关系又涉及跨国关系，因此既涉及国内主体又涉及国外主体（吕克·圣杜恩，2002: 94）。这两个一体化进程涉及个人（国家首脑），相关国家（决策，认知因素，行政权力机构，国内的政治竞争）和国际（国际和地区组织，合理对抗，地缘政治）等。（皮埃尔·德·塞纳克朗，1992: 41—49）。在这种情况下，相关各国都纷纷宣布维护其主权和各自利益（现实主义）以解决其安全问题上的困局（梅尔勒，1982: 68）。但同时，他们也互相合作以出台某项地区政策避免各国国内及各国间的冲突影响到地区平衡及相关国家的利益（新现实主义）①。在中东非地区，一项新策略证实了第三种方法的可行性，即当经济和政治共同发展时，一体化就有可能通过某些超国家机构解决相关国家国内及国家间的冲突。（理想主义）。约瑟夫·奈尔（Joseph NYE）亦赞同这一理论，在他看来地区一体化有利于"在国际体系内建立一座和平之岛"。（达理约·巴蒂斯特拉，2003: 339）。

从地区经济一体化理论上看，许多理论都得到了发展但他们最终会回到同一个发展模式体系，即：要么是现实主义，要么是新现实主义；自由主义，或者新自由主义的模式。第一种潮流从唯意志的理性主义思想中得到启发，以国家中心利益为目的，政治经济服务于国家中心利益，因此产生了一种建立在各国体系之上的一体化模式（Kébabdjian G., 1999: chap.2）（杰拉德·凯巴迪安，1999: 第二章），之于第二种模式其中心思想是构成派，即它坚持各国间的自由合作（加入）并建立各自的一体化经济、政治机构（玛丽·克洛德·斯莫，1998: 14）。

至于地区政治一体化，两种理论比较受世人认可（菲利普·于贡，见前引书: 11—12页）一种为机构主义，另一种为外交手段。按照机构主义理论，一体化即为建立与私有权利主体相联系的以公有权力为主体的公共规章体系。区域共同体中的组织或功能结构有利于稳定交流环境，因为这些体系的

---

① 吕克·圣杜恩（1999）:《身处国际关系学中的非洲: 国际主义社会学引言》，非洲社会学专刊，第142—167页；皮埃尔·德·塞纳克朗，见前引书，第40页。

存在使得各方价值甚至期许得以汇聚。例如大湖区国际大会、东非共同体，东非共同体代表大会的执行秘书长承担的就是此职。相关制度、程序的作用在于使税收制度一致化，建立统一的安全法、民事法、地区社会法、统一的民主价值观、良政、选举等。

第二种理论，即政治或外交手段，地区一体化是以避免冲突为目的并通过放弃某些国家主权的方式实现的。一致的经济利益是摆脱国家间政治对抗及敌对状态的一种方式。大湖区国际大会正是在这种理念下建设的。

本文将证明中非和东非的一体化在宏观上大体遵循这些方法：既有其动因、逻辑，也有国内、国家间的、跨国的意图，这些因素有时会促进，有时又会阻碍一体化。因此在本文中我们将应用以上各种理论论证将政治、组织机构融合到中非、东非一体化中的必要性。

（三）实践中无法抑制的趋势

经济掌控经济一体化的理论难掩政治和制度的推动或制约作用。因此我们必须承认这两个方面间的交互作用；然而在大湖区国际大会和东非一体化的案例中其交互作用并未得到永恒的证实。

1. 经济凌驾于政治之上

地区一体化现象并不是在非洲大陆上一枝独秀。似乎一体化是各大陆发展的一致轨迹，尽管我们并不确定它们是否是出于同样的目的：建立世界/全球一体化（世界化/全球化）或抵制国家身份或文化认同的减弱/消失。在一般的发展中国家，不同的公约（条约和协议）显示出区域化雄心勃勃地希冀实现在建立自由贸易区的基础上加强区内交换，统一对外税率（统一关税区），关注区内的动态变化（共同市场）。至于一体化的实施，其特点主要是设立某些兼有政治、经济和社会功能的机构（经济统一区），一体化参与主体推行的合作计划（实用性地区合作），各国经济上的相互依存而形成的经济集合体（市场一体化和机构合作），建立某些机制以实现部分主权的转移（机构一体化和政治一体化），通过积极建设生产和交换的国际区（生产一体化）（菲利普·于贡，见前引书：第8页）。正是因此地区一体化涉及方方面面：由共同增长诱发的商业、金融、货币、经济合作；各组织的建立、规章、准则的设置而实现的制度化；作为一体化前提的程序，一体化所需要的政治、文化价值的集合。

在我们的研究领域内,一体化是对国际、地区、国内主体的规划付诸实践的过程。因此,大湖区国际大会最初只是法国的一个想法,后来由国际共同体(联合国和非盟)首创。相关国家借用了这一想法和首创,逐渐发展为其自己的地区组织——首先在2004年11月20日的达累斯萨拉姆宣言声明该组织的成立,随后便开始了各种各样的会议商讨各项计划、项目的实行,直到2006年12月15日在内罗毕签署了大湖区的安全、稳定和发展条约。政治是大湖区国际大会建立伊始的动机[1],后来在其发展过程中建立了某些经济方面的计划,而经济亦逐渐代替政治、制度成为重中之重。因此,关于经济主题的技术团体大会的作用决定了一体化能否成功,因为与政府管理、民主或和平和安全[2]相比,大会就经济方面更容易达成一致。相反,当大湖区国际大会重新恢复其建立之初的政治宗旨后,其经济方面的计划——东非共同体与其竞争的方面——却陷于停滞。

至于东非共同体,它从成立之初就烙着经济的痕迹,尽管某些诸如共同的殖民政治史(英国殖民地)和文化的近似性(都说英语和斯瓦西里语)等的政治因素亦发挥着重要作用。同样,在建立东非共同体条约序言中,这样说道:重返殖民地时期以经济为中心的一体化(肯尼亚和乌干达间的铁路、货币理事会、邮政同盟、上诉法庭、董事会、收入征税委员会、经济理事会)[3]。

在所有具有代表性的情况中,我们发现,一体化——尤其是南部非洲国家的一体化总是牵连到与国家相关的问题。事实上,各国或是正在建设或正在重建,或是正在寻找其民族文化,或是追寻法律正统性,亦或是国家已分崩离析或已瓦解,怎样在这些国家成功的实现一体化呢?是否正是因为如此,这部分非洲国家的一体化才采取以经济为先的道路,因为他们寄希望于终有一日借由经济实现政治的一体化呢? 在这种情况下,怎样才能不触及政治意愿和政治框架而实现经济一体化呢?因为在一体化中,一国在某领土

---

[1] 主要解决涉及重大地区问题的冲突。
[2] 参见主题技术大会的不同报告或者国家协调人员和专家的报告。
[3] 东非共同体(2007),东非共同体建设条约,阿鲁沙。

上主权的实施总会受到限制[①]，许多参与主体不禁疑问一体化是否是建立具有约束力的多国体系，建立在制度基础上的扩大化的合作体系，亦或是旨在建立抵制攻击性主权主义的一体化或是摧毁国家身份的世界化[②]。

并且，事实上，我们在第二章也将会谈到，透过与非洲一体化相关的各类公约（大湖区安全、稳定和发展条约、东非共同体建设条约、组建非盟契约或是非洲民主、选举、良政宪章）隐约可见将来会出现某些与政治相关的问题，而这些问题将在国家间和不同制度间引发冲突并将最终阻碍经济一体化。

2. 制度和政治主体在经济一体化中的推动作用

当前围绕着中非、东非一体化的成功尚有两个问题急需解决：一是怎样在最大限度降低政治牺牲的情况下获得一体化中经济收益？二是怎样在最大限度降低经济牺牲的情况下获得一体化中政治的效益？答案亦非常明确：一切取决于各国主体的政治意愿。这又使得我们重新审视国家、政治、制度在一体化中发挥的作用。

我们摆出了有利的政治论据来论证地区经济一体化的必要性，诸如经济一体化在避免冲突；联合以增加在国际关系中谈判筹码和改变力量关系对比；经济政策的可信性方面发挥的作用。然而这些方面成功的前提是政治意愿，因为各方在主权原则问题上的分歧，超国家权力的缺失，对个人利益的追求，地缘政治的敌对性，国家内部冲突，这些问题上的不同看法通常都成为地区一体化的主要桎梏。

在蒙代尔看来，潜在的宏观经济的对称性，工业专业化和就业市场灵活性之间的互补构成了地区一体化能否成功的先决条件。邦宗和马克·奥利维尔·斯特劳斯·卡恩（见前引书：第45页）研究过欧洲相关的案例，他们发现相同条件下的欧洲在当时亦未像现在这样成功，直到他们发现欧洲一体化的成功取决于其坚定的政治意愿和适合的制度协议。其政治意愿来源于政府

[①] 韦伯理论中对领土的合法实际控制：马克思·韦伯（1971），《经济和社会》，巴黎，Plon出版社，第97页。

[②] Mwayila Tc.（2005），"传统权利和国家权力：在中非和大湖区建立新型良政，预防和解决地区冲突，维护国内和平的伙伴关系"，《跨文化对话和中非大湖区的和平文化》，第二册：《世俗和宗教领导人在预防和解决地区冲突中的作用》，联合国科教文组织。

领导在分析当前的历史背景和评估采取变革策略的必要性基础上对未来的预见能力。因此，例如，建设欧盟的动力来源于法国、德国领导人认识到两国搁置冲突——使两国敌对并使两国面对美国经济霸主地位和苏维埃共和国影响力不断增强陷入困局——共同合作的必要性。正是在这种思想影响下产生了一些超国家机构（欧盟议会、欧洲委员会、欧洲法院、欧洲央行），他们推动着其他的一体化进程。

同样的情况，东非共同体力求效仿欧洲模式却在一些关键问题上持不同态度：如各国、各国人民的期许和面临的挑战。此外，各国领导人的思想也处于敌对状态（卢旺达与布隆迪的敌对，卢旺达与乌干达的敌对，乌干达与坦桑尼亚的敌对，肯尼亚与坦桑尼亚的敌对），各国专家围绕经济利益和政治计划的争论就是其敌对的最好见证①。这种局面使得一体化在很长一段时间内在跨国一体化和超过一体化间徘徊，然而原则上这两个方面应该同时发展。

跨国间或跨政府间模式以一致决策为前提而超国家模式则以多数有效投票为原则（瓦尼·桑多尔滋和阿莱克·斯通·斯威特，1998）。各国在共同政治，将共同政治付诸实践甚至建设地区制度方面达成一致。东非共同体似乎是以跨政府间模式为模板构建的，但她却有志于发展成具有超国家性质的组织。事实上，条约第12条是这样规定的"峰会的决策必须一致通过"。其他条文规定："委员会的决议应该全票通过"（第15条，第4条），"委员会的决定对各成员国、对成员国各组织及共同体内所有的机构具有强制性（第16条）。"但这种强制性的模式，一旦各国无坚定的政治愿望——而当领导人间处于敌对状态时这种政治意愿就更无从谈起，就会对其自身的运转造成很大问题。然而，即使地区机构的建立促进了一体化，例如大湖区国际大会和东非共同体，一体化发展的动力也并不是政治意愿或共同的利益或目标。甚至

---

① 布隆迪和卢旺达领导人间的对立植根于他们意识形态的不同，因为他们来自不同的民族，这也是两国发生战争的原因。今天，两国分别由社会政治观不同的领导人领导，卢旺达领导人来自图西族，而布隆迪是胡图族。至于乌干达和卢旺达间的冲突可追溯到1999，当时两国军队在刚果（金）领土上对抗［参见安德鲁·沙卡，独自编写，(2004)，《非洲大湖区冲突决议》《国际机制批评杂志》，布塔尔，卢旺达国立大学编辑］。坦桑尼亚对乌干达企图染指政治联邦主席一职和觊觎肯尼亚经济霸主的地位一直持怀疑态度（关于这点，参见东非共同体秘书处，会议报告，见前引书）。

于在这种情况下一体化可以看做国家现实主义的受害者。此外，像在免关税区，优先发展超国家货币机构而未先定义共同的政治、经济目标并不能促进地区身份认同的产生。

除了建立各种机构外，规章和程序也是促进地区一体化发展的重要因素。某些如发展和稳定条约的共同的规章强制增加了预算学科，因此加快了经济政治层次共同价值的建设。在这方面，各方法的组合就显得必不可少了：各国在预算政策方面的主权不可侵犯，但他们也相互合作以达成地区机构所设想的共同策略。而且，为促进共同体发展，领导人要有良好的政治意愿和参与的积极性。然而这种情况在我们的研究中并不明显，因为领导人对这初出茅庐的选举程序仍存质疑，因此他们的行动仍受民众主义的影响。

此外，制度、规章和程序的生存力与各国国内主体的参与性和各国关于地区控制内政和经济能否达成一致密不可分。

首先在各主体对一体化的参与方面，应该指出应该让各国和各国人民认识并体验到地区共同体是一个有益的并且合法的组织。也就是说政府专家、人民代表、私有领域和世俗社会都应参与到一体化的建立过程（地区组织的管理）。在这种思想指导下，大湖区国际大会和东非共同体的秘书处发起了多次活动以使公众认识到参与到共同体的益处，但这些活动不仅远远不够，还让人觉得这是些智者贤人的活动，远离现实生活和下层民众。在各国峰会期间，只有极少数的专场政治讲话是针对人民利益的。私有领域和世俗社会的主体抱怨他们没有机会充分参与到其中。甚至东非共同体委员的指定方式（在政党内部和议会中）也没有给共同体和其民众创造对话的机会。

至于地区机构对内政及经济的控制，与经济政策、社会行为相比，各国更愿意致力于民主、国家治理、法治国家和人权方面改革的透明化。因此，无论是出于警戒或是纠纷管理考量，某些地区监督机制就变得必不可少。当然，这个领域的发展前提也是良好的政治合作意愿，各国领导人间的相互信任，尤其是值得在地区舞台推广的良好的国家政策。

3. 经济和政治—制度的联系

经济一体化与制度一体化间的相互影响和因果联系在现实中绝非仅仅停留在理论上，而更清楚地体现在实践中。透过三方面因素，主要通过剖析由市场力量而感生的一体化和由政治组织规划而推动的一体化之间的区别，我们可以看到政治和经济的互动。这三方面主要是决策和行动的顺畅度，主体参与的范围和决策的执行度，政策、决定和已进行的或即将进行的策略的和谐程度。

当一体化仅由市场因素（经济）推动时，一体化的动力就会不足，因为经济因素的参与性或行动力是由可获得的利益的预期支配的。相反，若一体化涉及各个方面（商贸、关税、交通、政治协会等）并同时建立起具体的计划执行日程，相关的政治规定就会促使各国主体付诸行动使一体化充满活力。布隆迪加入东非共同体正是这种情况：商人们推说未在一体化进程中看到利益，因此对一体化持保留态度并不积极参与，至于政府层面，他们更倾向于积极致力于建立负责一体化的相关部门并设立专门负责东非共同体事务的副部长。这两个部门在各国内组织各种会议以宣传各国加入一体化后的益处，并于地区内积极推动达成为一体化服务的协议。

在执行和参与方面，我们发现当一体化受经济动因影响时，一体化中相关的经济体受垄断利益的诱惑并未给其他经济体创造太多机会。相反，政治动因倾向于全面性发展（商贸、农业、服务业、投资、和平和安全、民主和良政等），不仅实现了参与的广泛性，还使一体化变得更加合理，尤其是为多数实体提供了机会，为各参与国提供了合作和协商空间。

最后，这种全方位的选择为一体化注入了活力并使它更加合理，因为各方面的考虑避免了矛盾的产生。否则，若一体化仅受市场或经济政策影响，它必然会受不同经济利益主体的牵制。而政治的参与，如地区政治机构、地区经济组织、共同政策、各种协议书和合约为各方矛盾的解决提供了条件并为实现各方利益共赢创造了可能。

因此，正如 Dorruci et al. (2002) 所说的：当经济一体化与政治—制度一体化并驾齐驱时，这两方的互动使地区一体化成功的可能性更大。事实上，正如上文谈到的，通过建立稳定的政治机构所表现出的强烈的政治意愿有利于经济一体化的进一步深入。这就是我们所谓的法律上的一体化。同时，经济和货币一体化的程度（实际上的一体化）也需要制度调节和政治保障来确保其形成地区组织。政治作用如此之大，我们可以在现今一体化最成功的事例上（欧盟）看到其较高程度的一体化总是与较高程度的政治—制度一体化相伴而行。因此，这二者之间有着积极地相互作用。当二者之间矛盾逐渐消失，联系逐渐增强时，经济动力会反过来强化制度机制的完善，一体化最终会如马克．奥利维尔．斯特劳斯．卡恩（见前引书：第48页）所描述的那样"相互作用性"，也就是说这种动力是"随着经济，财政一体化的加强，制度机制的加强也变得必不可少了"。

然而，观之一体化的协商过程和实质实施过程出现的质疑，似乎要实现经济政治间真正的融合还有很长的路要走，因为一方是理想主义的冲力，另一方却是现实主义的掣肘。

混乱的一体化还是各种方法的有序陈列？透过大湖区国际大会和东非共同体设想未来。

为了更好地理解大湖区国际大会和东非共同体间的不同，首先可以从这两个地区组织的参与者和其建立原因分析。

因为地区一体化建立的动机和考量既可以是政治，经济，社会因素亦可以是环境或文化因素。这些考量因素随着其参与主体的不同而不同：这些主体可是国家，企业，公民团体也可以是相关的外部力量。

二、大湖区国际峰会案例

该组织最初的目的是寻找"非洲第一次世界大战"所遗留问题的解决办法（艾瑞克·锐马克勒和瓦莱勒·胡素，目录，2007: 50)，因此最初的成员国无疑是这次大战的参与国或被参与国。联合国以此为依据将以下国家看做是该区的"主体国"：布隆迪、卢旺达、刚果民主共和国、肯尼亚、坦桑尼亚、乌干达和赞比亚。后来由于刚果民主共和国把诸如卢旺达和乌干达等邻国被划定为不受信任国，各国因利益冲突而产生的连续不信任危机——我们接下来也将谈到，安哥拉、刚果(布)、苏丹、中非共和国也被纳入大湖区国家。另一方重要的主体为大湖区出租人，即外交上所称之为的"朋友圈"。

2004年11月19—20日在坦桑尼亚达累斯萨拉姆举行了第一届政府和首脑峰会，并发表了《达累斯萨拉姆关于和平，安全、民主和发展宣言》。该宣言的基调和主要原则反应了此次大会与建立超国家和平一体化（理想主义）相比，更加关注利益、主权和安全问题（现实主义和新现实主义）。各国为建立该地区组织而进行的后续讨论证明了这两种趋势的相互交错，尽管时而碰撞，时而互补。

其碰撞和趋同主要集中在国家主权和民主价值两个方面。

（一）国家主权是否与地区一体化和非洲大陆的一体化对立？

大湖区国际大会的专家①有责任提出政治（民主和良政的建议）和经济（经济发展和地区一体化）的行动计划。经过协商，决定优先发展某些项目，而其他项目则未被保留，通常是因为各国追求各自的合理利益而使得国家间的关系变得紧张，而这与理想主义所提倡的和平、安全、稳定和发展是相违背的。

在我们特别关注的政治领域，由各国专家②提出的多项方案最终只有三项被各国接受。官方是如此解释的："优先实现重中之重以优化使用稀少的资源。"事实上，政府成员总是对非国家团体，如民间或其他主体参与地区内任何政治事物持敌对态度，这反映了国家一成不变的专治理念。而这种态度有悖于想要融合民间团体和私人领域的一体化。出于这种思想，只有由国家主体参与的项目才被"优先化"③。但即使是对这部分项目的发展也是有选择的，也就是指那些不受外部约束并不涉及国家内政的项目。因此，我们也可以明白为什么涉及上述内容的协议总会遭到各国政府的强烈批评和敌视了。这些协议的议程总是十分漫长而且也从不会完全达成一致。如此，最终被保留的项目只有"地区民主，良政，人权和公民教育中心"，"地区首创——在大湖区内预防战争罪，预防反人道主义罪，预防种族灭绝罪及打击非法逃脱法律责任罪"，"地区首创——打击非法开采自然资源"。即使这些项目的保留也是有条件的，它们被保留不仅因为有保留的必要，更重要的是它们没有"激怒"各国。

---

① 出于各种实际目的，我们必须指出本文的作者是联合国/非盟联合秘书处负责起草"良政和民主"发展计划顾问小组的成员。

② 11项发展计划下属的三项：下属第一项："法治国家，与反人道主义犯罪作斗争，人权"，三项计划：建立促进民主、良政、人权和公民教育的地区中心计划，在法治国家推行法律和法制的地区论坛计划，防止战争罪，反人道罪，种族灭绝罪和与不公平行为斗争的地区首创计划；下属第二项："强化民主"，六项计划：地区议会论坛、妇女论坛、青年多功能论坛、弱势群体咨询委员会、公民论坛、地区交流和信息委员会；下属第三项："资源合理管理"，两个项目：地区反腐论坛，地区反非法开发自然资源组织；等。

③ 参见联合国/非盟联合秘书处，行动和预算计划——首要计划，坎帕拉，2006年2月11—12日。

因此，关于第一项计划，各国坚持行政委员会的成员应由各国代表决定，对政治专家和相关负责人的任命应由该跨政府间委员会决定。关于第二项计划，各国政府专家需召开多次会议商讨如何缓和卢旺达与刚果（金）关于"谁于何地发动了种族灭绝"的分歧。于基加利，这项计划旨在针对前卢旺达军事组织联攻派民兵，即今天的卢旺达民主解放战线。于金沙萨，卢旺达爱国前线曾在刚果（金）犯下种族灭绝的罪行。刚果（金）接受这项有利于卢旺达的计划的前提是，卢旺达和乌干达必须接受长久以来为其所反对的第三项计划，因为这项计划揭露了这两个国家无耻掠夺刚果（金）资源的行为。出于同样的目的，展开了一场关于违道的和违法理念的辩论。为突出计划的伦理道德前景，专家们建议违道理念。但乌干达和卢旺达派出的代表却最终顺利通过了——其他国家尤其是刚果未提出反对——司法和安全方面的违法理念[①]。当然这项方案的通过是为了不触怒商人的利益，而商人们实际代表的是"朋友圈"的利益。

这场关于主权与一体化是否对立的辩论却成为非盟制定民主、选举、良政草案的前车之鉴，促使各方调动其积极性，从共同价值观念出发促进一体化。这项草案与其他草案一道，要求非洲国家遵守国际公认的原则，如民主、尊重人权，承认选举监督的合作机制。在民主和人权原则上，许多代表一如既往地反对超国家条约的强制特性，提倡使用"鼓励"概念而非在同类草案中国际惯用的"义务"或"承诺"。至于选举监督，又打出同样的维护主权牌以防止出现多国监督所出现的令人不快的结果。因此，"非盟应该主动采取措施以促进选举自由化和透明化"。（草案第23条），该项草案对各国可以控制的领域作出如下规定：

"成员国可以向委员会申请咨询服务或要求委员会的现场参与以发展和完善其国内的政治制度和选举程序。"（宪章第18条）；

"委员会在与相关成员国协商后可以随时向相关国家派遣特殊的咨询团队，以帮助该国发展和完善政治制度和选举程序。"（宪章第18条，第2条）

最后，关于非盟针对违宪局势和某些始作俑者的惩罚，对此话题倍加活跃的代表支持如下观点："宪法解释权归各国所有……"（草案第29条），"各

[①] 非洲大湖区国际大会，《大湖区安全，稳定和发展合约》，内罗毕，2006年12月15日，第9条。

国拥有其各自的宪法改良机制"。也就是说，加入中非、东非一体化的相关国家尚未做好接纳选举自由化和透明化这一民主原则。

（二）国家主权与领导者的专制态度与民主价值观冲突

1981年6月在内罗毕签署了人权和公民权的非盟宪章，自此，非洲各国纷纷建立起民主、良政、选举和人权的政治机构[①]。尽管这些政治机构对国家对内主权各部分权利进行了鲜明的划分，但他们宣扬民主原则并给这些原则提供了保障。但在实践中问题却接踵而至。2000年洛美宣言和编制非洲民主、选举、良政宪章的目的是建立更加具有约束力甚至威慑力的机制以慑服某些企图质疑民主程序的人。尽管有这些机构的存在，企图通过军事政变，操纵宪法而获得权利的军事冲突仍在继续。各国政府代表非但不仔细分析出现这些机能障碍的原因，反而倾向于建议各国根据各自情况采取官方的政府立场解决上述问题。最终断绝了民主、良政等发展的道路也使革新提议中断。

因此，若各国代表同意专家提出的审判政变行为的协议（当然因为各国代表都是当权政府的代表），有些涉及其中的代表就会对这项提议——宪法修正案或复审所提出的由精英人士永久当权的行为堪比通过违宪行为掌权——保持缄默甚至是敌对态度。然而类似这样的态度却有悖于民主原则和政权更替原则，尤其是在当前非洲迫切需要促进及加强选举和制度文化的形势下，这种问题就显得尤为严重。

因此，以主权为名，同样的代表团队对非盟打算采取的制裁措施和选举的外部监督机制持缄默甚至是敌视态度。将选举分为三个阶段（警告、观察、恢复）的想法被保留，但条件是相关涉事国家必须确保选举前准备阶段的有效性。辩论过程中，展开了针对外国观察员的恶毒攻击，因为他们对选

---

① 除了非盟宪章外，还有：非洲经济和政治局势宣言和世界范围内的重大变化（第26届政府首脑大会普通会议，亚的斯·亚贝巴，1990年7月11日）；开罗行动项目：重振非洲社会和经济发展（第31届政府首脑大会普通会议，亚的斯·亚贝巴，1995年）；阿尔及尔宣言（第35届会议，阿尔及尔，1999年）；非盟建设条约（第36届，洛美，2000年）；洛美宣言（第36届，洛美，2000年）；非洲安全、发展、稳定和合作大会的庄严宣言（第36届，洛美，2000年）；对政府违宪变局敦促联合国快速作出回应宣言（第36届，洛美，2000年）；促进非洲发展的新型合作伙伴关系（阿布贾，2001年）；促进非洲民主选举的联合国宣言（第38届，德班，2002年）；非洲合作、发展、稳定和安全协议备忘录（第一届关于非洲合作、发展、稳定和安全常务大会，德班，2002年）；民主管理、政治、经济和企业宣言（第38届，德班，2002年）。

举过程作出了十分批判的总结,例如欧盟对埃塞俄比亚的批判。仍旧是在选举领域,当谈及选举内部管理机构时总会出现某些独裁的法律条文百加阻挠。专家将选举机构变革成"独立的""公正的"机构以确保不受政治干预的提议最终被保留(宪章第17条),但这一过程不无艰难,因为某些代表更偏爱约束力低的"自由机构"。前述论据已充分证明了政府更希望将选举掌握在自己的手中。

最后,论及确认公民通过民间团体和对立派的政党参与民主原则实践,某些代表甚至产生疑问"什么是民间团体?"至于政党,支持专家提议反对出台特殊法以维持多党制的代表发现他们的提议最终被其他持相反意见,提倡履行尤其是"尊重政府多数党命令"义务的提案所取代。在大湖区内,我们必须要再次强调关于议会、法官、社会团体、妇女、幼童及弱势群体都成为"资源合理化"的受害者。

三、东非共同体案例

现行的东非共同体条约(仍在改良中)的制定始于2007年,但共同体内组织一体化进程却可以上溯到19世纪末,如肯尼亚与乌干达间的铁路建设(1897—1901),税收中心的建立(1900),东非货币委员会(1905),统一关税区(1919),东非管理者大会(1926),东非收入征税委员会(1940),共同经济委员会(1940)[①]的建立。但在那时,地区一体化更像是对殖民地领土经济管理合理化的一种临时性政策,而不是地区的迫切需要。即使是殖民地获得解放后,1993年11月30日签订了阿鲁沙条约即东非合作条约,情况也是一样的。然而,1967年建立并于1977年解散的东非共同体的出现,共同体的目标不再是组建边缘的一体化而更注重地区工业和共同生产。但是,政治支持,尤其是领导人薄弱的政治意愿及乌干达和坦桑尼亚间的冲突却破坏了这些目标的实现。

近期三个国家——肯尼亚、坦桑尼亚和乌干达的介入和杰出贡献改变了局势,2007年卢旺达和布隆迪亦遵循条约第三、第一和第二条加入成为东非

---

① 东非共同体(2007年),建设东非共同体条约,序言,参见第二章。

共同体成员国。自此,共同体的目标是集合各方相对优势(新现实主义),调动私有团体的积极性以创建有利于经济和政治的环境。这一目标正好符合世界贸易组织所提倡的地区协议和多变化。在世贸组织看来,"地区贸易协议有特殊意义,因为所有从多边条例衍生出来的协定都打上了地区的印记",也就是说,"政府采取措施,有时可能通过自由贸易区或统一关税区,使地区贸易自由化、畅通化"。

当然,从1996年开始运行的东非合作组织,参照欧盟的模式,从自由贸易区向政治一体化发展以逐渐实现地区一体化。实际上,规定建立东非共同体的第5条,第2条是如是诠释的"成员国承诺共同致力于建立统一关税区,共同市场,然后建立统一货币组织,最后建成一个政治联邦,以加强和规范地区工业、商业、文化、社会和政治……关系。同样加强地区基础设施和其他方面的合作促进地区和谐、平衡、迅速发展,实现经济持续增长,成员国平等享受福利"。

共同体内的机制以常务秘书处为中心有序运行,其职责是协调地区计划,确保积极调动一体化所需要的必要资源。接下来要做的是:使地区组织制度化以促进合作和一体化。

然而,欧盟模式的应用却并不符合东非共同体的实际情况。因为,欧洲各国的一体化模式是,经济发展(工业和服务业发展)、政治发展(民主和良政方面共同的文化价值)并驾齐驱,在此基础上逐渐发展,启发了贝拉·巴拉萨(同上引用)的一体化理论并使得华尔特·惠特曼·罗斯托的经济增长步骤理论活跃一时。然而,东非却完全不是这种情况,这里的一体化成为发展的工具并确保在已经世界化的经济体系中地区一体化内的部分成员国的竞争力和其他成员国的带头作用。

尽管表面看来欧盟模式并不适合非洲情况,但总体上这种模式适用于非洲各国,尤其是东非共同体。在此重点介绍两方面原因:第一是经济要求:其他国家早已跨过这一步,在当今你死我活激烈的世界及地区竞争中,企业无暇等待各国达成一致再融入当今一体化的大潮。因此若想融入这一地区或世界一体化的潮流,必须加快步伐。第二是政治因素:非洲各国内政的发展速度截然不同,因此共同价值观的达成势必是一个漫长并充满荆棘的过程,若想实现一体化,这种情形必须避免。超国家组织的建立可以避免这些一体化道路的障碍（理想主义）。

然而，在地区组织的建立和运行过程中，似乎一体化主体们受过度注重现实主义得失的欧盟模式影响太深，他们更倾向于建立实用主义的一体化。例如，大湖区大会，最受争议的通常是关乎经济命脉的领域或是与国家主权、文化、民主价值、良政有关的方面。

（一）国家利益与束缚一体化的因素

在东非共同体建设过程中，各国的分歧在于确定共同的对外税率，这些分歧透过行政秘书处所组织的为数众多的关于共同关税和共同市场协议的结果便可见一斑。诚然，诸如建立共同的地区商船通行证，使货币可兑换，取消双重征税，资本账户自由化，简化关税壁垒等措施调动了各种生产因素。此外，东非共同体得天独厚的优势是无论是在历史（英国殖民地，英语是该区通用语言），数量有限的参与国（5个），还是在经济发展要地（肯尼亚），超过一亿人口的内部市场等方面，这个地区都是一个同一的整体。经济一体化的参与主体既有跨国公司、中小企业、中小型工业，或是通过宗教或伦理等社会组织将利益集中起来的商人，（如斯瓦希里人组织所实现的实际一体化），也有消费者等。此外，东非一体化的特有优势还在于三个核心创始国（肯尼亚、乌干达、坦桑尼亚）地理位置的邻近性，经济、社会、文化和历史的近似性，尽管布隆迪和卢旺达的加入可能会引起某些问题，使这些先天优势打折。

各国想借由一体化实现的诸多利益中，某些关系较为重大的地区项目已处于酝酿阶段。通过一体化创建有利于地区内部经济增长的条件，如基础设施的建设或重新运行如港口建设（如蒙巴萨和达累斯萨拉姆之间的港口建设），再如建设铁路、公路干线以减少进口产品费用和沟通布隆迪、乌干达和卢旺达等国间的联系。能源领域，某些重要的项目，如延长肯尼亚到邻国的石油管道，开发坦桑尼亚和卢旺达间的煤气资源，实现（煤气、天然气）管道地区化，发展地区水电早已提上日程。服务领域的项目也在酝酿之中，尤其是地区旅游业，地区人事培训等。这多方面的地区计划受到了各种基金组织——尤其是世界银行、非洲开发银行、欧盟等的欢迎，这些组织有的已经资助过部分项目。

尽管有这些优势的存在，东非共同体还是面临着某些发展障碍，如国家利益（主权）总是高于地区利益。事实上，地区一体化组织的重叠性和地区管理的不对称性都可能不利于一体化。例如，除了是中非国家经济共同体和大湖区国家经济共同体成员，布隆迪还与肯尼亚一道加入了东部和南部非洲共同市场，该共同市场正计划取消税收壁垒。又如，对肯尼亚经济霸主地位和乌干达企图政治称霸的野心如坐针毡的坦桑尼亚更加向南部非洲发展共同体靠拢寄希望于获得南非经济体的辐射效应。东部和南部非洲共同市场和南非发展共同体之间的对立又使人开始怀疑东非共同体的可行性。从国家利益的角度来看，我们甚至可以说东非共同体的可行性取决于针对地区内发展的不平衡所采取的补偿性措施，如肯尼亚和乌干达的快速发展，而其他国家，尤其是布隆迪和卢旺达，想要从一体化中汲取经济利益的前景却不甚明朗。

另一个使人忧虑的方面是国家主权这一难题。问题是怎样使各国适当放下主权观念而秉持地区团结的原则。换句话说，怎样在理论层面挣脱严格的现实主义框架的束缚，而使功用理想主义的重要领域融入一体化。

这些忧虑在东非共同体条约中也有渗透，表现在条约中更多地强调了各国的义务而非各国的互补性。因此，条约的编制过程首先是受现实主义"合作"的启发。该条约规定，一旦超国家机构一致通过某些原则，各成员国就必须坚定地执行。（条约第12，15，16，33条等），相反，其他的条款则规定东非共同体的目标是基于"互信，政治意愿和主权平等"（第6条，第a条）等基本原则基础上发展"成员国间的合作"（第5条）。

各成员国正是受这种现实主义观念的影响，坚持走永恒的协商道路以确定条约内容，这其中就包括条文第3条，由于布隆迪和卢旺达要求与共同体三个核心创始国——肯尼亚、乌干达和坦桑尼亚一样的完整的成员国身份，条约又规定了一体化内成员国的质量。

但最大的束缚是在文化和政治领域。

（二）文化层次、民主价值和良政

经常被人忽视的文化因素开始吸引研究者和分析家的注意力，因为文化因素在一体化中也发挥着作用。文化因素是促进南北达成关于民主和良政（《民主条款》）[①]发展条约的首要前提，被看做是全球文化价值的保障。然

[①] 这项"民主条款"在南非发展共同体和欧盟的协议中发挥重要作用。

而，呐喊民主的人也同时在呼吁国家和人民主权，欧盟宪章规定的基本权利第22条提倡文化多样性。换句话说，从文化角度看，地区一体化可能扮演两种角色：要么一体化发展促进了文化的多样性；要么摧毁文化多样性。这两种角色相应的发展前景：第一种情况，文化多样性快速发展并最终威胁到一体化（中非和东非地区或多或少的宗教或伦理冲突）；第二种情况会减缓各组织间的剑拔弩张却有可能引发各国国内针对地区的紧张局势。一旦地区一体化政治领域所达成的"一致标准"引发物价的普遍上涨，也就是说人民的生存状况变得愈发困难，第二种情况可能演变成社会、政治斗争。

东非共同体一体化过程中的对立和/或互补还体现在民主价值和良政方面。条约的第3条和第b条要求凡共同体成员，必须"赞同公认的原则，如良政、民主、遵守法律、尊重人权和社会司法"。同样，条约第6条，第d条规定以下原则为共同体内所有条约的基本原则："良政——包括拥护民主原则，法律至上，责任意识，扩大透明度，司法公正，机会均等，男女平等，在符合非盟关于人民和公民权条约的前提下承认、促进、保护人权和公民权。"

东非共同体立志于建立一个"政治联邦"（第5条），这些基本原则就成为共同价值构建的基础。为建立此联邦，政府代表曾多次参加达成各方妥协的会议，即使他们在这些会议中所做的关于建立此联邦的报告持积极态度①，现实中东非共同体五国在上述方面发展却是最迟缓的。

民主领域，上到法治国家，人民权利，地区各国下到众所周知的坦桑尼亚特例（桑给巴尔问题一直悬而未决），近年来其他国家也爆发了较大的冲突，这些冲突使得所谓的尊重各个方面的权利成了一纸空文。这些冲突的爆发和发展见证了地区机制的瘫痪和无力。在布隆迪冲突中，尽管当时地区的旅游事务由约韦里·穆塞韦尼主理，但这一机构既不属于大湖区大会也不属于东非共同体。肯尼亚冲突也是同样的情形，当时肯尼亚方面要求国际调解者进行斡旋，应其要求前联合国秘书长科菲·安南指认穆拉.穆拉大使为大

---

① 东非共同体秘书处，《关于发展良政和反腐的地区框架的工作组会议》，2008年2月18—20日，阿鲁沙，坦桑尼亚（会议报告）；东非共同体秘书处，为发展地区良政而进行的规范法律条例和司法的专家会议，2008年9月29—30日，坎帕拉，乌干达（会议报告）。

湖区大会的代理人，但这一提议却被肯尼亚政府否决。

这些态度和行为在协商讨论关于民主，选举和良政的非洲宪章中表现得淋漓尽致。每当谈到如何从民族国家发展成地区国家，也就是如何建立政治联邦时，各国一如既往地表现得很犹豫。各国在上述行为中的态度与行为是他们的犹豫态度的辩护。这样我们就可以明白为什么非洲宪章关于民主、选举和良政的部分既从未出现在条约中也从未成为成员国专家讨论的话题。一体化的参与者十分积极地推动地区约束力较小的机构的发展（立法模式，坚持建立整治联邦）是否也是为避免冲突性强、缓慢的、基本不可能达成一致的合作和协商呢？

然而，世界上较为成功的案例，尤其是欧盟的经验告诉我们，要想成功实现一体化，政治、制度和经济是不可分割的。当然这两方面在大湖区国际大会和东非共同体中同样发挥着重要作用也应该受到重视。

四、总结：将经济与政治——制度有机地联系起来

通过大湖区国际大会和东非共同体进而实现中非和东非的一体化成为分析国际政治的绝好案例。一体化采用的地区一体化和国际关系方面的理论表明中非和东非的一体化确实借鉴过现在成功的一体化模式，但是很难说一体化的中心和边缘参与者们是否真的把这些模式应用的恰到好处。

上文已经谈过大湖区国际大会首先出发点是政治，但随着发展的深入，当政治出现困难时，是经济解决了困境。当前发展形势下，大湖区大会最初的政治色彩逐渐恢复。但只要经济计划不能达到与政治水乳交融，正如大会建立之初的协议所预见的那样，大会的规模就不会覆盖整个地区。

至于东非共同体，情形则相反：经济一体化被看做是地区一体化的重中之重。政治和制度一体化按照超国家理论逐步融入地区一体化。这种建设一体化的方法在我们看来更像是预先逃跑战术。事实上，考虑到当前的世界和地区环境对它们经济发展的威胁，并且各方很难在与国家内政有关的方面达成妥协，东非共同体各国更希望通过设想经济发展前景（冲突并不激烈）聊以自慰，并将易引起冲突的政治任务交给共同体机构，需要指出的是这些机构也是通过"共同决策"而由它们自身控制的。

因此，在这一地区，一体化呈现出混乱的状态，并且各参与主体并不坚信地区一体化有建设的必要，地区发展动力和提倡的各项活动似乎也未受到人民的自发支持。

然而，一体化是至关重要的，就像一体化可能会使各国解体一样，若各国故步自封，其内部的矛盾冲突也可能会分裂地区。要想建设一个成功的中非和东非一体化，必须认识到政治、制度与经济不仅是一体化的必要条件，甚至可能是绝对条件。

译者：王禄禄

2000年以来中国与南共体的经济合作

张翠珍[①]

南部非洲发展共同体（Southern African Development Community—SADC）简称"南共体"，前身是1980年成立的南部非洲发展协调会议。1992年8月17日，南部非洲发展协调会议成员国首脑在纳米比亚首都温得和克举行会议，签署建立南部非洲发展共同体的条约、宣言和议定书，更名为南部非洲发展共同体。1996年6月28日，南共体的政治、防务以及安全机构在博茨瓦纳首都哈博罗内正式成立，使共同体的作用扩大到了防务领域。2007年8月17日，南共体后备部队在卢萨卡成立。南共体目前拥有15个成员国，包括安哥拉、博茨瓦纳、刚果（金）、莱索托、马达加斯加、马拉维、毛里求斯、莫桑比克、纳米比亚、塞舌尔、南非、斯威士兰、坦桑尼亚、赞比亚和津巴布韦。南共体是中国在非洲的重要合作伙伴，自中非合作论坛建立以来，双方的经贸往来进入了新的发展阶段。中国重视与南共体的经贸合作，中国驻博茨瓦纳大使兼任驻南共体代表。中国邀请南共体以观察员身份出席了中非合作论坛历次部长会和高官会，并多次参加南共体与国际合作伙伴的部长级磋商会议。

---

① 张翠珍：外交学院国际经济学院副教授。

一、中国与南共体的货物贸易往来

中国与南共体所有成员国均有贸易往来，在过去的十年间，贸易规模呈指数化增长，中国已成为南共体的第一大贸易伙伴。从贸易商品结构来看，中国主要从南共体进口资源类商品，同时出口机械产品，互补性明显。从贸易差额来看，近年来，中国基本都处于贸易逆差地位。

（一）贸易规模呈指数化增长

2011年中国与南共体的贸易（以下简称"中南贸易"）进出口总额超过870亿美元，相当于2000年（44.2亿美元）的19.7倍还多，呈现明显的几何增长趋势。除2001年、2009年较上一年有所下降外，其他年份都是正增长。在这其中，2004年中南贸易额突破100亿美元，此后几乎每年的贸易额都增长100亿美元以上。

与此同时，中南贸易在中国与非洲的贸易（以下简称"中非贸易"）中的地位也不断提升，2011年突破50%的关口，达到52.4%。当然，在2000—2011年间，与贸易规模的变动趋势相吻合，比重也所有波动。例如，2000年中南贸易占中非贸易总额的41.7%，此后连续三年下降，2004年再次回到40%以上，此后维持多年，而2009年再次出现下降。总体上来说，中南贸易规模约占中非贸易额的一半左右，其重要性可见一斑。实际上，继2009年中国成为非洲第一大贸易伙伴后，2011年中国超过美国和欧盟，成为南共体最大的贸易伙伴。

表1 中国—南共体贸易额（单位：万美元）

年份	2011年	2010年	2009年	2008年	2007年	2006年
贸易额	8717036	6157095	3968008	4966024	3207770	2442109
占中非贸易额%	52.41	48.46	43.57	46.32	43.55	44.03
年份	2005年	2004年	2003年	2002年	2001年	2000年
贸易额	1636598	1240932	723090	442251	353674	442251

续表

| 占中非贸易额 % | 41.18 | 42.12 | 39 | 35.7 | 32.75 | 41.73 |

资料来源：根据相应年份《中国统计年鉴》计算得来。

（二）贸易覆盖南共体全体成员国，但贸易规模向少数国家集中

2000—2011年，与中国发生贸易往来的南共体国家从9个增加到15个。换句话说，中国与南共体的所有成员国都建立了贸易关系。但是，从各成员国与中国贸易额占中南贸易额的比重来看，贸易向少数国家集中的程度并没有显著改变。2011年前五大贸易伙伴的贸易额占中国—南共体贸易总额的比重为94.87%，仅比2000年的96.72%下降了1.85%。实际上，80%以上的贸易发生在中国与两个南共体国家之间，这两个国家是南非和安哥拉。其中，2000年和2008年，中国与南非、安哥拉的贸易额相当于中南贸易额的近89%。同期，第三大贸易伙伴的比重一直在5%以下。这意味着，中国与南共体的贸易规模虽然很大，而且增长迅速，但是在国别的分布上，存在严重的不平衡。当然，这与中南进出口的商品结构有关，中国从南共体主要进口原油、矿等资源类产品，而安哥拉、南非恰恰是资源丰富的国家，两个国家交替成为中国在南共体的第一大贸易伙伴。

表2 中国在南共体的五大贸易伙伴

2011年		2010年		2009年		2008年	
国家	贸易 %	国家	贸易 %	国家	贸易 %	国家	贸易 %
南非	52.16	南非	41.75	安哥拉	43.00	安哥拉	51.00
安哥拉	31.78	安哥拉	40.31	南非	40.52	南非	35.95
刚果（金）	4.57	刚果（金）	4.84	刚果（金）	3.72	刚果（金）	3.66
赞比亚	3.89	赞比亚	4.69	赞比亚	3.62	坦桑尼亚	2.18
坦桑尼亚	2.46	坦桑尼亚	2.70	坦桑尼亚	2.80	赞比亚	1.58
合计	94.87	合计	94.28	合计	93.66	合计	94.37
2007年		2006年		2005年		2004年	
国家	贸易 %	国家	贸易 %	国家	贸易 %	国家	贸易 %
安哥拉	44.01	安哥拉	48.43	南非	44.42	南非	47.64
南非	43.79	南非	40.35	安哥拉	42.49	安哥拉	39.57

续 表

2007年		2006年		2005年		2004年	
坦桑尼亚	2.49	坦桑尼亚	2.19	坦桑尼亚	2.90	坦桑尼亚	2.29
赞比亚	1.85	刚果（金）	1.79	赞比亚	1.84	津巴布韦	2.05
刚果（金）	1.72	赞比亚	1.53	津巴布韦	1.73	赞比亚	1.79
合计	93.86	合计	94.29	合计	93.38	合计	93.35
2003年		2002年		2001年		2000年	
国家	贸易%	国家	贸易%	国家	贸易%	国家	贸易%
南非	53.51	南非	58.32	南非	62.83	南非	46.38
安哥拉	32.52	安哥拉	25.97	安哥拉	21.70	安哥拉	42.43
坦桑尼亚	3.03	津巴布韦	4.34	津巴布韦	4.19	津巴布韦	3.04
津巴布韦	2.73	坦桑尼亚	2.90	毛里求斯	2.72	毛里求斯	2.56
马达加斯加	1.64	毛里求斯	2.14	坦桑尼亚	2.64	赞比亚	2.31
合计	93.43	合计	93.66	合计	94.08	合计	96.72

注：表中贸易比重指该国与中国贸易额占中南贸易额的比重。
资料来源：根据《中国统计年鉴》计算而来。

（三）贸易商品结构互补

按照国际贸易标准分类第三版分类，2010年，中国从南共体国家主要进口矿物燃料、润滑油及有关材料（占总进口额的53%），主要按材料分类的制成品（占总进口额的18.6%），除原油外的非食用原料（占总进口额的18.4%）。在第一项中，安哥拉占了绝大比重，为96.97%，主要就是原油。第二位的进口品主要是有色金属，主要来自南非（46.4%）、赞比亚（29.8%）和刚果（金）（20.4%）。中国从南非进口银、铂等，从赞比亚进口铜，从刚果（金）进口钨、钛、镁、铬等。同期，中国主要向南共体国家出口机械和运输设备（38.5%），南非和安哥拉是主要的出口对象国。中国还出口杂项制品（26.2%），主要按材料分类的制成品（25.3%），南非、安哥拉和坦桑尼亚是主要出口对象国。[①] 例如，2012年10月，中国南非国有运输集团与中国南车株洲电力机车有限公司签订合同，从中国采购电力机车，合同金额为

[①] 朱传伟：《中国和南部非洲发展共同体贸易及影响因素分析》，青岛海洋大学2012年6月硕士论文。

26亿兰特。①

（四）中国对南共体保持贸易逆差，且逆差规模不断增长

贸易逆差是反映贸易双方贸易平衡的常用指标。总体来看，在2000—2011年的中南贸易中，中国都是贸易逆差国，而且逆差额呈增长态势。2000年中国对南共体的贸易赤字为17亿美元，此后持续下降至2002年（约8.5亿美元），2003年开始上升，到2011年贸易赤字已达420亿美元。从全非洲来看，2001—2003年、2007年、2009年，中国保持贸易顺差，而其他年份均为贸易逆差。可见，中国与南共体的贸易差额与中国与整个非洲的贸易差额表现的特点有所不同。

中南贸易额占中非贸易总额的接近一半，而贸易差额所表现出的差距远大于贸易额的差距。数据表明，2000年中国对南共体的贸易逆差相当于中非贸易逆差的3.3倍，2008年超过4倍。在中国对南共体、对非洲整体都出现逆差的年度，中国—南共体贸易逆差的规模至少是中国—全非贸易逆差的2倍，例如2011年。这说明，中国对南共体的贸易差额决定了中国对全非贸易差额的走向。

从贸易差额的国别分布来看，2000—2011年，中国对南共体成员国的贸易逆差国多数年份稳定在5个，有个别年份为4个（2000年、2001年、2003年及2007年），有的年份达到6个（2004年、2005年）或7个（2008年）。表3分国别的贸易差额数据显示，中国的主要贸易逆差国多是与中国贸易规模较大的国家，如安哥拉、南非、刚果（金）、赞比亚。或者说，这几个国家是中国对南共体贸易逆差的主要来源国，而且越是贸易规模大的国家，贸易逆差也越大。比如，2011年，安哥拉是中国在南共体中的最大贸易伙伴。同年，中国对安哥拉的贸易逆差为221亿美元，相当于中国对南共体贸易逆差总额的53%。同时，中国与第二大贸易伙伴南非的贸易逆差所占的比例也高达44%。这样，中国对两大贸易伙伴的贸易逆差占中国对南共体贸易逆差的97%。如果我们对照这几个国家对中国的比较优势，就会发现南非和安哥拉都是资源丰富的国家。从这里我们可以发现，虽然中国与南共体的贸易已经覆盖所有国家，但是主要的贸易伙伴仍是资源丰富的国家，这些国家也同

---

① 商务部国际贸易经济合作研究院：《中国与非洲经贸关系报告2013》。

样是中国贸易逆差的主要来源国。

表3 中国与南共体的贸易差额（单位：万美元）

国家	2011年	2010年	2009年	2008年	2007年	2006年
安哥拉	-2213802	-2081167	-1229062	-1944005	-1165891	-1003911
博茨瓦纳	51549	31613	10108	-1476	9231	5361
刚果（金）	-233385	-203552	-83389	-134928	-36712	-29978
莱索托	6570	5483	4871	7794	5532	6314
马达加斯加	39998	29130	34057	53742	29881	19875
马拉维	6606	4860	4807	7294	4131	2975
毛里求斯	48724	38319	28628	31438	27938	19042
莫桑比克	44301	29529	16181	17011	3600	4817
纳米比亚	5778	-25196	-1457	-3901	8788	1130
塞舌尔	3469	1485	1521	1045	296	470
南非	-1874560	-410338	-134600	-61735	81019	168235
斯威士兰	3035	2647	294	932	-612	-1760
坦桑尼亚	116374	84609	71773	81885	38998	23009
赞比亚	-215456	-228217	-113253	-25815	-19705	-16783
津巴布韦	-5381	7016	1539	-1511	5884	-280
南共体合计	-4216180	-2713779	-1387982	-1972230	-1007622	-801484
占全非 %	209.16	380	—	417	—	385
全非合计	-2015684	-713791	440332	-472702	93853	-208386
国家	2005年	2004年	2003年	2002年	2001年	2000年
安哥拉	-620904	-452382	-206015	-102574	-67611	-180895
博茨瓦纳	5451	4668	2059	1897	1423	—
刚果（金）	-12606	-6260	-82	652	544	1745
莱索托	5549	4745	2488	2451	1563	—
马达加斯加	16864	13800	10474	2888	6402	6478
马拉维	1428	1872	1077	591	409	—
毛里求斯	16906	14454	10424	8533	7823	5450
莫桑比克	1795	3086	1844	335	1085	1592
纳米比亚	-1604	596	67	-875	996	—

续表

国家	2005年	2004年	2003年	2002年	2001年	2000年
塞舌尔	339	175	176	145	107	142
南非	38292	-830	18937	4187	-12399	-2364
斯威士兰	-1215	-314	-785	-636	-402	-
坦桑尼亚	13286	14770	16390	11480	8686	8099
赞比亚	-20356	-12007	-1300	-890	316	-3653
津巴布韦	-3255	-2812	-13681	-12743	-8162	-7083
南共体合计	-560030	-416439	-157927	-84559	-59220	-170489
占全非 %	235	227	-	-	-	332
全非合计	-238053	-183284	182186	153406	121362	-51306

注："-"表示没有该数据。

资料来源：作者根据《中国统计年鉴》数据计算而来。

二、中国与南共体的相互直接投资

从20世纪70年代末中国推行对外开放政策以来，外资的大量流入成为推动经济增长的重要因素。在这些资本中，有一部分来自非洲。同时，尤其是21世纪以来，中国的企业和个人也开始重视对外投资，非洲于是成为中国"走出去"的优先选择地区。

（一）南共体对中国的直接投资

根据国家统计局《中国统计年鉴》提供的数据，在南共体成员国中，仅有部分国家对中国进行了直接投资。2000—2011年，对中国进行直接投资的南共体国家一直维持在七八个国家。2011年，安哥拉、博茨瓦纳、刚果（金）、毛里求斯、塞舌尔、南非、赞比亚和津巴布韦八国对中国有投资。整理来看，南共体在中国的实际直接投资额在2000—2011年保持平稳增长，2005年突破10亿美元，2011年达到16亿美元。同时，南共体对华投资却占非洲对华投资的绝大部分，一直都维持在90%以上。例如，2011年的南共体对华投资额逾16亿美元，相当于非洲整体对华投资的97%，大大高于贸易比重（50%左右）。

分国别的对华实际直接投资数据表明，毛里求斯在2000年—2011年间一直是南共体成员中对中国投资最多的国家。2001年，毛里求斯对中国实际投资金额逾3亿美元，占南共体对中国实际投资的近96%，此后这一比例在波动中下降，2011年约为72%。排在第二位的是塞舌尔或南非，在不同的时段上，两个国家的位置有所不同。2008—2011年，塞舌尔稳居第二位，2011年对中国投资金额占南共体对华投资的27%。而2000—2007年，占据第二位的是南非，其在华投资的比例在2004年达到最高峰，为15%。与主要贸易伙伴的排名相对照，我们显然可以发现，对华投资的主要来源国并不是中国的主要贸易伙伴。例如，毛里求斯和塞舌尔不是中国主要的贸易伙伴，却是对中国投资很多的国家。相反，南非、安哥拉是中国在南共体最重要的贸易伙伴，对中国的投资却不多。2011年安哥拉对中国实际直接投资仅为303万美元，占南共体对华投资不到2%。

表4 南共体对中国实际直接投资（单位：万美元）

国家	2011年	2010年	2009年	2008年	2007年	2006年
安哥拉	303	295	609	239	232	78
博茨瓦纳	170	–	–	651	14	5
刚果（金）	11	–	–	–	–	–
莱索托	–	–	–	–	–	–
马达加斯加	–	–	–	–	–	–
马拉维	–	–	–	–	–	–
毛里求斯	113921	92884	110378	149371	133250	103271
莫桑比克	–	–	–	–	–	–
纳米比亚	–	875	–	50	1295	371
塞舌尔	43333	22837	11790	4226	1594	1573
南非	1323	6647	4120	2560	6916	9481
斯威士兰	–	–	–	–	–	–
坦桑尼亚	–	8	32	–	–	25
赞比亚	1	407	50	–	100	539
津巴布韦	66	39	39	101	219	346
南共体合计	159128	123992	127018	157198	143620	115689
占全非%	96.98	96.87	96.98	94.25	96.59	95.03
全非合计	164091	127992	130969	166788	148683	121735

续表

国家	2005年	2004年	2003年	2002年	2001年	2000年
安哥拉	18	-	-	-	-	-
博茨瓦纳	-	47	137	12	29	5
刚果（金）	10	-	137	-	12	-
莱索托	-	-	-	-	-	-
马达加斯加	-	-	-	-	-	-
马拉维	-	-	-	-	-	-
毛里求斯	90777	60232	52098	48369	30563	26479
莫桑比克	-	-	-	-	-	-
纳米比亚	644	80	391	70	75	199
塞舌尔	440	654	246	597	300	-
南非	10635	10940	3245	2593	836	919
斯威士兰	-	-	-	-	-	-
坦桑尼亚	-	15	50	-	40	65
赞比亚	289	385	109	15	-	10
津巴布韦	24	325	-	180	-	63
南共体合计	102837	72678	56413	51836	31855	27740
占全非%	96.03	93.7	91.32	91.81	96.6	96.42
全非合计	107086	77568	61776	56462	32977	28771

资料来源：中国国家统计局：《中国统计年鉴》。

（二）中国对南共体直接投资

由于中国从2003年开始才公布《中国对外直接投资统计公报》，所以我们的研究起始年也是2003年，而不同于贸易分析中的2000年。首先，从国家的覆盖面来讲，中国的对外直接投资覆盖了除斯威士兰①之外的所有国家，即14个国家。2003—2010年，直接投资存量从2.8亿美元发展到73.9亿美元，增长态势明显。另外，中国对南共体直接投资存量占中国对整个非洲大陆投资总额的比例目前达到57%左右。如果按投资对投资目的国进行排序，就会发现顺序有比较明显的变化。2003年，前四大投资目的国从高到低为赞比亚（51%）、南非（16%）、津巴布韦（13%）、马达加斯加（10%），他们

---

① 斯威士兰是南共体成员国中唯一没有与中国建立外交关系的国家。

同时也是投资额比重占10%以上的国家。到2010年，投资额比重超过10%以上的国家只有两个，即南非（56%）、赞比亚（13%）。从国别投资额分配来看，中国在南共体的投资分布更加集中了。而且，作为资源大国，赞比亚的投资比重下降接近40%。当然，也可以看到，中国在安哥拉、刚果（金）、坦桑尼亚的投资比重都在上升，显示了中国对其资源领域和基础设施领域的兴趣。

  南共体深厚的制造业潜力、丰富的矿产资源和不断完善的基础设施是吸引中国企业到当地投资建厂的重要因素。南共体是非洲地区经济条件最好、一体化程度最高的地区。中国一汽是中国最早进军非洲的汽车企业。1990年，一汽在坦桑尼亚建立汽车组装厂。2010年，一汽集团与中非发展基金共同出资1亿美元，组建一汽非洲投资有限公司，成为当时中国汽车行业在非洲最大的投资项目。南部非洲是一汽在非洲最重要的市场，一汽非洲投资有限公司2011年在南非投资7000万美元，建立了汽车生产线和4S店，形成了比较完备的产业链。[①]在家电领域，佑兴集团在安哥拉投资2500万美元建设白色家电产业园区，致力于打造安哥拉自有品牌和安哥拉制造的概念。[②]除制造业外，中国与南共体企业间的合作范围还包括能源、基础设施、农业、金融业、旅游业和服务业等领域。[③]此外，为了推动中国企业到南部非洲投资，分别于2011年5月在南非举行了中国投资南部非洲论坛，同年6月4日在北京举办了中国—南部非洲发展共同体经贸论坛在北京举行。

[①] 任杰：《中国一汽布局非洲主攻南部非洲市场》，http://gb.cri.cn/27824/2012/12/26/6611s3972141.htm，2013/8/1。
[②] 商务部国际贸易经济合作研究院：《中国与非洲经贸关系报告2013》。
[③] 《中国投资南部非洲论坛在南非举行，论坛组织者认为——中国投资给南共体带来切实利益》，http://news.hexun.com/2011-05-20/129785355.html，2013/8/1。

表5 中国对南共体直接投资存量（单位：万美元）

国家	2003年		2004年		2005年		2006年	
	存量	%	存量	%	存量	%	存量	%
安哥拉	30	0.11	47	0.12	879	1.67	3723	4.46
博茨瓦纳	210	0.75	380	1	1812	3.43	2552	3.05
刚果（金）	24	0.09	1569	4.12	2511	4.76	3761	4.5
莱索托	24	0.09	3	0.01	60	0.11	760	0.91
马达加斯加	2813	10.03	4063	10.67	4994	9.47	5434	6.5
马拉维	72	0.26	72	0.19	73	0.14	96	0.11
毛里求斯	1259	4.49	1263	3.32	2681	5.08	5116	6.12
莫桑比克	242	0.86	560	1.47	1468	2.78	1468	1.76
纳米比亚	72	0.26	221	0.58	236	0.45	643	0.77
塞舌尔	42	0.15	42	0.11	419	0.79	646	0.77
南非	4477	15.96	5887	15.46	11228	21.28	16762	20.06
斯威士兰	—	—	—	—	—	—	—	—
坦桑尼亚	746	2.66	5380	14.13	6202	11.76	11193	13.4
赞比亚	14370	51.22	14775	38.81	16031	30.39	26786	32.06
津巴布韦	3674	13.1	3806	10	4163	7.89	4615	5.52
南共体合计	28055	100	38068	100	52757	100	83555	100
占全非 %	57.11	—	42.32	—	33.07	—	32.68	—
全非合计	49123	—	89955	—	159525	—	255682	—

国家	2007年		2008年		2009年		2010年	
	存量	%	存量	%	存量	%	存量	%
安哥拉	7846	4.42	6889	1.47	19554	4.04	35177	4.76
博茨瓦纳	4339	2.44	6526	1.39	11925	2.47	17852	2.41
刚果（金）	10440	5.88	13414	2.87	39743	8.22	63092	8.53
莱索托	760	0.43	822	0.18	832	0.17	888	0.12
马达加斯加	7601	4.28	14652	3.13	19622	4.06	22987	3.11
马拉维	116	0.07	659	0.14	1454	0.3	3240	0.44
毛里求斯	11590	6.52	23007	4.92	24284	5.02	28329	3.83
莫桑比克	3424	1.93	4300	0.92	7496	1.55	7524	1.02
纳米比亚	724	0.41	1995	0.43	4618	0.96	4711	0.64

续表

国家	2007年 存量	%	2008年 存量	%	2009年 存量	%	2010年 存量	%
塞舌尔	655	0.37	660	0.14	700	0.14	1936	0.26
南非	70237	39.53	304862	65.15	230686	47.72	415298	56.15
斯威士兰	-	-	-	-	-	-	-	-
坦桑尼亚	11092	6.24	19022	4.07	28179	5.83	30751	4.16
赞比亚	42936	24.17	65133	13.92	84397	17.46	94373	12.76
津巴布韦	5915	3.33	6001	1.28	9975	2.06	13454	1.82
南共体合计	177675	100	467942	100	483465	100	739612	100
占全非%	39.82	-	59.96	-	51.81	-	56.71	-
全非合计	446183	-	780383	-	933227	-	1304212	-

注："-"表示没有该数据。
资料来源：相应年度《中国对外投资统计公报》。

三、中国在南共体的工程承包

从2009年开始，非洲已成为中国第二大海外工程承包市场。2012年，中国在非洲实现承包工程营业额408.3亿美元，占中国对外承包工程总额的35%。[①] 中国在南共体国家的承包工程额2000年仅为3.6亿美元，2011年增加到121亿美元，相当于2000年的近34倍，实现了指数化增长。同期，中国在南共体的承包工程额占中国在非洲承包工程总额的比例基本也呈现了稳定增长的趋势，2011年的比重为34%。当然，期间也出现了一些波动。例如，2000年比重达到32.6%之后就走向了下降，一直持续到2004年，此后开始出现恢复性增长。从覆盖区域来看，2000—2010年，中国对外承包工程基本上覆盖了南共体除斯威士兰之外的所有国家。2011年，中国在斯威士兰的承包工程金额为5万美元，实现零的突破，这样中国在非洲的承包工程已覆盖了全部南共体成员国。最后，我们来看国别集中情况。如果以承包金额比重来衡量集中程度，总体来讲，工程承包业务的集中趋势非常明显。2000年在一国工程承包额超过在南共体总工程额10%的国家有四个（从高到低依次为津巴布韦、博茨瓦纳、坦桑尼亚和赞比亚），而2011年只有安哥拉和博

---

① 商务部国际贸易经济合作研究院：《中国与非洲经贸关系报告2013》。

茨瓦纳两个国家。承包金额最多的国家所占的比例来看，2000年津巴布韦占当年中国在南共体承包额的24%，而2011年第一位的安哥拉占比为52%，而峰值更高达60%，出现在2009年。从国别的重要性来看，也有比较大的变化，2000—2002年，津巴布韦、博茨瓦纳、坦桑尼亚和赞比亚是占比均超过10%的国家，2003年在津巴布韦和赞比亚的业务萎缩，只有博茨瓦纳和坦桑尼亚的业务达到10%以上。2004年，在安哥拉的业务成长迅速，达到11%。同时，赞比亚的业务得到恢复性增长，使得当年超过10%的国家再次达到4个，分别为博茨瓦纳、赞比亚、坦桑尼亚和安哥拉。此后，安哥拉的业务持续增长，从2005年开始，安哥拉成为中国在南共体最大的承包工程来源国，而且比重不断增长，从2005年的24%上升到2009年的峰值61%，最近两年虽有所下降，但仍然保持50%以上的份额。

表6　中国在南共体的工程承包额（单位：万美元）

国家	2011年		2010年		2009年		2008年	
	营业额	%	营业额	%	营业额	%	营业额	%
安哥拉	634417	52.22	496407	50.6	486189	60.69	322203	58.64
博茨瓦纳	156632	12.89	158497	16.16	60471	7.55	40518	7.37
刚果（金）	78418	6.45	62767	6.4	62974	7.86	28029	5.1
莱索托	2379	0.2	1905	0.19	4014	0.5	3275	0.6
马达加斯加	12256	1.01	11883	1.21	15349	1.92	21402	3.9
马拉维	16651	1.37	11555	1.18	4847	0.6	895	0.16
毛里求斯	20557	1.69	13618	1.39	7803	0.97	7546	1.37
莫桑比克	22824	1.88	38760	3.95	32187	4.02	10012	1.82
纳米比亚	11018	0.91	10567	1.08	14934	1.86	7484	1.36
塞舌尔	2316	0.19	3064	0.31	4384	0.55	3968	0.72
南非	44594	3.67	36690	3.74	11818	1.48	24731	4.5
斯威士兰	5	—	—	—	—	—	—	—
坦桑尼亚	98119	8.08	81153	8.27	54320	6.78	41688	7.59
赞比亚	74817	6.16	40412	4.12	35361	4.41	21792	3.97
津巴布韦	39891	3.28	13805	1.41	6509	0.81	15888	2.89
南共体合计	1214894	100	981083	100	801160	100	549431	100
占全非 %	33.63	—	34.92	—	28.51	—	27.82	—

续表

全非合计	3612187	–	2809899	–	2809899	–	1974905	–
国家	2007年		2006年		2005年		2004年	
	营业额	%	营业额	%	营业额	%	营业额	%
安哥拉	115808	42.97	99478	43.52	30402	23.36	7935	11.01
博茨瓦纳	26287	9.75	21902	9.58	26384	20.27	22933	31.81
刚果（金）	19172	7.11	16293	7.13	8271	6.36	2019	2.8
莱索托	1700	0.63	1285	0.56	1671	1.28	1279	1.77
马达加斯加	4875	1.81	2296	1	2839	2.18	1410	1.96
马拉维	520	0.19	502	0.22	360	0.28	529	0.73
毛里求斯	6913	2.57	5618	2.46	4092	3.14	2385	3.31
莫桑比克	10100	3.75	12703	5.56	9615	7.39	3707	5.14
纳米比亚	6126	2.27	5720	2.5	3244	2.49	2644	3.67
塞舌尔	2651	0.98	2303	1.01	2089	1.61	953	1.32
南非	17387	6.45	11972	5.24	7960	6.12	2289	3.17
斯威士兰	–	–	–	–	–	–	–	–
坦桑尼亚	26478	9.82	26142	11.44	21012	16.15	8654	12
赞比亚	22819	8.47	14851	6.5	3273	2.51	10574	14.67
津巴布韦	8664	3.21	7530	3.29	8932	6.86	4792	6.65
南共体合计	269500	100	228595	100	130144	100	72103	100
占全非 %	21.78	–	24.52	–	21.36	–	18.91	–
全非合计	1237608	–	932406	–	609222	–	381310	–
国家	2003年		2002年		2001年		2000年	
	营业额	%	营业额	%	营业额	%	营业额	%
安哥拉	3407	7.03	408	1.32			315	0.88
博茨瓦纳	3336	27.53	4522	14.61	5256	12.63	6358	17.77
刚果（金）	2257	4.66	439	1.42	1031	2.48	242	0.68
莱索托	2194	4.53	1270	4.1	1118	2.69	1196	3.34
马达加斯加	4052	8.36	526	1.7	2537	6.1	1849	5.17
马拉维	1472	3.04	991	3.2	348	0.84	548	1.53
毛里求斯	1851	3.82	2204	7.12	1448	3.48	820	2.29
莫桑比克	2456	5.07	2428	7.84	3215	7.73	1537	4.3
纳米比亚	2046	4.22	2326	7.51	3097	7.44	2326	6.5
塞舌尔	919	1.9	799	2.58	1921	4.62	2811	7.86

续表

国家	2003年 营业额	%	2002年 营业额	%	2001年 营业额	%	2000年 营业额	%
南非	1631	3.37	361	1.17	917	2.2	649	1.81
斯威士兰	-	-	-	-	-	-	-	-
坦桑尼亚	5865	12.11	4108	13.27	7444	17.89	4700	13.14
赞比亚	2395	4.94	3189	10.3	5447	13.09	3733	10.43
津巴布韦	4564	9.42	7382	23.85	7826	18.81	8692	24.3
南共体合计	48445	100	30953	100	41605	100	35776	100
占全非 %	18.62	-	17.07	-	27.3	-	32.64	-
全非合计	260125	-	181357	-	152406	-	109621	-

注:"-"表示没有该数据。
资料来源:根据相应年份《中国统计年鉴》计算而来。

四、中国与南共体的金融合作

日益密切的经贸往来需要金融业的跟进与合作。事实上,如表7所示,自2000年中非合作论坛第一届部长级会议以来,金融合作都是历届部长级会议的重要议题,并得到了圆满落实,金融合作的参与主体、合作领域、合作形式不断丰富,合作成果也因此日益丰硕。南共体作为非洲经济最发达的区域,与中国的金融合作也较深入。中国金融结构包括政策性银行,如国家开发银行及中国进出口银行,也包括商业性银行如中国银行、中国工商银行及中国建设银行,均以不同的方式参与了中国与南共体的金融合作。

表7 五届部长级会议有关金融合作的内容与落实情况

年份	文件	合作领域及内容
2000年 第一届	《中非经济和社会发展合作纲领》	1. 投资:愿进一步发展中非间相互投资和经济伙伴关系所需的金融体系; 2. 金融合作:鼓励双方金融机构探讨联合融资、平等融资等形式的合作,继续加强中国与非洲开发银行集团、东南非贸易与开发银行等多边金融机构的合作,特别是进一步推动中国与非洲开发银行集团签订的双边技术合作协定的实施。

续表

年份	文件	合作领域及内容
	\multicolumn{2}{l}{落实：中非金融合作起步。中国人民银行继续参加非洲开发基金的认捐活动；中国已成为东南非贸易与开发银行最大的区外股东，并在积极参股西非开发银行。中方与非洲开发银行合作向非洲提供农业等实用技术援助，并在华举办经济研讨班。}
2003年第二届	《亚的斯亚贝巴行动计划（2004—2006年）》	1. 农业：中国继续通过金融等优惠政策，支持和鼓励有实力的中国企业在非洲开展农业合作项目； 2. 基础设施建设：向非洲国家提供贷款或无偿援助，重点帮助非洲国家建设道路、桥梁、医院、学校等基础设施项目。
	\multicolumn{2}{l}{落实：金融领域合作得到新的发展。}
2006年第三届	《北京行动计划2007—2009》	1. 投资与企业合作：支持中国有关银行设立中非发展基金，逐步达到总额50亿美元； 2. 金融：继续推动中国有关金融各机构与非洲开发银行、东南非贸易与开发银行、西非开发银行等非洲金融机构的相关合作并支持双方商业银行间开展业务往来；中方鼓励中国金融机构在非洲设立更多分支机构，非洲愿就此提供必要协助。
	\multicolumn{2}{l}{落实：投资企业合作：中非发展基金开业运营，首期规模10亿美元；金融合作：中方积极参与非洲开发银行捐资及多边减债行动，并加强与非洲主要地区性金融机构合作。中非金融机构的商业性合作不断扩大；2007—2009年中方共向非洲提供30多亿美元优惠贷款和20亿优惠出口买方信贷，支持非洲国家在交通、房建、电站、港口、电信等各领域建设。}
2009年第四届	《沙姆沙伊赫行动计划（2010—2012）》	1. 投资与企业合作：将中非发展基金规模增加到30亿美元，支持中国企业扩大对非投资。 2. 基础设施建设：三年内，中方将向非洲国家提供100亿美元优惠性质贷款，主要用于基础设施和社会发展项目。 3. 金融和银行业：继续加强中国有关金融机构与非洲金融机构的合作，支持非洲地区经济一体化建设；鼓励双方商业银行扩大业务往来和互设分支机构，为中非重大经贸合作项目提供融资支持；支持中国金融机构设立10亿美元的非洲中小企业发展专项贷款，帮助非洲的中小企业发展。

续　表

年份	文件	合作领域及内容
		落实：截至2012年5月，对非优惠性质贷款累计批贷92个项目，金额达113亿美元，超额完成承诺。贷款主要用于支持非洲基础设施和社会发展项目；中国国家开发银行设立总额为10亿美元的"非洲中小企业发展专项贷款"，累计承诺贷款项目38个，贷款金额9.66亿美元；2010年，中国人民银行为非洲开发基金捐资1.29亿美元，并在非洲开发银行股本增资中认购股本7.3亿美元。中国金融机构积极拓展在非业务，仅中国银行就与非洲154家代理银行建立了业务往来。2012年7月，中国进出口银行承办非洲进出口银行第19届股东大会。
2012年第五届	《北京行动计划2013—2015》	1. 农业与粮食安全：鼓励中国金融机构支持中非企业开展农业种植、农产品加工、畜牧业养殖、渔业捕捞和养殖等领域的合作。投资与企业合作：中非发展基金逐步扩大到50亿美元； 2. 基础设施建设：继续鼓励有实力的中国企业和金融机构参与非洲跨国跨区域基础设施建设，继续提供优惠性质贷款支持非洲基础设施建设。 3. 金融和银行业：中国将扩大同非洲在投资和融资领域的合作，将向非洲国家提供200亿美元贷款额度，重点支持非洲基础设施建设、农业、制造业和中小企业发展；双方金融机构继续加强磋商机制，加大合作力度；中方将加强同非洲开发银行及次区域金融组织的合作，支持非洲地区经济一体化建设和非洲国家能力建设；鼓励双方金融机构扩大业务往来，增设分支机构，加强双方金融机构间的人员交流与培训；鼓励双方金融机构为中非能源、矿产开发、农业、加工制造、电信及电力、铁路、公路、港口等基础设施合作提供融资支持；中方对与非洲国家中央银行开展本币互换合作持开放态度，鼓励双方企业自由选择使用本币结算双边贸易，开展直接投资。支持中国金融机构向非方提供人民币贷款。对有条件的非洲国家中央银行投资中国银行间债券市场，并将人民币纳为外汇储备货币持开放态度；中方鼓励中国金融机构继续为非洲中小企业发展提供融资支持。

资料来源：作者根据中非合作论坛网站（http://www.focac.org.）资料整理。

（一）政策性银行及机构

2013年中国国家主席习近平访问南非期间，国家开发银行与南非标准银行及南非TRNASNET国营有限公司签署合作协议。其中，与南非标准银行签署的协议，是落实2010年10月中国国家开发银行与南非能源部签署的200亿美元能源合作框架协议的重要举措。实际上，中国国家开发银行与南非标准银行已在国际俱乐部贷款、对非中小企业贷款、项目融资、债券发行业务进行了深入合作。①

表8 国家开发银行与南共体的金融合作

国家	合作机构	合作内容
南非	南非标准银行	2013年3月26日，双方签署《关于就提供能源融资开展合作的协议》，融资额度10亿美元。
	南非TRNASNET国营有限公司	2013年3月26日，双方签署《关于基础设施及设备技术改造升级金融合作协议》，合作额度50亿美元，支持有实力、有意愿的中资企业参与南非铁路和港口基础设施建设及设备技术改造升级等领域合作。
安哥拉	财政部	2010年11月，双方签订4亿美元贷款协议，帮助安哥拉解决粮食安全问题及推动城市基础设施建设；授信15亿美元，用于安哥拉战后重建急需的基础设施、民生住房、农业发展、水电通信、教育卫生等领域建设。
	安哥拉石油金融有限公司	参与银团贷款项目，促进与中国石油石化公司能源合作

资料来源：作者根据媒体报道整理。

2009年3月，中非基金首家驻非代表处——南非代表处在南非的约翰内斯堡设立。利用本土金融机构的自身优势，中非基金积极建立以非洲当地银行的合作机制。目前，该基金分别与南非标准银行、南非联合银行等商谈了具体的合作事宜，双方约定共同拓展业务空间，积极推动合作。

在中非合作论坛第四届部长级会议上宣布的对非新八项举措的第三项是增加非洲融资能力："支持中国金融机构设立非洲中小企业发展专项贷款，金额10亿美元。"自2009年11月该专项贷款设立以来，一直注重加强与当

---

① 《中国国家开发银行与南非标准银行签署10亿美元金融合作协议》，http://world.people.com.cn/n/2013/0327/c1002-20941018.html，2013/3/31。

地银行、政府的合作，积极拓宽非洲中小企业融资渠道，活跃当地经济。例如，在南非与南非标准银行在2010年5月签署《南非中小企业发展谅解备忘录》，2011年签署授信协议。在安哥拉，与安哥拉非洲投资银行签署了1亿美元的中小企业专项贷款协议。在津巴布韦，2010年4月与津巴布韦基础设施银行（IDBZ）提供3000万美元贷款，用于支持中小企业发展。①

中国进出口银行于1999年3月在南非的约翰内斯堡设立东南非代表处。2008年9月，与坦桑尼亚财政部签署《坦桑尼亚光缆骨干传输网（ICT）项目政府优惠贷款协议》，贷款金额7000万美元。

（二）商业性银行

中国银行、中国建设银行、中国工商银行在非洲当地开展了形式多样的金融合作，主要表现为：设立营业性分支机构，设立代表处，与非洲当地金融机构紧密合作、收购非洲本土银行等。

1. 中国银行

中国银行是很早国际化的中资银行，到2012年全球共有11 000多家机构。1997年7月22日，中国银行赞比亚分行在卢萨卡开业，是中国银行在非洲开设的第一家分支机构，也是中国在非洲建立的第一家营业性金融机构，银行现有员工18人，其中本地员工11人。②之后，于2000年在约翰内斯堡开设南非分行，2012年在安哥拉罗安达设立代表处。不同于营业性机构，代表处的主要职能是为客户提供金融咨询服务，为企业在融资、外汇、结算、投资、理财、风险控制、税务等方面提供咨询。③

中国银行在非洲的业务主要涉及人民币业务，提供跨境人民币结算，提供清算服务等。从2010年开始，中国银行南非分行及赞比亚分行开始推出人民币业务。2010年3月，推出人民币账户业务。2010年6月14日，在赞比亚首都卢萨卡发出非洲首张人民币预付卡。2011年7月，中行赞比亚分行推

---

① 作者根据媒体资料整理。
② 《中国银行在非洲谋求跨越式发展——访中国银行监事长李军》，http://www.boc.cn/bocinfo/bi1/201011/t20101122_1211294.html，2013/3/16。
③ 《中国银行设立东非第一家常设机构》，http://bank.hexun.com/2012-07-04/143199194.html，2013/3/16。

出人民币现钞业务,成为首家在非洲推出现钞业务的商业银行。①2010年1月,中非之间首笔采用人民币结算的跨境贸易发生在南非。此后,来自肯尼亚、乌干达、赞比亚等多个国家的非洲银行也开始提供跨境贸易人民币结算服务。②截至2012年6月末,中国与南非人民币跨境收付额累计达43.29亿元人民币,与毛里求斯累计达22.84亿元人民币。③南非四大银行有三家通过中国银行来做清算,中国银行是他们的清算银行,也就是说已经成为一个"银行的银行",这在南非或者非洲是唯一能做到的银行。④

表9 中资银行在南共体的机构

银行	非洲机构	时间	所在地
中国银行	赞比亚分行	1997年7月	赞比亚,卢萨卡
	南非分行	2000年10月	南非,约翰内斯堡
	安哥拉代表处	2012年12月	安哥拉,罗安达
中国建设银行	约翰内斯堡分行	2000年10月	南非,约翰内斯堡
	开普敦代表处	2011年12月	南非,开普敦
中国工商银行	2008年初,与南非标准银行达成战略投资和合作协议,以约55亿美元投资,购买标准银行20%的股份。		

资料来源:作者根据各银行网站资料整理。

2. 中国建设银行

中国建设银行约翰内斯堡分行成立于2000年10月,负责拓展建设银行在非洲地区的业务。目前分行业务涉及能源、通信、物流、金融、贸易、制造、房地产等行业,范围覆盖非洲地区十多个国家。⑤客户中既有当地优

---

① 张朝晖,《中行于非洲首推人民币现钞业务》,中国证券报,2011年8月3日。
② 苏雪燕:《冼博德:看好中非间跨境贸易人民币业务前景》,http://finance.ce.cn/rolling/201207/18/t20120718_16910641.shtml,2013/4/5。
③ 《李东荣:部分非洲国家央行已将人民币纳入外储》,http://news.xinhuanet.com/fortune/2012-07/21/c_123450044.htm,2013/3/12。
④ 何伊凡:《中国银行:"淘金"南非》,http://www.iceo.com.cn/renwu/34/2011/1217/237362.shtml,2013/3/16。
⑤ 《约翰内斯堡分行》,http://www.ccb.com/cn/personal/overseas/20091203_1259828118.html,2013/3/17。

质蓝筹企业和知名跨国公司，同时也有在非洲投资的实力雄厚的铁路建设、矿产、汽车等知名中资企业。在南非当地储备银行最新公布的同等规模组别的外资银行排名中，建行约堡分行占据该组别50%以上的资产总量，排名第一。①

建设银行约翰内斯堡分行与非洲当地银行开展了互利合作。中国建设银行与南非著名的金融服务集团——第一兰特银行2009年8月签署旨在扩大非洲业务合作的战略合作备忘录。根据备忘录，中国建设银行和第一兰特银行将联合为在非洲寻求投资机会或经营业务的中国建设银行中资客户以及在中国寻求投资机会或经营业务的第一兰特银行南非及非洲客户提供咨询及融资服务。②自2012年5月1日起，同南非第一兰特银行（First Rand Bank Limited）合作，与其旗下的第一国民银行（First National Bank，以下简称"FNB"）正式对外推出ATM取现互免手续费服务。建行双币种借记卡客户（含VISA/MasterCard理财卡、VISA/MasterCard龙卡通）在南非境内FNB的ATM上取现时，无需再向银行缴纳相关取现手续费；同时，FNB的部分客户可在建行ATM上享受同等服务。合作方南非第一兰特银行旗下的第一国民银行在南非境内拥有约700家分支机构和约6000台ATM机，不但在南非拥有广泛及多样的服务网络，而且在非洲的纳米比亚、博茨瓦纳、斯威士兰、莱索托、莫桑比克以及非洲以外的英国、澳大利亚、爱尔兰、阿联酋和中国拥有多家分行及办事机构，从事企业银行及零售银行的业务。③此外，通过参股当地专业贸易融资公司，分行可以为客户提供结构性贸易融资服务，在大宗商品融资领域具有独特优势。未来分行将进一步发挥区域机构的功能性作用，协调和支持建设银行在非洲地区的业务发展和客户服务。④

---

① 《中国金融服务业扎根非洲》，http://news.china.com.cn/live/2013-01/28/content_18414213.htm，2013/3/16。
② 马海亮：《中国建行与南非第一兰特银行联手拓展非洲业务》，http://stock.stockstar.com/JL2009080400002136.shtml，2013/3/17。
③ 《建行与南非第一兰德银行ATM取现互免手续费》，http://finance.ce.cn/rolling/201204/26/t20120426_16865976.shtml，2013/3/17。
④ 《约翰内斯堡分行》，http://www.ccb.com/cn/personal/overseas/20091203_1259828118.html，2013/3/17。

3. 中国工商银行

中国银行业走出去，更多的是为了配合中国企业走出去。"非洲对工商银行来说是一个有战略意义的地区。欧美市场比较成熟，想有很好的增长很难。而且，非洲政府和人民对中国政府和人民的认同远超过其他大陆。"考虑到"新设立分支机构不仅见效慢，规模做不大，难以覆盖广阔的非洲，还很难进入主流社会，很可能又是游离在唐人街范围"，中国工商银行决意寻找合作伙伴进行战略投资。根据其资产和收入总额，标准银行在南非排名第一，在肯尼亚、加纳、尼日利亚等国排在前5名，在莫桑比克、津巴布韦等国排在前两名。2008年初，中国工商银行与南非标准银行达成战略投资和合作协议，以约55亿美元投资，购买标准银行20%的股份，成为南非标准银行的第一大股东。①

截至2011年6月底，工商银行还在非洲发放了超过80亿美元的贷款。同时，借助标准银行在非洲多个国家的1000多个分支机构，工商银行更自如地服务中国客户的非洲业务。从某种程度上说，与标准银行的合作，除使工商银行顺利进入非洲主流市场外，更使它轻松地与在非洲打拼多年的渣打、巴克利、花旗、汇丰等欧美银行的竞争中取得优势地位，这是仅靠设置海外分行不可能实现的愿景。工商银行正逐步将其全球领先的IT技术引入标准银行。这项开始于1999年9月1日的"9991工程"，为工商银行培养了近万名软件工程师，使其IT系统可以根据新兴市场和客户状况的变化随时得到调整，这是国内外许多技术依靠外包的银行做不到的。2011年，工商银行和标准银行建立了中非直联，两行的计算机主机系统实现直接连接，连接后，中国企业在总部即可看到其非洲各分支机构的资金变动情况。由此，工商银行将其到非洲的客户推荐给标准银行托管，标准银行将来到中国的客户推荐给工商银行。两行业务合作带来显著的商业效益，赢得2009年底的博茨瓦纳大型火电站项目就是一个很好的例子。那次竞标中，他们打败了欧美众多大型银行。而如果没有对方，无论工商银行还是标准银行，都不可能单独拿到这一项目。因为项目要求银行既有资本实力，还要在当地有营业机构。竞

---

① 《中国工商银行的非洲战略》，http://www.fmprc.gov.cn/zflt/chn/zfgx/zfgxjmhz/t902980.htm，2013/3/17。

标成功后，两行共同为项目提供融资，博茨瓦纳政府则从中国进口成套的机电设备。现在，两家银行在非洲合作开发的项目有60多个。①

另外，南共体国家的银行及其他金融机构也已登陆中国。2007年6月南非第一兰特银行有限公司在上海设立了代表处。2012年3月以来，中国人民银行已批准毛里求斯和南非央行投资中国银行间债券市场。②

南共体是非洲经济较发达地区，也是非洲次区域一体化最发达的地区，中国与南共体的经济往来实际上并不限于上述方面，还在航空服务、旅游、广播电视、商贸物流、援助等方面取得了长足的进展。当然，双方的经济往来也有一些问题，比如贸易与投资的过度向少数国家集中等。这些问题不是靠中国单方面的努力能解决的，它需要合作方经济结构的转变以及经济的发展。

---

① 《中国工商银行的非洲战略》，http://www.fmprc.gov.cn/zflt/chn/zfgx/zfgxjmhz/t902980.htm，2013/3/17。

② 商务部国际贸易经济合作研究院：《中国与非洲经贸关系报告2013》。

中国与非洲次区域组织的合作现状与展望

巴秋曦[1]

中国和非洲有着相似的历史遭遇,在争取民族解放的斗争中始终相互同情、相互支持,结下了深厚的友谊。远在汉代之前的公元前10世纪左右,中国与非洲就开始了间接的贸易往来。这可以说是中非交往史的源起和开端。

从1949年新中国诞生以来,中国与广大非洲国家相继建立了外交关系。中非双方在和平共处五项原则和中国对外援助八项原则的指导下,相互同情、相互尊重、相互支持,建立起牢固的友谊和广泛的合作。

次区域组织是非洲国家开展政治经济合作的最为基本单元,也是非洲国家走向最终统一的重要基础,而且以南部非洲发展共同体和西非国家经济共同体等为代表的次地区组织在动员和整合本地区力量方面显示出了强烈的政治抱负和一定的行动能力。中国对非洲的多边外交必须重视次地区这一层面上的合作,使中非多边合作在地区、次地区和国际多边场合同时展开,形成立体的、全方位的、多领域的合作姿态。

2006年7月,非盟第七届首脑会议确定主题为"推动经济共同体与地区

---

[1] 外交学院法语学士、硕士研究生。2011年和2012年,两次担任商务部中国商业联合会"国际物流研讨班非洲国家班"课程翻译。2012年7月,参加人民大会堂"中非企业家大会",担任非洲国家代表团翻译。2013年参加外交学院外语系孙吉胜教授领导的"中国崛起的国际话语研究"项目,负责法国对于"中国崛起"话语的研究,并撰写论文"中国崛起的法国话语",2014年出版。

一体化协调发展"。会议期间发表了《对地区经济共同体进行延期承认的决议》，声称除了八个经济共同体外，非盟将暂时中止对其他经济体的承认。这八个经济共同体分别是：西非国家经济共同体、中非国家经济共同体、南部非洲发展共同体、东南非共同市场、东非共同体、阿拉伯马格里布联盟、萨赫勒—撒哈拉国家共同区域组织进行介绍分析。

一、西非国家经济共同体

（一）成立及成员国

西非国家经济共同体（简称"西共体"，英语：Economic Community of West African States，ECOWAS，法语：Communauté économique des Etats de l'Afrique de l'Ouest，CEDEAO）是西非的一个区域性经济合作组织，1975年5月28日，在尼日利亚和多哥元首的倡议下，15个西非国家和政府的代表在尼日利亚的拉各斯召开首脑会议，签订了《西非国家经济共同体条约》，正式成立了西非经济共同体。该组织是非洲最大的区域性经济合作组织，其成员国总面积达511万平方公里，超过非洲总面积的1/6，人口近2.3亿，约为非洲人口总数的1/3。有15个成员国：贝宁、布基纳法索、多哥、佛得角、冈比亚、几内亚(2009年1月被暂停成员资格)、几内亚比绍、加纳、科特迪瓦(2010年12月7日被中止成员国资格)、利比里亚、马里、尼日尔、尼日利亚、塞拉利昂和塞内加尔。

（二）宗旨与组织机构

根据成立时签署的《拉各斯条约》的规定，西共体的宗旨是：促进成员国之间在一切经济活动领域中，特别是在工业、运输、电信、能源、农业、自然资源、贸易、货币与财政问题以及社会和文化事务等方面的合作与发展，以提高各国人民的生活水平，维持与促进成员国的经济稳定，加强成员国之间的联系，以推动非洲大陆的进步与发展。

国家元首和政府首脑会议是西共体最高权力机构，每年召开一次，必要时可召开特别首脑会议。执行主席由各成员国轮流担任，任期一年。西共体还设有部长理事会、执行秘书处、6个技术和专门委员会、法院和议会等。执行秘书处设在尼日利亚首都阿布贾。现任主席为科特迪瓦现任总统瓦塔拉，2012年2月17日当选。

(三) 成果

在历史发展中，西共体克服了种种困难，在推动本地区国家的一体化合作方面采取了许多实际措施：

在促进贸易自由化方面，到20世纪80年代末已经部分取消了成员国间的关税和贸易壁垒。由于贸易自由化的进展，成员国横向贸易联系得到加强，共同体内部贸易额在1998年已经发展到占共同体全部贸易额的10%以上。西共体在2001年12月举行的首脑会议上，决定对西共体合作、补偿和发展基金进行全面改革，放开基金参股成分，扩大融资渠道，强化吸收国际游资的能力。会议还决定在原基金的基础上组建西共体投资与发展银行。2003年2月，西共体投资与发展银行宣布成立，总部设在多哥首都洛美。2009年6月，西共体批准对西非单一货币实施路线图进行修订，拟于2020年开始实行单一货币。

在推动人员自由往来方面，共同体于2000年5月的阿布贾首脑会议上决定争取实行西非统一护照。决议规定，从2000年6月开始后的5年内为新老护照可同时使用的过渡期，到2005年6月1日止，各成员国的护照停止使用。共同体经过3年多的运作后，从2004年1月开始在成员国内公民颁发共同体统一护照。各成员国公民持统一护照将无需事先获得签证便可前往共同体任何国家旅行、工作和定居，为全面实现成员国间人员的自由流动作了必要的准备。

在基础设施建设方面，共同体也力争采取统一的步伐和措施，其中尤为显著的是在能源开发和供应的合作上。在2000年4月，共同体内的14个国家签署了"西非电力库"(WApp)，按照协议的规定，"西非电力库"分两个阶段建设并在2005年建成。2003年，贝宁、加纳、尼日利亚和多哥四国总统正式签署了有关互通输气管线的相关条约，使西非电力库计划迈出了实质性步伐。

在维护本地区和平与安全方面，西共体先后参加了塞拉利昂、利比里亚、科特迪瓦等国的维和行动，并积极参与斡旋以缓解地区冲突。为更好地维护西非地区安全与稳定，2005年7月，西共体宣布将在未来5年内组建一支由6500名各国军人组成的西非多国维和干预部队，以应对可能出现的危机局势。

（四）中国与西非国家经济共同体

西非国家经济共同体是非洲规模较大、发展成效较为显著的经济共同体之一。中国重视西共体的作用，愿同国际社会一道，继续支持西共体在促进地区经济一体化及地区维和方面的积极努力，并将一如既往地加强与其成员国的友好合作。除布基纳法索和冈比亚外，中国与西共体其他13个成员国均保持着良好的合作关系，并通过双边途径提供了力所能及的援助。

在维护地区和平稳定方面，自90年代以来，中国政府通过联合国等国际组织对西共体为恢复西非地区和平所作的努力表示支持，先后参与联合国在利比里亚、塞拉利昂和科特迪瓦的维和行动。1998年7月，中国副外长吉佩定出席联合国召开的关于塞拉利昂问题的高级特别会议。9月，外长唐家璇在联合国安理会第二次非洲问题外长会议上呼吁国际社会进一步尊重和支持非洲地区组织预防和解决冲突的努力，向非洲安全与维和机制提供必要的、不附加任何政治条件的物资及资金帮助。中国政府赞赏西非国家经济共同体为缓解塞拉利昂危机所发挥的重要作用。2000年8月，在安理会讨论有关设立塞拉利昂特别法庭的决议时，中国应塞拉利昂政府的请求，投了赞成票。2000年，中国常驻联合国代表团王英凡大使及其他十国大使访塞。2003年8月，中国向西共体派驻大使（由驻尼日利亚大使兼任）。

经贸合作方面，2000年以来，西共体先后以观察员身份列席中非合作论坛前两届部长级会议和论坛北京峰会暨第三届部长级会议有关活动。2007年4月，应中国商务部邀请，西共体委员会主席钱巴斯率团访华。2008年9月23—24日，中国—西共体经贸论坛在北京召开。2009年5月，钱巴斯率团出席在武汉举行的"中国—非洲现代农业项目洽谈会"。2010年1月，中国商务部代表团赴尼日利亚出席由西共体和世界贸易组织共同举办的"促贸援助"西非地区审议会议。6月，中国派员出席在塞内加尔召开的"西共体粮食安全问题高级别会议"。2011年6月，西共体委员会主席贝霍应中国贸促会邀请率经贸代表团访华。2011年，中国与西共体国家贸易总额达278亿美元，在西共体成员国新增投资3.2亿美元。2012年3月20—21日，中国—西共体第二届经贸论坛在加纳首都阿克拉举行，中国国际贸易促进委员会副会长于平率领的中国企业家代表团以及西共体15个成员国的政府官员和商界代表参加。中国政府与西非经济共同体委员会于2012年10月24日在尼日利亚首都阿布贾签订了经贸合作框架协定，正式建立双方经贸联委会工作机制，这是继东非共同体之后中国与非洲地区组织建立的第二个经贸合作机制。中国与西共体建立经贸合作机制将有利于双方加强统筹规划，发挥各自优势，在更大范围内拓展和深化相互间的各领域合作，为双方的经济社会发展实现更大的进步和繁荣。

二、南部非洲发展共同体

（一）成立与发展

南部非洲发展共同体（The Southern African Development Community，SADC），前身为1980年4月1日成立的南部非洲发展协调会议（SADCC），1992年8月17日正式成立南共体。总部设于博茨瓦纳首都哈博罗内，工作语言为英语、法语、葡语和南非语（阿非利卡语）。

1992年8月17日，南部非洲发展协调会议成员国首脑在纳米比亚首都温得和克举行会议，签署了有关建立南共体的文件。1996年6月28日，南共体的政治、防务以及安全机构在博茨瓦纳首都哈博罗内正式成立，使共同体的作用扩大到了防务领域。南共体总部设在博茨瓦纳首都哈博罗内。1999年南共体国内生产总值总和为1699.89亿美元，占全非的30.8%，增长率2.16%。2007年8月17日，南共体后备部队在卢萨卡成立。南共体在加强成员国团结与合作，促进区域经济和社会发展以及推动地区经济一体化进程等方面发挥了重要作用。南共体为实现地区经济一体化设定的目标是：2008年创立自由贸易区，2010年实现关税同盟，2015年建立共同市场，2016年成立中央银行和实现货币联盟，2018年实行统一货币。

截至2009年9月，南部非洲发展共同体有15个成员国，分别是：安哥拉、博茨瓦纳、刚果（金）、莱索托、马拉维、毛里求斯、莫桑比克、纳米比亚、南非、斯威士兰、坦桑尼亚、赞比亚、津巴布韦、马达加斯加（2005年8月加入）和塞舌尔（2008年8月加入）。

（二）宗旨与组织机构

在平等、互利和均衡的基础上建立开放型经济，打破关税壁垒，促进相互贸易和投资，实行人员、货物和劳务的自由往来，逐步统一关税和货币，最终实现地区经济一体化。

组织机构包括首脑会议、部长理事会、部门技术委员会、官员常设委员会、常设秘书处、政治、防务和安全机构以及法庭。

首脑会议是最高决策机构，每年举行一次会议。主席、副主席经选举产生并由成员国首脑轮流担任，任期一年。部长理事会由各成员国经济计划或财政部长组成，对首脑会议负责。其主要职责是监督共同体运行及政策和计划的实施。每年至少举行一次会议。部门技术委员会对理事会负责，与常设秘书处密切配合。其主要职责是指导、协调专门技术部门的合作和一体化政策及计划。官员常设委员会由各成员国经济计划或财政部常秘或同级别官员组成，是理事会技术咨询机构，每年至少举行一次会议。常设秘书处：主要执行机构，负责实施首脑会议和部长理事会的决议及共同体的计划，协调成员国政策和战略。秘书处设在博茨瓦纳首都哈博罗内。执行秘书对部长理事会负责，由首脑会议根据理事会推荐任命，任期四年。政治、防务和安全机构直接对首脑会议负责，主席国由各成员国轮流担任。主要职责为促进各成员国之间的政治合作，发展地区集体防务能力，处理和预防地区冲突，调解地区争端，推动各成员国在利益相关的领域制定共同的外交政策。法庭确保遵守和正确解释条约及其辅助文件的条款，向首脑会议和理事会提供咨询意见。

（三）主要活动

作为非洲具有活力的次区域组织，南共体积极调解刚果（金）冲突和莱索托、津巴布韦及马达加斯加国内危机，促进成员国的团结与合作；制定地区自主维和机制和成员国民主选举原则与指南，推进地区和平和民主建设。南共体为维护南部非洲的和平稳定发挥了重要作用，受到国际社会普遍关注。

2003年8月，第23届南共体首脑会议在坦桑尼亚的达累斯萨拉姆举行。2006年至2008年，第26、27、28届南共体首脑会议举行，通过了联合公报，就南部非洲经济一体化和地区政局等问题达成了若干共识。南共体自由贸易区也正式启动。2009年9月7日和8日，第29届南共体峰会在刚果（金）首都金沙萨举行。来自南共体14个成员国的国家元首或政府首脑就地区政治局势和南共体经济一体化发表联合公报。2010年8月16—17日,南共体第30届首脑会议在纳米比亚首都温得和克举行。截至2010年8月,南共体已先后举行了30次首脑会议,并签署了一系列协议和文件,为推动本地区经济的协调发展发挥了积极的作用。

2011年8月17日和18日,第31届南共体首脑会议在安哥拉首都罗安达召开,马达加斯加政治危机问题被列为峰会上最重要的议题之一。安哥拉接任轮值主席国,通过《南共体第三十一届首脑会议公报》,并确定2012年在莫桑比克召开下届首脑会议。

(四)南部非洲发展共同体与中国

南共体与中国的经贸合作。中国与南共体及其大多数成员国(除斯威士兰为未建交国外)保持着良好的合作关系。中国驻博茨瓦纳大使兼任驻南共体代表。中国邀请南共体以观察员身份出席了中非合作论坛历次部长会和高官会,并多次参加南共体与国际合作伙伴的部长级磋商会议。

南部非洲的一体化发展为中国投资者提供了机遇。南共体目前拥有15个成员国,人口达2.6亿,2009年,成员国国内生产总值之和为4650亿美元,占全非洲的31.8%。2009年,中国与南共体国家贸易总额达396.7亿美元,占中非贸易额的43.5%,中国已超过美国和欧盟成为南共体最大的贸易伙伴。2010年,中国与南共体国家贸易总额达614.52亿美元,占中非贸易额的48.4%。2010年4月,中国青海玉树地区发生特大地震灾害后,南共体成员国驻华使节向灾区捐款3万元人民币。6月,南共体外交妇女协会向儿童希望基金会、特奥天使艺术团、爱心蓝天等中国数家慈善机构捐赠35万元人民币善款。

尽管当前中国与南共体企业间的合作广泛,尤其在能源、基础设施、制造业、农业、金融业、旅游业和服务业等领域已经打下了一定基础。在本次论坛上,来自水资源可持续利用、采矿业、建筑业、电信业和医疗业等领域的中国企业受到重视和欢迎。例如,前来参加论坛的青岛建筑集团,进入非洲市场已经10余年,集团原来的业务范围集中在博茨瓦纳和莱索托等国,在此次论坛上被南非的阿鲁沙公司"相中",双方就共同在南非开展建筑项目进行了探讨。总体来说南部非洲发展共同体和中国的合作还是属于起步阶段、初级阶段,但是中国和南共体关系的发展潜力很大。因为南部非洲国家经济实力比较强,政治上比较稳定,所以今后双方在经济、技术和贸易合作、人力资源开发等方面,可以作出很多努力。南部非洲发展共同体这15个国家实际上在人口、领土和生产经济量只占非洲的1/3,而跟中国的贸易却占了中国与整个非洲的1/2。相对说来,这些国家是非洲经济发展水平最好、一体化程度最高、经济政治形势比较稳定的这样一些国家。所以它的发展潜力也比较大,能够集中精力进行一些基础设施建设,而这方面恰恰是中国的强项。

三、东非共同体

(一)成立及成员国

东非共同体(East African Community,EAC)是由肯尼亚、乌干达、坦桑尼亚、布隆迪和卢旺达五个东非国家组成的区域性国际组织。

东非共同体最早成立于1967年,成员有坦桑尼亚、肯尼亚和乌干达三国,后因成员国间政治分歧和经济摩擦加剧于1977年解体。2001年肯尼亚、乌干达和坦桑尼亚在阿鲁沙正式成立东非共同体,总部也设于阿鲁沙。2004年,三国签订条约,成立关税同盟,于2005年1月生效。2007年6月18日,布隆迪与卢旺达两国正式加入东非共同体,成员国增至5个。

(二)宗旨

加强成员国在经济、社会、文化、政治、科技、外交等领域的合作,协调产业发展战略,共同发展基础设施,实现成员国经济和社会可持续发展,逐步建立关税同盟、共同市场、货币联盟,并最终实现政治联盟。

(三)下设机构

东非共同体下设机构主要有首脑会议、部长委员会、协调委员会、部门委员会、东非法院、东非议会和秘书处。首脑会议每年至少举行一次,应成员国要求可举行特别会议。东非共同体现任主席为卢旺达总统保罗·卡加梅,秘书长为坦桑尼亚人祖马·姆瓦帕秋。

(四)主要活动

共同体分别于2001年1月、4月和11月及2002年12月举行了一至四届首脑会议,并分别于2002年4月和2003年6月举行了第一、二届特别首脑会议。2002年4月，共同体第一届特别首脑会议在坎帕拉举行，审议了建立共同体关税同盟的协议草案，一致认为对取消共同体内部关税和统一外部关税等问题还需继续进行磋商，决定对卢旺达和布隆迪两国申请加入共同体问题暂不予考虑。2003年6月20日，共同体在肯尼亚首都内罗毕举行第二届特别首脑会议，确定了三国统一对外关税，选举乌干达总统穆塞韦尼为共同体第二任主席，任期至2004年11月30日，通过了关于2003/2004财年东非议会和东非法院成员任期和服务条件等新规定，重申共同打击恐怖主义的决心。

（五）东非共同体与中国

1998年5月，中国驻坦桑尼亚大使张宏喜代表中国政府出席东非合作体道路网捐助会议。2003年5月，中国驻乌干达大使李强民应东非共同体秘书处邀请出席在坦桑尼亚举行的东非共同体使节会议。

中国支持东非共同体三国联合自强，实现地区振兴和发展，并愿进一步推动与坦、肯、乌三国双边关系发展，以此促进中国与东非共同体之间的友好合作关系。

2011年11月11日，中国与东非共同体（东共体）签署《经贸合作框架协定》，标志着中国与东共体正式建立经贸合作机制，这也是中国与非洲次区域组织建立的首个经贸合作机制。

据统计，2010年中国与东共体贸易额达38.9亿美元，同比增长39%。截至2011年9月底，中国对东共体国家直接投资7.5亿美元。

东非共同体虽然没有达到欧盟经济一体化的程度，但经济一体化正在稳步发展。东非国家农业、矿业资源丰富，且矿产资源大多数尚未开发。近年来，东非五个国家的制造业逐渐从"进口替代"型工业向"出口导向"型工业发展，在水果、皮革、棉花、烟草等农副产品加工领域均有投资机会。东非共同体与中国的经济互补性强，合作潜力巨大。中国对东非国家的资源开发主要集中在农业、矿业、林业和渔业资源上；在东非承包工程涉及农业、供水、基础设施等广泛的领域；对东非国家的援助涉及资金、技术、医疗、培训等诸多方面。中国加大在东非共同体的投资、援助及减债力度促进了东非五国的经济发展。东非国家政局稳定，有利于发展对华合作。东非共同市场有利于中国产品成片开发东非市场。

东非共同体与中国的合作也面临以下现实问题：

东非共同体的运行机制不健全。东非共同体内部合作机制没有形成像欧盟那样的完备体系。东共体五国的经济发展水平存在较大差异,卢旺达和布隆迪经济发展水平低下,东共体在一体化进程中,仍面临着一些障碍。

东共体市场容量有限,共同体内外的经贸往来有局限性。东非五国都是发展中国家,部分成员还是世界上最贫困的国家。五国虽然大都调整了国内经济发展策略,但各国基本上还是各自为政,各谋其事。由于各国出口的基本上是一些缺乏互补性的初级产品,推动区域合作的动力有限。东非国家贸易逆差突出且市场容量有限,影响了中国与东非共同体贸易关系的发展。

中国与东非国家的经济互补性没有得到充分发挥。中国的工业品与东非五国的初级产品有着天然的互补性。中国出口的产品品种繁多,物美价廉,深受五国的欢迎,而东共体各国基本上是单一的经济结构。这种贸易不平衡的状况如果长期存在下去,势必影响中国对东非五国的出口。

解决上述问题有待于进一步完善东非共同体合作机制和中国—东非共同体合作机制,使东非共同体经济一体化在循序渐进基础上,推动东非国家经济实现跨越式发展,增强东非国家出口产品的市场竞争力,从而使东非共同体与中国的合作迈上新的台阶。

四、阿拉伯马格里布联盟

(一)成立与宗旨

阿拉伯马格里布联盟 (Union of the Arab Maghreb; Union du Maghreb Arabe—UMA) 成立于1989年2月17日,由摩洛哥、突尼斯、阿尔及利亚、利比亚和毛里塔尼亚地处北非马格里布地区的国家组成,简称马盟。常设秘书处设在摩洛哥的拉巴特。其宗旨是推进区域经济互补合作,协调彼此在重大国际问题上的立场,并最终实现阿拉伯统一。马格里布是一个专有的地理名称,阿拉伯语意为"西方",是历史上对北非地区阿尔及利亚、摩洛哥和突尼斯的统称。大马格里布除上述三国外还包括毛里塔尼亚和利比亚两国。该地区同属阿拉伯民族,人口近6000万。

(二)组织机构

元首委员会为最高决策机构,由各成员国元首组成,每年举行一次例会,主席由马盟执行主席担任;外长理事会为常设议事机构,由各成员国外长组成,负责审议后续工作委员会和各部长专门委员会提交的工作报告,为元首会议作准备,并列席元首委员会例会;常设秘书处由各成员国1名代表组成,在执行主席国家元首主持下轮流在五国进行工作;咨询委员会(即马盟议会)设在阿尔及利亚,由各成员国选派20名代表组成,其主要职责是对元首委员会作出的计划与决定提出意见,并就加强马盟活动和实现马盟目标提出建议;后续工作委员会由各成员国主管马格里布事务的国务秘书组成,负责落实元首委员会的决议;部长级专门委员会设有粮食安全、财政经济、人力资源和基本建设四个专门委员会;此外还有马盟法院,由成员国两名法官组成,设在毛里塔尼亚。

(三)经济一体化

20世纪90年代,马盟成员国讨论并初步制定了分四个阶段实现经济一体化的总体发展战略,即成立自由贸易区、实现关税同盟、建立马格里布共同市场和建立完全的经济联盟。虽然这一战略日程表的制定得到了全体成员国的一致认可,但由于受历史遗留问题、经济发展水平差异等因素阻碍,此后马盟内部实际合作进展较慢。

近年来,受经济全球化浪潮的冲击,要求重新启动马盟建设进程和加强经济合作的呼声日益高涨。

2010年12月,马盟成员国就从2011年启动建立"自由流通区"达成一致意见。

(四)阿拉伯马格里布联盟与中国

1949年新中国的成立开辟了中非关系的新纪元,中国同马格里布国家的关系也进入了历史新时期。马格里布国家于20世纪50、60年代也先后获得独立,双方已独立自主的身份在和平共处五项原则的基础上发展友好合作的新关系。体现在三方面:政治上互相支持、经济上互利合作、文化和医疗卫生上广泛交流。

政治方面,新中国同摩洛哥、阿尔及利亚和突尼斯先后于1958年和1964年建立外交关系。此前,在新中国刚宣布成立时,这三个国家的共产党就发来贺电，赞扬中国革命的胜利对北非人民反对法国殖民统治的斗争是一大鼓励。同样，中国对这三国的民族独立运动也一直采取支持态度。1956年6月，周恩来总理在第一届全国人民代表大会第三次会议上所作的关于国际形势的发言中，明确表示"中国人民支持阿尔及利亚人民的正义斗争"，并且中国还向阿尔及利亚革命武装力量提供经济和军事援助。阿尔及利亚共和国临时政府1958年成立时中国即予以承认。

1963—1965年，周总理先后三次对北非、西非、东非11个国家进行了友好访问，摩洛哥、阿尔及利亚和突尼斯都包括在内，为进一步发展中非友好合作关系奠定了基础。整个60年代至80年代，中国和马格里布国家领导人多次互访。马格里布国家与其他非洲国家一道，在恢复中国在联合国的合法权利方面作出了巨大贡献。

90年代至今，世界格局发生重大变化，发展中国家之间加强团结合作，比以往任何时候都更为迫切。中国和马格里布国家关系持续推进。近年来，联合国人权委员会的斗争中，马格里布国家也坚决投票表示支持中国，挫败一些国家污蔑中国的企图。他们还在台湾问题上坚持一个中国立场。

经济方面，马格里布地区地处欧洲大陆的后院：丹吉尔距离西班牙仅8英里，中间是直布罗陀海峡。该地区所有国家的政局都比较稳定，而且推行亲商政策。就连全球经济陷入动荡时期，马格里布地区继续保持扩张势头，它们强劲的发展势头足以使其生存下来。这些都是马格里布国家的优势。而中国和马格里布国家的消费水平大体相似，贸易互补性较强。马格里布国家的石油、化肥、矿产品等都为中国经济建设所需；中国的机电产品、农业机械、化工产品和轻纺产品也比较适合马格里布国家的发展水平。双方都看到了合作的价值和意义，开展了一系列经贸合作。中国在马格里布地区的投资主要集中在能源、基础设施和电力通信领域。具体来看，中国和阿尔及利亚贸易自1980年起发展较快，1982年曾达1.7亿美元，2000年双边贸易额为1.9885亿美元。自1980年起，中国公司进入阿劳务市场，主要在农业、水利建设及旅馆饭店承建等领域开展业务。中国与摩洛哥经贸合作进展顺利，双边贸易额继续保持快速增长势头。2004年中摩双边贸易总额达11.6亿美元，2005年达14.84亿美元，同比增长28.2%，其中中国出口额12.06亿美元，进口额2.77亿美元。自2011年突尼斯动乱以来，据保守估计，突尼斯市场60%以上的商品来自中国,其中既包括箱包、服装鞋帽、五金、塑料制品、卫具餐具等日用消费品,也包括家用电器、电脑、豪华灯具、手机等耐用消费品。中国产品以其精美的设计、精湛的工艺和低廉的价格深受突尼斯消费者的喜爱。或许正因如此,越来越多的突尼斯企业希望与中国合作共同开发突尼斯市场。而突尼斯决策者也开始认识到与中国企业合作,既能创造财富和就业,也可以提升突尼斯产品形象,提高突尼斯产品在国际市场的竞争力。当然,鉴于突尼斯现政府还是临时性的,加之相关政策法规的改革仍在酝酿中,中国企业大举进入突尼斯的时机尚未成熟。但中方可先派遣一些考察团到突尼斯交流考察,促使突尼斯当局明确两国今后的合作方向,并向中方阐明中国企业进入突尼斯所需的法律环境、用工要求和管理理念等,以期为未来双方的合作打下良好基础。

文化和医疗卫生方面,中国和马格里布国家由于各自悠久的文明,使得双方的交流天地非常广阔。新中国和马格里布国家签订了一系列文化协定和科学技术协定等,交流的领域包括文化、艺术、体育、新闻、科技、卫生、教育等诸多方面。中国的许多艺术团都曾访问马格里布国家,比如东方歌舞团、北京杂技团。中国还曾在这些国家举办过工艺品展览、陶瓷展等多次展览。双方还互派体育团队交流访问。新闻方面,双方的新闻代表团、记者代表团实行互访,中国的新华通讯社和阿尔及利亚新闻社签订友好合作协定。其他方面的交流也是经常不断。河南省还与阿尔及利亚首都阿尔及尔结为友好省。

医疗卫生的交流是中国与马格里布国家交流的重要组成部分。中国的医疗队在非洲享有盛誉。中国于1963年向非洲派遣第一支医疗队就是派往阿尔及利亚的,1973年向突尼斯派遣医疗队,1975年向摩洛哥派遣医疗队。中国医疗队高超的医技和高尚的医德在当地广为传颂。除了医疗队外,中国还向马格里布国家交换医生、专家,并在传统医学和草药等方面交流经验。

总之,中国与马格里布国家发展友好合作关系的前景是美好的。首先双方都有加深合作的愿望。其次,双方关系经过时间的考验,证明是坚强的。最后,双方发展关系还存在很大的潜力。双方应该抓住机遇,探求新的合作方式,例如增加贸易品种,拓宽贸易渠道;为解决资金不足问题,中方可以发挥技术和设备的优势,同对方的企业多搞合资或合作经营,加强承包劳务，等等。只要作出努力，就会带来成果。

五、中国与非洲区域组织合作展望

当前特别重要的，是加强同发展比较成熟的次地区组织的关系，比如同南部非洲发展共同体和西非国家经济共同体的关系，以点带面，最终形成覆盖全非的合作网络。例如，加强同南部非洲发展共同体的经贸关系，积极拓展以南非为中心的南部非洲市场，借助其辐射功能进一步扩大在非洲市场中的份额，可以使中国与非洲北、西、中、东地区业已建立的经济联系形成网络，从而覆盖整个非洲大陆。再比如，中国应当重视西非国家经济共同体在维护地区和平稳定方面所作的贡献，积极加强同它们的合作。自20世纪90年代初西非维和部队开展地区维和行动以来，中国政府通过联合国等国际组织对西共体为恢复西非地区和平所作的努力表示支持，先后向利比亚和塞拉利昂派出军事观察员参加联合国维和行动。为适应形势发展，中国有必要进一步重视西共体的作用，同国际社会一道，继续支持西共体在促进地区经济一体化及地区维和方面的积极努力，并一如既往地加强与其成员国的友好合作。《中国对非洲政策文件》明确声明，中国赞赏并支持非洲次区域组织在推动各自地区政治稳定、经济发展和一体化进程中的积极作用，愿意加强与各组织的友好合作。

附件一：

"中国企业对非合作机遇与挑战"论坛纪要

2013-5-15

2013年5月15日，由外交学院法语国家研究中心举办的"中国企业对非合作机遇与挑战"论坛在国际交流中心1103会议室举行。论坛由外交学院法语国家研究中心主任齐建华主持。

上午8时，外交学院院长助理王帆教授到会致开幕词。王帆教授认为，对非战略是中国整体外交大战略的一个重要部分，这次习主席出访南非，无论从中国外交战略，还是从企业家走出去角度看，都是非常重要的大事。今天，我校法语国家研究中心举办的此次论坛，旨在于企业和学界间搭建一座沟通的桥梁，学者和企业家面对面交流座谈，无论在我们学校还是在学术界都是一种比较新的形式，学者用自己的研究特长，做一些基础性的前沿工作，直接服务于企业，而企业实际上是走在研究之前的，企业在第一线面对很多的问题，通过自身的努力找到很多解决的方法，这些实践反过来可以给研究者非常鲜活的案例，使我们的研究者能够更好地归纳总结对非合作面临的问题和取得的经验，从而获得一些好的思路和理念，这对研究者来讲是非常难得的一个机会。双方互通有无，共享资源，既能使企业得到学者们丰富的理论指导，也能使学者们获得广泛的研究资料，是一次有益的尝试，最后我也想代表学院希望这样的合作能够进一步开展下去，也祝我们对非无论是企业投资还是企业合作以及对非研究都能够取得辉煌的成就。

来自中铝、中国路桥、中国水电、华为、中兴等十家不同企业的代表依次发言。这些企业涵盖了不同规模、不同领域的在非中资企业，它们进入非洲的地域不同，早晚有别，发展速度各异，但都在海外的运营中处理过无数的问题，积累起很多值得分享和借鉴的经验。在各自短短10分钟左右的发言时间里，来自这些企业的代表们将他们感触最深和最关切的话题向大家作了最为凝练和概括的展示，并都对接下去中国企业在非洲如何进一步发展提出了自己卓有见地的看法。讨论内容可以总结为以下五个方面：

一、标准问题

企业代表表示，以前是中国企业把设计标准、施工标准、产品标准带出去，经过30年，成绩非常显著。现在，中国企业每年承建的大量海外工程中，却极少有采用"中国标准"的项目，从设计、土建、施工、装备制造、运行、安装调试和检修等各个环节采用的几乎都是欧美标准。非洲法语国家和地区虽然基础设施非常落后，但其标准仍参考欧美高标准，而这种不符合当地条件的高规格在一定程度上限制其发展。中国EPC标准，虽然有政府的资金支持，而且也并不低于欧美标准，但至今仍举步维艰。因此，如何带领中国标准走向世界将是中国政府和企业需要共同攻破的难题。现在应该转化思路，开阔思路，就是让我们的标准体系更加先进，解决国际接轨方面的问题，使标准融入世界。

二、合作模式问题

承包模式多样化：中国企业在非洲基础设施建设的承包模式主要以EPC为主，相对单一和低端，而很多外国企业在非洲采用的是需要专业运营团队的BOT模式。随着非洲市场的竞争日益激烈，EPC审查也更加严格，承包模式须走多样化道路。多样化的合作模式，即BOT模式，还有EPC模式，再有一种就是合营项目，以生产经营为主，是在投入不多的情况下一种新的选择。

中国企业应形成合力，共同"走出去"：一是企业之间相互合作、资源共享、共同投资。二是企业与研究机构相互合作。由于对当地国家政策、法律了解不够，企业代表建议由前方企业提供一手资料，由研究机构对这些资料进行翻译、整理和分析以形成更加详尽的战略指导文件；三是企业与政府相互配合。中国在非企业与当地人产生摩擦时要及时与大使馆汇报沟通。

此外,一些企业也采取了与欧美企业合作的方式,学习其在当地发展积累的经验,达到互利共赢。

三、沟通交流与人才培养问题

中国企业在非洲更加注重履行社会责任,提升企业形象,主要通过帮助当地建设基础设施和聘用当地员工的方式,改善当地民生,从而更好地融入当地社会。尽管如此,中国企业与当地媒体的交流还远远不够,缺乏宣传,当地人说我们做得多,说的少。因此应当加强与当地居民、媒体的交流,对此一些企业代表认为有以下几点原因阻碍了交流:一是沟通成本较高,二是缺乏这方面的意识,三是管理者与媒体之间存在语言障碍。随着中国企业在非洲发展迅猛,相关语种的人才供不应求,语言人才的培养方式须不断完善,进而打造既懂语言、又懂管理的专业团队。我们和媒体打交道之所以较少,是由于管理者缺乏语言基础,因而需要加强翻译人员的技能培养,使其不单具备语言能力,还要重视对相关技术的了解,以及对宏观环境的认识与沟通能力。

学界和企业相互沟通,对于培养在校学生也是十分有益的培训渠道。

四、呼唤建构总体战略和团队合作精神

中国企业进入非洲应该寻找一些新的发展模式,如:企业间的有效合作,资源整合与分工协作来提高效率;聚焦一些产业的竞争力,形成集群式的投资,从而获得一些规模的经济效益,增强抵抗风险的能力;企业间形成资源共享,资源衔接的机制,以资源互通作为新的发展模式的核心要件;通过企业间的联系纽带,让所有的合作企业有共同的使命但是又有独立的经济利益;这种发展模式必须具有广泛的拓展性,即是一个开放的系统,我们可以不断地对其进行复制与拓展,能够在更广泛的地区和领域进行合作;这种走出去的战略必须要适应非洲国家特殊的社会、政治环境,包括当地的一些文化特色,行为方式,尊重对方文化。

只有通过这种集约化,资源共享,优势互补,协同发展,才能更好地推动中国企业走进非洲,获得更多的经济政治效益。在中国企业"走出去"过程中,政府应该发挥更有力的指导、规划作用,加强顶层设计、整体布局,增强有序管理。应该加强在非企业间的协同合作。在走出去过程中,既要

避免盲目、无序竞争，又要有协同作战的意识和组织行动（如继华为、中兴后，应有中联通等运营商），增强全局一盘棋观念和顶层战略设计。又如，农业投入要有长远战略目光。农业投入收益慢，但是战略意义重大。应从长远战略角度予以相关企业足够的支持。海外中国同质化的企业很多，导致企业竞争缺乏制度保障，直接造成的损失是国家的。希望能够有一种有序机制来保障企业在海外开展业务。

五、增强市场化机制

国家正在简政放权，简政放权对投资是一种机遇，说明管理体制存在问题。如援外项目是带有政治性的，是为外交服务的，但是我们的政治性和市场性实际上是相互矛盾的。这是很复杂的过程，要通过简政放权给对非投资提供机遇。

这里举例谈谈中非农业合作。中非农业合作要想跨上新的台阶就必须摒弃以援助为导向，要转向商业模式。例如，中非投资有限责任公司。该公司成立虽不到三年，但是项目已经有14年了。公司在坦桑尼亚生产和加工剑麻，销往国内。剑麻的用途很大，最好的剑麻在坦桑尼亚。虽然公司规模其实不大，但在坦桑尼亚已经比较大了，占坦桑尼亚GDP的1%。公司用人少时只有5—6人，而用当地人很多，受到当地人的好评。我们的企业在利润、产值方面较小，但是效益不少，既解决当地就业，又有产品销往国内。然而，在非投资农业困难是很多的：（1）非洲各个国家都有风险，农业门槛表面容易，做下来其实有很大难度。（2）补贴上，基本上是精神鼓励，实质上的补贴没有，不像西方国家农业补贴多。（3）投资小，见效慢，条件艰苦，9位中方员工中已经有5位患疟疾，且收入低。如果没有国家战略层面的关注，如文化方面的孔子学院，医疗方面无偿为非洲人民提供治疗，是不利于行业发展，不利于农业走出国门的。但是农业发展在非洲还是大有前途的，特别在粮食安全，种子资源方面，我们的物种资源在快速递减，而在非洲还有大量保存。比如国内因为大量基础设施建设造成用地紧张，很多物种消减，但是在非洲就依然保存了很多物种。中国土壤环境污染严重，非洲天然资源良好，因而在非洲生产优质农产品对我国有重要战略价值。非洲是一片净土，天然资源很难再生，非洲农业产品对中国是很有意义的。

通过对标准、合作模式、沟通交流、人才培养、协同合作、长远战略设计等几个方面的分析探讨，与会者之间相互借鉴，既达成了广泛的共识，又从不同的立场和角度提出了不同的认识。近年来非洲政治经济形势日渐稳定和发展，国际地位日益提升，与会人员希望中国的企业、政府、研究机构能够紧密合作，实现中非双方互利共赢，为中非友好关系的发展作出更多积极的贡献。企业代表发言完毕之后，来自中国社科院、中国现代国际关系研究院、中央民族大学、中国传媒大学以及我校的专家学者们，就企业代表发言时最为关心的问题，进行了清晰而深刻的解读，并用专业理论知识对其进行了重构和阐释，得出了具有指导意义的、开放式的结论。在此基础上，专家学者反过来就非洲政治、法律的适用、农业合作形式中国企业对外籍员工的培训等各类问题向企业发问，引导企业代表挖掘出更多有价值的信息，并就此与企业代表进行了进一步更为鲜活和目的性更强的互动。

由于时间有限，在超过预定结束时间半个小时后，主持人不得不终止讨论。之后，外交部前非洲司司长、中国前驻马里、摩洛哥大使程涛进行了总结发言。程涛大使在发言中充分肯定了此次论坛所取得的成果：学界把知识、视野、思路和研究分析加上自己的见解提供给了企业，同时再从企业那里获得许多第一手材料。希望在外交学院法语国家研究中心的努力下，这样的跨界对话能够成为一种长效和稳定的合作机制。同时，程涛大使也对中非合作提出了自己的意见和期待，他认为，中非合作已经进入新阶段，我们要有新思路。中非合作应该遵照习近平总书记访问非洲时提出的构思，全面超越过去，进入"命运共同体"的全新发展阶段。为此，从国家层面上要关注非洲和平与安全，给不干涉内政这一基本原则添加一些新的内容，采取一些灵活的态度；要做到可持续发展必须和当地紧密联系，不仅仅与领导人保持联系，要与当地接触，实现企业命运与当地人利益紧密联系在一起；作为中非合作中最重要的角色，企业应该抛弃追逐短期最大效益的短视观念，树立长远的战略眼光，强调可持续发展，与各自所在投资国建立属于各个企业的命运共同体。当前中非合作中依然有思路不清、战略不明、比较分散，一些企业单打独斗的现象。我们呼吁协调机制能力。中国在非企业很多，有的企业做得不错，但是也有不好的。我们要用锲而不舍、水滴石穿的精神呼吁。企业可持续发展做得不够，不仅要跟领导接触，更要与当地接触。在为经济服务推动企业走出去方面，我们还缺少一种直通车。希望使馆与企业相互沟通联系，共同创造一种良好的合作氛围，使得企业能够更好地在非洲发展。

论坛在热烈的掌声中结束，各界代表共同祝贺此次论坛的圆满成功，并期待下一次交流机会的尽早到来。

录音/整理：陈吕

编辑：齐建华、熊星瀚、王扬

附件二：

"全面发展中非全面合作关系的机遇与挑战"研讨会纪要

2013-10-25

2013年10月25日，外交学院法语国家研究中心组织召开了"全面发展中非合作关系的机遇与挑战"研讨会。参会的非方人员有：贝宁乌代布北美大学政治和公共法律法学院院长克里斯托夫·库尼亚宗德教授，喀麦隆大学国际关系学院副院长恩格瓦扎·斯特凡教授，几内亚国际合作部国际组织司多雷·让·马托司长，卢旺达国立大学政治学教授、卢旺达智库秘书长奥马尔·卡尔凡·毕祖鲁先生，刚果（布）物理学教授、恩古瓦比大学校长办公室奥古姆·默科·吉尔贝主任，《马格里布经济学家》经济类刊物出版总裁麦杰里·艾迪先生，塞内加尔加斯东·布尔热大学政治学系主任迪奥·穆萨教授，摩洛哥国立行政学院副院长、公共法律教授、摩洛哥外交科学院外交关系课程阿格兹内·夏菲卡女士，多哥洛美大学法学院副院长科科罗科·多兹教授，阿尔及利亚新闻与文化部合作与交流司拉布迪·斯梅尔副司长，阿尔及利亚高等新闻与信息科学学校德里·谢里夫副教授，布隆迪大学(前高教部长)尼姆波纳·朱里安教授，贝宁阿波美卡拉维大学姆姆尼·吉尧姆先生。中方参会人员有：中国前驻刚果（金）大使吴泽献；中国前驻加蓬大使李福顺；中联部非洲办公室张立军副主任；中央党校战略研究所非洲研究中心肖红玉教授，中国进出口银行的国际风险分析师赵昌会；外交学院外语系副主任李旦教授,法语国家研究中心主任齐建华教授,2013级法语系全体研究生及部分本科学生。研讨会由中心主任齐建华主持。

主持人强调了本次研讨会的主题:就发展中非全面合作关系的现状和未来主要倾听远道而来非洲朋友的想法,并开展中非学者之间的思想交流。研讨会主要围绕三个层面的思考:第一,中非全面合作关系的定义和内涵是什么;第二,中非为什么要进行全面合作?其重要性何在?是否存在必要性?第三是以怎样的方式实现中非全面合作。主持人首先就"为什么进行中非全面合作"这个主题和到会者分享了自己的看法。

她说,一方面,从历史发展大背景看,中非全面合作是不可逆转的历史潮流。第一,两极格局解体之后,世界进入科技发展的新阶段。科技发展推动国际社会进入信息化阶段,此间,便利的沟通方式和信息获取途径使我们生活在一个越来越"小"的空间,我们的联系如此紧密,以至于整个世界变成了一个地球村。人类可以,也需要更多的相互了解、更多的合作。第二,金融和资本的全球流通促进了全球化,不仅使"村民"之间的经济交往变得更加紧密,也推动了不同国家之间的广泛的政治与文化对话和合作。第三,更为突出的是崭露锋芒的发展中国家。越来越多的发展中国家成为新兴市场国家,形成一种不可阻挡的潮流。在信息交流、资本、金融、贸易等领域全球化的推动下,广大发展中国家如何谋求自身发展?之前在五六十年代,这些国家主要基于政治来发展自身;自90年代——特别是自千禧年以来,发展中国家基本以经济为主导来实现自身发展。对于中国和众多发展中国家来说,他们在经济以及其他各领域的全球化过程中扮演着更为重要的角色。在这个过程中,有各种机遇和利益,也有风险和冲突,为实现利益和机会最大化,各方之间包括中非之间亟须加强相互理解、对话,开展全方位的沟通、交流与合作。

另一方面,看中非全面合作的必要性。事实上,中国需要非洲,非洲也同样需要中国。首先看非洲国家,自脱离殖民统治以来才有短短半个世纪的时间。对于其中部分国家,我们看到的是他们薄弱的国力和不久的建国史。这意味着,这些根基较弱的民族国家在取得独立之后,要实现真正意义上的独立自主,还面临着许多的困难,特别是实现政治经济独立方面的困难。其次,非洲国家在发展中遇到的另一个问题是其受制于外、有损国内发展的经济体制结构。这种体制结构在很大程度上限制了非洲发展。最后是社会方面的问题，同许多发展中国家一样，非洲存在着教育、医疗方面的不足，城乡分化、社会保障建设方面仍有问题。总之，在社会层面还有许多工作亟须完成。在文化层面，大多数非洲人既有对自身文化的自豪感，同时也少一点自信。事实上非洲曾有着十分重要、又异常璀璨的文化与文明。但是碍于几百年来的黑奴贸易以及殖民化，这些文明逐渐被丢失、被遗忘和被忽视。而现在是恢复、重建或者说加强非洲独特文化建设的时候了。对于非洲国家来说，这是一个重要的挑战，也是一次难得的机遇。一些非洲国家在国界、种族、宗教等安全问题上同样有不少担忧，非洲需要包括中国在内的国际社会，以面对重重挑战。那么，中国能做什么呢？首先中国需要非洲。中国三十多年的高速发展得益于有利的外部环境所提供的资本和技术；得益于中国共产党与时俱进的方针政策和中国政府在经济政策上的高效管理，得益于中国人民的努力奋斗，得益于高水平的资本积累和丰富而素质不断提升的人力资源。经过三十年的发展之后，中国对原材料，特别是石油的需求更大，也更需要市场、技术转让和投资以及因技术升级而将工厂企业外迁。从这些方面看，中国的需求与非洲的需要恰巧相当吻合。举例来说，当中国向非洲购买石油的时候，作为发展中国家一张王牌的石油价格也开始攀升。中国购买了非洲国家的原油，非洲国家获得了石油收益，而石油价格的上涨使非洲国家收益更多。这样的贸易对双方都不是一种牺牲，相反都受益匪浅。对于其他的产品亦是如此。又如中国在农业方面技术成熟，若在技术、培训上给予非洲国家更多的帮助和支持，则将有助于非洲进行更好的农业战略规划，从而保证上亿非洲人民的生活。又如金融，中国有足够的资金可对外投资。非洲虽然有许多重要的国际援助，但是从前的非洲缺少其他融资方式。当中国投资形式变得更为多样，数量变得更为庞大时，对于促进非洲经济发展的意义就毋庸赘言了。又如在政治方面，中国的成功经验使得非洲国家真正拥有了选择自己发展道路在权利。或许这一说法略显武断，但是此前非洲的发展的确是受制于人的，而今在提高政治、社会和经济治理能力方面，非洲人民有更多的选择可能性，可以自己思考和选择自己独特的发展模式，这是一个巨大的历史进步。中非在安全和文化领域的合作与互鉴，有很多要做的，而这对于建设一个和谐的国际社会、建设一个独特的非洲文化，或者独特的国家文化都十分重要。就目前看来，要实现政治、经济、文化、社会、安全等愿景，道路皆崎岖，但值得欣慰的是，我们处在一个以和平与发展为主流的环境里。对和平与发展的渴望是普遍愿望，中国人民希望以发展谋和平，以和平促发展，尽己之能，建设一个更为和谐的国际社会。中国人民期待看到一个更加发展和更加自信的非洲，一个准备为建设和谐的国际社会作出更大贡献的非洲。

这就是中国十分需要非洲，非洲也十分需要中国携手前行的理由。

贝宁乌代布北美大学政治和公共法律法学院院长克里斯托夫·库尼亚宗德教授高度赞同齐建华女士的历史观点和对现实的分析。认为非洲国家对于中非之间对全面合作的需要有着与中国同样的看法。

库尼亚宗德教授主要围绕全球化与发展问题谈了自己的分析。

他指出，非洲和中国的交往早在全球化之前就已经开始。事实上，全球化这一概念伴随着欧洲人走出他们的国家，他们希望在国外获得人力和投资市场，随后是产品销售地等，全球化也伴随着黑奴贸易和殖民统治。虽然非洲人民和其他包括中国在内的第三世界国家进行了艰苦的斗争，以摆脱欧洲人的统治，但在这样的背景下开始的全球化却阻碍着世界人民的自我解放。然而，中国没有停留在蒋介石时代的民族主义，他们付出巨大的牺牲抗击外来入侵者，建立了中华人民共和国，中国人民之所以这么做是因为他们要过上自己想要的生活（走独立自主的道路）。今天，中国已然成了世界的骄傲。非洲人为中国的进步而感到骄傲！中国这个曾经的半殖民地半封建社会如今已是世界第二大经济体，就是这些促使中国和非洲要进行全面合作，这可以使非洲在和中国的携手建设和发展中成为一股受人尊敬的力量，在国际社会可以被平等地看待。

1955年的万隆会议上提出了"和平共处五项原则"，尊敬的周恩来先生在此次会议上展现出来的重要历史性角色启迪了第三世界的人民。摆脱殖民统治后的非洲获得了政治上的发展机会，也正是非洲国家帮助新中国重新获得了联合国安理会常任理事国的席位，中国不能也不曾忘记这一历史事件。这也成为推动中非全面合作的原因之一。非洲人对于全球化持有谨慎的态度，因为每个人对于全球化的说法都不尽相同：有人想利用全球化掩饰其称霸世界的野心，也有人仅仅认为全球化就是在相互依存的国际关系中寻找平衡。希望崛起中的中国可以运用自己的外交和政治手段帮助非洲从国际关系的殖民状态中走出来，建立基于平等公正、互惠互利、互相尊重领土主权的新的国际经济秩序。非洲如果想走出现在的困境，就不可避免地要依靠中国这样一个与西方截然不同的强国。非洲需要中国的投资，因为我们知道在这一过程中他们也想通过帮助我们，使得双方都变得更加强大。

阿尔及利亚新闻与文化部合作与交流司拉布迪·斯梅尔副司长在发言中对中非现状所做的解读，在非洲人中具有一定代表性。

他指出，最近几十年，特别是自2000年以来，中非之间的合作变得更为紧密，但是这并不是一种新型关系，而是一种旧交。这种关系，尤其在政治方面，在20世纪上半叶更具有深刻意义。这个时期，非洲国家正经受着殖民统治，而中国也在为着自由解放而抗争。中国在非洲找到了重要的依靠，当时机到来之时正是这一依靠帮助中国重新回到了联合国。中非在政治层面上有着稳固、友好且深入的关系，仅仅从80年代或者说自2000年以来，中非关系才在经济层面上获得发展。双边贸易额不断增长，在2000年左右已达近百亿美元，如今已快达到2000亿美元。在这么短的时间内能取得如此成就，着实令人印象深刻。

斯梅尔副司长想强调的是，未来需要重新审视中非贸易结构，因为如今的贸易仍以非洲向中国出口原材料和能源，然后再从中国进口制成品为主。目前双方贸易结构中，还是中国获益更多。希望中国在非洲加大投资，注重本地原材料的增值，并在这一过程中实现技术、专利的转让，这对非洲今后发展会发挥极为重要的作用。近年来，通过修建孔子学院，通过提高对非洲学生的奖学金，中非关系在文化层面不断扩展。但还不够，中国还可以在非洲开办针对不同领域的职业培训中心，以及在非洲国家建立科学技术类的大学。目前中非关系正在朝着一个良好的方向发展并且不断扩大，若能在知识和技术转让层面做得更好，中非之间的合作会变得更有意义，成果会更加丰硕，双边关系也会更具质量，更加持久。他赞同克里斯托夫·库尼亚宗德院长的观点，认为非洲和中国有很多共同的准则，如相互尊重、不干涉内政、保证领土主权完整，都希望建立一个更加公平公正的国际经济和政治秩序。中非合作的努力方向，就是为了构建一个公正公平的多极世界。

在国际关系之中没有绝对，都是政治上的不同选择，而中非关系正是一种基于自愿而又为双方所赞赏的政治选择。为了让这个选择得到最好的结果，我们双方需要继续努力，不断总结过去展望未来，让这种双赢的关系达到更高的水平。

喀麦隆雅温得大学国际关系学院副院长恩格瓦扎·斯特凡教授首先表达了对主持人、发言人的赞赏和对组织本次研讨会的谢意。他说，这次研讨会使我们又一次聚在一起，和大家分享各自关于中非合作的看法。他还特别感谢中非论坛和外交学院外语系李旦教授再次邀请喀麦隆大学国际关系学院来中国开展交流活动。喀中此前就曾有过交流[①]，这也证明了中非之间的合作充满活力。斯特凡教授还特别表达了作为中非10+10合作计划中合作机构代表的感动和高兴心情[②]。认为这一计划可以加强彼此之间的关系，也可以通过科研活动在决策层面和人民层面为两国带来好处，丰富彼此的认识。

关于中非合作关系，斯特凡教授主要从政治、文化合作方面提出了几点建议：

第一，应该加强中非之间的文化交流。他阐述的理由主要如下：中非之间的关系在非洲一方看来有一种徘徊于希望和恐惧之间的强烈反差——同一个成功的、时刻显现出强大活力的国家进行合作，这既有对于一个更美好世界的期待，也有对往日殖民做法的担忧。非洲人民有些困惑，他们是否应该向以另外一种形态存在的曾经的同伴敞开怀抱？或者说有些迟疑。就像一句谚语所说："一朝被蛇咬，十年怕井绳"，非洲人民过去被西方伙伴狠狠咬过一口，而现在他们又要面对一个不同的伙伴，而他在行事过程中发出的信号有时也不太清晰。这些担忧主要来自互不了解，也与过去的经历有关，中国人民不了解非洲，非洲也不了解中国。就自己的亲身经历而言，每次来中国都会对中国有新的看法。但是，要向那些生活在非洲的人解释"你们所想的并非事实"，其实很难。因此加强文化交流是中非合作中一条很重要的轴线，孔子学院对于传播文化可以发挥作用。但是目前孔子学院仅仅教授汉语，传播中国文化，也没有与其对等的传播非洲文化的机构。后果则是，中国人对

---

① 2012年中喀建交40年之际，喀麦隆国际关系学院主持召开了发展中非合作研讨会，外交学院法语国家研究中心与国内部分研究机构派代表赴喀麦隆参加了这次研讨会。
② 根据外交部中非合作论坛组织的中非10+10合作计划，喀麦隆雅温得大学国际关系学院与外交学院结为文化交流与科研合作伙伴。

非洲文化可能会持怀疑的态度,且事实上,不少中国人在非洲有过很不愉快的经历,那么这些人就会让其他可能被非洲所吸引,可能会来非洲享受非洲的人望而却步。所以,增进相互了解是必要的,也是必需的。为了让中非更了解对方,需要长久的文化交流,现在做得远远不够。作为学者的我们来自于社会上层,但是来自喀麦隆、贝宁或者摩洛哥的底层人民和我们肯定有着不同的见解,在中国也是如此。我们刚到中国的时候本以为所有人都会说英语,实际上,我们身处一个有着十多亿人口的国家,并不是所有人都知道怎么和外国人打交道。

第二,应该增进中非之间政治交流与合作。斯特凡教授认为,也许非洲可以从中国汲取灵感,增进我们之间的合作。非洲国家的特殊性在于其国家先于民族而存在,非洲人民目前正在建设自己的民族国家。西方对民族的理解是:有一群人出于自愿而居住在一起。而非洲国家的国界线起于哪里又止于何处却是由别国,而不是由非洲人民自己决定的。居于中非的加蓬、刚果(金)、赤道几内亚等国家里居住着相同的民族,却又被国界线分成了不同国家。所以如今当我们说起非洲的时候,她并不是"单一"的。我们有时犯了总是把非洲当作一个整体来看待的错。这种整体的思路固然重要,但与此同时,这种思维方式也需要因地区的不同而有所变化。因为非洲不只有一面,非洲是多样的。这种多样性带给非洲的不应是贫穷,而应当是财富。在保持多样性的同时,非洲国家也有必要加快一体化进程。在这方面非洲可以借鉴中国的模式,因为中国同样有着很多的民族,各民族也有各自的特色。中国和非洲一样有着众多的人口,我们希望中国模式能给非洲提供一些灵感,在保留各民族特点的同时实现一体化。

当说到非洲政治体制时,斯特凡教授强调,不想从经济层面探讨它,因为每个人都有其擅长的领域,他的非洲同事们对此会作更充分的阐述。他从非洲政治发展角度阐述了自己的分析,指出,非洲的政治体制完全照抄西方,这种民主体制在西方世界早已被神圣化,几乎到了让人感觉要发展就非得走这条路不可。按说,经济和政治本可以齐头并进共同发展。但事实上,不管非洲人作了多大努力,仍然实现不了。为什么?这是因为西方模式不适应非洲的文化。当我们回首非洲国家自90年代以来的发展,就会发现多党制下的非洲人民变得更加穷困,因为非洲还没有足够的能力,或者说还没准备好去适应这种政治体制。虽然每种体制都有自身的优势和不足，但非洲人民完全可以从中国的模式中部分地汲取经验。中国体制下的选任方式就很令人感兴趣：你永远不可能一夜之间就成为部长。要想被选拔成为部长，必须始终是最优秀的人才之一。可以从几十年前，甚至从小学开始就连续追踪此人的经历，一直到其掌权。而在非洲国家，不管他来自什么地方、什么出身，只要通过好友造势和所谓的"民主"就可以变为国家领导人。依据西方的观念，民主就是一种代表多数人意愿的声音。就算我们需要这样一个体制，但是多数人也会犯错，多数人并不总是有理，而且多数人的想法也需要造势这样的方式来表达。再说，这里所说的多数和我们在非洲所见到的是一样的吗？非洲的民主几乎从不真正代表多数人的意愿。这种民主通常由一个能够控制全局的集团授意，再把其内部作出的决定搞得看起来像是多数人意愿的表达。这里并不是要批评非洲的总统们，但是非洲的政体之所以能长时间维持下去并不是因为它代表民众的意愿，而是因为这个体制让人们感觉自己代表着"大多数"。看看中国的发展，你会发现领导人年轻化的趋势更加明显。以前中国是一个老人政府，而现在让人印象很深刻的是年纪轻轻就可以当上领导，而在从前，人们要想在仕途上走到高处，在重要的领域占据一席之地至少要到七十岁。所以我觉得中国有很大进步。今日的非洲有很多人怀才不遇，因此对中国选拔制度的借鉴对非洲人民来说具有十分积极的意义。

最后，斯特凡教授从国际和地缘政治角度评价了非洲的定位和中非合作，以及他对中非政治合作的期待。他认为如同中国一样，非洲在国际关系中有了力量平衡点。现今世界多极化是发展的必然趋势，世界不能再继续围绕着一个或两个强权运作，世界的面貌也不该由其决定。中国对世界力量的平衡能力让整个非洲感到吃惊。不过，当非洲某些国家受到西方国家挑衅或者威胁的时候，非洲人又对中国表现出来的畏手畏脚，或一定程度上未能坚守其原则感到失望。的确中国在安理会应该出手谨慎，其否决权也是很重要的政治工具。但有些情况让非洲人民对中国感到失望，例如在利比亚问题上中国未能明确表明立场以维护非洲人民的利益。非洲人更希望自己当家做主，由非洲人而不再由西方来决定谁来领导我们的国家。斯特凡教授还强调，他所讲的政治层面的中非合作，主要是指中非需要形成合力以使中国和非洲的立场更为双方民众所理解，也使双方民众可以互相支持。今天的国际刑事法院似乎只是个审判非洲领导人的机构，从来没有见过一位因犯罪而被审判的西方领导人，没有人会因为伊拉克战争而起诉乔治·布什。而在非洲，只要一国出现了叛乱，人们就自然会以为反对派才是国际社会真正应当对话的人。他们挑起事端，扰乱国家，质疑宪法，却要政府坐下来和这帮乌合之众展开谈判。对，科特迪瓦就是这样！一国总统居然要坐下来和一个不知道从哪里冒出来的什么人谈判！既然外部势力可以轻易操纵一些人来反对人民选举出的政府，那么组建政府，选出领导人又有什么用呢？

所以说，中国这样的强有力的政治体制值得我们效仿。我们在观察这个政体时也发现，当今时代任何国家社会的发展都离不开一个强有力的政体。我们不能在混乱中发展，建设国家需要最基本的稳定。当今的无政府主义，还有一些体制上的软肋依然存在。这里并不是在说要搞专政独裁，而是在说需要一种与之不同的权威。国家需要规则，而规则需要去遵守，要让人们遵守规则政治体制就必须强大。如若不能建设一个强有力的政治体制，那么国家就不能得到发展。当然，我们也不能照搬别人的体制，因为中国也有它的特殊性，也有他区别于我们独特的文化。但是我们可以借鉴一部分中国政治体制中积极的一面来构建我们非洲自己的政治体制。

几内亚国际合作部国际组织司司长多雷·让·马托先生的发言主要围绕中非政治关系、经济关系和文化关系。

他首先非常自豪地回顾了几内亚与中国的传统友谊："倘若有人要对中非合作表示赞许的，那一定就是几内亚共和国了。因为几内亚是第一个和中国签署合作协议的国家。自艾哈迈德·塞古·杜尔时代以来，双方的合作成果丰硕。"他感到自豪又有些遗憾地回顾道，几内亚也是第一个对戴高乐说"不"的非洲国家，但由于当时的国际环境，几内亚只好转投苏联。几内亚曾参与了莫桑比克、几内亚比绍的解放斗争，甚至南非的总统曼德拉也曾在几内亚接受过培训。

马托先生认为，从经济角度说，几内亚还没有完全摆脱殖民控制。因为如果非洲国家的总统无法满足法国的要求，他们就会制造动荡。他们到处建有军事基地以监视非洲国家。近期马里发生的事件就是例证。其次，几内亚矿产丰富，可是开采需要花费数百亿美元，几内亚根本没有这个能力。法国不会借这笔钱给几内亚，而其他国家也只会制造混乱局面（目前在中非发生的战乱就是一场经济战争），所以，几内亚希望在中国与非洲的合作中找到解决方法。马托先生指出，就中非之间的贸易来说，中国要多鼓励企业走出去，非洲也要多接受中国的产品。不过，中国的产品质量有些并不是那么好。而且有些中国工矿企业也不是很注重环保，比如有一家企业砍伐了树木却不补种。这也让进驻非洲的中方企业给当地人留下了不好的印象。

在文化上，马托先生借比较法国，指出中国的不足。法国的殖民统治留下了许多法国文化中心和学校，但是中国在非洲没有文化中心，也没有中文学校。合作必须是双向的，去法语学校学习的孩子接受的是法国文化的教育，甚至在美国大使馆内也有一个美国文化中心，当地的孩子们可以在那里学习英语。中国也应当在此领域有所建树。如果不了解对方的文化，那么在交流中就很容易出现问题。

最后，马托先生还就原材料的加工、金砖国家开发银行的建立谈了自己的见解，认为如果金砖国家能有自己的银行，将可以很好地平衡世界银行和国际货币基金组织的力量，因为国际货币基金组织在审核非洲国家的贷款计划时总会提出各种非洲国家无法满足的附加条件，这些条件也阻碍了非洲的发展。这正是为什么成立此银行的消息一出，世界为之震惊。希望这一想法可以持续下去，走我们自己的道路，以摆脱曾经的殖民者。

现任卢旺达国立大学政治学教授，卢旺达智库秘书长奥马尔·卡尔凡·毕祖鲁先生对前面的精彩发言和研讨的深入表示了赞赏，同时也感谢李旦教授的邀请，参加这个研讨会，研讨中非关系。他的发言主要强调了中非之所以可以开展良好合作的基础，就在于双赢准则和相互尊重主权的原则。

在他看来，中非之间的合作历史弥久，并不仅仅是从万隆会议才开始的。且目前双边关系的发展很积极。其主要原因，就在于中非之间的国际合作关系不是零和的，而是双赢的。坚持双赢的理念，就要秉持几个关键原则，如中非之间相互尊重和互不干涉内政的原则，非洲人民希望在这样的原则指导下中非可以走得更近。在1982年，当时的中国总理访问了非洲的11个国家，他非常好地遵守了这个最基本的原则：相互尊重主权。毕祖鲁教授特别赞赏道，中非关系不仅限于理论层面，而是随处可见的。以卢旺达为例：自1994年大屠杀结束以后，如果人们来到卢旺达首都基加利，就会看到中国元素遍布大街小巷。公路、基础设施、医院等都是中国援建的，其中还包括一栋卢旺达外交部、商务部和非共体事务部共用的办公大楼。中国给予了卢旺达很多帮助，建设了多所学校和基加利综合医院。保罗·卡加梅总统说过一句话："我愿意和所有尊重卢旺达的国家合作，同样卢旺达也会尊重他们。"这里指的肯定不是西方国家，因为非洲人和西方国家的"合作"更多的是一种零和竞争。就是说，如果在我们的手中有三件东西，那他们就会同时拿走所有，这就是西方国家，这就是欧洲人、美国人所想的。而中国对于合作的定义是一种双赢，在双方同意的前提下互有所得。中非关系在卢旺达显得尤为明显。我想对这份合作表达一份敬意，因为在中非合作之中，中国付出了很多，诸如援建给非盟办公大楼，非洲国家此刻终于有了一个可以集会，共同讨论、决定自己命运的地方。

毕祖鲁教授还评价了中国的发展。他说，中国现今虽然为世界第二大经济体，但在他看来中国已是"世界第一大经济体"。虽然美国人看起来更富有，但实际上那是中国"信贷"给他们的财富。对于一些文章指责中国不是一个民主的国家，他反问道，他们所说的是哪一种民主？在盎格鲁—撒克逊的语言中有句话说"经济和政治可以齐头并进"，那么，当你看到像中国这样一个发展成果如此显著的国家时，你能告诉我说这不是一个民主国家？

刚果（布）恩古瓦比大学校长办公室主任、物理学教授奥古姆·默科·吉尔贝先生赞同前面各位的精彩演讲，不过提醒大家不要忘记此次会议的议程是《中非全面合作》，吉尔贝先生特别强调了教育合作的重要性。

他同意主持人一开始谈到的对冷战后形势的分析，认为（科技）形势的发展引导着民众的努力，也对经济、政治、文化等领域产生了影响。在刚果人们常说，教育是社会的根基。因此他更想看到教育带给刚果的发展前景和中非在教育方面取得更多合作成果。因为，教育深深影响着每个社会的发展。刚果在前苏联和中国培养了许多高级管理人员，也培养了许多有知识的干部，在今天，希望继续知识的传播，以获得发展并为国家的未来进行战略规划，使非洲能够在科学技术领域获得长足的进步。展望未来，中非双方更应关注知识和技术的合作。

教育合作在能力和手段方面能为我们带来什么呢？

吉尔贝先生举了一个很生活化的简单例子，自从他到了中国，就发现几乎每一次自助餐都有地瓜，这种食物有点甜不过非常好吃。在刚果，人们也经常吃地瓜。有一个科研团队的研究发现，地瓜这种食物的维他命含量十分丰富。而刚果人，尤其是儿童十分缺乏维他命，所以我们现在正尝试着将地瓜加入儿童的饮食并鼓励当地人将地瓜作为日常食物。地瓜里还含有许多纤维，这对成人的身体也很有好处。要做到这一点，就需要有知识，也需要有技术，因为地瓜这种食物的开发、储存与将其烹煮上桌根本不是一回事。这就是为什么我非常赞同您开头所说的，要综合我们所有的知识，这就是为什么我要回到开展教育领域的合作，尤其是知识和技能的传授这个主题上。

突尼斯《马格里布经济学家》等经济类刊物出版总裁、国际经济学家麦杰里·艾迪教授表达了对诸位演讲的赞赏，并就会议开始提出的：为什么要进行中非全面合作？如何开展中非全面合作等问题作了解答。

他说，我有几个观点想与大家分享。首先谈一个我非常重视的观点。的确，非洲需要国家强大，需要强有力的政权和强有力的制度。我并不置疑各位非洲同事、朋友们对民主的渴望，但是可以说，经历过突尼斯革命之后，我们十分渴望一个强有力的国家。当然我们所追求的是法制国家，而不单是强大的国家。因为一个强大的国家意味着他的政权和政治制度的合理性是通过选举赋予的。

关于中非全面合作，麦杰里·艾迪教授指出，我们需要有一定的辨别力。非洲不是单一的非洲，而是很多样的非洲。有北非，撒哈拉以南，南非，后者现在是中国的竞争对手。在每一个地区或者说非洲的每一个组成部分，都存在着全面合作的机遇与挑战。合作意味着在政治、经济、社会和文化等领域的合作，还有另外一个极其重要的领域也就是环境领域。现在我们真真切切地面临着全球变暖的问题，相信在不久的将来，有可能出现全球变暖引发的气候移民。从现在开始我们就应该思考这些问题，因为它们都十分重要。中非双方确实应在非洲不同地区而并不仅限于一个地区建立合作渠道和合作模式。

麦杰里·艾迪教授认为，还应该从地缘政治和地缘战略这个更宽广的角度看待中非全面合作。当今非洲对于世界强国来说是一个重要的战略地区。几乎每两年，就有一个欧盟—非盟会议。他本人就参加过两次这样的会议，而且在这些会议上，几乎每个重大议题都被讨论过。欧非会议同样探讨过本次研讨会上的议题，即全面的合作议题。在欧非合作框架之内，还有一些特别之处，如欧非合作中的《地中海同盟国》，这个同盟将部分欧洲国家和部分非洲国家都囊括在内。这些新兴的概念都冠以《欧非》，有关欧非合作的探讨都将北非看做重要的过渡带。土耳其与非洲之间也经常举办高层会晤，近年来，土耳其在非洲的活动十分频繁，并带来大量政治、经济、财政等全方位援助。就不用说印度和巴西在非洲的实际存在和频繁活动，这就是为什么我想说，中非之间的全面合作，应创新援助的方式，以满足非洲各个地区的需求和期待。

塞内加尔加斯东·布尔热大学政治学系主任、政治学教授迪奥·穆萨先生首先表达被邀请参加此次会议的谢意，也使之重新了解和认识中国。因为以前，和大多数学者一样，穆萨先生对中国的看法几乎都来源于西方，因而带有一定的局限性。这次来华能够与中方的同事交流，了解中国现状，了解中国发展状况，了解中国道路以及是什么让中国在国际关系舞台上脱颖而出，从而对中国有了全新的、更深刻的认识。

穆萨先生也十分赞赏齐女士的开场介绍，认为她的发言拓展了对中非合作这个议题的思考角度。他认为，加强中非全方位多角度的合作，首先要加强双方都感兴趣的政治、经济等重点领域的合作。在世界范围内，中非合作有助于非洲脱离边缘化的地位，有助于非洲消除全球化带来的长期负面影响。是中国不断鼓励非洲在世界舞台上占据一席之地，鼓励非洲加入联合国安理会，获得常任理事国地位，鼓励非洲政治透明化。在这些方面，中国发挥了重要作用。

在其他的领域，穆萨教授列举了两个对非洲来说非常重要的领域：一个是农业，一个是医疗。就拿塞内加尔来说，我们一直在提粮食自给自足。塞内加尔的主食是大米。大米的主要产区有两个，一个在北部的塞内加尔湖边，一个在南部的加扎芒地区。但是这两个地区的产量依然不够，塞内加尔每年都要用国家预算进口大量的大米。所以说到粮食自给自足，非洲正面临着饥饿问题,所以我们欢迎中国为非洲的粮食自给自足作出贡献,欢迎中国在消除非洲因饥饿和疾病带来的灾难方面作出贡献。

在医疗卫生领域,非洲同样面临着疾病的困扰,面临着药物匮乏和制药技术落后等问题。中国可以在这个领域为非洲国家提供援助,改善非洲国家的生活水平,因为一个受饥饿和疾病困扰的国家很难专心发展经济。

摩洛哥国立行政学院副院长、公共法律教授阿格兹内·夏菲卡女士表示,应该重视非洲由不同区域组成这一特点。摩洛哥属于北非地区。那里正在经历着变革,有经济、社会当然还有政治方面的变革。正如刚才突尼斯朋友所说的,我们都渴望自己的国家成为强大的民主国家。我们作出了巨大的努力,巨大的牺牲才换来现在的变革,现在的政治制度。摩洛哥希望成为一个法治国家,这也是每一个摩洛哥人民的心声。

作为一个国际关系领域的专家,夏菲卡女士认为,无论是在对外关系,社会现状,对外、对内政策上,中国与非洲都有很多共同点。她非常希望看到中国和北非的合作,也希望这种合作是在一个三角框架之内的(指中、摩、北非),无论是在经济还是技术方面。因为摩洛哥在技术领域,尤其是通信工程方面,与中国有很多合作。通过中国的跨国公司华为让我们真正认识到中非的合作。华为为摩洛哥带来了大量电信技术,帮助了摩洛哥重要的几家电信运营商,其中包括摩洛哥电信公司,这是该国国有电信公司。

还有很重要的一个方面希望能够得到改善:中非人民的交流渠道目前还十分有限,并不是所有中国人都很了解摩洛哥,但是摩洛哥人民非常了解中国。夏菲卡女士说,从我上中学到读博士,中国的革命和中国的发展历程,对摩洛哥非常具有吸引力,也为摩洛哥的发展提供了全新的思路。因为我们两国都在同殖民主义作斗争,摩洛哥当时被称之为托管制,这两者在法律上存在着差异,但是影响是相同的。在摩洛哥的托管制度下,仍然保留了我们的君主,他是这个国家最高的领导,政治和社会的运行还是围绕着君主,君主制在摩洛哥有1400年的历史。你们可以来摩洛哥了解我们的皇城,这些城市非常有意思,非常漂亮。通过电影你们大概知道了卡萨布兰卡,但是卡萨布兰卡的历史很短,从1912年开始的。除了卡萨布兰卡之外,还有其他历史更悠久的城市。

还有一个大家都没有谈及的、但是在摩洛哥是非常重要的一个社会方面的，又是与政治、经济相联系的问题，即女性的社会地位问题。我们在国内政治中越来越多地谈论到性别问题，即更强调女性的特殊地位和角色。我们努力让妇女在议会中获得平等的地位。原来的议会中，女议员仅有13位，现在则有30多位。女性是社会的半边天，在摩洛哥，女性的比例占到了51%，在选举的时候这些妇女的重要性就显现出来了，那是因为选票的力量。在教育方面，女生通过考试的比例远远高于男生，女生往往名列前茅。所以说，性别问题在中非的全面合作中也是一个不容忽视的问题。

阿尔及利亚高等新闻与信息科学学校副教授德里·谢里夫先生是第一次来中国，他希望以后还能有机会到中国参加这样的活动。

他认为，开展中非全面合作的首要问题在于端正认识，走出误区。一是应该清楚中国的援助模式和其他国家的援助模式到底有什么不同？二是双方对于全面合作的认识。即中国如何看待这种合作并希望从中获得什么，以及非洲如何看待双边合作并希望从中获得什么。第三才是具体的合作战略和采取的措施。

事实上，中非合作让双方都取得了成果。一方面，与非洲的合作项目拥有很大的吸引力，中国已经成为对阿尔及利亚第二大供应国，仅次于法国。同时西班牙和意大利也成为阿尔及利亚的出口对象国。因此，对中国而言与阿尔及利亚的合作十分重要。另一方面，毋庸置疑，中国为非洲国家的发展也作出了贡献。中国对非洲提供了全方位的援助和投资项目。

不过，我们应该避免认识上的某种误区，不要以为中国是非洲万能的灵丹妙药，不要以为有了中国的帮助，在中国的带领下，非洲就会摆脱经济发展落后的困境，实现腾飞，直至彻底摆脱对西方欧美国家的依赖。

首先，不可否认，中非在共同努力时团结一心十分重要，但其中也有利益考量。因为中非合作立足于互惠的基础，也就是要提倡双赢。而任何情况下双方关系都不会是完全平等的，但是双方间的不对称关系并不是坏事，人们不能总要追求对称的关系。双方地缘政治和地缘经济特异性的本质决定了不可能达到对称的双边关系。但是至少要在不对称的关系中追求互惠互利。非洲通过合作可以获得好处，我们的中国朋友通过合作也该获得好处。

其次，非洲振兴需要非洲人民自己努力，中国的角色应该是帮助非洲修正或者通过行动来解除西方强加给非洲的不公平。西方大谈在非特权，宣称非洲是西方的后花园,甚至是专属狩猎区。在这一点上,我们的中国朋友很睿智,中国没有掉进西方的陷阱,没有要求非洲只能和中国开展合作。非洲是美国和法国都竞相攫取的对象,非洲人民在努力抵制这种掠夺,而中国的作用就是调整倾斜的力量对比,使天平重新达到平衡。

在西方一些智库会议上,有人呼吁非洲的发展需要强大的国家,而法国和美国却错误地宣称非洲需要民主模式。但民主是具体的,需要结合文化背景,这一点毫无疑问。中国取得了很大的成功,经济突飞猛进,社会和谐安定,这是一个成功的转变。那么,中国的模式是否适用于非洲呢?

来自布隆迪的前高教部长尼姆波纳·朱里安教授就中非全面合作重点谈了两方面的思路。

第一,朱里安教授认为,本次研讨会就是中非合作最好的形式之一,是为人类的福祉服务的。对非洲而言,与中国的合作将更为持久,会更好地被人们接受,因为这种合作解决的都是非洲人民日常生活中的具体问题。也因为此,应该坚持技术和知识的传递与交流。朱里安教授指出,非洲拥有丰富的自然资源,中非要重视利用自然资源的多样性。比如在中非、东非,还有非洲的大部分地区,自然资源本身的重要性不再是关键点,关键是资源的利用要服务于非洲人民的利益。因此,中非合作的重中之重就是为人民服务,帮助非洲人民把自然资源变得更有益、更有用。实现这一目的的途径是,非洲应该有计划、有步骤地出口原材料,然后获得外汇来进口成品、药品、招揽工程,解决教育和退休问题。自然资源的增值要通过合作以及对于资源整体转型来定位。此前一日,朱里安教授参加了中国南方经济合作展会,认为获得的最大启示是外部投资很重要。对于非洲来说,外部投资主要来自中国和跨国公司。非洲应当始终铭记,非洲面临的日益严重的问题是大部分国家的外部直接投资不够多。

朱里安教授一方面非常感谢中国在科学技术领域对非洲的支持。在这个领域非洲有388名大学生,他们都在这个领域学习,其中包括文化、畜牧业还有矿产品加工业等领域。另一方面他指出,还存在着如何利用人才资源的问题。举一个例子来说,布隆迪与中国合作建立了一所非常高端的医院,但是医院里从中国引进的医疗设备却无人会用。因此应当提前培训技术人员,教会他们如何使用这些设备。不然医院就像是一架没有飞行员和机械师的飞机一样。在所有的技术领域里,技术转移的重要性何在?可以从非洲年轻人失业问题说起。非洲很多大学里的人们说,我们在生产失业者。那些传统的文学院、法学院和经济学院中,一个没有所需文凭的年轻人什么也干不了,我们确实是在生产失业者。如今各部门各领域都有一个大趋势,那就是职业化教育,也就是我们所说的职业和技术教育。卢旺达与中国、韩国、日本等在信息技术领域的合作非常突出,建立了相关的技术机构和教育机构。这些都有助于工作和就业市场的转型。因此强烈要求与中国加强在信息方面的合作。

朱里安教授阐述的第二点思考是国家层面的问题。他首先认为中国主张的双赢的、相互尊重主权的合作方式是正确的。但是这种合作方式唯一的局限性表现在经常涉及的执政方式问题。说到国家体制、民主国家、法治国家的时候,其实本质问题就是执政方式。而非洲的问题就在这儿!究竟哪一种执政方式能够最有效地推动中非合作并且为人民服务呢?他举例说,天主教在拉丁美洲之所以十分盛行,是因为它总站在人民一边反对压迫,总是和穷苦人民站在一起来反对独裁者。但法国的教会因为与封建势力、贵族、君主站在一起而没能盛行起来。在非洲与中国的合作之中,中国不与那些蔑视人民的政权同流合污就是实施民主,虽然民主可能不是世界上最好的政体。在非洲,既有私有化的国家,也有封建家长制的国家,若一些国家提供给我们的援助,到最后变成了国家领导人的财产,这会让我们无法接受,这是在欺骗帮助过非洲的朋友们。是否可以考虑在使馆帮助下,依靠运行良好的非政府组织促使重要的援助更有效、更有用、更持久。

最后,来自贝宁的阿波美卡拉维大学姆姆尼·吉尧姆先生谈了他的想法。他是在中国读的大学,"我可以说是中非合作的产物"。他希望非洲人能够直接与中国人对话,使中非合作在多领域得到深化和创新。

关于中非全面合作,吉尧姆先生对中非合作这个概念有所保留,因为在他看来非洲大陆是由众多分散的国家组成,非洲在努力追求建立统一的非洲身份的同时许多国家又存在着主权和领土争端。这两个因素应纳入人们的思考范围,当然这些并不影响中国和非洲将中非合作置于共同框架之下。但在某种程度上,应该在双边和多边方面作出选择。全面合作包括将地区、国家和非洲大陆都纳入在内,在现实中,中国的主要行为还是建立在双边基础上的。的确，在中非合作论坛峰会上，几十个非洲国家都集中到一起，中国在峰会上对非洲提供的一系列援助、合作、经贸项目，最终还是要依靠双边合作来实现这些项目的运作。

吉尧姆先生认为，应重新调整非盟的角色。要确立整体框架，基础性建设很重要。但是基础设施之上的东西，用中文说就是"软件"、非物质的东西也非常的重要。中非合作的整体框架可以使非盟更好地施展它的大陆身份。至于双边框架，如果没有中非这么密切的关系，则没有任何一个非洲国家可以平衡发展。

他认为，中非之所以需要全面的合作是因为双方互有需要。事实上，中非之间有认同感。几十年甚至上百年来，中非之间有着历史的、传统的相似性，让我们能够相互认同。但是中国和非洲的相互了解还很不够，即使有很多原因让我们走到一起，但也有更多原因让我们相互远离。在非洲，有人说中国不是在很好地引导非洲发展，在中国，人们以前几乎都以为非洲一无所有。甚至问那里是否有房屋，有公路？可见，相互不了解是一个现实问题。

关于如何深化中非合作，吉尧姆先生提出，就是以国家身份为基础建立起互信关系。有人说中非交流是不对称的交流，因为中非之间没有对等的能力、财力和物力。但中国其实应该发挥领导作用，然而直到目前，中国的领导作用发挥得并不足。中国的文化造就了中国，让非洲人对中国的领导地位抱有信心。2030年中国将是世界上最强的国家。中国文化中的"仁义礼智信"其中的"信"是博得他人的信任，而不只是自己单方面的自信。如何取得他人对自己领导能力的信任呢？希望这种信任关系的建立不要拖得太长，当然这是个很大的工程，不可以一下子就建立起来。

关于商业和投资。吉尧姆先生认为，中国—西非国家经济共同体论坛这种框架可以应用在每个区域，也同样可以用在东非。这个论坛每三年举行一次，是中非合作框架内的项目。我们应该从某一方面入手，或东非或者西非，然后扩展到整个非洲。当然，在经贸和投资过程中，并不是所有事情都会进展顺利。例如在中非贸易中，并不像我们想象的那样，非洲一直是逆差。最近几年来，非洲贸易不再是逆差，而是出现顺差。然而问题在于这种贸易的结构：结构的构成如何呢？中非贸易的关键就是如何平衡如此纷繁的东西。非洲是原材料的出口商，是制成品的进口国。这种结构可能带有一些西方殖民主义的色彩。为了摆脱这种疑虑，我们需要改善这个结构，使其更加多元，更加均衡。

关于中国企业的社会责任。他说，非洲人有时候责备中国的企业在非洲"胡作非为"，不遵守当地法律。在这一点上，应该说，即使在中国国内，有些企业行为也不那么守规范，这也是中国政府要解决和面对的问题。如环境问题、劳动力问题等。当中国企业转移到国外的时候，一些问题也就随着"出口"了。这种问题应由中国政府和非洲政府两个方面共同面对。不过，不能忘记的是，中国企业是在非洲的土地上运行的，因此要让这些企业遵守当地的规定。

最后，关于中国对非投资。他说，中国在非投资金额数字是非常巨大的，为非洲做了很多事情，这是大家有目共睹的。但是中国对非投资的结构说明，其中的90%都是公有投资，私人企业的投资只有10%左右。这样的投资结构是不可持续的。因为只有私营投资才会更注重回报率。由国家负责的国有投资不太注重盈利。此外，国家的投资也有其他因素的考虑，比如政治因素。但这并不是可持续的投资结构。因此中国可以考虑解决这个问题。这不仅是为了非洲的利益，也是为了中国的利益。

来自突尼斯的国际经济学家麦杰里·艾迪就中非合作的必要性作了补充发言。他说：正如法国人所说，必要性就是准则，这在今天非常重要。对非洲来说，一边是美国，一边是欧洲。美国的机制是，合作主要是做生意，援助不是最重要的。他们比较活跃的是私营企业。欧洲则是位于我们对面的大陆。在突尼斯，80%的贸易往来是和欧洲国家进行的。从1914年起，欧洲经历过经济危机、石油危机等。现在，由于金融危机，欧洲的经济增长很缓慢。欧洲每增长1%，突尼斯就增长0.7%。突尼斯和欧洲之间有不可割断的经济联系。然而今天，经济增长中心转向亚洲和中国。如果要追求增长，就要在世界上经济增长最快的地区去找。突尼斯需要将目光转向亚洲，尤其是中国，因为目前是亚洲领航全球的经济增长。相信在15年之后，全球超过50%的GDP将由亚洲人民创造。世界经济创新中心将转到亚洲。经济力量在全球的分配是有流动性的。首先是在阿拉伯国家，然后在欧洲，在北美，现在又将转到中国。这是一种流动的现象。现在我们的问题是如何使自己适应这种全球经济新趋势。中国离非洲的地理距离非常远，不像法国、意大利等国离突尼斯不过一两个小时的飞机行程。并且，非洲和这些国家之间没有语言和文化的问题。而现在中国在突尼斯有大量投资，二十年以前突尼斯的化学工业也在中国有投资。这一点值得人们深思。

不过，需要注意的是，中非经济合作仍存在问题。如何在将来为我们的合作增添活力呢？中非全面合作是一个新的现象，有如此多新的机会。在当今这个地球村里，如何让北非和中国的合作更上新的台阶、如何正视问题、促进发展才是当今时代的潮流。

中国前驻刚果（金）大使吴泽宪饶有兴趣地听取了大家的发言。他首先肯定了中非全面合作的重要性和已经取得的显而易见的成就。随后指出，研究分析中非合作当中存在的不足之处以及查找解决问题答案的工作更有意义，这样的研讨会就是解决问题的一个好方法。中国人民和非洲人民一道，正在努力改善目前的合作，增强沟通，更好地面对未来的机遇和挑战，使我们的合作蒸蒸日上。最后，吴大使表示，对中非未来的合作充满信心。

中国前驻加蓬大使李福顺女士肯定了大家的精彩发言。指出，所有人都目睹了中非合作的显著成果，这种合作是建立在互相尊重、地位平等和双赢原则的基础上。今天，中非合作已经进入一个新阶段，既充满机遇，又面临挑战。非洲大陆是一个多元化的大陆，具有多面性。在进行合作的同时不能忽视非洲各个国家地区的特点。在现阶段合作成果的基础上，我们还有许多其他合作的领域和合作的机会。李福顺大使结合自己在非洲工作实践体会，主要就加强中非文化合作、中非医疗健康合作和职业培训合作深入阐述了自己的看法和建议。

关于文化交流，李大使说，目前，世界上有四百多所中国的孔子学院，而整个非洲只有十几所，文化中心只在贝宁建有一所。与法国的法语联盟、文化中心、法国学校，德国、西班牙的文化中心相比，中国的差距实在甚大。无论对中国人还是非洲人来说，这样的现状的确不能满足互相之间的了解和沟通。

关于医疗合作，李大使认为，中国向非洲大部分国家派遣医疗队已经有50多年的时间了，医生们做了很多的工作。而且中国还在非洲建立了不少医院。这种合作一直很好，但是太分散了。她建议可以根据国力，考虑整合非洲医疗资源，在非洲兴建几所质量有保证的地区性大医院，以进一步深化已有的医疗合作。

关于技术培训。现在有许多中国企业在非洲兴建公路、建筑、学校、水坝等工程。与此同时也就有了环保问题、基建问题、工业化程度问题、创造就业问题以及技术培训问题。我们建好了工程以后，不能只是简单地把这些建好的工程直接交给非洲人去管理。中国的施工队应该留下人指导非洲人使用这些基础设施，不然在这些工程建好以后，没有人会使用。所以，事后跟进非常重要。应该要求中国企业在完工之后为非洲人提供相应的培训中心以及地区培训中心，以便让他们尽快掌握这些设备设施的使用方法。我们不能在每个地区都设立培训项目，否则这将是一个很大的负担。这既是中国企业的努力所在，也是非洲当地政府的责任。仅有单方面的努力不足以推进这项事业的进展。

最后，关于技术和知识合作。我们仅在发展模式方面就可以展开更深入细致的调研和合作探讨。总之，中非合作是互利共赢的，必将拥有广阔的前景。

此次研讨会得到中非各方参会人员的高度评价，一些代表在归国之后还发来信函，一方面表达了他们对中非交流与合作、对举办这样的研讨会的关注和重视，另一方面真诚希望这样的研讨今后能够继续。

译者：王泰然、胡同、向天天、刘婧涵、
娄馨方、王松宇、孙旋
编辑：齐建华

后 记

　　中非合作得以快速、深入发展，这里不仅有中国和非洲各国政府的努力，各国学界、媒体、企业等民间力量的作用也不可或缺。

　　2011年9月，在外交学院法语国家研究中心举办"法语非洲政治文化"国际研讨会期间，非洲法语国家学者提出了加强中非学者就中非合作关系，开展共同研究的倡议，该倡议立即得到了中方学者的积极响应。为适应中非合作发展形势的需要，法语国家研究中心特提出《发展中非全面合作的机遇与挑战》研究出版计划的申请，得到了外交部中非合作论坛有关领导的积极肯定和大力支持。本次出版计划就是中国学者积极响应法语非洲国家学者提出的加强中非学者共同探讨中非关系倡议的一个回应。本次出版计划原本确定主题为"中非经贸合作面临的机遇与挑战"，拟之后继续就"中非法律合作、中非文化合作、中非政治合作、中非社会管理合作中的机遇与挑战"等题目分别进行合作探讨。后根据中非合作论坛领导的建议，出于对中非发展形势紧迫性的考虑，本次出版包括了对中非政治、经济、文化、社会、司法、金融、安全等全面合作的机遇与挑战问题的广泛探讨。

　　为高质量完成外交部批准的《发展中非全面合作关系中的机遇与挑战》出版项目，法语国家研究中心于2013年1月专门召集中心理事讨论制订出版计划。在蔡方柏大使、安惠侯大使、丁一凡副所长、徐伟忠教授、赵昌会分析师、传媒大学许铁兵教授等专家的悉心指导下，经讨论决定，本项研究力求突出以下几点：

　　开放性：本项研究以法语国家研究中心为依托，以研究出版计划为平台，联系中国和非洲国家，特别是法语非洲国家相关研究机构和学者，在把握中非关系历史发展的基础上，共同探讨新的历史背景和国际环境下如何发展中非全面合作关系,试图从政治、经贸、社会、文化、法律、安全、金融、地区一体化等八个方面,总结分析中非合作发展关系现状,研究新的国际国内背景和影响因素以及因变化带来的合作机遇与挑战,并在此基础上,提出新形势下全面发展中非合作的战略与对策建议。

科学性:具体要求是:1. 力求以实事求是,严谨科学的态度,系统地分析影响中非合作发展的各种因素及其新变化,正视和辩证地分析出现的问题、难题;2. 在分析目前存在和未来可能出现的困难和问题基础上,以具体、可操作和创新性思维探讨如何抓住机遇、迎接挑战;3. 注重调研。我们共设计了六套调研方案,我们希望即使在没有足够资金的情况下,通过调研活动,真正把握中非合作中的一手资料,正确分析判断中非战略合作前景,提出相关建议,以促进和深化中非当前和未来的全面战略伙伴合作关系。也相信这样的研究有助于促进中非之间的相互沟通与了解,有助于探讨全面发展中非合作关系的规律,提出相关的政策性对策和建议。

在中非学者共同探讨"发展中非全面合作关系的机遇与挑战"这一主题过程中,我们还分别召开了两次研讨会,第一次于2013年5月15日组织了中国十大在非企业代表与中国学者共同参加的"中国企业对非合作机遇与挑战"论坛,中非建设、中国港湾、中国路桥、中铝、海山国际、华为、中兴、中元国际、中非农投、中国开发银行等十大在非中资企业与来自中国社科院、中国现代国际关系研究院、中央民族大学、中国传媒大学以及外交学院非洲研究中心、经济外交研究中心、法语国家研究中心的专家学者们,汇集一堂,讨论过程中,各企业代表分享经验、总结教训、提出疑难,各位专家学者解答疑点、补充理论、提出设想,与会者在为期三个小时的论坛中特别就投资中的标准问题、合作模式问题、企业走出去的协同合作及与当地沟通交流问题、国内相关人才的培养、总体战略规划与顶层设计等问题畅所欲言,互相启发,取得了丰富的会谈成果,达到了论坛预设的目标。学者与商界共同探讨课题的方式也得到了各方的充分肯定。

第二次研讨会于2013年10月25日举行,法语非洲的阿尔及利亚、摩洛哥、塞内加尔、突尼斯、贝宁、刚果、喀麦隆、几内亚、多哥等国家十二名非洲学者与中国前任驻非洲大使吴泽宪[刚果(金)]、李福顺(加蓬)、中联部非洲局副局长张立军、中央党校战略研究所教授、中国进出口银行国家风险分析师赵昌会以及外交学院法语国家研究中心的师生共同参加的《全面发展中非合作关系的机遇与挑战》的小型国际研讨会。会议受到中国与非洲学者的高度重视和称赞,认为这样的交流活动非常必要。

两次研讨会,深化了对相关主题的研究。三次重大活动为高质量完成本项科研任务奠定了基础。

我们的计划中原有对中小企业的调研和对在华非洲朋友的采访,但是因个人因病住院,后又经历两次手术而非常遗憾地被迫取消了原定计划。

非洲有54个国家,中非之间的合作既包括中非众多双边合作又包括多边合作,我们的研究,很难全面反映中国与非洲大陆的合作状况。此次非方参与者多为法语非洲国家学者,相信对于目前中国对非研究在很大程度上有填补空白和补充意义。

中国企业在走入非洲过程中,遇到的最大问题之一就是了解非洲情况的人才奇缺。外交学院法语本科和研究生班的同学都有较高的法语水平,也对国际问题充满兴趣和求知欲望,且连续数年期间,大部分毕业生都直接或间接地参与到中非政治、经贸或文化合作工作中。如果我们能够把学校教学与社会实践相结合,提高学生在校期间对非洲问题的关注度,让他们较早地、更多地了解非洲,就有可能在一定程度上缓解缺少人才的矛盾,有利于今后开展中非合作。因此,在接到本项科研任务之后,我们通过课堂和社会活动发动法语系研一(2012年级)、研二(2013年级),甚至本科大四的同学积极参与到科研任务中。首先,2012年级法语研究生班几乎全体同学,谢茜、熊星瀚、谢浩田、巴秋曦、任培远、王蕾、叶雨通、齐文、栾奕、袁帅、韩瑛娅、马婷、刘溢以及2011年级的刘晨、王扬等同学,积极热情地参加了对法语非洲20多个国家的文本调研,并以期末作业的形式就中国与相关国家的合作机遇与挑战写出了综合报告,为丰富有关资料作出了一定的贡献。同学们的热情干劲和积极性也让自己从中获益匪浅。其中谢茜、熊星瀚、巴秋曦等三位同学的文章被选入本书中,读者可以清楚地从中看出他们对科学研究的认真态度、研究水平和潜力。2013年入校的法语班研究生几乎全体同学:葛丽君、罗会文、严婷、沈晓兰、刘洋、郑扬子、单青杨、王泰然、王禄禄、陈吕、陈丽娟、于洁、吴鑫凯、周溪,都积极参与了非洲学者为本书提供的所有23篇文章的翻译工作,他们还积极热情地参加了2013年10月中非学者举办的研讨会，虽然因为时间原因，他们没有能够深度参与会议期间的研讨，但是他们此前根据要求做了充分准备，翻阅了大量相关资料，也准备了许多问题，这种主动听会使他们收获颇丰，思考更为深入。之后在老师的引导下，又组织了一次深入讨论，使同学们不仅提升了对非洲问题的认识兴趣，更增加了他们关注国家和国际重大问题的责任意识以及认识问题和解决问题的实际能力。相关老师也在这样的思考与互动活动中，增加了学识，学习并发现了学生中对相关问题的闪光思想。陈吕对第一次国内企业与学者举办的研讨会的内容作了梳理，王泰然以及四年级娄馨方、李景聿 孙晓雯、本科一年级的胡同同学对第二次中非学者研讨会内容做了整理和翻译工作。本科四年级的孙璇、孙晓雯、李乔恩等同学，十分积极地参与了部分文稿的翻译和研讨会发言的翻译工作。

　　学生的参与，既是一次语言翻译实践锻炼，又是扩充知识、提高科研本领的机会。

　　在结束本项研究工程之际，我要借此机会最诚挚地——

　　感谢外交部非洲司、中非合作论坛对法语国家研究中心和对我个人的信任，把这一研究项目交给我们，并大力支持我们两次与非洲学者举办国际研讨会，使中非学者之间深化了交流，建立了沟通的渠道，本书征集的非方文稿大多来自参与这两次研讨会的非洲学者，相信双方的合作会有更多的务实成果；

　　感谢蔡方柏大使、安惠侯大使、国务院发展研究中心世界经济副所长丁一凡、现代国际关系院非洲所主任徐伟忠、国家进出口银行风险分析师赵昌会老师、中国传媒大学许铁兵教授为我们设计科研方案提供的宝贵意见；

　　感谢程涛大使、李福顺大使、吴泽宪大使、中联部非洲局副局长张立军、中央党校战略研究所肖宏宇教授专程参加我们的研讨会并为成功举办研讨会作出的宝贵贡献；

　　感谢外交学院赵进军院长和院长助理王帆教授的鼎力支持和对我们工作的充分肯定；

　　感谢外交学院非洲研究中心主任唐晓教授、外语系副主任李旦教授的真情关心和大力协作；

　　感谢外交学院经济外交研究中心主任刘曙光教授、张翠珍教授、郭宏宇老师的鼎力支持；

感谢龙云副教授为指导学生的翻译工作付出的努力；

感谢所有参与写作的中国和非洲作者，感谢贺文萍研究员和王洪一研究员，感谢他们在百忙之中为我们写出的值得认真学习和品味的高质量文章；

还要特别感谢国防大学防务学院的陈梓德副教授和彭庭法副教授，他们的助力，给我们的研究增添了特殊的影响力；

感谢外交学院2012、2013两个年级全体研究生积极热情参与本项科研工作和繁重的翻译任务，还要特别感谢熊星瀚、谢茜同学、感谢葛丽君、罗会文、陈吕、王泰然同学，他们的热情、实干和能力，给人留下深刻印象；

感谢法语本科生孙璇、娄馨方、向天天、孙晓雯、李乔恩等同学以较高水平完成的翻译任务；

感谢我的家人给予我的支持和鼓励。

法语国家研究中心　齐建华
2014年1月12日